어디에서도 배울 수 없는

온라인 마케팅 성공 마스터 10단계

현역 실무
온라인
마케터의
인수인계서

나연재 저

Online Marketing Success Master
10 Steps

학지사비즈

"저자 수익금의 10%는 보호가 필요한 아동과 지원이 필요한 곳에 기부됩니다."

Thanks Dad.

PROLOGUE_ 마케팅에 대한 고백

소탈하고 친절한 맥가이버 같은 마케팅 방법을 기록하고 싶었습니다. 언젠가 제가 더 이상 강의를 할 수 없게 되는 날이 올 경우를 대비하여, 그리고 여러 가지 형편과 복잡한 상황들로 인해 강의를 수강할 수 없는 사람들을 위해 기록을 하고 싶었습니다. 이 책을 통해 보다 많은 사람이 지금보다 나아진 삶을 살 수 있기를 바라며 책을 쓰게 되었습니다. 이 책 한 권이 어느 누군가에게는 작은 등대와도 같은 희망의 불빛이 되기를 바랍니다.

제 블로그에서도 고백했던 다소 뜬금없는 이야기지만, 어릴 때 저희 아버지는 맥가이버 같은 분이셨습니다. 손재주가 뛰어나 못 고치시는 것이 없었습니다. 고장 난 문, 선풍기, 전구, TV, 드라이어, 세탁기 등등 정말 못 고치시는 것이 없었고, 뭔가를 만들기도 뚝딱 잘 만드셨습니다. 정말 만능 맥가이버 같은 분이셨습니다. 많은 사람이 아버지를 찾았고 좋아했으며 잘 따랐습니다.

어느 날, 책에서 봤던 문구입니다.

> "가난하고 소외된 사람에게는 어깨에 힘 잔뜩 들어간 제임스 본드보다는 소탈하고 친절한 맥가이버 쪽이 훨씬 잘 어울린다."

순간, 아버지가 생각났고 저 또한 그런 사람이 되고 싶다는 생각을 했습니다.

마케팅 강의를 한 지 벌써 수년이 흘렀습니다. 사실 제가 강의를 시작한 이유는 매일 일만 하느라 손바닥이 굳은살로 뒤덮이고 제대로 배워 보지 못한 우리 아버지 같은 분들을 돕고 싶어서입니다. 이게 저의 마음입니다.

저는 이 마음을 지키고 싶어서 남이 알아줬으면 좋겠다는 생각이 들 때마다, 남을 이기고 싶은 좁고 못된 마음이 들 때마다, 딱 그만큼만 더 착한 일을 하고 봉사하면서 매일 묵묵히 그리고 성실하게 언제나 스스로의 실력과 인성을 의심하면서 열심히 마케팅 일을 해 왔습니다. 나 스스로 정말 이만한 사람이 없다고 느낄 때까지, 나 스스로 인정이 되는 그 순간까지 누구보다 진심으로 열심히 일했던 것 같습니다.

그 결과들을 하나의 책에 기록하고 싶었습니다.

'마케팅'을 접한 지 벌써 10년이 넘어가고 있지만, 저는 여전히 지금 제가 하고 있는 일을 너무나 좋아하고 있습니다. '마케팅'이라는 것은 정말 하면 할수록 너무나 신비로운 일입니다. 숲과 나무를 함께 볼 줄 아는 능력도 키울 수 있고, 세상 만물의 이치를 조금이나마 이해할 수 있게 하는 데 도움이 되는 일이 마케팅이라고 생각합니다.

저는 마케팅을 접할 수 있었던 제 운명에 감사하고 있습니다. 가끔은 제가 마케팅을 하고 있고, 마케팅을 가르치고 있다는 사실에 너무나 감사할 때가 많습니다. 만약 다음 세상에 다시 태어나게 된다면 또 마케팅을 하고 싶습니다. 아버지가 그랬던 것처럼 저 또한 소탈하고 친절한 맥가이버 같은 모습으로 제 역량을 쓰고 싶습니다.

아무쪼록, 이 책을 보는 모든 분들이 주변의 소중한 것들을 돌아보며 평안했으면 좋겠습니다. 항상 제 삶을 이끌어 주시고 근원이 되어 주시는 하느님과 내 아버지에게 감사의 말을 전합니다. Thanks Dad.

차례

4 업무 4단계: 구매 전환율을 끌어올리는 상세페이지 제작 및 검색엔진최적화(SEO) · 122

5 업무 5단계: 고객의 리뷰 마케팅 · 160

6 업무 6단계: SNS 콘텐츠 제작 · 166

7 업무 7단계: SNS 채널 운영 및 활성화 · 178

업무 체계화_ 온라인 마케팅 업무 10단계

안녕하세요, 나연재입니다. 이렇게 책으로 인사드리게 되어 영광입니다. 이 책은 약 30시간 이상의 온라인 마케팅 실무 강의와 기술을 그대로 담은 '**온라인 마케팅 실무서**'입니다.

저는 이 책을 집필하며 두 가지 각오를 했습니다.

1. 알고 있는 모든 온라인 마케팅 지식과 기술을 감추거나 아끼지 말고 모두 이 책에 기록할 것
2. 이 책을 미끼 삼아 강의를 듣게 하거나 멘토링을 신청하게 하는 등 어떠한 목적으로도 활용하지 않을 것

그래서 이 책에는 공식적인 온라인 마케팅 방법뿐만 아니라 현업 마케터 및 실행사들이 활용하는 비공식적인 온라인 마케팅 기술까지 모두 기록하였습니다. 더 이상 제가 온라인 마케팅 강의를 하지 않아도 될 정도로 제가 아는 모든 내용을 기록하였습니다.

저자의 허락을 받지 않은 몇몇 온라인 마케팅 강의 불법 유통업자들은 이 책의 내용을 비싼 비용으로 둔갑시켜 판매하기도 할 것입니다. 비싼 수강료를 지불하고 이 책의 내용을 학습하게 되는 일이 발생하지 않기를 간절히 바랍니다.

현역 마케팅 선배가 남기는 온라인 마케팅 업무 인수인계장이자 1,000만 원의 가치가 있는 강의 교재라고 생각하고 이 책을 실무에 적용해 보면서 공부해 보면 좋겠습니다.

그럼, 시작해 보겠습니다.

먼저, 여러분이 효과적으로 매출을 상승시키고 목표를 달성하기 위해 반드시 알아야 할 내용이 있습니다. 바로 온라인 마케팅 업무 순서 10단계입니다.

• 온라인 마케팅 업무 순서 10단계 •

단계	내용	단계	내용
업무 1단계	수익 파이프라인 구축 (사업아이템 확정)	업무 6단계	SNS 콘텐츠 제작
업무 2단계	맞춤 홍보 마케팅 채널 조사	업무 7단계	SNS 채널 운영 및 활성화
업무 3단계	키워드 조사 및 활용	업무 8단계	이벤트 마케팅 기획 및 운영
업무 4단계	상세페이지 제작 및 검색엔진최적화(SEO)	업무 9단계	퍼포먼스 마케팅 실행
업무 5단계	고객의 리뷰 마케팅	업무 10단계	결과 분석 및 최적화 전략 수립

총 10단계로 이루어진 업무 순서는 제가 10년 이상 상품과 서비스를 직접 판매하고, 수많은 업체의 컨설팅과 광고 대행을 하며 수립한 업무 단계입니다. 온라인 마케팅 업무는 10단계 순서대로 진행되는 것이 좋으며 하나의 단계도 누락시키지 않는 것이 좋습니다. 그래야 빠른 시간 안에 효과적으로 매출을 발생시키고 향상시킬 수 있기 때문입니다.

보통 몇몇 마케팅 담당자들이 이런 실수를 하곤 합니다. 먼저, 시장에 판매할 사업아이템을 개발 또는 제조(1단계)합니다. 그리고 해당 아이템을 홍보하고 판매할 채널을 조사(2단계)합니다. 이때에도 아이템에 맞는 채널이라기보다 누군가가 스마트스토어를 하라고 하면 스마트스토어를 가입하고, 누군가가 블로그를 하라고 하면 블로그를, 누군가가 인스타그램을 하라고 하면 인스타그램을 개설하는 방식으로 진행합니다. 채널을 개설한 이후에는 3단계를 건너뛰고 채널에 바로 상세페이지를 올립니다(4단계). 그 이후 5~8단계는 건너뛰고 바로 SNS 광고 또는 네이버 검색 광고(9단계)를 진행합니다.

이와 같은 방법이 일반적으로 가장 많이 하는 마케팅 업무 순서입니다. 총 10단계 중 절반 이상의 온라인 마케팅 업무를 하지 않은 것입니다. 이렇게 되면 마케팅 결과는 보통 이렇습니다. 광고를 통해 사이트에 들어온 방문자수는 높아지지만 그만큼 매출은 발생하지 않습니다. 즉, 광고비만 쓰고 매출은 오르지 않는 결과가 도출됩니다. 60% 정도의 온라인 마케팅 업무를 하지 않았기 때문에 당연한 결과입니다. 소비자가 광고나 인플루언서 마케팅을 통해 사이트에 들어왔지만, 기존 고객들이 남긴 리뷰도 없고 상세페이지도 매력적으로 보이지 않으면 당연히 구매로 이어지지 않고 이탈할 수밖에 없는 것입니다.

따라서 온라인 마케팅 10단계를 십계명으로 여기고 이 순서대로 업무를 진행하는 것이 가장 효과적입니다. 그러면 여러분의 목표를 빠른 시간 안에 효과적으로 달성할 수 있는 **'그로스해킹 마케팅'** 방법을 찾게 되어 결국 성공할 수밖에 없게 됩니다.

'그로스해킹'은 사전적인 의미로 기업에서 정한 목표를 혁신적으로 성공시키기 위한 급속 성장 전략을 말합니다. 즉, 여러분 각각이 정한 다양한 목표를 빠른 시간 안에 성공시켜 줄 수 있는 '나에게 최적화된 마케팅 전략'이라고 볼 수 있습니다. 이 문장에서 중요한 포인트는 **'나에게 최적화된 마케팅 전략'**입니다.

'지난해에 비해 매출을 2배 이상 성장시키는 것' '매출보다는 새로 개설한 인스타그램의 팔로워수를 1만 명으로 성장시키는 것' '자신이 운영하는 쇼핑몰 방문자수를 지난달에 비해 3배 이상 끌어올리는 것' 등 각자마다 정한 목표가 모두 다르기 때문에 그에 따른 마케팅 전략과 방법은 동일할 수 없습니다. 그래서 100명이 동일한 마케팅 강의를 수강하더라도 누군가에게는 큰 도움이 되고 누군가에게는 맞지 않는 내용이며 누군가에게는 먼 나라 이야기가 될 수 있습니다.

더군다나 마케팅은 눈에 보이는 상품을 판매하느냐, 무형의 서비스 및 콘텐츠, 플랫폼, 앱, 소프트웨어를 판매하느냐에 따라 조금씩 전략과 전술이 달라집니다. 또한 일반인에게 직접 판매 및 마케팅을 하는 방식인 B2C 마케팅을 하느냐, 기업 대 기업으로 판매 및 마케팅을 하는 B2B를 하느냐, 기업 대 정부 및 지방자치단체로 판매 및 마케팅을 하는 B2G를 하느냐에 따라서도 마케팅 방법과 전략이 모두 달라집니다.

즉, 단기적(3개월 이내)으로 매출을 상승시키고자 할 때, 네이버 밴드나 카카오톡 채널을 굳이 하지 않아도 되는 분들이 있고, 해당 채널이 반드시 필요한 분들이 있습니다. 또한 추가적인 온라인 마케팅 채널을 개설해 운영할 필요 없이 현재 운영 중인 스마트스토어나 홈페이지의 카피라이팅(후킹문구)만 추가하거나 콘텐츠를 살짝 변경만 해도 매출이 껑충 뛰어오를 분들도 있습니다.

이렇게 그로스해킹 마케팅이라 함은 사업아이템, 타깃고객, 기존 확보 고객수, 마케팅 예산, 마케팅 투입 인력, 마케팅 담당자의 지식 및 기술 보유 수준, 마케팅 업무 투입 시간, 운영 중인 채널의 활성화 정도, 경쟁자 등을 모두 고려하여 분석하였을 때 나에게 가장 최적화된 마케팅 방법이라고 볼 수 있습니다. 즉, 여러분이 온라인 마케팅 10단계를 빠짐없이 제대로 실행하면 그로스해킹 마케팅을 자연스럽게 진행하게 되고, 그에 따라 '퍼스트파티DB'도 효과적으로 공략하고 활용하게 되어 매출을 극대화시킬 수 있습니다. **퍼스트파티DB**라 함은 내 채널에 들어온 방문자들이라고 이해하면 좋습니다. 즉, 여러분이 운영 중인 홈페이지, 쇼핑몰, 블로그, SNS, 오프라인 매장 등에 방문한 고객들입니다. 퍼스트파티DB는 크게 4가지 종류로 구분할 수 있습니다.

퍼스트파티DB
1. 온라인 사이트 및 매장을 방문하거나 조회 후 이탈된 고객
2. 사이트 유입 후 특정 행동을 한 후 이탈된 고객
(예: '좋아요'를 누르거나 장바구니에 담거나 상담 신청을 하는 등의 행동)
3. 결제 직전 단계까지 갔지만 결국 이탈된 고객
4. 결제를 완료한 고객

이 중 1~3번까지의 고객은 여러분의 상품을 구매할 가능성이 매우 높은 잠재고객입니다. 여러분의 상품을 아예 인지하지 못하는 사람 100명에게 마케팅을 해서 10명을 구매하게 하는 것보다 구매 가능성이 높은 10명을 정확히 조준해서 10명 모두 구매하게 하는 것이 시간적·비용적으로 훨씬 효과적입니다.

그리고 퍼스트파티DB 4번, 결제를 완료한 고객이 여러분의 사이트에서 상품을 구매한 이유를 분석해야 합니다. 사이트에서 어떤 문장, 어떤 이미지, 어떤 것이 구매를 결정하는 데 도움이 되었는지 말입니다. 구매를 결정하는 데 도움을 준 이유를 분석하여 그 내용을 SNS 마케팅이나 퍼포먼스 마케팅 진행 시 전면에 배치시켜 공격적으로 마케팅을 진행한다면 최대의 결과를 도출해 낼 수 있습니다. 이와 관련한 SNS 마케팅 및 퍼포먼스 마케팅에 대하여는 이 책의 마지막 부분(업무 10단계)에서 자세히 살펴보겠습니다.

앞서 온라인 마케팅 업무 순서 10단계를 빠짐없이 순차적으로 진행하면 나에게 최적화된 그로스해킹 마케팅을 진행할 수 있게 되고, 이에 따라 퍼스트파티DB도 효과적으로 공략하여 매출이 성장하게 된다고 설명하였습니다.

먼저, 퍼스트파티DB 1번과 2번 고객은 온라인 마케팅 업무 순서 10단계 중 4단계와 5단계를 활용하여 효과적으로 구매 전환을 이끌어 낼 수 있습니다. 퍼스트파티DB 3번 고객은 온라인 마케팅 업무 순서 10단계 중 8단계와 9단계를 통해 효과적으로 구매 전환을 이끌어 내어 매출을 올릴 수 있습니다. 마지막으로, 퍼스트파티DB 4번 고객은 온라인 마케팅 업무 순서 10단계 중 마지막 10단계의 내용을 활용할 수 있습니다. 또한 퍼스트파티DB에 해당하지 않는 고객,

즉 내 사업 아이템을 전혀 인지하지 못하고 있는 신규 잠재고객은 온라인 마케팅 업무 순서 10단계 중 2~3단계와 6~7단계를 통해 효과적으로 정보를 인지시키고 채널로 유입시킬 수 있습니다.

그동안 온라인 마케팅을 열심히 해 온 분이 많겠지만, 10단계 중 그동안 하지 않았던 업무는 없었는지 자세히 한번 살펴보면 좋겠습니다. 자, 그럼 지금부터 온라인 마케팅 업무 10단계를 각 단계별로 구체적으로 실행하는 방법에 대해 자세히 살펴보겠습니다.

1

어디에서도 배울 수 없는
온라인 마케팅 성공 10단계

업무 1단계

수익 파이프라인 구축

온라인 마케팅으로 수익을 발생시키고 매출을 향상시키려면 우선 수익 파이프라인부터 탄탄히 구축해야 합니다. **수익 파이프라인**이란 돈을 벌어들이는 경로입니다. 즉, 온라인 마케팅으로 돈을 벌 수 있는 방법을 말합니다. 온라인 마케팅으로 수익을 낼 수 있는 방법은 매우 다양하지만, 크게 다음과 같이 5가지로 구분할 수 있습니다.

1. 자신의 사업아이템을 직접 홍보 마케팅하여 매출을 올리는 방법
2. SNS와 광고로 수익을 내는 방법(제휴 마케팅)
3. 유통 사업으로 수익을 내는 방법
4. 온라인 마케팅 강사가 되어 수익을 내는 방법
5. 상기 방법 모두 진행

이 5가지 방법에 대해 자세히 알아보겠습니다.

1. 자신의 사업아이템을 직접 홍보 마케팅하여 매출을 올리는 방법

먼저, 온라인 마케팅은 눈에 보이는 유형의 상품을 판매하느냐 또는 눈에 보이지 않는 무형의 서비스를 판매하느냐, 또는 고객에게 직접 판매하는 B2C 영업 방식이냐, 또는 기업 대 기업으로 영업을 해야 하는 B2B 영업이냐, 그리고 기업 대 정부기관을 대상으로 영업을 해야 하는 B2G 영업이냐에 따라 접근해야 하는 마케팅 방향이 달라진다는 것을 인지해야 합니다.

그리고 자체 채널과 외부 채널을 적절히 결합하여 온라인 마케팅을 진행하는 것이 중요합니다. **'자체 채널'**은 자체적으로 개설하여 운영되는 채널, 즉 본인의 자사몰(독립몰), 스마트스토어, 직접 운영하는 SNS 계정 등이 해당합니

다. '**외부 채널**'은 내 것이 아닌 채널, 즉 타인이 만든 채널로 자신의 사업아이템을 구매할 가능성이 높은 잠재고객들을 타기팅할 수 있도록 활성화된 채널을 말합니다. 사업아이템과 타깃 고객 등 여러 가지 요소를 고려해 각자에게 맞는 최적화된 홍보 마케팅 채널을 조사하는 방법에 대해서는 '업무 2단계: 맞춤 홍보 마케팅 채널 조사'에서 자세히 살펴보겠습니다.

우선, 여러분은 온라인에서 사업아이템을 즉시 판매할 수 있는 사이트를 준비해 놓아야 합니다. 이때 아직 별도의 사이트가 준비되어 있지 않은 경우에는 네이버 스마트스토어 및 네이버 스마트 플레이스를 고려해 보아도 좋습니다. 네이버 스마트스토어의 경우, 무료로 누구나 쉽게 개설이 가능하며, 카드 결제, 핸드폰 결제 등 다양한 결제 수단이 자동으로 생성되기 때문입니다. 또한 유형의 상품뿐만 아니라 무형의 서비스도 스마트스토어를 활용해 판매할 수 있습니다. 저도 온라인 마케팅 컨설팅 서비스나 마케팅 교육, 전자책 등을 스마트스토어에 올려 판매하고 있습니다. 네이버 스마트 플레이스의 경우에도 누구나 쉽게 무료로 활용할 수 있으며 예약 기능뿐만 아니라 결제 기능을 추가하여 운영할 수 있습니다.

그 밖에 **스마트스토어의 장점**은 다음과 같습니다.

- 네이버 블로그처럼 누구나 쉽게 무료로 만들 수 있음
- 상품 등록이 무료임
- 상품 판매 수수료가 저렴함(쿠팡, 위메프 등의 오픈마켓이나 소셜커머스의 판매수수료가 보통 15~30%인 반면, 스마트스토어의 판매 수수료는 최대 약 6%임)
- 네이버 쇼핑 부문에 노출되며, 검색로직최적화(SEO) 작업을 한다면 네이버 통합검색의 네이버 쇼핑 상단에 노출시킬 수 있음
- 다양한 결제 수단(카드 결제, 핸드폰 결제 등)이 자동으로 생성됨

그런데 아직 사업아이템조차 명확히 정해지지 않은 분들, 즉 온라인 마케팅으로 어떻게 돈을 벌 수 있을지에 대한 방향 설정조차 되지 않은 분들이 있을 수 있습니다. 수익을 발생시킬 수 있는 사업아이템(수익 파이프라인)이 정해져야 온라인 마케팅을 진행할 수 있기 때문에 사업아이템이 아직 없는 분들을 위해 앞서 살펴본 수익을 낼 수 있는 5가지 방법 중 두 번째 방법(제휴 마케팅)부터 다음 절에서 순차적으로 살펴보겠습니다. 사업아이템이 이미 명확히 있는 분들도 이 방법을 통해 해당 아이템을 더 잘 팔리게 해 주는 미끼성 상품이나 부수익을 얻을 수 있는 씨드아이템을 구할 수도 있으므로 참고해 보면 좋겠습니다.

2. SNS와 광고로 수익을 내는 방법(제휴 마케팅)

1인 제휴 마케터(1인 마케터)는 다른 사람의 사업아이템을 대신 홍보해 주고 대가를 받는 사람들을 말합니다. 장소 및 시간의 제약 없이 언제 어디에서든 본인이 원하는 때에 온라인 마케팅으로 돈을 벌 수 있기에 '**디지털노마드**'라고도 불리며, 회사원, 주부, 사업가 등 남녀노소 누구나 할 수 있는 일입니다.

인플루언서가 본인의 SNS에 특정 상품에 대한 포스팅을 해 주고 원고료를 받거나 유명 유튜버가 특정 상품을 본인의 영상에 노출시켜 주고 대가(광고료)를 받는 형태도 1인 제휴 마케터로서 수익을 내는 일이며 디지털노마드에 속한다고 할 수 있습니다. 페이스북과 인스타그램 광고(퍼포먼스 마케팅)를 통해 수익을 발생시키는 일이나 블로그에 네이버 애드포스트나 구글 애드센스 등의 광고를 걸어서 수익을 내는 일도 해당합니다.

그런데 가만히 있어도 수많은 기업으로부터 광고 협찬 의뢰를 많이 받는 유명 인플루언서가 아닌 이상 SNS 채널이 있다 하더라도 원하는 만큼의 수익을 발생시키는 일이 쉽지 않은 것이 사실입니다. 그래서 일반인의 경우 적극적으로 수익을 발생시킬 수 있는 좋은 아이템(머천트)을 찾고 공격적인 마케팅을 진행하는 것이 중요합니다. 하지만 어디에서 홍보할 아이템을 찾아야 할지, 어떻게 마케팅을 하고 어떻게 포스팅을 해야 수익을 낼 수 있는지 막막할 수 있습니다. 그럴 경우 다음의 사이트를 살펴보면 도움이 될 것입니다.

다음의 사이트에는 홍보 마케팅할 아이템들이 다양하게 배치되어 있으며, 1인 제휴 마케터들에 의해 많이 활용되고 있습니다. 1인 제휴 마케터를 처음 시도하는 분들은 먼저 홍보할 아이템을 찾아야 하므로 다음의 사이트를 참고하기 바랍니다.

• 제휴 마케팅 사이트 •

CPA AD	DB판다	게임워크	뉴포스팅	다이슈 트너
디비디비딥	디비모아	리더스 CPA	리플알바	링크인피알
링크프라이스	마켓클럽	버숑	쉐어팝	스마트포스팅
아이라이크클릭	알바리치	애드맥스	애드몽	애드알바
애드인스	애드픽	앱트리	오디비	위너클릭
인터리치	제프리	지니팡	텐핑	포인트큐

이러한 사이트들은 제휴 마케터로서 수입을 발생시킬 수 있는 사이트들이며, 이 중에 제휴 마케터들이 많이 활용하는 대표적인 사이트로는 텐핑, 디비디비딥, 알바리치, 링크프라이스, DB판다를 들 수 있습니다. 한국창업마케팅사관학교 수료생들도 이와 같은 제휴 마케팅 사이트를 활용하여 월 2~3백만 원부터 1,000만 원 이상의 수익을 창출하고 있습니다.

제휴 마케팅은 집이나 카페 등 본인이 편한 곳에서 편한 시간대에 사업자가 아니어도 할 수 있는 일이기에 주부, 학생, 회사원 등 다양한 사람이 제휴 마케팅을 통해 부수입으로 수입을 창출하고 있습니다.

텐핑 사이트 활용 방법

여기에서는 텐핑, 사이트를 활용하는 방법에 대해 살펴보겠습니다.

먼저, 네이버에 **'텐핑'**을 검색합니다. 텐핑 사이트를 들어가 보면 굉장히 다양한 분야의 업체가 자신의 사업아이템을 홍보하고 판매해 달라고 올려 놓은 것을 확인할 수 있습니다.

■ 텐핑 수익 메뉴의 이해

우선, 텐핑 사이트에 회원가입을 한 후 첫 화면을 보면 상단에 다양한 메뉴가 있습니다.

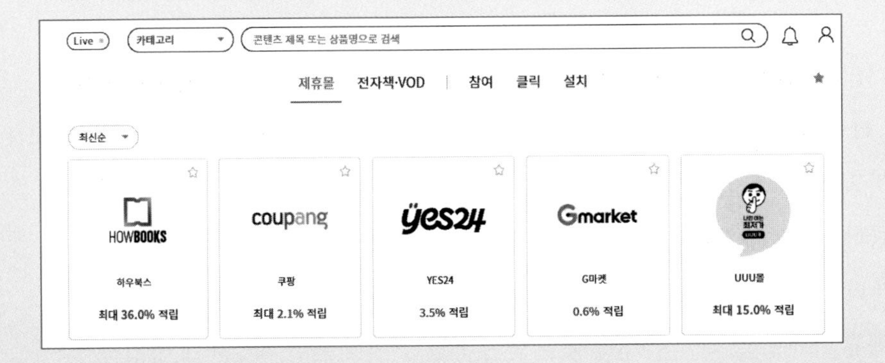

'제휴몰 및 전자책 · VOD' 메뉴는 마케터가 홍보뿐만 아니라 상품을 판매까지 했을 때 수익이 발생하는 메뉴입니다. 마케터가 해당 상품을 판매까지 하였을 때 판매 금액의 몇 퍼센트의 형태로 수익이 발생합니다. 따라서 전자책을 판매해야 하거나 VOD를 판매수익을 올려야 하는 분, 쇼핑몰이 있는 분들이 해당 메뉴에 본인의 사업아이템이 노출되도록 텐핑과 '구매형 CPS'로 제휴를 맺는 경우가 많습니다. 마케터가 실제로 상품을 판매까지 했을 때 수수료를 지급하면 되는 것이기 때문에 다른 제휴 상품보다 실속이 있을 수 있기 때문입니다.

'참여' 메뉴는 기업들이 고객들의 데이터베이스(DB)를 수집하고 싶을 때 활용하는 메뉴입니다. 마케터가 페이스북 광고나 구글 애드워즈 광고, 블로그 등 다양한 채널로 참여 메뉴에 있는 아이템을 홍보하고 누군가 해당 홍보 글에 있는 링크를 클릭하여 본인의 개인정보를 입력한 후 신청하기 버튼을 눌러 참여를 하면 해당 DB가 업체 쪽에 제공됩니다. 그럼 업체 쪽에서 해당 DB에 연락을 하여 실제로 전화 연결 등이 되어 유효한 DB로 확인되면 DB 1건당 수익이 발생하는 구조입니다. 발생한 수익은 텐핑 사이트에 로그인하면 적립금 형태로 확인할 수 있으며, 일정 금액 이상이 되면 본인의 계좌로 인출 신청을 할 수 있습니다.

'클릭' 메뉴는 마케터가 작성한 게시물에 포함되어 있는 링크를 누가 한 번만 클릭해도 마케터에게 수익이 발생한다고 보면 됩니다. 발생한 수익은 텐핑 사이트에 로그인하면 적립금 형태로 확인할 수 있으며, 일정 금액 이상이 되면 본인의 계좌로 인출 신청을 할 수 있습니다.

'설치' 메뉴는 앱을 홍보하는 메뉴입니다. 앱이 설치되고 특정 액션(설치, 회원가입 등)이 발생될 때마다 마케터에게 수익이 발생하는 구조입니다. 즉, 마케터는 홍보하고 싶은 앱을 발견한 경우 '소문정보'를 클릭해서 본인이 자신 있거나 편한 채널(블로그, 카페, 페이스북, 인스타그램 등)에 해당 앱의 포스팅을 올려 홍보를 합니다. 누군가가 마케터의 포스팅을 보고 앱이 마음에 들어서 마케터가 작성한 포스팅에 있는 링크를 클릭해 해당 앱을 설치하고 특정 액션을 하면 마케터에게 수익이 발생합니다.

■ 제휴 마케팅 아이템 선정 방법

제휴 마케팅 사이트에서 홍보할 아이템을 선택할 때 한 가지 팁으로는 해당 아이템의 랜딩페이지 또는 업체의 사이트를 들어가 보는 것입니다. 예를 들어, 텐핑 사이트의 '참여' 메뉴에 있는 아이템 중 하나를 선택해 페이스북 광고를 통해 홍보하고 있다고 가정하겠습니다. 그럼 광고를 본 사람들 중 관심이 있는 사람은 광고에 기입되어 있는 링크를 클릭해서 업체의 랜딩페이지에 들어가게 될 것입니다. 그런데 이때 랜딩페이지가 너무 엉망으로 만들어져 있거나 매력적이지 못하다면 아무리 마케터가 열심히 광고를 해도 바로 이탈하게 될 것입니다. 이렇게 되면 마케터는 광고비만 쓰고 실제 참여하는 사람은 없어 수익을 올리지 못하게 되는 것입니다.

그래서 반드시 텐핑의 '메시지 복사하기'에 기입되어 있는 링크를 복사하여 실제로 해당 링크를 들어가 화면 구성이 잘 되어 있는지를 꼭 확인해 보는 것이 좋습니다. 또한 텐핑 사이트에 있는 아이템 중 몇 개를 골라 해당 아이템의 제목을 네이버에 검색해 보세요.

텐핑의 **'참여'** 메뉴에서 **'아이챌린지 영유아 무료 발달검사'**라는 아이템을 클릭하였습니다.

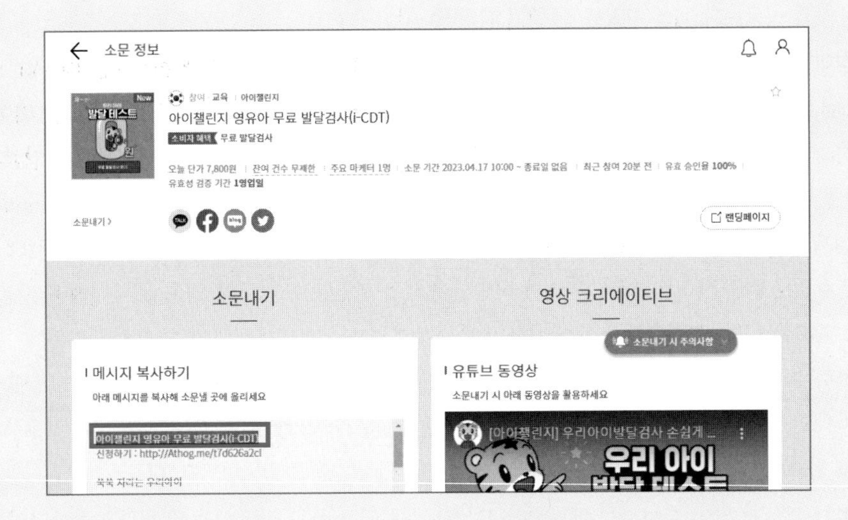

그리고 메시지 복사하기에 있는 아이템 이름을 복사하여 네이버에 검색하였습니다. 그럼 다음과 같이 해당 아이템을 포스팅한 블로그들을 쉽게 찾을 수 있습니다.

해당 블로거들이 포스팅한 내용을 살펴봅니다. 당연히 블로그 포스팅 내에 있는 링크를 클릭하면 해당 블로그 주인장에게 수익이 발생합니다. 텐핑 아이템을 포스팅한 몇몇 블로그에 들어가 보면 업체가 텐핑에 등록한 문구와 이미지를 그대로 올린 포스팅들을 볼 수 있습니다. 여러 종류의 제휴 마케팅 사이트를 돌아다니며 제공된 문구와 이미지를 그대로 사용하면서 포스팅의 양으로 승부를 보는 것입니다. 마치 스마트스토어에 상품을 하루에 100개 이상씩 대량으로 올리면서 하나라도 걸려라 하는 식으로 작업을 하는 것과 같습니다. 이런 경우에는 다른 블로거들과 유사 콘텐츠로 중복될 수 있고, 블로그 지수가 낮은 경우 다른 블로그에 밀려 상위노출이 잘 되지 않을 수도 있습니다. 또한 블로그 자체의 브랜드 이미지도 별로 좋아 보이지 않을 수도 있습니다. 따라서 조금 더 수익을 발생시키려면 제공받은 이미지와 문구를 그대로 사용하기보다 사람들의 시선을 사로잡을 수 있도록 소비자의 언어로 변화시켜 차별화된 후킹(hooking)문구를 활용하는 것이 좋습니다.

또한 텐핑과 같은 제휴 마케팅 사이트에서 홍보할 아이템을 선정할 때에는 되도록 본인의 SNS 주제에 맞는 아이템을 선정해야 합니다. 만약 그동안 블로그를 육아 블로그로 운영해 왔다면 텐핑과 같은 제휴 마케팅 사이트에서 육아 관련 아이템 또는 주부들이 관심 있어 할 만한 아이템을 포스팅하는 것이 블로그의 지수 측면에서도 수익 발생 측면에서도 유리할 수 있습니다.

예를 들어, 블로그에 육아 관련된 포스팅을 많이 해 왔으며 블로그의 구독자층이 30대 이상의 주부들이라고 가정하겠습니다. 그런데 어느 날 갑자기 게임이나 주식 관련된 포스팅을 한다면 블로그의 주요 구독층이었던 주부들이 거부감을 느껴 이탈하게 될 수도 있고, 관심사에 해당되지 않는 콘텐츠라면 당연히 해당 포스팅을 클릭해 보지도 않을 수 있습니다. 그럼 당연히 수익이 발생하지 않습니다.

또한 네이버 알고리즘도 해당 블로그를 육아 블로그로 인지하고 있었는데 갑자기 게임이나 주식 관련된 기존 블로그 주제와는 전혀 상관 없는 다른 주제의 키워드가 계속 인식된다면 분석에 혼란이 생겨 해당 포스팅은 상위노출이 잘 되지 않을 수도 있습니다. 따라서 기존에 운영하고 있는 본인의 SNS 계정에 제휴 마케팅 사이트의 아이템을 업로드하는 경우, 기존 팔로워들이나 구독자들의 연령층과 성비, SNS의 주제 등을 고려하여 홍보할 아이템을 선정해야 합니다.

■ **제휴 마케팅 수익화 팁**

자신이 운영하는 SNS 채널이 활성화되어 있다면 바로 수익이 발생하는 경우도 있지만, SNS가 아직 활성화되지 않은 경우라면 유입되는 사람이 별로 없어 생각만큼 수익화가 잘 되지 않습니다. 그래서 홍보할 아이템에 반응할 만한 사람들이 많이 가입되어 있는 카페를 찾아 회원가입을 한 후에 게릴라 및 침투 마케팅을 하거나 사람들이 많이 보는 게시글에 댓글을 남겨 링크를 클릭하게끔 유도하는 경우가 많습니다. 또는 제휴 마케팅용 페이스북 및 인스타그램 서브 계정을 추가로 만들어 홍보 게시물을 올린 다음 빨리 수익화가 될 수 있도록 광고를 집행하는 경우도 많습니다.

광고를 집행할 경우에는 광고 투입비용과 제휴 마케팅 단가를 고려하여 집행 여부를 결정해야 합니다. 만약 텐핑에서 '클릭' 메뉴에 있는 아이템 중 한 번 클릭될 때마다 100원의 수익이 마케터에게 발생하는 아이템을 골랐다고 가정하겠습니다. 그런데 수익이 더 빨리 발생하였으면 하는 마음에 이 아이템을 페이스북에 올려 광고를 했더니 누가 내 광고를 클릭할 때마다 200원씩 소진된다면 수익비용보다 광고 집행비용이 높아 결과적으로 마이너스가 됩니다. 따라서 페이스북 및 인스타그램 광고나 구글 애드워즈 광고를 집행할 때에는 수익 단가가 높은 아이템을 선정하는 것이 좋습니다.

앞에서 언급한 게릴라 마케팅과 광고 등의 구체적인 집행 방법에 대해서는 앞으로 이 책에서 자세히 살펴보도록 하겠습니다. 이 책에서 살펴볼 마케팅 기술들을 접목시키면 수익을 효과적으로 발생시킬 수 있습니다.

■ 제휴 마케팅 사이트 활용법

반대로 마케터가 아닌 대표님은 본인의 사업아이템을 제휴 마케팅 사이트에 올려 실력 있는 온라인 마케터가 대신 홍보 마케팅을 해 줌으로써 마케팅 도구로서도 제휴 마케팅 사이트를 활용할 수도 있습니다. 또는 제휴 마케팅 사이트에 등록되어 있는 아이템 중 타깃 잠재고객을 공략할 수 있을 만한 아이템을 찾아 SNS에 올려 미끼성 아이템으로 활용할 수도 있습니다. 예를 들어, 블로그에 '다이어트건강식품'에 대한 판매 글을 그동안 올렸다면, 해당 상품의 잠재고객인 30대 여성들이 좋아할 만한 '다이어트' 관련 아이템이나 또는 '뷰티' 관련 아이템 등 판매 중인 상품과 카테고리가 일치하는 아이템을 제휴 마케팅 사이트에서 찾아 블로그에 올려 더 많은 타깃 잠재고객들을 끌어 모으는 데 사용하는 것입니다. 그리고 해당 포스팅에는 본인이 판매 중인 상품의 링크를 추가하여 쇼핑몰로 자연스럽게 유입될 수 있도록 하는 것입니다.

텐핑에 본인의 사업아이템을 올려 마케터를 구하고 싶은 경우에는 사이트 왼쪽에 **'텐핑 광고 의뢰하기'** 메뉴를 클릭한 다음 텐핑과 제휴를 맺을 광고 서비스 종류를 선택하고 홍보할 상품에 대한 콘텐츠를 올리면 됩니다.

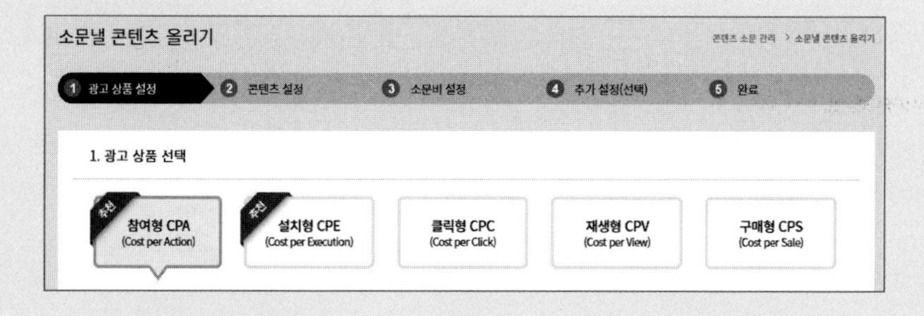

텐핑과 제휴를 맺을 수 있는 광고 서비스 종류에는 크게 5가지가 있습니다. 이때 사이트의 종류(네이버 스마트스토어, 독립몰 등)와 홍보할 콘텐츠의 형태(이미지 형태, 동영상 형태, 어플 등)에 따라 진행이 불가한 광고 서비스가 있을 수 있으니 텐핑에 사전 문의를 하여 상담 후 서비스를 선택하는 것이 좋습니다.

만약 판매자가 상품의 매출을 직접적으로 빠르게 끌어올려야 하는 경우 텐핑에 광고 제휴를 맺으실 때 '구매형 CPS'로 광고 제휴를 맺으면 됩니다. 다만, 텐핑과 '구매'로 제휴를 맺으려면 별도의 독립형 사이트가 있어야 하며, 네이버 스마트스토어, 네이버 블로그, 네이버 카페와 같이 배포용 사이트의 경우에는 텐핑과 구매 제휴가 어려울 수 있고 사이트 내에 결제 시스템이 있어야 하는 조건이 있을 수 있으니 사전 확인 후 제휴를 맺어야 합니다.

만약 별도의 독립형 쇼핑몰이 있고 쇼핑몰에 온라인 결제 시스템까지 있는 경우에는 '쇼핑몰' 자체로 제휴를 맺을 수 있습니다. 텐핑과 쇼핑몰 구매 제휴가 되어 있는 쇼핑몰들이 매우 다양하니 살펴보면 도움이 될 것입니다. 나 대신에 물건을 판매해 줄 수 있는 주요 키맨을 구할 수도 있으니 활용해 보세요.

자신의 상품을 구매할 가능성이 있는 잠재고객들의 유효한 양질의 DB(이름, 연락처, 이메일 등)를 구하고 싶은 판매자의 경우, 텐핑에 '참여'로 광고 제휴를 맺으면 됩니다. 앱을 개발했거나 앱 설치량을 늘려 홍보하고 싶은 경우에는 '설치형 CPE'로 텐핑과 제휴를 맺으면 됩니다. 참고로, 광고 서비스 종류 중 '클릭형 CPC' 서비스는 투입비용 대비 매출 전환율이 높지 않을 수도 있으니 유의해야 합니다.

여러분의 사이트 상세페이지가 매력적으로 잘 구성되어 있고 기존 고객들의 리뷰와 별점 등 평점이 탄탄하게 잘 쌓여 있다면 다행이지만, 만약 이러한 사전 준비가 잘 되어 있지 않다면 다른 종류의 서비스로 제휴를 해 보면 좋습니다. 물론 상세페이지 구성과 리뷰 작업은 모든 홍보 마케팅 활동 전 기본으로 세팅되어 있어야 하는 필수 단계입니다.

이렇게 홍보 마케팅을 할 사업아이템이 아직 없는 분들이나 사업아이템이 있지만 미끼성 아이템을 구하고자 할 때, 1인 제휴 마케터가 되고 싶은 분은 제휴 마케팅 사이트를 활용해 홍보할 아이템을 하나 선택하여 이 책을 보며 마케팅 연습을 해 보는 것이 좋습니다. 여기에서는 텐핑 사이트를 활용하여 설명하였지만, 앞서 살펴본 대로 돈을 벌 수 있는 제휴 마케팅 사이트는 다양하므로 본인의 취향에 맞는 사이트를 선택하여 꼭 활용해 보세요.

3. 유통 사업으로 수익을 내는 방법

유통 사업이란 쇼핑몰을 개설하여 다른 업체의 상품을 업로드해 놓고 해당 상품이 판매되면 수수료로 이익을 취할 수 있는 구조입니다. 보통 쿠팡이나 11번가, 옥션 등의 오픈마켓 업체들이 이러한 유통 사업의 일종이라고 볼 수 있습니다.

유통 사업은 이미 본인의 사업아이템이 있는 분들도 많이 진행하고 있습니다. 예를 들어, 기존에 판매하고 있었던 사업아이템이 여성 의류라면 B2B 도매사이트에서 비슷한 연령층의 여성들이 관심 있어 할 만한 여성 액세서리를 찾아 쇼핑몰에 올려 판매를 하는 것입니다. 그럼 동일한 여성용 상품이기 때문에 타깃층이 맞고 액세서리 관련된 키워드를 추가로 조사하여 마케팅을 하면 더욱더 많은 여성 잠재고객을 쇼핑몰로 유입시킬 수 있습니다. 성비와 연령층이 비슷한 고객들의 유입량이 많아질수록 기존 아이템을 보는 사람도 많아지고 구매 가능성이 높아집니다.

요즘 일반 쇼핑몰이나 쿠팡 등 다양한 오픈마켓에 들어가 보면 상품 중 '자체제작' '자체브랜드' 등으로 표기된 상품들을 볼 수 있습니다. 해당 표기가 되어 있지 않은 상품들은 모두 다른 업체가 제작한 상품입니다. 이런 식으로 다양한 업체가 본인의 상품과 다른 업체가 만든 상품을 하나의 쇼핑몰에 함께 판매하여 더욱더 많은 유입자를 확보하여 매출을 지속적으로 성장시키고 있으니 참고해 보세요.

우선, 여러분이 가장 쉽게 유통 사업을 할 수 있는 방법은 네이버 스마트스토어를 개설하여 상품을 업로드하는 것입니다. 이때 자금의 여유가 있고 마케팅 기술이 있으신 분들은 잘 팔릴 만한 상품을 사입하여 판매하는 분들도 있지만, 초기 셀러의 경우 사입은 재고의 위험이 있어 부담이 될 수 있으므로 재고의 위험이 없는 **위탁판매**의 형태로 상품을 먼저 판매해 보는 것이 좋습니다.

재고의 위험이 없어 누구나 쉽게 상품을 판매해 볼 수 있다는 것이 위탁판매의 장점이지만, 진입장벽이 낮아 온라인에서 동일한 상품을 판매하는 셀러들로 인해 경쟁이 치열하다는 단점이 있습니다. 이 경우 키워드, 상위노출, 브랜드, SNS 마케팅 및 광고 등의 온라인 마케팅 지식과 기술이 있고 어느 정도의 자본을 보유하고 있는 셀러가 온라인 시장을 선점하여 판매우위를 가질 수 있습니다.

온라인에서 처음 상품을 판매하는 초기 셀러의 경우, **위탁판매**로 온라인 판매 방법에 대해 기본 공부를 하며 어떤 카테고리의 상품이 잘 팔리는지 직접 경험을 해 보고 어느 정도 기술과 지식을 학습했으면 이후 **사입**을 하여 독점계약을 맺어 판매하거나 직접 상품을 **제작**하여 브랜드를 가지고 판매하는 것으로 방향을 전환하는 경우가 많습니다. 따라서 여러분 중에서도 온라인으로 처음 상품을 판매해 보고 싶은 분들은 우선 위탁판매로 실전 경험을 한번 쌓아 보면 좋습니다.

우선, 위탁판매의 경우 상품은 보통 다음과 같은 B2B 도매사이트에서 많이 가져오는 편입니다.

• B2B 도매사이트 •

온채널	도매매	도매꾹	오너클랜
펀앤	도매토피아	도매창고	비투비몰
여우창고	비품넷	펫비투비	쇼핑뱅크
리더스도매	오마이몰	바나나빌딩	설웨이

해당 B2B 도매사이트 정보는 도매차트(http://domechart.com/)에서 더욱 다양한 정보를 볼 수 있습니다. 만약 여러분이 강아지 용품을 주제로 스마트스토어를 운영하고 싶거나 여성용품만 판매하고 싶은 경우 도매차트를 들어가 보면 주제별로 B2B 도매사이트 정보를 확인할 수 있습니다. 도매차트 이외에도

네이버에 '도매사이트 리스트'라고 검색하면 더욱 다양한 도매사이트 정보를 업종별로 쉽게 찾을 수 있습니다.

여기에서는 B2B 도매사이트 중 온채널 사이트를 예를 들어 살펴보겠습니다. 먼저, 네이버에 '온채널'을 검색합니다.

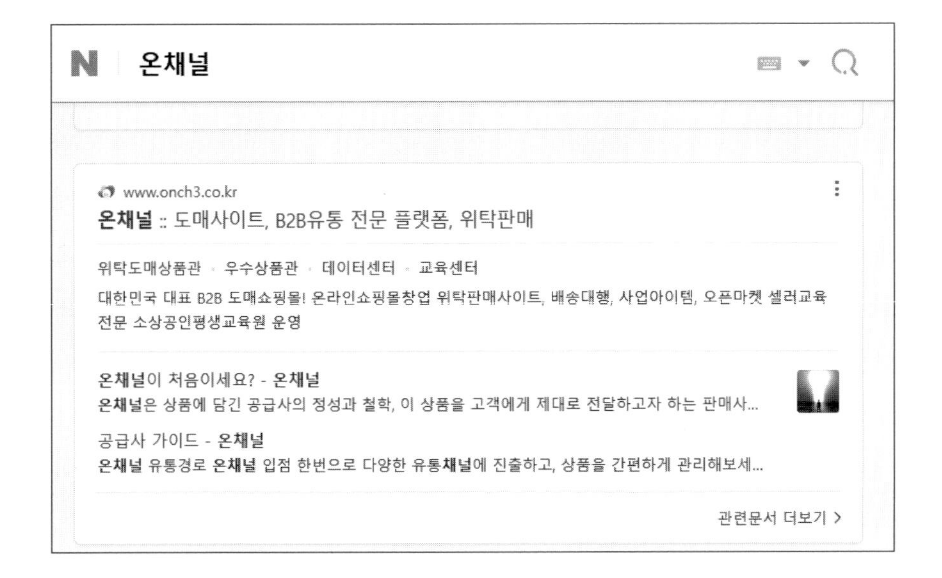

온채널 사이트에 들어가 보면 다양한 업체의 상품을 볼 수 있습니다.

많은 업체가 모두 나 대신 상품을 판매해 달라고 올려 놓은 것입니다. 본인의 사업아이템이 아직 없는 분들은 되도록 잘 팔릴 만한 상품을 찾아 스마트스토어에 올리면 되고, 이미 사업아이템이 있는 분들은 타깃 잠재고객들의 성비와 연령층을 고려하여 미끼성 상품을 찾아보면 됩니다.

또한 본인의 사업아이템을 해당 B2B 도매사이트에 업로드하면 나 대신 내 상품을 판매해 줄 수 있는 실력 있는 영업담당자를 구할 수도 있습니다. 이렇게 B2B 도매사이트는 다양한 목적으로 다양하게 활용될 수 있습니다.

먼저, 온채널 사이트를 효과적으로 활용할 수 있도록 살펴보겠습니다. 온채널 사이트를 들어가 보면 다양한 메뉴가 있습니다. 이 중 셀러(판매사)와 제조사(공급사)에게 가장 좋은 메뉴는 바로 '가격준수 B2B관'입니다. '가격준수 B2B관'을 클릭해서 들어가 보겠습니다(현 시점에서 해당 메뉴 명칭이 '단독상품관'으로 변경되었으니 참고하기 바랍니다).

가격준수 B2B관(단독상품관)을 클릭해서 들어가 보면 상단에 다음과 같은 안내 문구가 있습니다.

'판매사 준수사항'을 보면 3개월 간 월평균 매출이 300만 원 이상(현 시점 기준 100만 원)인 셀러(판매사)만 가격준수 B2B 메뉴에 있는 상품을 판매를 할 수 있다고 명시되어 있습니다. 즉, 온라인상에서 온라인 마케팅과 판매 능력이 어느 정도 이상인 사람만 판매를 할 수 있도록 제한을 둔 것입니다.

또한 가격미준수 시 이용불가라는 조건도 기입되어 있습니다. 셀러들 중에는 제조사가 제시한 가격을 지키지 않고 판매를 하여 가격을 무너뜨리는 질이 좋지 않은 셀러들도 있습니다. 이러한 셀러들을 방지하기 위해 기입된 조건이라고 볼 수 있습니다. 즉, 공급사 입장에서는 해당 가격준수 B2B관에 본인의 상품을 업로드하면 온라인 영업 마케팅 실력이 있으면서 가격을 무너뜨리지 않는 좋은 셀러를 구할 수 있는 것입니다.

반대로, 판매사인 셀러 입장에서도 보면 B2B관에는 공급사들이 타 도매사이트에는 입점되지 않은 상품만을 업로드하게 되어 있습니다. 즉, 해당 메뉴에 있는 상품을 판매하게 되면 그나마 온라인상에서 경쟁이 덜한 상품을 찾을 수 있는 것입니다.

이렇게 가격준수 B2B 메뉴가 매력적이긴 하지만 온채널의 조건에 부합되어야만 활용할 수 있습니다. 만약 이제 막 온라인 판매를 시작하는 분들은 매출기준이나 기타 조건이 성립되지 않아 가격준수 B2B에 있는 상품을 판매할 수 없습니다. 그렇게 때문에 일단 다른 메뉴에 있는 상품을 판매하며 해당 조건이 부합될 수 있도록 성장하는 것이 좋습니다.

우선, 해당 B2B 도매사이트에 등록되어 있는 상품을 판매해 보려면 먼저 '판매사'로 회원가입을 해야 합니다. 공급사로 이미 회원가입을 한 경우에도 판매사로 추가 회원가입이 가능합니다. 이때 온채널의 경우에는 사업자등록증을 제출해야 판매사로 회원가입 승인이 됩니다.

만약 사업자가 없는 분들은 앞서 살펴본 제휴 마케팅 사이트에서 홍보 마케팅할 아이템을 선정해 볼 수 있습니다. 회원가입 승인이 모두 완료된 경우에는 온라인에서 잘 팔릴 만한 상품을 골라 판매신청을 한 후 본인의 스마트스토어나 오픈마켓에 해당 상품을 올려 판매할 수 있습니다.

그럼, 여기에서 잘 팔릴 만한 상품을 도대체 어떻게 찾아낼 수 있을까요? 지금부터 잘 팔릴 만한 상품을 선정하는 방법에 대해 자세히 살펴보도록 하겠습니다.

1) 잘 팔릴 만한 상품을 찾는 방법

잘 팔릴 만한 상품을 조사하는 방법에는 여러 가지가 있습니다. 이 중 여러분이 쉽게 조사할 수 있는 방법을 살펴보겠습니다.

(1) 네이버 데이터랩을 활용해 상품을 찾는 방법

먼저, '네이버 데이터랩'을 활용하는 방법입니다. 이 방법은 어떤 업종의 상품을 판매하는 것이 좋은지조차 아무것도 결정되지 않았거나 스마트스토어만 있고 그 이후에 어떻게 해야 하는지 전혀 방향이 잡히지 않은 분들, 상품에 대해 그 어떤 지식이 없다는 가정하에 조사하는 방법으로 1차 대카테고리부터 좁혀 가는 방식입니다. 우선, 네이버 검색창에 '데이터랩'을 검색합니다.

'네이버 데이터랩' 사이트를 클릭합니다. 네이버 데이터랩 사이트의 상단 메뉴 중 '쇼핑인사이트'를 클릭하고 화면 맨 하단으로 스크롤을 내려 보세요.

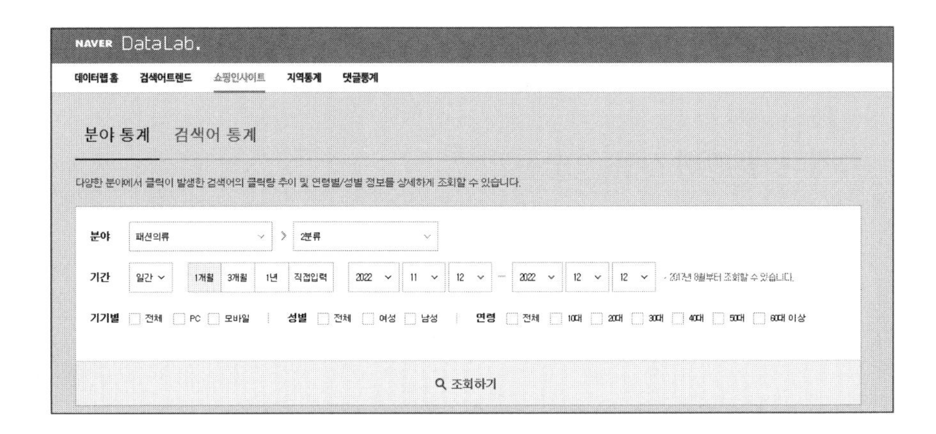

그럼 이렇게 '쇼핑분야 트렌드 비교'라는 부분을 볼 수 있습니다. 바로 밑에 보면 '분야1' '분야2' '분야3'을 선택하는 칸이 있습니다.

쇼핑분야 트렌드 비교
비교를 원하는 분야를 선택 후 조회를 클릭하세요. 분야별 클릭 횟수 트렌드를 확인 할 수 있습니다.
분야1 1분류
분야2 1분류
분야3 1분류
기간 일간 1개월 3개월 1년 직접입력 2022 11 15 – 2022 12 15
기기별 전체 PC 모바일 | 성별 전체 여성 남성 | 연령 전체 10대 20대 30대
조회하기

해당 칸을 클릭해 보면 패션의류, 패션잡화 등 네이버에서 구분해 놓은 카테고리 리스트가 보입니다.

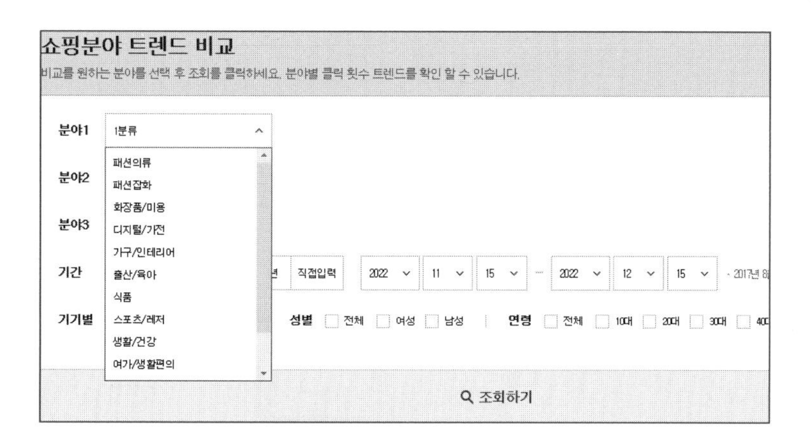

'분야1'부터 '분야3'까지 카테고리를 위에서 순차적으로 하나씩 클릭합니다. 그리고 바로 밑에 '기간'을 설정합니다. 기간의 경우 먼저 '1년'을 클릭하여 데이터를 보고, 다시 한 번 '직접입력'을 클릭한 다음 기간 설정은 작년 이번 달부터 3개월을 설정합니다(예: 오늘 날짜가 2023. 7. 30.인 경우, 기간 설정은 2022. 7. 30.~10. 30.으로 설정). 이렇게 두 번의 기간을 설정해 본 후 공통적인 데이터를 찾아냅니다.

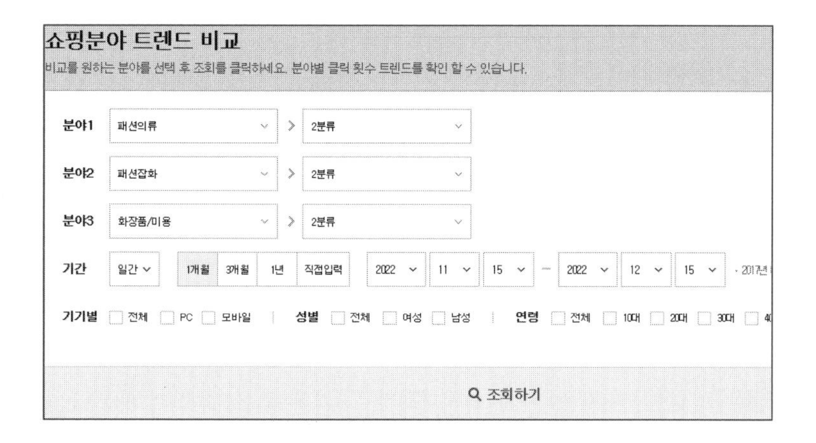

우선, 여기에서는 '1년'을 클릭하여 데이터를 살펴보겠습니다. 그럼 다음과 같이 1년치의 데이터가 나옵니다.

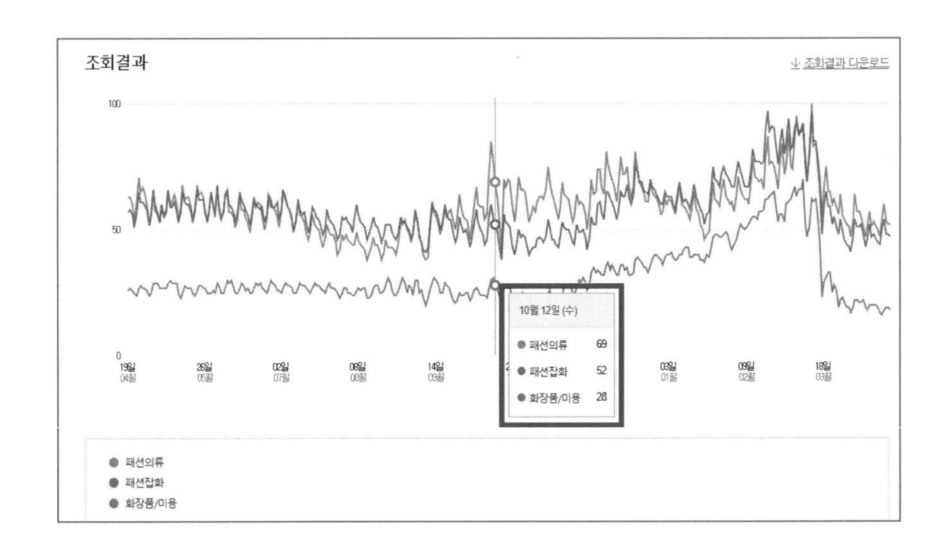

결과값을 보니 1년 동안 네이버 쇼핑에서 가장 많은 클릭을 받은 카테고리가 '**패션의류(69점)**'라는 것을 알 수 있습니다. 그다음이 '**패션잡화(52점)**'이고, 가장 인기가 없는 카테고리가 '**화장품/미용(28점)**'으로 나왔습니다. 이렇게 보면 여러분은 어떤 카테고리의 상품을 먼저 스마트스토어에 올려 판매하는 것이 좋을 것 같은가요? 이 질문에 거의 대부분 가장 인기가 많은 '패션의류'라고 답을 합니다. 만약 여러분 중 반대의 답을 하셨다면 아주 잘하셨습니다.

정답은 '화장품/미용' 카테고리에 속하는 상품을 먼저 판매하는 것이 유리합니다. 왜냐하면 해당 데이터는 작년부터 오늘까지의 결과값으로 패션의류가 가장 인기가 많다는 것은 이미 빅파워 등급(스마트스토어 판매 등급) 이상의 실력 있는 판매자들이 많이 다루고 있는 상품인 경우가 많기 때문입니다. 그래서 여러분의 스마트스토어가 아직 빅파워 이하의 이제 시작 단계인 경우 이들과 경쟁을 해 봤자 상위노출되기가 어려울 수 있기 때문에 1차 대카테고리를 정할 때에는 반대로 가장 인기가 낮은 '화장품/미용'을 선택하여 상품을 찾아내는 것입니다.

지금 네이버에서 구분해 놓은 카테고리 중 상위 3개만 비교하여 '화장품/미용'을 찾았습니다. 여러분은 이 방식으로 나머지 카테고리까지 순차적으로 비교해야 합니다.

이렇게 카테고리를 위에서부터 순차적으로 3개씩 조사해서 하나의 카테고리를 골라내고, 다시 해당 카테고리들을 3개씩 비교해서 마지막 하나의 대카테고리가 나올 때까지 반복하면 됩니다. 여기에서는 최종 1차 카테고리를 '화장품/미용'으로 잡아 냈다고 가정하겠습니다. 그럼 이제 조금 더 세부적인 2차 카테고리로 범위를 좁혀 조사합니다.

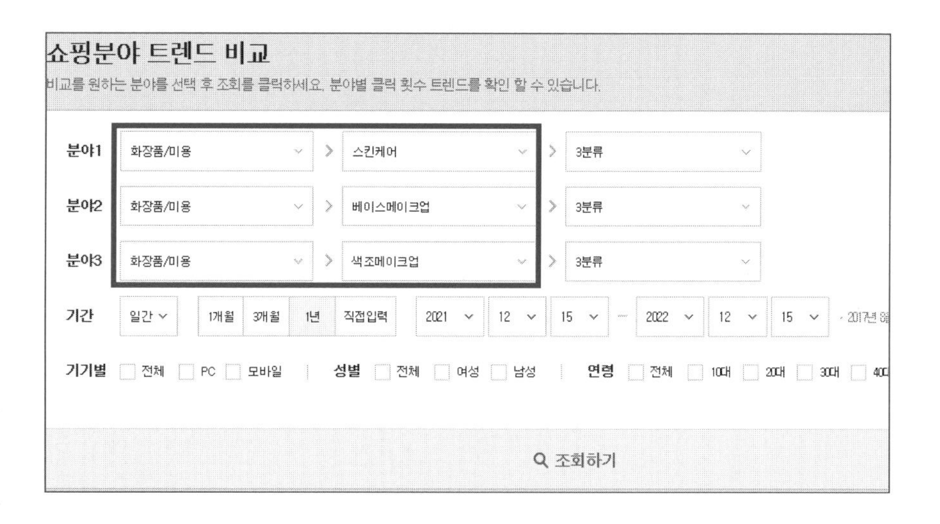

분야 1~3의 1차 카테고리는 동일하게 '화장품/미용'으로 모두 선택하고, 해당 분야의 2차 카테고리를 조사하는 것입니다. 방식은 동일합니다. 가운데 칸을 클릭하여 네이버에서 구분해 놓은 2차 카테고리를 위에서 하나씩 순차적으로 선택합니다. 기간도 동일한 방식으로 1년으로 설정하여 조회해 보고 직접 입력을 클릭하여 작년 기준 3개월치를 보면 됩니다. 이렇게 두 번의 기간을 살펴본 후 공통적인 데이터를 찾아냅니다.

우선, 기간은 마찬가지로 '1년'을 클릭하여 데이터를 살펴보겠습니다. 그럼 다음과 같이 1년치의 데이터가 나옵니다.

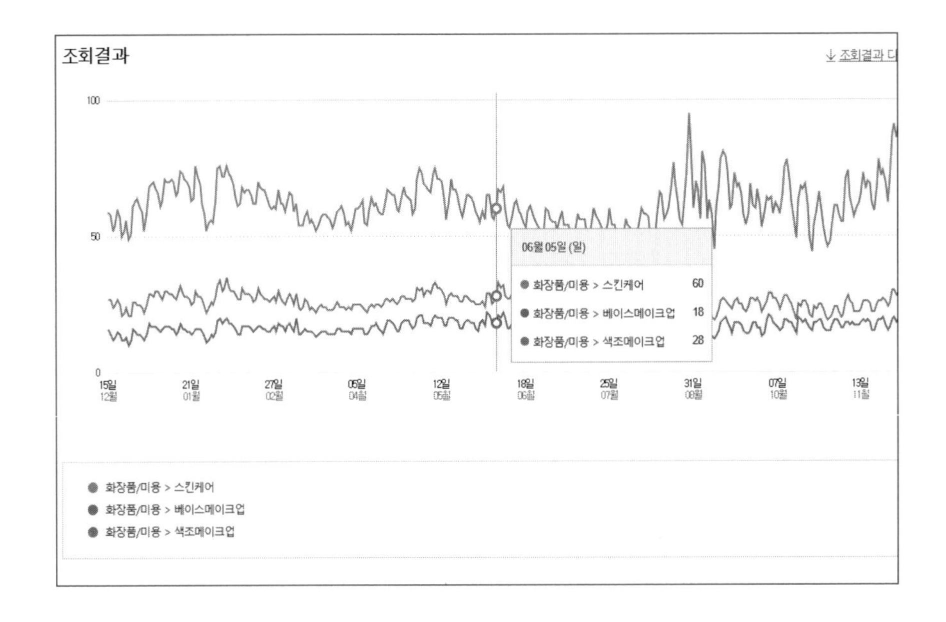

결과값을 보니 1년 동안 네이버 쇼핑에서 가장 많은 클릭을 받은 2차 카테고리는 '**스킨케어(60점)**'라는 것을 알 수 있습니다. 그다음이 '**색조메이크업(28점)**'이고, 가장 인기가 없는 카테고리가 '**베이스메이크업(18점)**'으로 나왔습니다.

이렇게 보면 여러분은 어떤 카테고리의 상품을 먼저 스마트스토어에 올려 판매하는 것이 좋을 것 같은가요? 여기서부터 이제 어떻게 답을 해야 할지 헷갈리기 시작합니다. 정답은 가장 인기가 많지도 너무 낮지도 않은 중간 점수인 '색조메이크업'을 선택합니다. 2차 카테고리의 경우 1차 카테고리만큼 경쟁이 심하지는 않기 때문에 중간 점수대의 카테고리를 선택하는 것입니다. 이렇게 1차 카테고리와 2차 카테고리를 선정하였으면 조금 더 구체적으로 명확한 상품을 찾아냅니다.

네이버 데이터랩 쇼핑인사이트 화면에서 맨 위로 스크롤을 다시 올려 보면 다음과 같은 분야 통계 화면을 확인할 수 있습니다.

'분야'에 우리가 조사한 1차 카테고리와 2차 카테고리를 선택하고 하단에 '기간'을 선택합니다. 기간은 동일한 방법으로 1년과 직접입력을 클릭하여 공통으로 나오는 결과값을 찾으면 됩니다. 저는 '1년'으로 기간을 설정하겠습니다. 기간에서 1년을 클릭한 후 하단의 '조회하기'를 클릭합니다. 그러면 바로 밑에 부분의 오른쪽을 보면 해당 카테고리에 속한 500개의 상품을 한눈에 볼 수 있습니다.

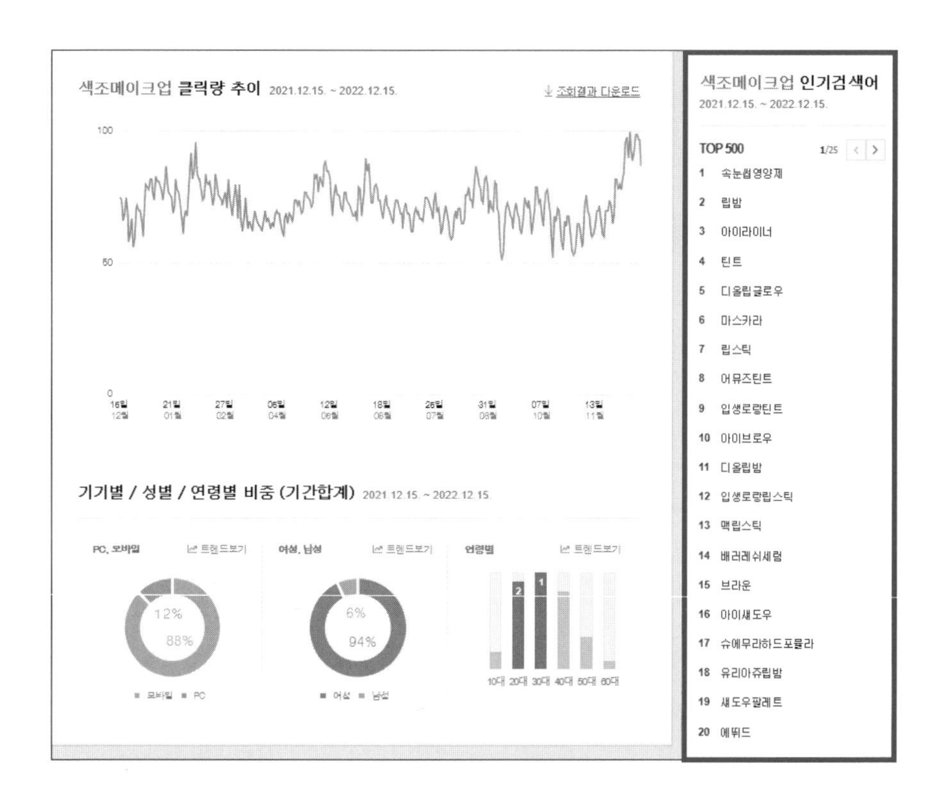

바로 이 상품들이 여러분이 우선적으로 판매해야 할 상품 리스트입니다. 해당 리스트를 보면 1위가 **'속눈썹영양제'**입니다. 그럼 여러분은 속눈썹영양제를 가져와 스마트스토어에 판매를 하면 됩니다.

이때 팁을 하나 드리겠습니다. 만약 여러분의 스마트스토어가 아직 상위노출이 잘 되고 있지 않은 상태라면 상품명에 '속눈썹영양제'라는 키워드를 써서 올려도 상품이 네이버 통합검색 화면에 잘 노출이 되지 않을 수 있습니다. 해당 키워드는 검색수가 높아 경쟁이 심한 키워드일 수도 있기 때문입니다. 그래서 여러분 중 이제 시작하는 단계라면 상품 500개 리스트를 보고 '아, 속눈썹영양제가 인기가 많구나.'라고 파악한 다음 페이지를 넘겨 가며 관련 키워드를 찾아보세요.

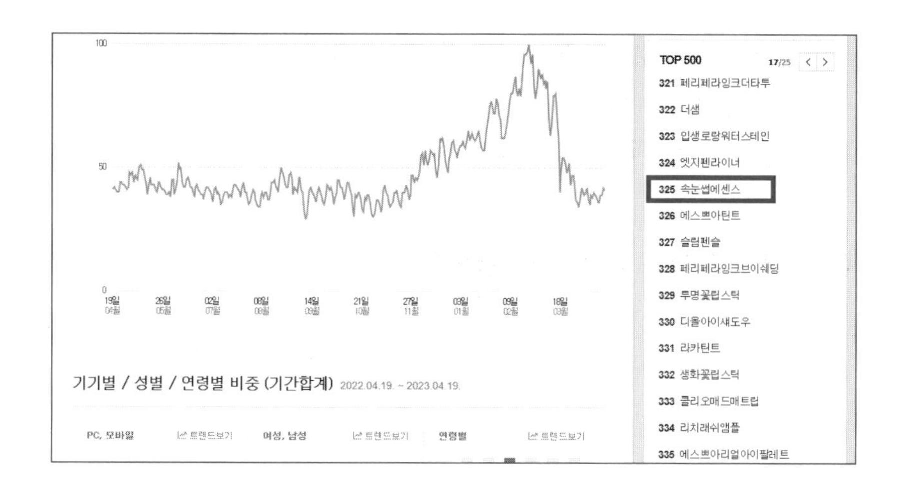

이 화면 이미지를 보면 325번에 '속눈썹에센스'라는 키워드가 있습니다. 동일한 종류의 상품을 '속눈썹영양제'라고도 판매할 수 있고 '속눈썹에센스'로도 판매할 수 있습니다. 물론 속눈썹영양제보다 속눈썹에센스 키워드가 스마트스토어에 좋은 키워드라고 확정할 수는 없지만 네이버 데이터랩을 활용해 '동일한 상품이라도 다른 상품명으로 판매하여 틈새시장을 찾고 공략할 수도 있겠구나.'라는 인사이트를 발견할 수 있습니다.

똑같은 립밤을 판매하는 데도 누구는 보이는 그대로 '립밤'으로 판매할 수도 있고, 또 누군가는 '립글로스'라는 이름으로 판매할 수도 있는 것입니다. 동일한 립스틱을 판매할 때에도 누군가는 입술에 바르는 '립스틱'으로 팔고, 누군가는 볼에 바르는 '블러셔'로 판매할 수도 있는 것입니다.

온라인상의 립밤 시장과 블러셔 시장을 비교하고 조사해서 내가 눈에 잘 띌 시장을 선택해 들어가는 것입니다. 이렇게 동일한 상품이라도 어떠한 키워드로 쇼핑몰에 판매하는 것이 좋을지에 대해서는 '업무 3단계: 키워드 조사 및 활용 방법' 부분에서 상세히 살펴보겠습니다.

이와 같이 네이버 데이터랩을 활용해 여러분이 판매할 상품에 대한 정보를 얻을 수 있습니다. 네이버 데이터랩을 활용해 판매할 상품을 찾았다면 이제 해당 상품이 입점되어 있는 B2B 도매사이트를 찾아야 합니다. 앞서 설명한 도매사이트를 들어가 해당 상품을 검색해 보세요. B2B 도매사이트마다 입점되어 있는 상품들이 다를 수 있기 때문에 미리 검색을 해 보고 위탁판매를 할 수 있는 상품인지 조사 후 해당 상품에 대한 키워드를 조사하는 것이 좋습니다.

(2) 온채널 사이트를 활용하여 상품을 찾는 방법

잘 팔리는 상품을 조사하는 또 다른 방법으로는 앞서 살펴 본 **'온채널'** 사이트를 활용하는 것입니다. 온채널 사이트에서 상단 메뉴 중 **'데이터센터'**를 클릭합니다.

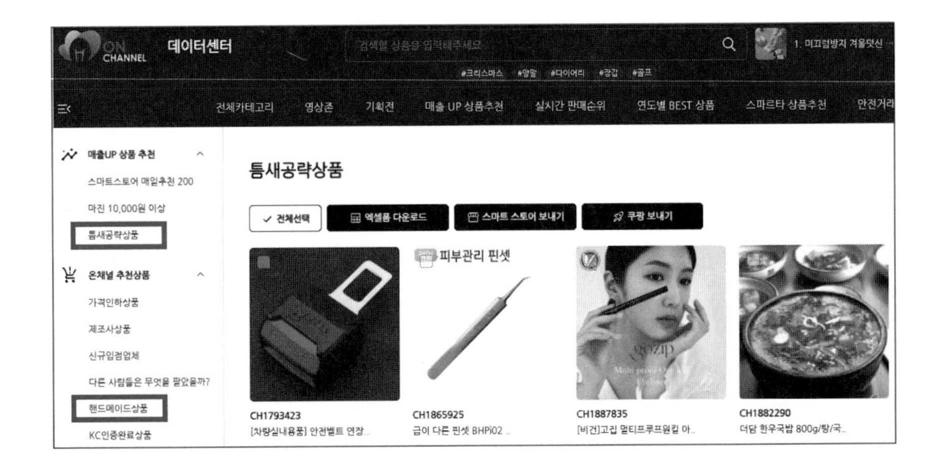

왼쪽 메뉴에 **'틈새공략상품'**와 **'핸드메이드상품'**이라는 메뉴가 있습니다. 해당 메뉴를 클릭해서 들어가 보면 특색 있고 재미있는 독특한 상품들을 발견할 수 있습니다. 데이터랩을 활용하기 번거로운 분들은 해당 메뉴에 있는 상품부터 먼저 스마트스토어에 올려 봐도 좋습니다. 또한 이미 사업아이템이 있는 분도 여러분의 사업아이템을 더 잘 팔리게 해 줄 수 있는 미끼성 상품을 찾아보면 좋습니다. 만약 내가 판매하는 상품이 반려동물을 키우고 있는 사람들이 타깃이라면 반려동물과 관련된 재밌고 독특한 상품을 찾아 스마트스토어에 올리면 미끼성 상품으로 효과를 볼 수 있습니다.

경쟁사 스마트스토어 매출 확인하기

잘 팔릴 만한 상품 또는 미끼성 상품을 찾았으면 실제로 해당 상품을 판매하고 있는 경쟁사 스마트스토어를 찾아 매출을 확인해 보는 것도 좋습니다. 해당 상품을 위탁판매하는 것이 좋을지 아니면 사입을 해서 판매해도 좋을지 고민이 될 때도 도움이 될 것입니다.

우선, 인터넷 익스플로러가 아닌 **'크롬'**을 통해 **'네이버'**에 접속하세요. 해당 상품의 키워드를 검색하고 네이버 통합검색 쇼핑 부문에 상위노출되고 있는 경쟁사 스마트스토어를 클릭해 들어가 보세요. 그 상태에서 키보드의 'F12' 버튼을 클릭합니다.

그럼, 화면 오른편에 **'개발자 도구'** 화면이 나옵니다. 그 상태에서 상단에 'Network'를 클릭하고, **'모바일 화면으로 전환'** 메뉴를 클릭합니다. 그다음 'Doc'를 클릭하면 화면 하단 부분에 2개의 메뉴가 노출됩니다. 이때 2번째 메뉴를 클릭합니다.

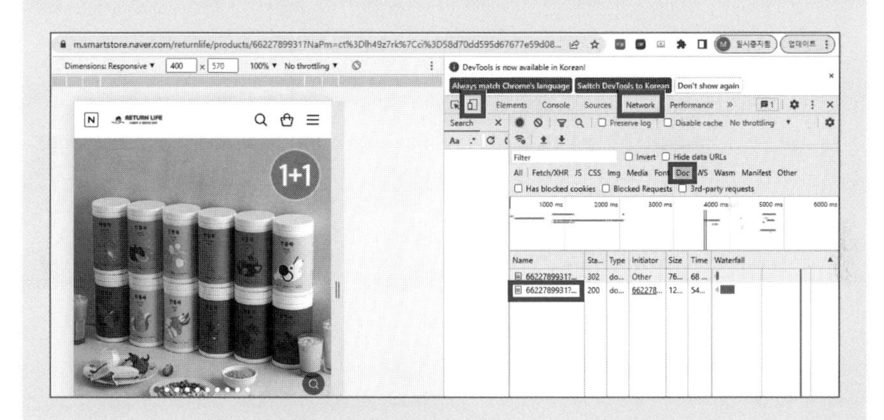

그럼 Preveiw 창에 **'전주 배송기간 리스트'**라는 부분이 보입니다. 바로 이 수치가 2주 전 1주일 동안 판매되었던 상품의 판매건수입니다.

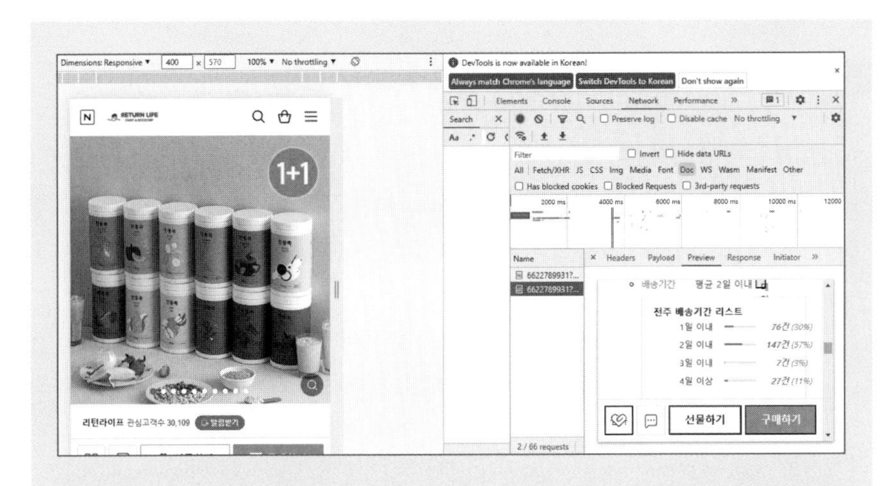

해당 수치를 모두 더한 다음 상품가격을 곱하면 2주 전 1주일치의 매출이 나옵니다. 즉, 실제로 계산을 해 보면 해당 업체가 1주일 동안 이 상품을 판매한 개수는 '76+147+7+27=257개'입니다. '257×34,900원(스마트스토어 상품 판매가격)=8,969,300원'이 경쟁사가 1주일 동안 해당 상품을 판매한 매출이라고 볼 수 있습니다. 만약 상위노출되고 있는 업체의 판매건수를 확인한 후에 매출을 계산해 보았더니 생각했던 것보다 실제 매출이 저조하다면 재고의 위험이 있는 사입은 조금 더 생각해 보아야 합니다.

이렇게 스마트스토어의 매출을 확인하는 방법은 'F12' 기능뿐만 아니라 '아이템스카우트'와 같은 사이트를 통해서도 대략적인 수치를 확인해 볼 수 있으니 참고해 보세요.

잘 팔릴 만한 상품을 찾았으면, 이제 온채널뿐만 아니라 다른 B2B 도매사이트에도 들어가 해당 상품이 있는지 확인합니다. 이때 여러분이 꼭 알고 있어야 하는 것이 도매사이트라고 하더라도 무조건 상품이 저렴한 것은 아닐 수 있다는 것입니다. 도매사이트에 있는 상품의 이름을 네이버나 쿠팡에도 검색해 보세요. 가격이 비슷하거나 심지어 도매사이트에 있는 상품이 더 비싼 경우도 있습니다.

도매사이트마다 동일한 상품이라도 더 저렴하게 업로드되어 있는 곳이 있을 수 있고 온채널에는 없는 상품이 다른 도매사이트에는 있는 경우도 있으니 한 곳만 살펴보지 말고 3~4군데의 사이트를 검색해 보는 것이 좋습니다.

도매사이트에서 잘 팔릴 만한 상품을 찾았다면 이제 해당 상품을 클릭해 봅니다.

2) 상품 판매 및 발주 방법

앞서와 마찬가지로 온채널을 기준으로 상품 판매 과정을 살펴보겠습니다. 온채널에서 상품 클릭 후 썸네일 옆에 있는 '판매신청'을 클릭합니다.

사전에 온채널에서 판매사로 승인을 받은 상태라면 판매신청을 클릭했을 때 바로 판매승인이 됩니다. 그럼 이렇게 공급사가 온채널에 등록해 놓은 상품의 가격대를 볼 수 있습니다.

판매승인이 되면 상단에 '판매자 공급가 보기'를 클릭합니다.

옵션복사

옵션명	최종준수가	소비자가	판매자가	최소수량
블랙/펜파우치+터치펜 랜덤	자율	15,600	7,200	1
브라운/펜파우치+터치펜 랜덤	자율	15,600	7,200	1
네이비/펜파우치+터치펜 랜덤	자율	15,600	7,200	1
레드/펜파우치+터치펜 랜덤	자율	15,600	7,200	1
핑크/펜파우치+터치펜 랜덤	자율	15,600	7,200	1

'판매자가'는 최저 기본 가격으로, 판매자인 셀러인 해당 상품을 판매할 때 무조건 해당 비용 이상으로 판매를 해야 합니다. 즉, 판매자가가 7,200원으로 기입되어 있으면 해당 비용 이상으로 스마트스토어에 업로드를 해야 합니다.

'소비자가'는 해당 상품에 마진을 붙여 시장에서 보통 판매되고 있는 가격입니다. **'최종준수가'**는 셀러가 준수해야 할 기준으로 만약 **'자율'**로 기입되어 있다면 소비자가를 조절해서 팔아도 된다는 뜻입니다. 즉, 15,600원 그대로 팔아도 되고 마진을 더 얻고 싶으면 더 비싸게 팔아도 되고 더 저렴하게 팔아도 된다는 뜻입니다.

셀러들이 마진과 시장 평균가를 고려해서 적절한 가격을 정해 본인의 스마트스토어에 올리면 됩니다. 몇몇 셀러 중에는 거의 본인에게 남는 마진 없이 정말 저렴하게 상품을 판매하는 분들도 있습니다. 일명 '100원띠기' 또는 '10원띠기'라고 합니다. 이는 마진을 남기는 것보다 본인의 스마트스토어에 저렴한 상품으로 더 많은 유입자를 끌어 모아 유효 트래픽을 쌓아 상위노출을 시키려고 할 때 100원 또는 10원만 남긴다고 생각하고 저렴하게 상품을 올리는 것입니다. 동일한 상품을 판매하는 곳 중 이 스마트스토어에서 판매하는 상품이 가장 저렴하면 사람들이 몰리고 트래픽이 쌓여 상위노출에 유리해질 수 있기 때문입니다. 어느 정도 스마트스토어 순위가 올라가면 그때부터 상품의 가격을 정상적으로 조정하여 판매하기도 합니다.

이때 생각해야 하는 것은 수수료입니다. 스마트스토어의 경우 판매 수수료가 최대 6% 정도입니다. 즉, 상품의 가치를 1만 원으로 올리고 누군가 해당 상품을 구매하면 1만 원에서 6% 수수료를 제한 나머지 금액이 입금됩니다. 이렇게 쇼핑몰마다 적용되는 수수료와 반품 및 교환까지 고려해서 적자가 되지 않도록 상품 가격대를 결정해야 합니다.

그리고 다시 한 번 설명하면, 판매자가는 절대로 바꿔서는 안 되는 기본 가격입니다. 만약 판매자 가격보다 더 낮게 셀러들이 상품을 판매하는 경우 해당 상품을 공급하는 공급사에게도 손해를 입힐 수 있으니 꼭 기억해야 합니다. 이렇게 상품 가격대를 결정해 업로드를 하고 누군가가 해당 상품을 구매하면 셀러는 도매사이트에 들어와 해당 상품을 발주하면 됩니다.

'온채널' 사이트에서 상품을 발주하는 방법

먼저, 온채널 사이트에 로그인을 하고 상단 우측에 **'마이페이지'**를 클릭합니다.

마이페이지 화면에서 왼쪽에 **'판매사 정보'** 중 **'판매상품목록'**을 클릭합니다. 그럼 온채널에서 여러분이 판매신청한 상품 목록들이 보입니다. 이 중에서 판매된 상품을 찾아 **'발주하기'** 버튼을 클릭합니다.

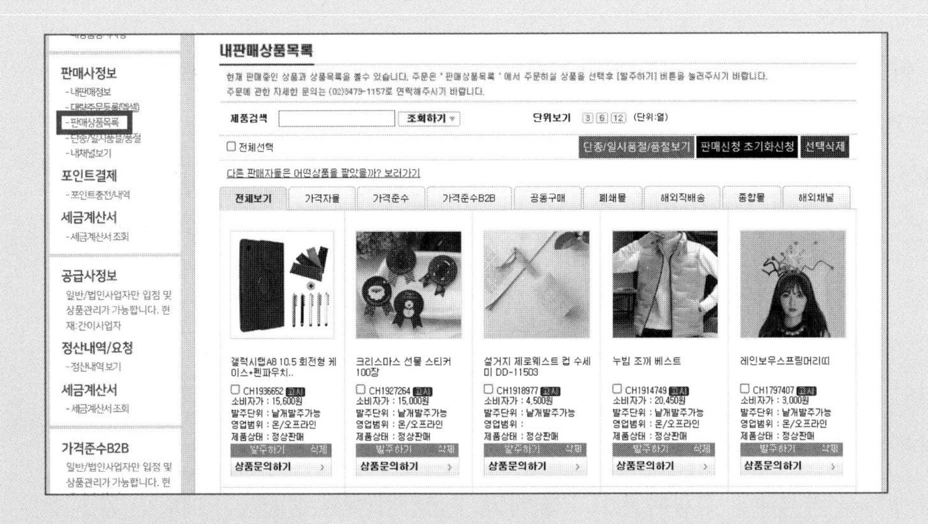

그럼 **'온채널 발주서 작성하기'** 화면으로 전환됩니다. 그 페이지에서 고객이 선택한 제품과 수량 등의 정보를 입력합니다.

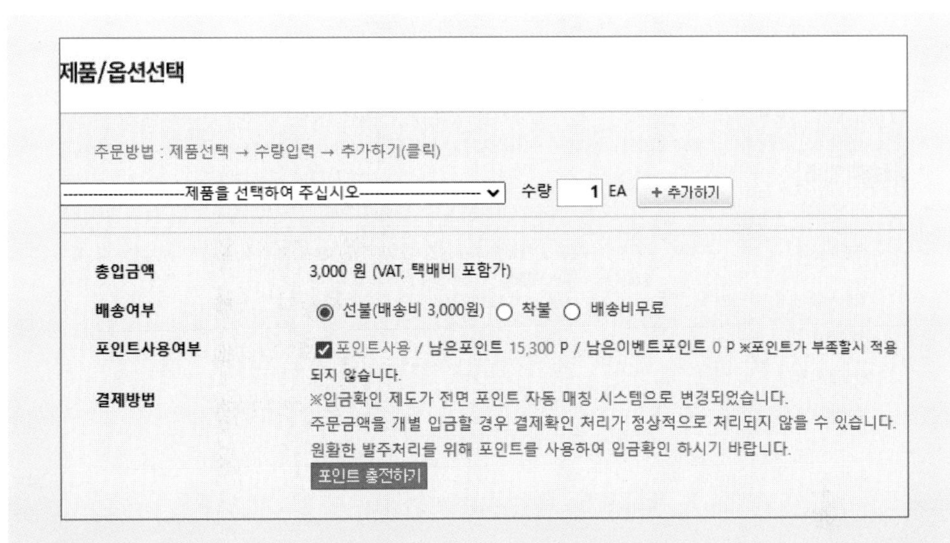

발주 시 여러분이 상품의 판매자가에 해당되는 비용을 결제해야 공급사가 입금비용을 확인한 후 고객들에게 상품을 발송합니다. 온채널의 경우 발주화면에서 결제방법 하단에 '포인트 충전하기'를 클릭하여 포인트를 충전하면 해당 포인트에서 상품가격이 차감되어 발주되는 시스템입니다. 즉, 여러분이 5만 원어치 포인트를 결제하면 해당 포인트에서 상품 판매자가가 결제되는 것입니다.

앞서 온채널에 가격대가 '판매자가'와 '소비자가'가 있었습니다. 바로 이 판매자가가 포인트에서 차감되는 것입니다. 즉, 상품의 판매자가가 7,200원이었고, 소비자가가 15,600원이며 최종 준수가가 '자율'이였습니다. 스마트스토어에 해당 상품을 16,000원에 올렸다고 가정하겠습니다.

그럼 누군가가 스마트스토어에 들어와서 16,000원 결제를 하고 온채널에서 발주를 할 때 판매자가인 7,200원을 공급사에 결제를 해야 상품이 발송됩니다. 그럼 남는 마진은 8,800원(16,000원-7,200원)이 됩니다. 당연히 네이버 판매 수수료가 있기 때문에 해당 수수료까지 생각하면 마진이 조금 더 줄어듭니다.

이때 조심해야 하는 것이 고객의 구매취소입니다. 만약 여러분이 스마트스토어에서 구매를 확인하고 바로 온채널에 발주를 했다고 가정하면, 이미 포인트도 결제하고 해당 포인트에서 판매자가도 차감된 상태겠지요? 그런데 이 고객이 당일에 갑자기 상품 구매를 취소하거나 배송지 정보를 갑자기 수정하는 경우가 있을 수 있습니다. 그렇기 때문에 여러분은 반드시 스마트스토어에 구매가 발생되면 바로 고객이 입력한 정보대로 발주를 하지 말고 먼저 스마트스토어에서 **'발주확인'**을 클릭하여 환불처리를 바로 하지 못하도록 해 놓고 온채널에서 발주하는 것이 좋습니다.

그리고 발주서 화면 하단에는 **'배송지 입력'** 칸이 있습니다. 이 부분에는 판매자(셀러)의 정보가 아닌 고객의 정보를 입력합니다.

배송지 입력

배송비안내 ※무료배송제품을 제외한 도서산간지역/제주도 배송건은 추가 배송비가 발생합니다. 물품발송후 공급사측에서 배송비가 청구됨을 알립니다.

받는사람

전화번호

비상연락처

우편번호 ※우편번호 기재 필수 (붙여넣기 가능)

주소 ※주소란에 복사하여 붙여넣기 하시기 바랍니다.

배송시유의사항

스마트스토어에서 해당 상품을 구매한 고객의 이름과 주소를 입력하면 셀러를 통하지 않고 바로 고객에게 상품이 발송됩니다. 이렇게 위탁판매를 하게 되면 상품이 나를 거치지 않아 재고의 위험이 없다는 장점이 있습니다. 또한 스마트스토어에 누군가가 상품에 대한 질문을 남겼을 때에도 해당 질문을 온채널에 들어와 **'문의하기'** 버튼(발주하기 버튼 하단에 위치)을 클릭해 전달하고 답변이 오면 해당 답변을 그대로 다시 복사하여 답해 주면 됩니다. 즉, 위탁판매 셀러들은 잘 팔릴 만한 상품을 가지고 오므로 마케팅만 열심히 신경 쓰면 됩니다.

요즘 온라인상에는 위탁판매 방법이나 키워드 조사 방법 등 다양한 마케팅 정보가 노출되어 있습니다. 그래서 위탁판매 셀러들의 경쟁이 매우 심해지고 있어 하루에 1~2시간 정도 투자해서 스마트스토어에 좋은 상품을 찾고 검색 키워드를 열심히 조사해 올린다고 해도 예전만큼 매출이 발생하지 않을 수 있습니다. 따라서 여러분은 장기전이라고 생각하고 스마트스토어의 브랜드를 만드는 것부터 시작해서 좋은 상품을 찾는 방법과 마케팅 실무 기술을 익히며 경험을 해 보아야 합니다.

3) B2B 도매사이트를 활용해 자신의 상품을 판매하는 방법

지금까지 설명한 B2B 도매사이트는 앞서 살펴본 대로 셀러뿐만 아니라 상품을 직접 제조하는 제조사의 경우에도 유용하게 사용될 수 있습니다. 직접 아이템을 제조하는 업체의 경우에는 수수료 책정 등 가격 설정이 보다 자유로울 수 있습니다. 그런 경우 해당 B2B 도매사이트에 본인의 상품을 등록하면 나 대신 상품을 판매해 줄 수 있는 영업력 좋은 셀러(key men)들을 구할 수도 있기 때문입니다. 제조사가 꼭 아니더라도 상품의 가격 설정이 자유롭고 다른 셀러에게 일정 수수료를 지불하더라도 수익이 어느 정도 남는 분들도 B2B 도매사이트를 활용하고 있습니다.

B2B 도매사이트는 공급사와 판매사, 두 가지 유형으로 회원가입을 할 수 있도록 나누어져 있습니다. 해당 B2B 유통판매 사이트에 상품을 등록하고 싶은 분들은 '공급사'로 회원가입을 하고 상품을 등록하면 됩니다. 먼저, 공급사로 회원가입을 한 후 상품을 등록할 때에는 가격을 '판매자가'와 '소비자가' 두 가지를 설정해야 합니다. '판매자가'는 내 상품을 판매해 줄 판매자들에게 주는 가격대로 시장에서 판매가 잘 이루어질 수 있도록 일반 판매가보다 '저렴한 가격대'로 설정하는 것입니다. '소비자가'는 최종 상품가격으로 여러 가지 마진을 모두 붙인 가격입니다.

앞서 제시한 B2B 유통판매 사이트에 들어가 동종 업체들이 올린 가격대를 살펴보면 이해가 쉬울 것입니다. 상품 썸네일 옆의 '판매자 공급가'를 클릭해 보면 '판매자가'와 '소비자가'로 나누어져 있습니다. 이렇게 본인의 상품을 B2B사이트에 등록할 때에는 가격을 2개를 올려야 합니다.

이때 공급사들은 내 상품의 판매가격이 소매상들로 인해 무너지거나 마이너스가 되지 않도록 배송비나 환불 시 비용, 판매 수수료 등을 꼼꼼히 고려하여 '판매자가' 및 '소비자가'를 설정해야 합니다.

본인의 상품을 판매할 때에는 B2B 유통판매 사이트를 활용하는 것 이외에도 오픈마켓과 소셜커머스 또한 고려해 봐야 할 주요 채널입니다.

• 대표적인 오픈마켓과 소셜커머스 •

11번가	인터파크	옥션	G마켓
쿠팡	위메프	티몬	미미박스
단골공장	아이디어스	문화상점	중고장터
헬로마켓	옥션중고마켓	당근마켓	번개장터

*그 외: 다이소몰, 멸치쇼핑, nh마켓, 바보사랑, 후추통, 비즈마켓, gs e shop, ssg(신세계), 롯데닷컴 등

위탁판매를 하는 셀러나 아이템을 직접 제조하여 판매하는 제조사 등 상품을 판매하는 분들이라면 지금까지 이 책에서 언급한 채널들을 적극적으로 활용해 판로를 개척해야 합니다.

잠깐! 한국창업마케팅사관학교 Q&A

Q1: B2B 유통판매 사이트인 온채널에 '판매자가'와 '소비자가' 있었잖아요? 혹시, 일반 비자도 B2B 사이트에서 소비자가로 저렴하게 상품을 구매할 수 있는 것인가요?

A1: 네. 일단 B2B 유통판매 사이트에서 원하는 상품을 구매하려면 먼저 판매자로 회원가입을 해야 하고 회원가입 승인이 완료되면 그때부터 상품을 본인의 주소로도 구매하실 수 있습니다.

저는 쌀이나 견과류 등 곡물류나 농산물류를 구매할 때 간혹 B2B 유통판매 사이트인 온채널에서 구매를 합니다. 그 이유는 동일한 상품이라도 네이버에 검색되는 상품보다 훨씬 저렴하게 판매자가로 구매할 수도 있기 때문입니다.

몇몇 상품은 쿠팡이나 위메프 또는 네이버에서 검색했을 때 나오는 가격대와 별반 다르지 않는 상품도 있지만 B2B 유통판매 사이트에 등록되어 있는 상품이 저렴한 경우도 있습니다. 판매자들에게 주는 가격이니까요. 그래서 어떤 분들은 B2B 유통

판매 사이트에 판매사로 일단 가입한 다음에 본인 쇼핑을 하는 분들도 있습니다. 어떻게 보면 이것도 돈 버는 거니까요.

대량 구매를 안 해도 되고 1개만 구매해도 판매가로 구매할 수 있습니다. 또한 위탁 판매 셀러 중에도 B2B 도매사이트에서 상품을 1개 구매해서 해당 상품의 사진 및 영상을 직접 찍어 상세페이지를 보완하여 스마트스토어에 올리는 분들도 있습니다.

Q2: 스마트스토어에 상품을 하나 하나씩 올려야 하나요?

A2: 판매하고 싶은 상품을 하나씩 입력하셔도 되고, 또는 플레이오토나 이셀러스와 같은 상품 자동등록 프로그램을 활용하여 업로드를 하기도 합니다. 프로그램을 활용하여 네이버 스마트스토어에 상품을 등록하는 경우에는 한꺼번에 100개 이상의 너무 많은 상품을 동시에 올리면 패널티를 받을 수 있으니 유의해야 합니다.

Q3: 스마트스토어에 B2B 유통판매 사이트에 있는 상품을 올릴 때 상품가격은 '소비자가' 그대로 올려야 하는 것인가요?

A3: 아닙니다. '소비자가'는 기준 가격으로 최종 준수가격이 '자율'로 되어 있다면 소비자가 이상 또는 그 이하로 판매하셔도 됩니다. 단, 앞서 말씀드린대로 '판매자가' 이상으로 판매하셔야 합니다. 추가로, 스마트스토어를 활용해 상품을 판매할 예정인 경우, 스마트스토어는 판매 수수료가 있습니다. 구매자가 스토어팜에서 상품을 결제하면 추후 소정의 결제 수수료를 공제 후 나머지 금액이 판매자의 계좌에 입금되며, 최대 수수료는 6% 정도라고 생각하시면 됩니다.

추가로, 네이버 검색창에 판매하고자 하는 B2B 유통판매 사이트의 상품명을 그대로 검색하여 다른 업체들이 해당 상품을 판매하고 있는지, 판매하고 있다면 얼마로 판매하고 있는지, 내가 정한 가격대로 판매해도 가격경쟁력이 있을지 등을 살펴볼 필요가 있습니다.

일단 처음부터 욕심을 내기보다는 처음 B2B 유통판매 사이트를 활용해 판매를 시작하는 분들은 이렇게 어떤 식으로 시스템이 돌아가는지 알기 위해서 손해를 보지 않는 선에서 최저가로 물건을 하나만이라도 판매를 해 보자라는 마인드로 접근을 해 보시는 것이 좋습니다.

4. 온라인 마케팅 강사가 되어 수익을 내는 방법

저는 2016년도부터 나연재라는 저의 이름을 걸고 연재컴퍼니로 사업자를 내어 온라인 마케팅 강사로 본격적인 활동을 하기 시작했습니다.

2016년도에 가장 처음 했던 강의가 네이버 블로그 마케팅이였습니다. 2시간짜리 블로그 교육이었고, 수강료로 1인당 35,000원을 받았습니다. 첫 강의를 신청했던 사람들은 총 25명 정도였습니다. 계산을 해 보면 첫 강의 때 875,000원을 수익으로 번 것이죠. 이때 강의로 정말 돈을 벌 수 있구나 싶었습니다. 그리고 욕심이 났습니다.

한 번에 큰 돈을 벌기 위해 대규모 콘퍼런스를 기획하기 시작했습니다. 영업 및 마케팅 전략 콘퍼런스라는 이름으로 약 200여 명의 사람들을 모으기로 했습니다. 저를 포함해 다른 전문가를 섭외해서 연사로 초빙하고 콘퍼런스의 내용은 국내 마케팅뿐만 아니라 수출 기업도 타깃으로 하기 위해 해외 마케팅 내용도 넣고, 그 당시 핫한 내용이였던 옴니채널과 O2O 전략에 대해서도 포함하기로 했습니다. 콘퍼런스 종료 후에는 1대1 현장 컨설팅까지 제공하는 것으로 기획했습니다.

콘퍼런스 소요 시간은 약 4시간 정도였고, 참가비는 일반인 10만 원으로 사전 등록 시 할인을 해 주는 방식이였습니다. 이 콘퍼런스를 기획한 목적은 두 가지였습니다. 돈을 벌기 위해, 그리고 유명해지기 위해.

계산을 해 보니 1인당 10만 원씩 200명이 모두 모이면 한 번에 최대 2천만 원을 벌 수 있다는 생각에 반드시 성공하고 싶었습니다. 광고비에 장소 대관비, 연사료 등을 모두 고려해도 당시 저에게는 큰 수익이었기에 꼭 잘하고 싶었습니다. 그래서 콘퍼런스 장소부터, 커리큘럼 기획 등 당시에 할 수 있는 노력을 다 했던 것 같습니다. SNS에 콘퍼런스 관련 내용을 올리고 광고도 하고 보도자료도 내며 기다렸습니다.

처음에 신청자가 1명 생기더니 이후 2명, 3명, 5명이 생겼습니다. 하지만 200명에는 턱없이 모자란 인원이었습니다. 이미 비싼 호텔 장소도 빌려 놨는데, 점점 초조해지기 시작했습니다. 콘퍼런스 날이 거의 1주일도 남지 않았을 때 깨달았습니다. '망했구나.'

결국 호텔에 위약금을 물고 대관을 취소하고, 섭외한 연사들에게도 죄송하다고 연락을 돌렸습니다. 신청자들에게도 일일이 연락을 돌리며 환불을 해 주었습니다. 그때 저의 자존감이 바닥을 치기 시작했던 것 같습니다.

'이리저리 뛰며 열심히 했는데 왜 안 될까?' 이제 생활비는 바닥이 나고 있고 당장 편의점에서 물 한 병 사 먹는 것도 두려워지는 지경인데 어떻게 해야 하나 막막했습니다. 다시 회사에 취직을 해야 할지, 어디 알바라도 해야 할지 생각을 해야 했습니다. 내가 실패했다는 생각에 사로잡히니 마음이 두려워지기 시작했고, 두려움이 깊어지니 눈이 어두워져 앞길을 제대로 보지 못하는 것 같았습니다.

그때 평소에는 잘 나가지도 않던 성당에 나가 새벽미사며 주일미사에 미사란 미사는 다 나가며 신께 매달렸던 것 같습니다. 그 당시 제가 할 수 있는 것이 그것밖에 없다고 생각했고 성당을 나가는 것에 최선을 다했던 것 같습니다. 그러다 문득 이런 생각이 들었습니다. '이러다 죽으나 저러다 죽으나 마찬가지다.'

어차피 죽는 것은 매한가지라고 생각하니 마음이 조금 놓이기 생각했습니다. 마음이 조금 놓이니 생각을 하기 시작했습니다. '죽기 전에 내 강의가 정말 사람들에게 필요 없는 교육인지 알아는 보고 죽자.' 내가 왜 실패했는지 알고 싶었습니다. '강의 내용이 문제였을까? 강의 비용이 비쌌던 걸까? 아니면 강사가 별로 유명하지 않아서였을까?'

일단 제가 할 수 있는 강의 내용 중 일부를 무료 강의로 홍보해 보기로 했습니다. 이 내용의 강의를 돈 한 푼 받지 않고 무료로 푸는 데도 신청자가 없다면 제가 기획한 교육 커리큘럼이 전혀 시장에서 먹히지 않는다는 것이니까요.

그리고 약 1시간 정도의 **무료교육**을 홍보하기 시작했습니다. 인원은 25명으로 제한을 두었습니다. 장소를 대관할 돈이 없었기에 온라인 무료 화상 시스템을 활용해 온라인으로 수업을 진행하기로 했습니다. 그리고 그 교육은 단 3일 만에 25명 정원이 모두 마감되었습니다.

확실해졌습니다. '내가 기획하는 교육 내용이 시장에서 수요는 있구나. 이 강의를 조금 더 구체화해서 다시 홍보하면 되겠구나.' 희망이 보이기 시작했습니다. 그래서 1시간짜리 무료교육 커리큘럼에 살을 더 붙여 3시간 정도의 유료강의를 만들어 냈습니다. 새로운 상품을 만든 셈입니다.

무료교육 25명이 모두 신청한 것을 확인하고 바로 다음날부터 유료강의를 홍보하기 시작했습니다. 무료교육을 진행하면서 무료교육 같지 않게 최선을 다해 알짜배기 수업을 했습니다. 그랬더니 25명 중 21명이 3시간짜리 유료강의를 결제했습니다. 나머지 4명은 출장이 있거나 다른 일정이 있다며 다음 유료강의를 듣겠다고 말씀해 주셨습니다.

이때 무료교육 참가자들이 유료교육 참가자들로 전환되는 것을 보고 **무료 마케팅, 이벤트 마케팅**을 어떻게 해야 구매 전환율이 높아질 수 있는지를 깨닫게 되었습니다. 그래서 그 이후 제 이름과 교육 브랜드가 어느 정도 알려지기 전까지 지속적으로 무료교육과 유료교육을 병행하게 되었고, 유료교육 및 무료교육 신청자들의 DB(이름, 연락처, 이메일 등의 정보)와 교육 결제자들의 DB가 차곡차곡 쌓이며 해당 DB를 통해 **DM 마케팅**이라는 것을 추가로 시작하게 되었습니다.

이때부터 매월 500만 원 이상의 수익을 벌게 되고 자신감이 붙은 저는 온라인 시장조사를 통해 더욱더 수요가 있을 만한 교육 커리큘럼을 다양하게 기획하여 판매하게 되었습니다. 이후 자체적으로 기획해서 진행한 다양한 교육 프로그램을 통해 매월 1,000만 원 이상의 수익을 내게 되었습니다.

온라인상에서 제가 운영하는 교육 내용들이 노출되기 시작하니 정부기관 및 지자체, 기업의 교육 행사 담당자들이 저를 강사로 초빙하기 시작했고, 외부 초청 강의료로도 매월 1,000만 원 이상의 수익을 벌게 되었습니다. 당시 수

많은 온라인 마케팅 교육 운영 업체나 강사들을 조사해 보니 다음과 같은 교육 프로그램을 기획해 운영하고 있었습니다.

• 교육 프로그램 종류 •

구분	내용
무료교육	매월 1~2회 진행, 1시간 이하, 20명 이상, 무료
단과반	1일 클래스 형태, 매월/매주 진행, 3시간, 5~15명, 5만 원 이하
정규반	과정 운영, 통상 3~5주, 주 1회, 회당 3시간, 5~15명, 통상 30~60만 원
전문가반	심화/전문가 양성 과정, 통상 5~8주, 주 1회, 회당 3시간, 5~15명, 통상 50~300만 원
종합반	프리패스 과정, 모든 과정 포함, 통상 7~12주, 주 1회, 회당 3시간, 5~15명, 통상 100~1,000만 원
1:1 컨설팅	업체별 진단 및 보완 사항, 단기적 · 중장기적 해결책 제시

저 또한 이러한 종류의 교육 프로그램들을 기획해서 운영하기 시작했고, 객단가가 높은 정규반을 운영하기 시작하면서부터 매출이 크게 오르기 시작했습니다. 단가 자체가 정규반부터 높아지다 보니 똑같은 홍보를 하더라도 벌어들이는 수익이 컸습니다. 10,000원짜리 상품을 5일 동안 마케팅해서 10명 끌어모으는 것보다 50만 원짜리 상품을 5일 동안 마케팅해서 5명 끌어모으는 것이 투입시간 및 비용 대비 훨씬 이득이였습니다.

당연히 50만 원짜리 교육 커리큘럼도 마치 100만 원 그 이상 교육 내용 못지않게 알차게 준비했습니다. 이때 **객단가를 높이는 방법**과 **상품 구성 방법**에 대해 공부하고 그 중요성에 대해 깨닫게 되었습니다. 교육 커리큘럼을 구성할 때에도 온라인을 통해 시장조사를 하였습니다. 먼저 온라인 마케팅 교육 기관들과 강사들이 진행하는 교육 커리큘럼 내용을 워드 파일에 모두 기입해 보았습니다.

가만히 보니 강사마다 단어만 조금씩 바꿨을 뿐이지 중복된 내용이 굉장히 많았습니다. 중복된 내용은 하나만 남겨 놓고 다 삭제하여 1차 정리를 한 후 내가 지금 당장 할 수 있는 교육 내용과 1개월 안에 배워서 진행할 수 있는 교육 내용에 별 표시를 해 놓았습니다. 보통 교육의 홍보 기간이 1개월 정도이니 먼저 홍보를 시작하고 그 내용은 어떻게든 배워서 하면 된다는 생각이었습니다. 그리고 1개월 그 이상은 배워야 할 수 있을 것 같은 교육 내용은 세모 표시를 해 놓았습니다. 이 내용은 3개월 안에 판매할 교육 상품이라는 뜻입니다.

그리고 타 기관이나 강사의 커리큘럼만 봐서는 이게 무슨 내용의 강의인지 나도 처음 보는 커리큘럼 내용은 따로 정리를 해 놓았습니다. 정말 나도 모르는 내용인지 아니면 혹시 이미 알고 있는 내용을 도무지 알아먹지 못하게 홍보 마케팅용으로 어렵게 써 놓았을 수도 있으니 확인이 필요한 부분이었기 때문입니다.

우선 별 표시를 해 놓은 커리큘럼을 내 방식의 교육 순서와 단어로 편집하고 해당 커리큘럼에 없는 내가 알고 있는 내용과 내가 내 수강생들에게 말하고 싶은 내용을 추가하여 하나의 커리큘럼을 완성하였습니다.

이렇게 시장조사를 하고 직접 교육을 홍보하면서 **'모객사이트'**라는 것이 있다는 것을 알게 되었습니다. 이 모객사이트는 누구나 회원가입만 하면 활용할 수 있는 사이트로 교육뿐만 아니라 콘퍼런스나 이벤트, 네트워크 등 사람을 끌어 모으고 싶을 때 다양한 목적으로 활용될 수 있다는 것도 알게 되었습니다. 모객사이트는 회원가입 및 홍보물 등록이 무료이니 해당 업종에 해당이 되는 분들이라면 지금 잠시 이 책을 옆에 놓고 네이버에서 사이트를 검색하여 들어

• 모객사이트 종류 •

온오프믹스	대티즌	셀클럽
디캠프	캠퍼즈	크몽
씽유	캠퍼스몬	유데미(영상)
씽굿	올콘	인프런(영상)
링커리어	탈잉	에듀캐스트
이벤터스	프립	숨고

가 본 뒤 회원가입을 하시기 바랍니다.

이 중 인프런은 강의영상을 판매할 수 있는 곳입니다. 이 외에도 강의영상을 판매할 수 있는 사이트가 있지만 몇몇 사이트의 경우 심사를 해야 업로드를 할 수 있는 제한이 있는 반면, 인프런은 누구나 심사 및 제한 없이 강의영상을 업로드하여 판매할 수 있는 사이트입니다.

혹 여러분 중에 실시간으로 수업을 하는 것이 상황상 어려운 분들이 있다면 온라인 줌을 활용해 녹화버튼을 눌러 놓고 혼자서 편한 시간대에 강의를 한 다음 해당 영상을 판매해 보는 것도 좋을 것 같습니다.

온라인 마케팅 강사로 활동하고 싶은 분들 중 사업자등록증을 내고 활동하고자 하는 경우 보통 교육서비스업으로 업종 등록을 하는 편입니다.

사 업 의 종 류 : 업태 교육서비스업 / 소매업 / 정보통신업 / 교육서비스업
종목 교육서비스중개업 / 전자상거래업 / 응용 소프트웨어 개발 및 공급업 / 마케팅, 무역교육, 사업컨설팅

저의 경우 온라인 마케팅 강사로도 수익을 벌고 있지만 위탁판매와 여러 가지 마케팅 대행으로도 수익을 발생시키고 있기 때문에 정보통신업 및 소매업으로도 추가 등록을 하였습니다. 특히 정보통신업과 응용소프트웨어 개발 및 공급업을 사업자등록증에 추가하면 지식산업센터에 입주가 가능하니 참고하면 좋겠습니다.

자, 이렇게 제휴 마케팅과 유통 사업, 강사 등 온라인 마케팅으로 수익을 낼 수 있는 방법을 찾았다면, 이제 해당 사업아이템을 효과적으로 판매하고 홍보 마케팅할 수 있을 만한 최적의 채널을 찾아내야 합니다. 다음 장에서 여러분의 사업아이템과 마케팅 예산 등의 다양한 조건을 고려하였을 때 가장 최적의 온라인 마케팅 채널이 무엇인지 자세히 조사해 보겠습니다.

2

업무 2단계

맞춤 홍보 마케팅 채널 조사

1. 잠재고객들의 정보 인지 경로 분석하기

먼저, 온라인 마케팅은 크게 3가지 종류로 구분할 수 있습니다. 자연스럽게 온라인에서 바이럴 효과를 낼 수 있는 '입소문 마케팅'과 비용이 거의 들지 않는 무료 마케팅에 해당하는 '자연 마케팅', 그리고 비용이 발생하는 '유료 마케팅'입니다.

• 온라인 마케팅의 종류 •

입소문 마케팅	자연 마케팅	유료 마케팅
외부 SNS (블로그, 페이스북, 인스타그램 등) 작업	검색로직최적화(SEO)를 통한 상위노출	오프라인 광고 (인쇄물, 옥외광고 등)
카페 및 커뮤니티 침투 마케팅 작업	이메일 및 문자, 알림톡 등 발송	온라인 광고(페이스북, 인스타그램, 유튜브, 구글 애드워즈, 네이버 등)
지식인 마케팅 및 리뷰 (답변 및 댓글)	강연 및 방문 영업	외부 사이트(또는 인물)와 제휴 및 추천 캠페인
체험단 및 인플루언서	SNS 자체 운영	홈쇼핑 및 TV 라디오 등 광고 협찬
이벤트 및 게임과 퀴즈, 경품 등 프로모션 진행	언론보도 배포 (상위노출 X)	언론보도 상위노출 계약
와디즈 크라우드 펀딩	외부 업체와 MOU 등	박람회 및 전시회 출전

여러분은 이렇게 3가지 종류의 마케팅 채널에서 각각 최소 1개 이상의 마케팅 채널을 찾아 동시에 공격적인 **결합 마케팅**을 진행해야 빠른 시간 안에 효과적으로 매출을 성장시킬 수 있습니다.

결합 마케팅을 진행해야 하는 이유는 소비자들이 상품 및 서비스의 정보를 인지하고 구매하는 경로가 모두 다르기 때문입니다. 예를 들어, 화장품을 구매할 때 어떤 소비자들은 인스타그램이나 유튜브의 유명 인플루언서들이 사용하는 화장품이라면 묻지도 따지지도 않고 바로 구매하며, 또 어떤 사람들은 '화해'와 같은 화장품 앱에서 리뷰와 평점을 꼼꼼히 확인한 뒤 구매하기도 합니다. 어떤 이들은 오프라인 매장에서 직접 본인의 피부에 화장품을 테스트해 본 뒤 구매하며, 또 어떤 이들은 전문 피부과 등 병원에서 추천해 주는 화장품만을 구매하기도 합니다.

이렇게 하나의 상품을 구매하더라도 소비자마다 상품을 구매하는 경로가 다르고 홍보 마케팅 채널은 수시로 변화하므로 적합한 홍보 마케팅 채널을 부지런히 조사하는 것이 중요합니다. 그리고 각 경로마다 판매아이템에 대한 긍정적인 콘텐츠를 노출시키고 잠재고객들에게 인지시켜야 합니다.

제가 아는 대표님 중 오랫동안 회사생활을 하시다가 퇴사 후 사업을 시작한 분이 있었습니다. 그분의 사업아이템은 주부들을 타깃으로 한 주방용품이었습니다. 당시 그 대표님께서는 마케팅을 할 예산도 없었고 온라인 마케팅 업무를 담당해 줄 직원도 없는 상황이었습니다. 그래서 일단 돈 들지 않고 쉽게 할 수 있는 마케팅인 SNS 마케팅을 생각했습니다. SNS 중에서도 여성들이 많이 볼 것 같은 인스타그램을 하기 시작했습니다. 직접 인스타그램 계정을 만들어서 상품에 대한 게시물을 올리기 시작했습니다. 서점이나 유튜브에서 인스타그램 관련 책이나 영상도 찾아보며 1개월 동안 매일 하루에 2개씩 게시물을 올렸다고 합니다.

결과가 어떻게 되었을까요? 전혀 반응이 없었습니다. 게시물을 보고 매출로 전환되기는커녕 문의 전화나 고객의 댓글도 달리지 않았습니다. 실제 있었던 일입니다. 그래서 어느 정도 투자를 해 보기로 했습니다. 인스타그램으로 타깃 광고(유료 광고)를 해 보았습니다. 광고 기간은 2주일로 설정했고, 광고비는 2주 동안 20만 원을 썼습니다.

이번에는 결과가 어떻게 되었을까요? 역시 너무나 안타깝게도 매출에 전혀 도움이 되지 않았습니다. 광고를 보고 사이트로 클릭해 들어온 사람이 조금 있었지만 매출까지 연결되지는 못했습니다. 광고를 통해 유입된 그 적은 수의 고객들마저도 구매는 하지 않고 이탈한 것입니다. 왜 이런 결과가 발생되었을까요?

첫째, 광고 게시물이 매력적이지 않았습니다.
둘째, 광고 타깃층 및 설정값이 잘못 설정되었습니다.
셋째, 사이트의 상세페이지에 상품에 대한 특장점이 보이지 않았습니다.
넷째, 구매 결정에 큰 역할을 하는 리뷰(후기)가 하나도 없었습니다.
다섯째, 네이버에 해당 업체 및 상품명, 관련 키워드를 검색했을 때 사이트를 찾기가 힘들었습니다.

고객마다 행동패턴이 조금씩 다르겠지만, 일반적으로 광고를 보고 사이트를 클릭해서 들어갔을 때 가장 먼저 보는 것이 **리뷰**입니다. 설령 광고가 굉장히 매력으로 보였다고 하더라도 실제 사이트에 들어갔을 때 기존 고객들의 리뷰가 하나도 보이지 않거나 부정적인 리뷰가 보인다면 구매가 망설여지는 것이 사실입니다. 심지어 상세페이지에 해당 상품이 다른 업체들의 상품과 무엇이 다른지 차별화되는 특장점조차 느껴지지 않으면 바로 이탈될 것입니다.

잠재고객 중 미련이 남은 고객들은 일말의 희망을 놓지 않고 해당 사이트를 일단 빠져 나와(이탈) 네이버에서 해당 상품명이나 업체명, 기타 관련 **키워드**를 다시 검색해 보기도 합니다. 보다 정확한 정보를 확인하기 위해 혹시나 해당 상품을 구매한 사람들이 블로그나 카페, 지식인 등에 후기를 올리지는 않았는지 점검해 보려는 것입니다. 그런데 검색 결과 해당 상품에 대한 리뷰를 찾을 수 없고, 심지어 해당 업체의 사이트나 정보도 쉽게 볼 수 없다면 신뢰도가 떨어져 결국 구매로 이어지지 않게 됩니다.

이렇게 고객들은 인스타그램 등 SNS 및 광고를 통해 처음 '인지'한 상품을 네이버라는 또 다른 검색 사이트를 활용해 '사실 확인' 후 구매를 하는 경우가 있습니다.

따라서 그 대표님은 유료 마케팅에 해당되는 SNS 타깃 광고만 하는 것이 아니라 우선 상세페이지를 보완하여 자연 마케팅에 해당되는 사이트 검색 노출을 해 놓고 입소문 마케팅에 해당되는 체험단 및 인플루언서 마케팅과 리뷰 작업을 한 다음 유료 마케팅에 해당되는 SNS 타깃 광고 집행을 했어야 했던 것입니다. 마케팅 업무 순서도 뒤죽박죽이었고, 누락된 마케팅 업무도 있었기에 매출이 발생하지 않은 것은 당연한 결과였습니다.

여러분 또한 하나의 종류에 해당되는 단일 온라인 마케팅만 진행하는 것이 아니라 여러 경로를 통해 사실 확인을 하려는 고객을 고려하여 각 종류당 최소 1개 이상의 채널을 조사해 결합 마케팅을 진행하는 것이 좋습니다.

2. 최적의 온라인 마케팅 채널 찾기

각자에게 맞는 온라인 마케팅 채널을 조사할 때에는 마케팅 예산, 보유 지식 및 기술을 포함하여 다음의 6가지 요소를 고려해야 합니다. 그래야 여러분의 모든 상황을 고려했을 때 가장 최적의 온라인 마케팅 채널을 찾아낼 수 있기 때문입니다.

• 분석 요소 및 항목 •

분석 요소	분석 항목
아이템 및 타깃 고객	타깃 매칭 분석
기존 확보 고객 수	대상 규모 분석
마케팅 예산, 인력, 시간	비용 분석
지식 및 기술 보유 여부	시작 용이성 분석
채널 활성화 정도	결과 분석
경쟁 정도	통제 분석

이러한 요소들을 항목에 따라 분석함으로써 최적의 온라인 마케팅 채널을 도출해 낼 수 있습니다. 해당 분석을 위해 우선 각 온라인 마케팅 3가지 종류(입소문, 자연, 유료)별 채널을 왼쪽 열에 모두 나열해 놓고 분석 항목에 점수를 매기면 됩니다.

• 온라인 마케팅 종류별 분석 점수 •

〈입소문 마케팅〉

	타깃 매칭	대상 규모	비용	시작 용이성	결과	통제	평균
외부 SNS	8	10	8	9	6	5	8.20
카페 및 커뮤니티 침투 마케팅	9	10	9	9	7	6	8.33
지식인 마케팅	7	7	9	8	6	6	7.17

〈유료 마케팅〉

	타깃 매칭	대상 규모	비용	시작 용이성	결과	통제	평균
SNS, 구글 애드워즈 광고	10	10	6	10	10	10	9.33
네이버 검색 광고	10	9	4	9	10	10	8.67
외부 사이트 제휴 및 추천 캠페인	7	8	5	8	5	5	6.17
언론보도 상위노출	6	7	6	9	4	4	6.17

〈자연 마케팅〉

	타깃 매칭	대상 규모	비용	시작 용이성	결과	통제	평균
검색로직최적화를 통한 상위노출	7	10	10	7	7	8	8.17
이메일 및 문자, 플러스친구 알림톡 등	10	8	9	9	9	9	9.00
강연 및 행사	10	9	8	9	10	7	8.83
SNS 자체 운영	8	10	10	10	10	10	9.67

분석 항목별 점수를 어떻게 매겨야 하는지 그 방법에 대해 구체적으로 살펴보겠습니다.

먼저, **타깃 매칭 분석** 항목은 사업아이템 및 타깃고객을 고려하여 점수를 배점합니다. 왼쪽에 기입된 온라인 마케팅 채널을 생각했을 때 내 사업아이템을 구매할 가능성이 높은 타깃고객이 많이 가입되어 있을 만한 채널이면 10점 만점 기준으로 6점 이상, 반대면 5점 이하로 배점합니다. 만약 채널별로 이용자들의 성비와 연령층을 알고 싶다면, 랭키닷컴이라는 사이트를 활용해 보면 쉽게 확인할 수 있습니다. 단, 해당 사이트의 경우 유료회원으로 결제를 해야 정보를 확인할 수 있는 점 참고하세요.

대상 규모 분석 항목은 왼쪽에 기입된 온라인 마케팅 채널을 생각했을 때 해당 채널의 이용자수가 지속적으로 증가하고 있는 채널인지, 이용자수가 감소하고 있는 채널인지를 고려하여 배점합니다. 만약 여러분의 사업아이템을 구매한 사람보다 아직 해당 아이템을 인지하지 못하고 있거나 구매하지 않은 사람들이 많은 초기 성장 단계라면 우선 해당 브랜드를 알리기 위해 이용자수가 증가하고 있는 채널에 마케팅을 하는 것이 좋을 수 있습니다. 따라서 이 항목은 온라인 마케팅 채널의 이용자수와 여러분이 확보한 기존 고객수를 고려하여 배점합니다. 채널의 이용자수가 증가하고 있는지 감소하고 있는지에 대한 부분도 앞서 살펴본 랭키닷컴과 같은 다양한 분석 사이트 및 업체를 통해 확인할 수 있습니다.

비용 분석 항목은 마케팅 예산, 마케팅 투입 인력, 소요 시간을 고려하여 배점합니다. 왼쪽에 기입된 온라인 마케팅을 진행하려고 할 때 소요되는 비용이 여러분이 정해 놓은 마케팅 예산을 초과하고 추가 인력도 필요하면서 업무 시간도 많이 할애되는 채널이라면 점수를 가장 낮게 배점합니다. 만약 전혀 비용이 들지 않는 채널이면서 추가적인 인력 없이 현재 보유하고 있는 인력으로 충분히 운영할 수 있는 채널이면 10점 만점으로 점수를 입력합니다.

시작 용이성 항목은 마케팅 담당자의 지식 및 기술 보유 수준에 따라 배점이 달라지는 항목입니다. 해당 채널에 대해 잘 알고 있어 지금이라도 당장 시작할 수 있는 온라인 마케팅 채널이면 6점 이상, 그 동안 접근하지 않았던 채널이라 어느 정도 공부가 필요한 채널로 당장 시작하기 어려운 채널이면 5점 이하로 점수를 낮게 입력합니다.

결과 분석 항목은 온라인 마케팅 채널의 활성화 정도와 분석 가능 여부를 고려하여 배점하는 항목입니다. 만약 채널의 팔로워수가 많고 게시물을 업로드했을 때 '좋아요' 등의 화력이 높게 나타나 연령층, 성비, 지역, 노출수 및 도달수, 유입 키워드 등 유의미한 분석을 할 수 있고 이를 통해 마케팅 전략을 도출할 수 있는 채널이면 점수를 높게 배점하고, 이러한 분석이 다소 어려운 채널이면 반대로 낮게 배점합니다.

통제 분석 항목은 왼쪽에 기입된 온라인 마케팅 채널을 활용할 때 콘텐츠의 수정 및 삭제, 이용자 차단 등 직접 통제를 할 수 있는 채널이면 점수를 높게, 반대면 점수를 낮게 배점합니다.

이렇게 각 채널별로 분석 항목에 점수를 각각 입력한 뒤 오른쪽에 평균값(엑셀의 =Average 수식 활용)을 입력합니다. 그중 평균값이 가장 높게 산출된 채널을 온라인 마케팅 종류별(입소문, 자연, 유료) 각각 최소 1개 이상 뽑아내고 평균값이 가장 높게 배점된 온라인 마케팅 채널부터 운영을 하면 됩니다.

이 방법은 최적의 온라인 마케팅 채널을 조사할 때도 유용하지만, 이미 진행하고 있는 온라인 마케팅이 정말 최선인지 알고 싶을 때 또는 내 사업아이템과 예산 등 내부 상황을 고려했을 때 혹시 더 좋은 온라인 마케팅 방법이 있는지 명확히 분석해 보고 싶을 때에도 효과적인 방법입니다.

우선, 여러분이 기본적으로 운영해야 할 채널은 다음과 같습니다.

첫째, 네이버 스마트스토어를 기본적으로 운영해 보면 좋습니다. 누구나 무료로 만들 수 있는 쇼핑몰이면서 유형의 상품뿐만 아니라 교육 및 기타 서비스, 컨설팅, 여행 상품 등 무형의 서비스까지 판매할 수 있고 다양한 수단의 결제 기능이 자동으로 생성되어 편리합니다. 또한 네이버 쇼핑 부문에도 별도의 등록

절차 없이 자동 등록되어 이점이 많기 때문입니다.

만약 지역 기반으로 마케팅을 해야 하는 경우, 즉 특정 지역에 거주하고 있는 사람들을 공략하여 마케팅을 해야 하는 경우(식당, 미용실, 공방, 프렌차이즈 업종 등)에는 네이버 스마트 플레이스, 네이버 카페 마케팅, 당근마켓 등의 마케팅을 진행하는 것이 효과적입니다.

또한 주부, 대표, 장애인, 대학생 등 특정 계층을 타깃으로 마케팅을 해야 하는 경우에도 앞서 설명한 네이버 카페를 공략하여 마케팅하는 것이 효과적입니다. 네이버 카페는 지역별, 주제별로 구분되어 있고 네이버 통합검색 부분에도 노출되는 채널이기 때문에 기본적으로 활용해야 할 마케팅 채널 중 하나에 속합니다.

둘째, 블로그 또한 네이버 키워드 검색자를 위해 반드시 운영해야 하는 채널입니다. 만약 판매하는 상품이 '다이어트도시락'인데 해당 키워드로 어떻게 작업을 해도 광고를 하지 않는 이상 운영 중인 스마트스토어를 상위노출시키기가 쉽지 않다면 해당 키워드를 주제로 블로그에 링크를 걸어 포스팅하여 상위노출시킴으로써 스마트스토어 및 원하는 채널로 유입시킬 수 있습니다.

셋째, 인스타그램(페이스북) 또한 필수 SNS 채널입니다. 브랜드 마케팅 및 입소문 마케팅, 타깃 광고를 효과적으로 진행할 수 있는 도구이기에 반드시 운영해야 합니다.

또한 기업 대 기업으로 영업 마케팅을 해야 하는 B2B에 해당되거나 정부기관 및 지자체를 대상으로 영업 마케팅을 해야 하는 B2G 마케팅이 필요한 경우에는 '**잠재고객 DB(Data Base) 수집과 DM(Direct Mail) 마케팅**'까지 필수 마케팅 방법임을 기억하면 좋겠습니다.

해당 채널들 중에서 핵심이 되는 채널들을 활용하여 어떻게 효과적으로 마케팅을 진행할 수 있는지 이 책에서 앞으로 상세히 살펴보겠습니다. 이렇게 온라인 마케팅 채널을 조사했으면 이제 '업무 3단계: 키워드 조사 및 활용'으로 넘어가겠습니다.

3

업무 3단계

키워드 조사 및 활용

1. 매출과 직결되는 키워드 조사 방법

앞서 온라인 마케팅 채널에 대해 살펴보았습니다. 해당 채널들을 현재 알고리즘에 맞게 올바로 세팅(최적화 세팅)하고 콘텐츠를 상위노출시키면서 많은 잠재고객을 효과적으로 끌어 모으기 위해서는 반드시 키워드 조사가 필요합니다.

이제 본격적으로 매출에 중요한 영향을 미치는 키워드에 대한 이야기를 다루어 보고자 합니다. 키워드란 사람들이 인터넷 포털사이트 및 SNS 검색창 등에 입력하는 단어나 문구를 말합니다. 여러분의 잠재고객들은 온라인에 접속한 그 순간부터 검색으로 시작해서 검색으로 끝을 냅니다. 즉, 매출을 효과적으로 발생시키려면 내 상품을 구매할 만한 잠재고객들이 인터넷에 어떤 키워드를 검색할지를 파악해야 합니다. 이것을 '**키워드 추출 작업**'이라고 부릅니다. 그리고 추출한 키워드를 네이버 스마트스토어와 인스타그램, 페이스북, 블로그 등 다양한 채널에 적재적소에 활용하여 해당 키워드를 인터넷에 검색했을 때 내 상품 또는 내 사이트가 노출될 수 있도록 해야 합니다. 키워드를 조사했으면, 앞서 조사한 온라인 마케팅 채널에 적용하여 최적화 세팅을 하고 잠재고객들의 시선을 사로잡는 후킹문구를 활용하여 내 사이트로의 클릭을 유발해야 합니다.

키워드 추출 작업과 활용은 매우 중요한 마케팅 작업이므로 바로 이야기를 시작해 보겠습니다. 키워드를 조사하기 위해서는 먼저 엑셀파일이 필요합니다.

• 키워드 조사표 예시 •

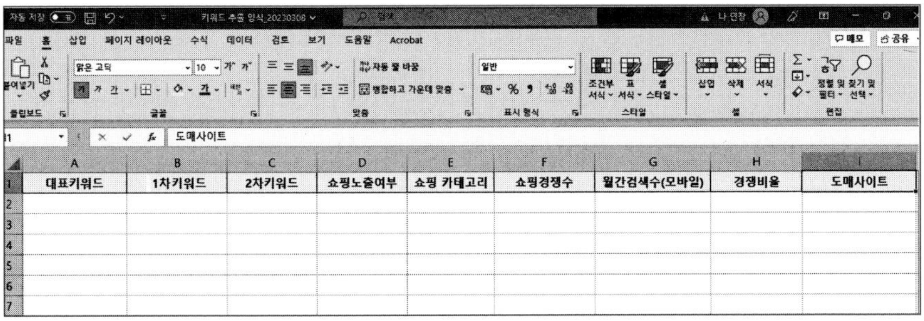

A	B	C	D	E	F	G	H	I
대표키워드	1차키워드	2차키워드	쇼핑노출여부	쇼핑 카테고리	쇼핑경쟁수	월간검색수(모바일)	경쟁비율	도매사이트

엑셀파일에 '대표키워드' '1차키워드' '2차키워드'를 입력합니다. 네이버 스마트스토어를 운영할 예정이라면 그 옆 부분에 '쇼핑노출여부'와 '쇼핑 카테고리' '쇼핑경쟁수' '월간검색수(모바일)' '경쟁비율'을 추가로 입력하고, 위탁판매를 할 예정이라면 앞서 설명한 B2B 도매사이트에 들어가 판매할 상품을 검색합니다. 그런 다음 해당 상품이 입점되어 있는 도매사이트의 이름을 엑셀파일의 '도매사이트' 부분에 입력합니다.

예를 들어, 잘 팔리는 상품을 조사하는 방법을 통해 '고구마'라는 상품을 찾았다면 이 키워드를 B2B 도매사이트에 검색합니다. 만약 B2B 도매사이트 중 온채널에는 해당 상품이 없고, 오너클랜 사이트에 해당 상품이 있다면 엑셀파일의 '도매사이트' 부분에 '오너클랜'이라고 입력합니다. B2B 도매사이트마다 입점되어 있지 않은 상품들이 조금씩 다르기 때문에 해당 상품이 입점되어 있는 도매사이트 정보를 엑셀파일에 미리 입력해 놓으면 키워드 조사 완료 후 빠르게 해당 사이트에 들어가 판매를 시작할 수 있습니다. 스마트스토어를 운영할 필요가 없거나 위탁판매와 관련이 없는 분들은 해당 메뉴를 생략해도 됩니다.

사실, 키워드를 조사하는 방법에는 여러 가지가 있습니다. 가장 쉬운 방법은 온라인 마케팅 광고 대행사를 활용하는 것입니다. 대행사에 키워드 조사를 요청하면 키워드가 다량 입력된 엑셀파일을 바로 받을 수 있습니다. 대행사들의 경우 키워드를 조사해 주는 자동화 프로그램이 있습니다. 해당 프로그램을 사용하면 간편하게 키워드를 추출할 수 있지만 타 업체 이름이나 사람 이름 등 마케팅에 사용해서는 안 되는 키워드까지 섞여 있는 경우가 있습니다. 또한 대행사가 추출해 주는 엑셀파일을 열어 보면 대표키워드와 1차키워드, 2차키워드로 구분되어 있지 않고 보통 A열에 키워드가 일렬로 입력되어 있고 그 옆에는 검색수와 클릭수 등의 수치가 기입되어 있는 경우가 많습니다. 그렇게 되면 이 중 어떤 것이 대표키워드에 해당되고, 어떤 것이 1차, 2차에 속하는지 어떠한 채널에 활용해야 하는지 알기가 쉽지 않습니다.

이 책에서 대표키워드와 1차키워드 2차키워드로 구분하여 키워드를 조사하는 이유가 있습니다. 우선 여러분의 채널 활성화 정도가 모두 다르기 때문입니다. 이 책을 보고 있는 분들 중 어떤 분은 스마트스토어 등급이 빅파워 이상일 수도 있고 어떤 분은 씨앗 등급일 수 있습니다. 이 경우 빅파워 이상 쇼핑몰은 대표키워드를 사용해도 상위노출이 될 수 있지만 씨앗 등급과 같이 이제 막 시작하는 스토어는 경쟁이 심한 대표키워드를 쓰게 되면 노출이 잘 안 될 수도 있습니다. 또한 어떤 분은 스마트스토어가 필요 없는 업종으로 네이버 블로그를 해야 하는 분들이 있을 수 있습니다. 이제 막 시작하는 블로그라면 경쟁이 심한 대표키워드나 1차키워드가 아닌 2차키워드를 활용해 포스팅을 하는 것이 유리할 수 있습니다.

키워드는 스마트스토어에 적합한 키워드가 있고, 블로그에 적합한 키워드, 인스타그램의 해시태그로 적합한 키워드, 광고에 적합한 키워드가 있습니다. 그렇기 때문에 키워드를 조사할 때 대표키워드, 1차키워드, 2차키워드로 구분해서 키워드를 조사해 놓으면 이 엑셀파일을 보고 네이버 광고, 스마트스토어, 블로그, SNS 등 다양한 채널에 상황에 맞게 적절히 활용할 수 있습니다.

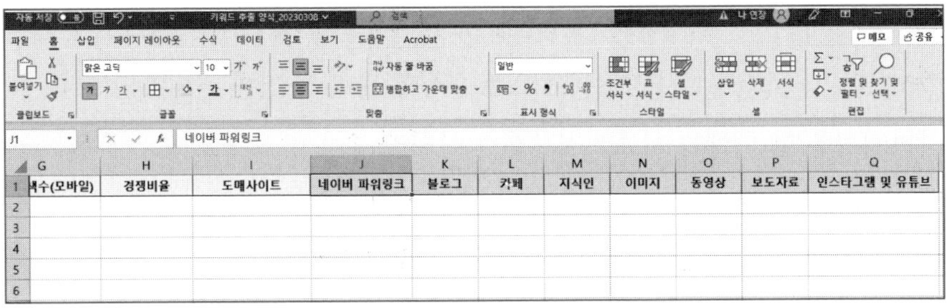

G	H	I	J	K	L	M	N	O	P	Q
색수(모바일)	경쟁비율	도매사이트	네이버 파워링크	블로그	카페	지식인	이미지	동영상	보도자료	인스타그램 및 유튜브

도매사이트 옆 부분부터는 온라인 마케팅 채널을 입력합니다. 채널은 네이버 파워링크, 네이버 쇼핑, 네이버 블로그, 네이버 카페, 인스타그램 및 유튜브 등을 입력합니다. 이 외에도 쿠팡, 아이디어스, 화해 등 본인 상품에 맞는 유통/판매 채널을 추가로 입력합니다.

1) 키워드의 종류와 개념

엑셀파일에 입력을 모두 했으면 잠시 키워드에 대한 종류와 개념을 설명하도록 하겠습니다. 키워드의 종류는 크게 3가지가 있습니다.

첫째, '대표키워드'입니다. 대표키워드는 메인 키워드로도 불리며 내 상품을 대표하면서 명사 하나 또는 두 개로 이루어진 단어로 누구나 쉽게 검색할 수 있는 키워드이기 때문에 검색수가 높은 키워드입니다. 여자 향수를 판매하고 있다고 가정하겠습니다. 이때 대표키워드는 '향수'(명사 1개), '여자향수'(명사 2개), '여성향수'(명사 2개) 등이 해당될 수 있습니다. 대표키워드는 검색량이 매우 높아 온라인 마케팅을 할 때 노출 경쟁률이 굉장히 심한 키워드입니다.

둘째, '간접키워드'입니다. 간접키워드는 내 상품과 직접적으로 관련된 키워드는 아니지만 홍보 마케팅을 하려고 하는 시기에 사람들이 많이 검색하는 키워드 중에서 내 상품과 연결시켜 활용할 수 있는 키워드를 말합니다. 예를 들어, '여자친구생일선물추천' '크리스마스선물'과 같이 내 상품인 '향수'라는 키워드가 포함되어 있지는 않지만 간접적으로 내 상품과 연결시킬 수 있는 키워드가 해당됩니다. 즉, '크리스마스선물로 만점인 ○○향수'라는 식으로 연결시켜서 블로그 포스팅이나 SNS 제목으로 활용할 수 있을 만한 키워드입니다.

마케팅을 할 때에는 대표키워드뿐만 아니라 홍보 마케팅을 할 시즌에 자신의 잠재고객이 인터넷에 검색할 만한 간접키워드 또한 재빠르게 추출하여 해당 키워드로 검색했을 때 내 상품을 노출시켜 구매가 이루어질 수 있도록 해야 합니다. 이러한 간접키워드는 개발한 사업아이템이 현재 시장에 없는 최초의 아이템이거나 해당 업종의 규모가 매우 작아 대표키워드를 찾기 어려운 경우에도 효과적인 수단이 될 수 있습니다. 여기에서 간접키워드는 엑셀파일에서 대표키워드 또는 1차키워드에 해당할 수 있습니다.

셋째, '세부키워드'입니다. 세부키워드는 앞서 설명한 대표키워드와 간접키워드의 앞뒤에 단어나 문구가 더 붙어 있는 키워드입니다. 예를 들어, 대표키워드인 '향수' '여자향수' '여성향수' 앞뒤에 단어가 더 붙어 있는 '여자향수추천' 또는 '30대여자향수추천' 등이 해당될 수 있습니다. 세부키워드는 대표키워드보다 노출 경쟁률도 비교적 낮아 다양한 마케팅 진행 시 소요되는 비용이 더 저렴한 장점이 있습니다. 여기에서 세부키워드는 엑셀파일에서 1차키워드 또는 2차키워드에 해당할 수 있습니다.

2) 키워드 조사 방법

이제 키워드 조사 방법에 대해 자세히 살펴보겠습니다. 키워드를 조사하는 방식은 먼저 대표키워드를 조사하고 해당 대표키워드를 기반으로 1차키워드를 조사하고, 1차키워드를 기반으로 다시 2차키워드를 조사하는 방식입니다. 즉, 대표키워드로 넓게 시작하여 2차키워드까지 연결시키면서 점점 더 깊이 있게 세분화하는 가지치기 작업을 해야 합니다. 마치 온라인이라는 넓고 깊은 바다에 키워드라는 그물을 꼼꼼하고 촘촘히 만들어 던지는 과정이라고 생각하면 됩니다. 단 한 명의 잠재고객도 내가 만든 '키워드' 그물에서 빠져나가지 못하게 촘촘하고 세밀하게 키워드를 추출해 내야 합니다.

(1) 대표키워드 조사 방법

먼저, 대표키워드부터 조사해 보겠습니다. 대표키워드는 명사 하나 또는 두 개로 이루어진 단어입니다. 엑셀파일의 대표키워드 열에 여러분의 사업아이템을 생각하면서 명사 하나 또는 두 개로 이루어진, 검색수가 매우 높을 것 같은 키워드를 5개 입력해 보세요. 예를 들어, 여기에서는 '다이어트 식품'을 판매한다고 가정하겠습니다. 여러분도 자신의 사업아이템을 대입하여 함께 키워드를 추출해 보세요.

'다이어트 식품'이 현재 판매하고 있는 상품이라면 대표키워드는 무엇일까요? 다음 내용을 읽기 전에 한번 생각해 보기 바랍니다.

'다이어트 식품'의 대표키워드로는 먼저 '다이어트'가 있을 수 있습니다. 명사 하나로 되어 있지요? 다음 대표키워드로는 '다이어트식품'도 될 수 있습니다. '다이어트'와 '식품' 이렇게 명사 두 개로 이루어져 있으니 대표키워드에 해당됩니다.

대표키워드를 총 5개 입력해야 하므로 이제 3개 남았습니다. 무엇이 있을까요? '다이어트음식' '다이어트보조제' '다이어트식단'도 해당됩니다. 이런 식으로 틀려도 괜찮으니 일단 여러분의 사업아이템에 대한 대표키워드를 5개 정도 엑셀파일의 '대표키워드' 열에 한 줄에 하나씩 입력해 보세요. 스스로 본인의 아이템에 대해 생각해 보지 않고 키워드 조사를 시작하는 것과 핵심이 될 키워드를 스스로 먼저 생각해 보고 키워드를 조사하는 것은 또 다른 결과가 나올 수 있기 때문입니다.

A6 | 다이어트식단

	A	B	C	D	E	F	G	H
1	대표키워드	1차 키워드	2차키워드	쇼핑노출여부	쇼핑 카테고리	쇼핑경쟁수	월간검색수(모바일)	경쟁비율
2	다이어트							
3	다이어트식품							
4	다이어트음식							
5	다이어트보조제							
6	다이어트식단							
7								
8								
9								
10								

엑셀파일에 대표키워드를 5개 입력했으면 다음 2가지 질문을 드리겠습니다.

1. 이 대표키워드가 정말 잠재고객이 많이 검색하는 대표키워드가 맞는가?
2. 이것보다 훨씬 더 좋은 대표키워드는 없는가?

이 두 가지 질문에 대한 답은 '네이버 광고' 사이트의 키워드 도구를 활용해 찾을 수 있습니다. 네이버 키워드 도구는 최근 1개월 동안 사람들이 네이버에 검색한 키워드가 무엇이고, 해당 키워드와 관련하여 노출되는 광고를 몇 번 클릭했는지 등을 확인해 볼 수 있는 매우 유용한 마케팅 도구입니다.

먼저, 네이버 검색창에 **'네이버 광고'**를 검색하여 해당 사이트에 들어갑니다.

네이버 광고 사이트는 온라인 마케터라면 반드시 기본적으로 알고 있어야 하는 사이트입니다. 사이트 오른쪽 부분에 아이디와 비밀번호를 입력하여 로그인합니다. 만약 회원가입이 되어 있지 않다면 로그인 바로 밑에 네이버 아이디로 로그인 또는 신규가입 버튼을 클릭하여 회원가입을 해 주세요.

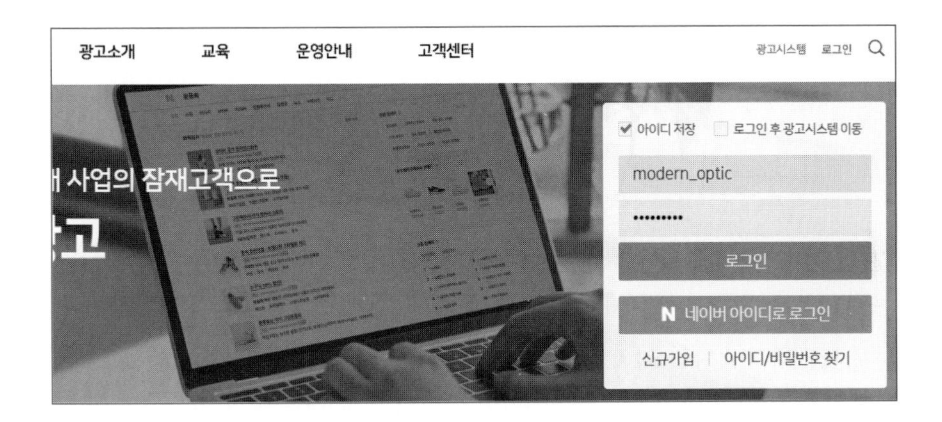

사업자 번호가 있는 분들은 회원가입 시 사업자 광고주에 체크하면 되고, 사업자 번호가 아직 없는 분들은 개인 광고주에 체크하면 됩니다.

로그인 후 화면 오른쪽의 '키워드 도구' 메뉴를 클릭합니다.

상단 메뉴 중 '도구' 클릭 후 '키워드 도구'를 클릭합니다.

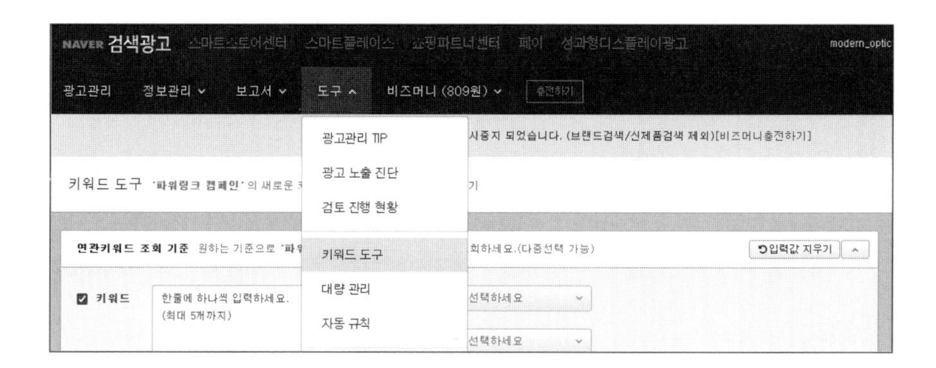

자, 해당 화면이 바로 '네이버 키워드 도구' 화면입니다. 화면을 보면 '키워드' '웹사이트' '시즌 월' '업종' '시즌 테마' 이렇게 5개의 옵션이 있습니다. 이 5개의 옵션을 활용해서 다양한 키워드를 조사할 수 있는데, 대표키워드를 조사할 때에는 5개의 옵션 중 '키워드' 칸만 보면 됩니다. 키워드 칸 체크 후 입력 칸에 엑셀파일의 대표키워드 열에 입력했던 키워드들을 복사 및 붙여넣기하여 입력합니다. 한 번에 5개까지 입력이 가능하니 대표키워드 5개를 모두 입력해 보는 것이 좋습니다. 그러고 나서 '조회하기' 버튼을 클릭합니다.

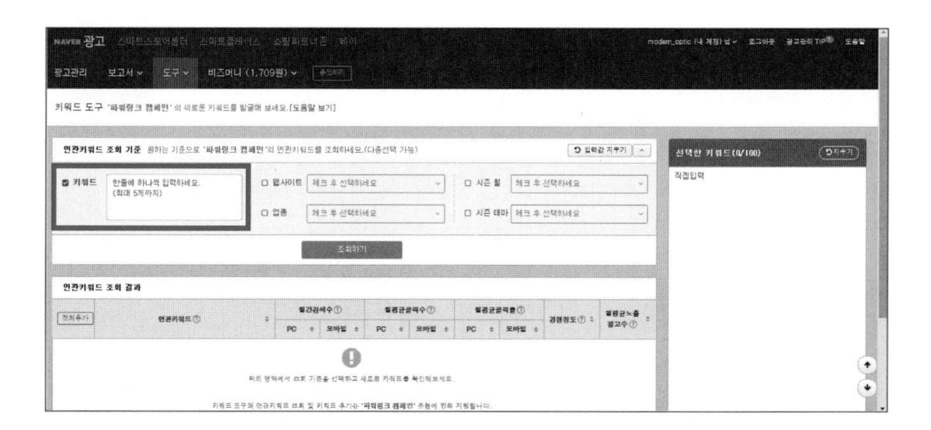

다음과 같이 연관키워드 조회 결과라고 하여 수많은 키워드와 수치가 보일 것입니다.

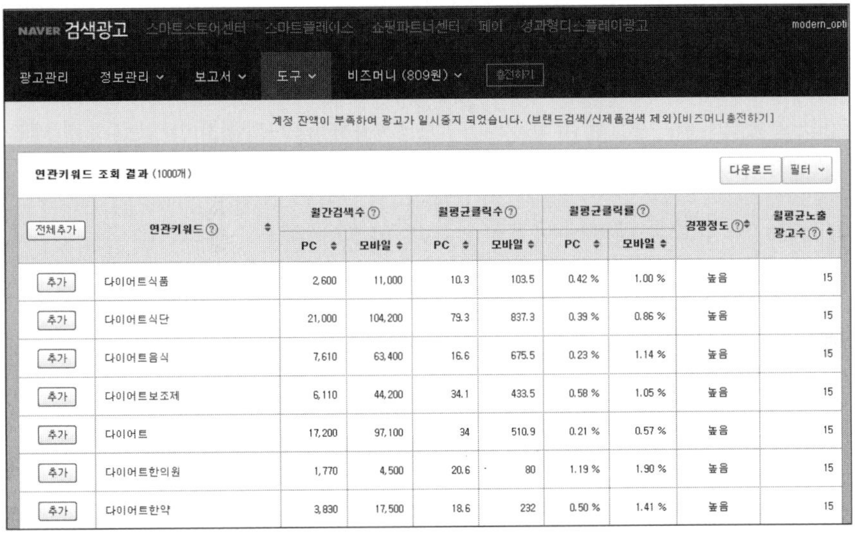

NAVER 검색광고 스마트스토어센터 스마트플레이스 쇼핑파트너센터 페이 성과형디스플레이광고 modern_opti

광고관리 정보관리 보고서 도구 비즈머니 (809원) 충전하기

계정 잔액이 부족하여 광고가 일시중지 되었습니다. (브랜드검색/신제품검색 제외)[비즈머니충전하기]

연관키워드 조회 결과 (1000개) 다운로드 필터

전체추가	연관키워드	월간검색수		월평균클릭수		월평균클릭률		경쟁정도	월평균노출 광고수
		PC	모바일	PC	모바일	PC	모바일		
추가	다이어트식품	2,600	11,000	10.3	103.5	0.42 %	1.00 %	높음	15
추가	다이어트식단	21,000	104,200	79.3	837.3	0.39 %	0.86 %	높음	15
추가	다이어트음식	7,610	63,400	16.6	675.5	0.23 %	1.14 %	높음	15
추가	다이어트보조제	6,110	44,200	34.1	433.5	0.58 %	1.05 %	높음	15
추가	다이어트	17,200	97,100	34	510.9	0.21 %	0.57 %	높음	15
추가	다이어트한의원	1,770	4,500	20.6	80	1.19 %	1.90 %	높음	15
추가	다이어트한약	3,830	17,500	18.6	232	0.50 %	1.41 %	높음	15

조회 결과 화면을 보니 입력한 키워드 5개가 상단에 나오고 하단에 약 1,000여 개의 연관키워드가 나왔습니다. 연관키워드는 최근 1개월 동안 네이버에 5개 키워드를 검색했던 사람들이 입력한 또 다른 키워드라고 볼 수 있습니다. 즉, 여러분의 잠재고객이 1개월 동안 이러한 키워드를 검색하고 있었다고 이해하면 됩니다. 이때 기억해야 할 것이 **네이버 키워드 도구는 키워드 하나만 입력했을 때의 결과와 키워드 여러 개를 동시에 입력했을 때의 결과가 다르게 나오니** 참고하기 바랍니다.

- A라는 키워드 1개를 입력하면 해당 키워드 관련된 연관검색어를 보여 줍니다.
- B라는 키워드 1개를 입력하면 해당 키워드 관련된 연관검색어를 보여 줍니다.
- A와 B라는 대표키워드를 동시에 입력하면 A 연관키워드와 B 연관키워드를 모두 합하여 보여 줍니다.

예를 들어, 네이버 키워드 도구에 '향수'만 입력하고 '조회하기'를 클릭하면 연관검색어 703개가 나열됩니다. '여자향수'만 입력하고 조회하기를 클릭하면 연관검색어 503개가 나열됩니다. 하지만 '향수'와 '여자향수'를 모두 입력하고 조회하기를 클릭하면 연관검색어가 797개나 보이는 것을 알 수 있습니다. '향수 연관키워드(703)+여자향수 연관키워드(503)−중복 키워드 제외= 797'개로 계산된 것입니다. 즉, 네이버 키워드 도구에 하나의 키워드만 입력하면 매출에 직결이 될 좋은 틈새 키워드를 놓칠 수도 있습니다. 따라서 최대 5개의 대표키워드를 모두 입력하여 키워드 도구를 활용하는 것이 좋습니다.

또 다른 관점으로 이번에는 오미자 음료를 판매하고 있다고 가정하겠습니다. 키워드 도구를 검색해 보았고 그 결과는 다음과 같았습니다.

1. 오미자즙 검색 시 연관키워드 70개
2. 오미자즙과 오미자청 동시 검색 시 연관키워드 713개
3. 오미자청 검색 시 연관키워드 713개

2번과 3번의 검색 결과가 동일합니다. 2번과 3번의 결과가 동일(713개)하다는 것은 오미자청을 검색한 사람들이 오미자즙 관련 키워드를 모두 포함하여 검색한다는 의미입니다. 즉, 오미자 음료를 판매한다면 오미자즙보다 오미자청 키워드로 온라인 마케팅 방향을 잡았을 때 적용할 수 있는 키워드가 많아 훨씬 더 많은 잠재고객들을 유입시켜 매출을 빠르게 올릴 수 있습니다.

따라서 이렇게 여러분이 조금 귀찮은 마음에 대표키워드를 1개만 입력하여 결과를 보게 되면 더 좋은 시장을 발견하지 못해 매출에 도움이 되는 키워드들을 놓치게 될 수도 있다는 이야기가 되니 꼭 유념하기 바랍니다.

네이버 키워드 도구에서 '월간 검색수'는 1개월 동안 해당 키워드를 검색한 숫자를 말하며, '월평균 클릭수'는 네이버에 해당 키워드를 검색한 사람 중에서 통합검색에 노출된 '광고'를 클릭한 숫자를 말합니다. 이때 '광고'는 네이버

파워링크, 파워컨텐츠, 비즈사이트, 네이버 쇼핑 광고가 해당되며, 통합검색에 노출되는 네이버 블로그, 네이버 카페, 네이버 지식인과 같은 정보성 채널을 클릭한 숫자는 포함되어 있지 않습니다.

조회된 '다이어트' 키워드를 보면 사람들이 최근 1개월 동안 PC로는 17,200번을 검색했었다는 것을 알 수 있으며, 모바일(핸드폰)로는 97,100번 검색했다는 것을 알 수 있습니다.

대표키워드를 추출할 때에는 '월간 검색수'가 높은 키워드를 추출하면 됩니다. 이때 월간 검색수 바로 하단에 보면 'PC'와 '모바일'로 구분되어 있습니다.

만약 여러분이 일반인에게 직접 영업 마케팅을 하는 B2C에 해당되는 경우 모바일 검색수를 보면 되고, 기업 대 기업으로 영업 마케팅을 해야 하는 B2B이거나 정부기관들을 대상으로 영업 마케팅을 해야 하는 B2G에 해당되는 분들은 PC 검색수를 보면 좋습니다. 기업이나 정부기관들의 담당자들은 근무시간에 핸드폰을 사용하기보다 PC로 구매할 아이템을 조사할 가능성이 크기 때문입니다.

조금 더 쉽게 작업하려면 PC와 모바일 바로 옆의 아래위 삼각모양이 있습니다. 그 부분을 더블클릭하면 검색수가 높은 키워드로 재정렬됩니다. '모바일'을 더블클릭해 보면 모바일 검색수가 높은 키워드순으로 배치가 됩니다. 'PC'를 더블클릭하면 PC에서 검색량이 많은 키워드순으로 배치가 됩니다. 이렇게 검색수가 높은 키워드로 재배치 후 상단에 배치된 키워드 중에 본인의 사업아이템과 관련성이 높은 키워드 최소 5개 이상 50개 정도를 조사하면 됩니다. 해당 키워드를 엑셀파일 '대표키워드' 열에 입력합니다. 그런데 화면을 보니 상단 부분에 잠실맛집이나 강남역맛집 등 판매하는 상품과 연결성이 없어 보이는 키워드도 섞여 있습니다. 이럴 때에는 상단 오른쪽 부분에 **'필터'** 기능을 활용하면 편리합니다.

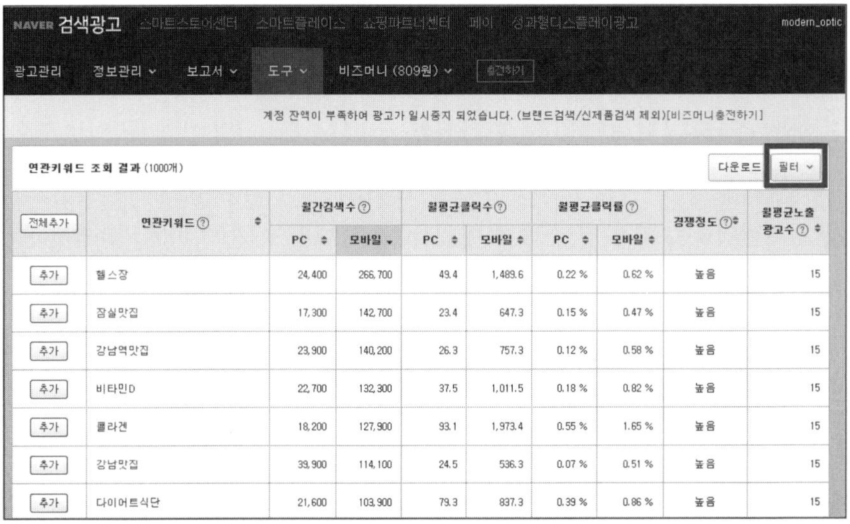

NAVER 검색광고 스마트스토어센터 스마트플레이스 쇼핑파트너센터 페이 성과형디스플레이광고 modern_optic

광고관리 정보관리 ∨ 보고서 ∨ 도구 ∨ 비즈머니 (809원) ∨ 충전하기

계정 잔액이 부족하여 광고가 일시중지 되었습니다. (브랜드검색/신제품검색 제외)[비즈머니충전하기]

연관키워드 조회 결과 (1000개) 다운로드 필터 ∨

전체추가	연관키워드	월간검색수		월평균클릭수		월평균클릭률		경쟁정도	월평균노출 광고수
		PC	모바일	PC	모바일	PC	모바일		
추가	헬스장	24,400	266,700	49.4	1,489.6	0.22 %	0.62 %	높음	15
추가	잠실맛집	17,300	142,700	23.4	647.3	0.15 %	0.47 %	높음	15
추가	강남역맛집	23,900	140,200	26.3	757.3	0.12 %	0.58 %	높음	15
추가	비타민D	22,700	132,300	37.5	1,011.5	0.18 %	0.82 %	높음	15
추가	콜라겐	18,200	127,900	93.1	1,973.4	0.55 %	1.65 %	높음	15
추가	강남맛집	39,900	114,100	24.5	536.3	0.07 %	0.51 %	높음	15
추가	다이어트식단	21,600	103,900	79.3	837.3	0.39 %	0.86 %	높음	15

'필터' 클릭 후 '필터만들기'를 클릭합니다. 그럼 키워드 리스트 바로 위에 '연관키워드'라는 메뉴가 나오는데, 옆 빈칸에 여러분의 사업아이템과 관련된 키워드를 하나 입력합니다. 그리고 바로 옆의 '적용' 버튼을 클릭하면 해당 키워드가 포함되어 있는 키워드로만 필터링이 되어 보일 것입니다. 이렇게 원하는 조건이 있으면 '필터' 기능을 활용하면 좋습니다.

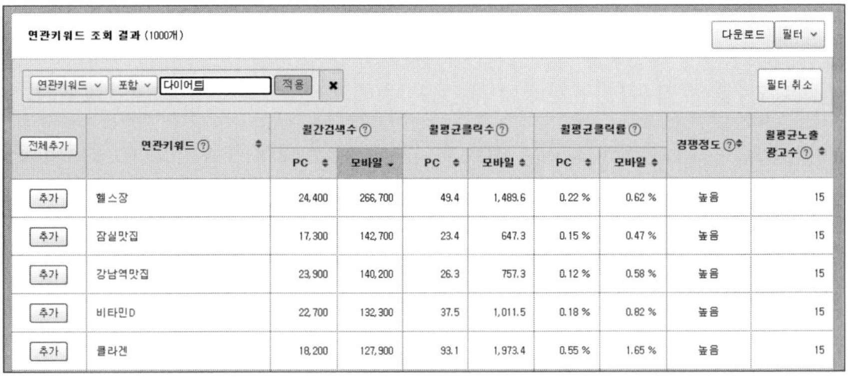

연관키워드 조회 결과 (1000개) 다운로드 필터 ∨

연관키워드 ∨ 포함 ∨ 다이어트 적용 ✖ 필터 취소

전체추가	연관키워드	월간검색수		월평균클릭수		월평균클릭률		경쟁정도	월평균노출 광고수
		PC	모바일	PC	모바일	PC	모바일		
추가	헬스장	24,400	266,700	49.4	1,489.6	0.22 %	0.62 %	높음	15
추가	잠실맛집	17,300	142,700	23.4	647.3	0.15 %	0.47 %	높음	15
추가	강남역맛집	23,900	140,200	26.3	757.3	0.12 %	0.58 %	높음	15
추가	비타민D	22,700	132,300	37.5	1,011.5	0.18 %	0.82 %	높음	15
추가	콜라겐	18,200	127,900	93.1	1,973.4	0.55 %	1.65 %	높음	15

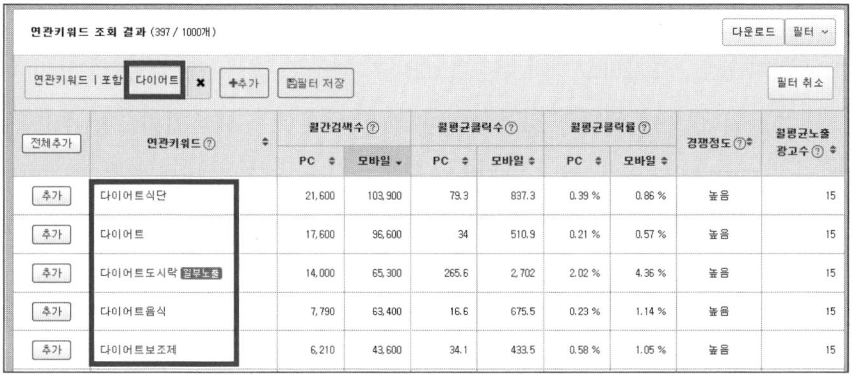

연관키워드 조회 결과 (397 / 1000개) 다운로드 필터

연관키워드 | 포함 다이어트 × +추가 필터 저장 필터 취소

전체추가	연관키워드	월간검색수		월평균클릭수		월평균클릭률		경쟁정도	월평균노출 광고수
		PC	모바일	PC	모바일	PC	모바일		
추가	다이어트식단	21,600	103,900	79.3	837.3	0.39 %	0.86 %	높음	15
추가	다이어트	17,600	96,600	34	510.9	0.21 %	0.57 %	높음	15
추가	다이어트도시락 일부노출	14,000	65,300	265.6	2,702	2.02 %	4.36 %	높음	15
추가	다이어트음식	7,790	63,400	16.6	675.5	0.23 %	1.14 %	높음	15
추가	다이어트보조제	6,210	43,600	34.1	433.5	0.58 %	1.05 %	높음	15

또한 네이버 키워드 도구를 활용해 '대표키워드'를 추출할 때에는 PC 검색수 또는 모바일 검색수가 최소 1,000건 이상 되는 키워드를 추출하는 것이 좋습니다. 만약 해당 아이템의 시장규모가 워낙 작아 1,000건 이상의 키워드를 찾기 어렵다면 아무리 못해도 최소 100건 이상의 키워드를 조사하면 됩니다. 만약 최소 100건 이상의 키워드도 찾기 어렵다면 이때에는 간접키워드를 대표키워드로 활용하는 것이 좋습니다. 간접키워드를 조사하는 방법은 잠시 후 살펴보겠습니다.

이 작업도 필터 클릭 후 '월간검색수>1000'을 입력하면 검색수가 1,000 이상 되는 키워드만 필터링이 되어 한번에 볼 수 있으니 편리합니다.

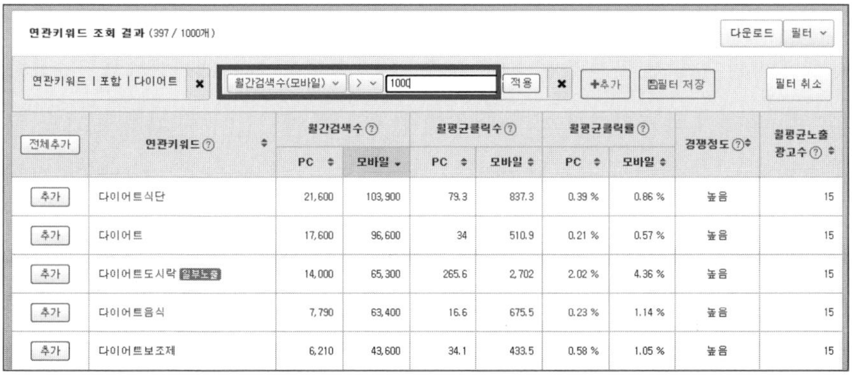

연관키워드 조회 결과 (397 / 1000개) 다운로드 필터

연관키워드 | 포함 | 다이어트 × 월간검색수(모바일) > 1000 적용 × +추가 필터 저장 필터 취소

전체추가	연관키워드	월간검색수		월평균클릭수		월평균클릭률		경쟁정도	월평균노출 광고수
		PC	모바일	PC	모바일	PC	모바일		
추가	다이어트식단	21,600	103,900	79.3	837.3	0.39 %	0.86 %	높음	15
추가	다이어트	17,600	96,600	34	510.9	0.21 %	0.57 %	높음	15
추가	다이어트도시락 일부노출	14,000	65,300	265.6	2,702	2.02 %	4.36 %	높음	15
추가	다이어트음식	7,790	63,400	16.6	675.5	0.23 %	1.14 %	높음	15
추가	다이어트보조제	6,210	43,600	34.1	433.5	0.58 %	1.05 %	높음	15

검색수가 최소 1,000건 이상 되는 대표키워드를 조사하는 이유는 대표키워드를 기반으로 2차키워드까지 추출할 것이기 때문에 검색수가 너무 낮은 키워드를 추출하게 되면 매출에 별로 영향을 미치지 못하는 세부키워드를 추출하게 될 수도 있기 때문입니다. 이렇게 네이버 키워드 도구를 통해 5~50개 정도의 대표키워드를 조사하면 되며, 해당 키워드는 엑셀파일의 대표키워드 열에 순차적으로 입력합니다. 엑셀파일에 입력했던 5개의 대표키워드를 삭제하지 않고 바로 밑에 입력합니다.

	A	B	C	D	E	F	G	H
1	대표키워드	1차 키워드	2차키워드	쇼핑노출여부	쇼핑 카테고리	쇼핑경쟁수	월간검색수(모바일)	경쟁비율
2	다이어트							
3	다이어트식품							
4	다이어트음식							
5	다이어트보조제							
6	다이어트식단							
7	단기간다이어트							
8	다이어트식단표							
9	키토다이어트							
10	2주다이어트							
11	다이어트방법							
12	한달다이어트식단							
13	남자다이어트식단							
14	40대다이어트							
15	출산후다이어트							

(2) 1차키워드 조사 방법

대표키워드를 모두 추출했으면 이제 1차키워드를 추출해야 합니다. 1차키워드는 온라인 마케팅에서 가장 활용도가 높은 키워드입니다. 따라서 가장 꼼꼼히 조사를 해야 하기 때문에 여러 가지 단계를 거쳐 키워드를 조사해 보겠습니다.

앞서 추출한 대표키워드를 기반으로 1차키워드를 추출해 보겠습니다. 대표키워드 중 '다이어트'라는 첫 번째 대표키워드를 가지고 1차키워드를 뽑아 보겠습니다. 네이버 메인 검색창에 대표키워드인 '다이어트'를 입력해 보았습니다. 검색 창 바로 하단에 다음과 같이 자동 검색어가 나오는 것을 확인할 수 있습니다.

자동검색어에 노출되고 있는 키워드는 검색수(검색량) 순서대로 배치된 것이 아니며, 검색수가 많은 키워드를 노출시켜 주는 것이 아닙니다. 제가 자동검색어에 노출되고 있는 키워드를 네이버 키워드 도구에서 조회해 보았습니다. 결과는 다음과 같았습니다.

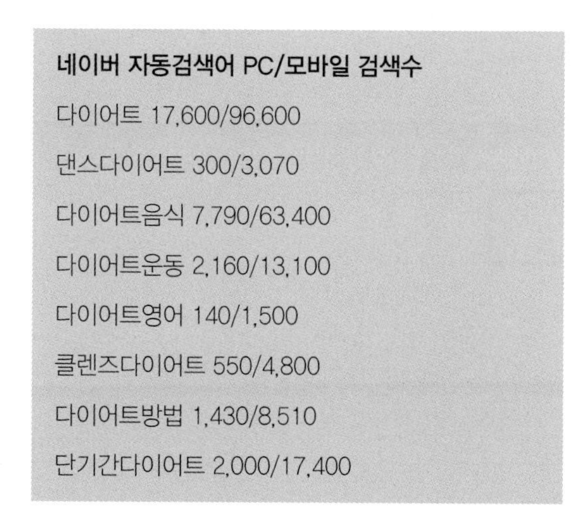

네이버 자동검색어 PC/모바일 검색수

다이어트 17,600/96,600

댄스다이어트 300/3,070

다이어트음식 7,790/63,400

다이어트운동 2,160/13,100

다이어트영어 140/1,500

클렌즈다이어트 550/4,800

다이어트방법 1,430/8,510

단기간다이어트 2,000/17,400

자동검색어에 노출되고 있는 키워드 중 댄스다이어트와 다이어트영어는 PC 검색수가 각각 300건, 140건이며 모바일 검색수는 각각 3,070건, 1,500건으로 비교적 수치가 낮은 편이라는 것을 볼 수 있습니다. 네이버 키워드 도구를 보면 해당 키워드보다 훨씬 검색수가 높은 키워드가 많이 있습니다. 그럼에도 검색수가 낮은 키워드를 자동 검색어 리스트에 보여 주고 있는 이유는 네이버 알고리즘이 주요 시즌이나 이슈, 행사, 계절 등을 고려하여 추천해 주는 추천 키워드이기 때문입니다.

또한 요즘에는 해당 키워드를 검색하고 있는 사람의 검색 패턴을 분석하여 관심 있어 할 만한 키워드를 추천해 주기도 합니다. 즉, 자동검색어에 노출되고 있는 키워드들은 사람들이 많이 검색해서 검색수 기준으로 노출되는 키워드가 아니라 네이버 알고리즘이 추천해 주는 추천 키워드라고 생각하면 좋습니다.

자동검색어 리스트는 시의성에 맞는 키워드가 추천되기도 하기 때문에 본인의 사업아이템과 직간접적으로 연관되는 키워드가 있다면 해당 키워드를 1차키워드 열에 입력합니다.

자동검색어 중 '다이어트운동'과 '클렌즈다이어트'를 엑셀파일에 입력하겠습니다. 엑셀파일에 1차키워드를 입력할 때에는 대표키워드 바로 옆에 입력하지 않고, 서로 중복되지 않도록 대표키워드 바로 옆 밑에 칸부터 입력합니다.

	A	B	C	D	E	F	G	H
1	대표키워드	1차 키워드	2차키워드	쇼핑노출여부	쇼핑 카테고리	쇼핑경쟁수	월간검색수(모바일)	경쟁비율
2	다이어트							
3		다이어트운동						
4		클렌즈다이어트						
5								
6	다이어트식품							
7	다이어트음식							
8	다이어트보조제							
9	다이어트식단							
10	단기간다이어트							
11	다이어트식단표							
12	키토다이어트							
13	2주다이어트							
14	다이어트방법							

지금 우리는 대표키워드인 '다이어트'에 대한 1차키워드를 추출하고 있는 것이므로 이미지와 같이 '다이어트'의 행을 늘려 주고 그 옆의 1차키워드 열에 방금 추출한 키워드를 입력합니다. 대표키워드인 바로 옆 칸에 다이어트운동을 입력하면 엑셀파일의 오른쪽에 있는 '쇼핑노출여부' 등의 값을 입력했을 때 이 결과가 대표키워드의 수치인지 1차키워드의 수치인지 파악하기 어렵기 때문에 그렇습니다.

이 상태에서 다시 네이버로 돌아갑니다. 네이버 검색창에 대표키워드 마지막 글자의 받침, 모음, 자음의 순서대로 지워 봅니다. '다이어트'의 마지막 글자인 '트'에 받침이 없기에 모음인 'ㅡ'를 지워 봤습니다.

처음과는 다른 새로운 자동검색어가 나타나는 것을 확인할 수 있습니다. 자음인 'ㅌ'를 마저 지워 보면 또 새로운 자동검색어가 나타나는 것을 확인할 수 있습니다. 이렇게 키워드의 마지막 글자를 받침부터 하나씩 지우게 되면 네이버 검색 알고리즘이 변화되어 여러분이 생각하지 못한 좋은 키워드를 발견할 수 있습니다.

네이버 알고리즘은 한글 텍스트의 받침, 모음, 자음을 모두 분리하여 토큰화 작업을 하여 정보를 인식합니다. 따라서 단어(키워드)의 글자 중 일부를 하나씩 삭제하면 새로운 데이터로 인식하여 새로운 키워드 리스트를 보여 주는 것입니다.

그다음 단계는 대표키워드 마지막 글자 뒤에 자음을 넣어 보는 것입니다. 'ㄱ'부터 'ㅎ'까지 순차적으로 하나씩 입력해 보면 관련된 자동검색어가 나옵니다.

그런데 이때에도 키워드 바로 뒤에 자음을 쓰느냐, 키워드 입력 후 띄어쓰기를 하고 자음을 입력하느냐에 따라 자동검색어의 결과값이 달라질 수 있습니다. 네이버 검색 알고리즘이 텍스트를 인식할 때 띄어쓰기까지 토큰화 작업을

하여 인지하기 때문입니다. 따라서 여러분은 붙여서 입력해 보고 띄어서도 한 번 자음을 입력해 보세요.

이런 식으로 'ㄱ'부터 'ㅎ'까지 하나씩 모두 입력을 해 보고 잠재고객이 검색하고 클릭할 만한 관련 키워드를 꼼꼼히 확인합니다. 해당 자동검색어 리스트에서 내 아이템과 관련된 키워드가 있다면 엑셀파일의 1차키워드 열에 추가로 입력합니다. 이때 유의해야 할 사항은 키워드 추출 시 타 업체 이름이나 타사의 브랜드 키워드, 사람 이름 등(타 업체의 모델 이름 등)은 가지고 오면 안 된다는 것입니다.

여기까지 했으면 네이버 메인 검색창에 대표키워드만 입력 후 엔터를 눌러 네이버 통합검색 화면으로 전환시켜 줍니다. 이후 통합검색 사이트의 연관검색어를 확인합니다. 연관검색어는 키워드에 따라 통합검색 화면 오른쪽 또는 화면 맨 하단에 노출되고 있을 것입니다.

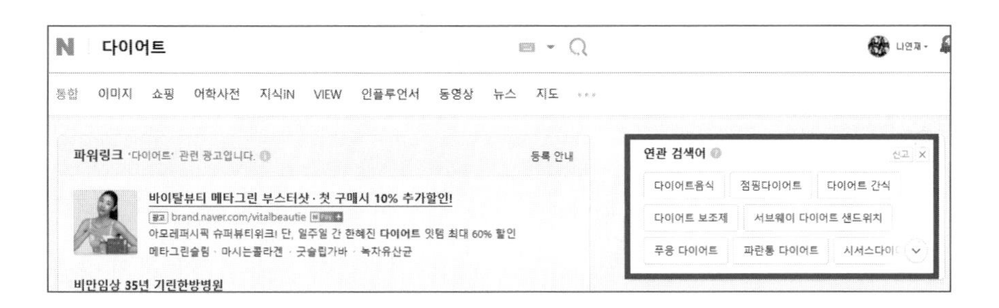

연관검색어 키워드 중 내 상품과 관련된 키워드가 있다면 엑셀파일의 1차키워드 열에 추가로 입력합니다. 연관검색어까지 모두 확인했다면 이제 네이버 상단 메뉴 중 '**쇼핑**'을 클릭하여 네이버 쇼핑 사이트로 들어갑니다.

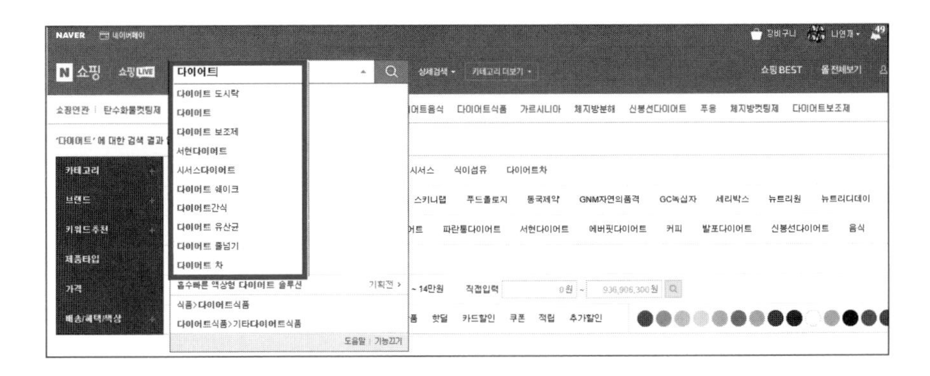

네이버 쇼핑 사이트 검색창에 대표키워드를 입력하면 이번에는 네이버 쇼핑 사이트가 보여 주는 자동검색어가 보일 것입니다. 앞서 설명한 방식으로 쇼핑 사이트에서도 마지막 글자를 조절하거나 자음을 넣는 작업을 해 보세요. 그리고 바로 아래 부분 **'쇼핑연관'**에 노출되고 있는 키워드도 확인합니다.

만약 쇼핑사이트에서 자동검색어나 연관검색어가 노출되지 않는 분들은 다음 단계로 넘어가세요. 이제 스크롤을 내려 타 업체들이 올린 쇼핑몰들의 상품명을 봐 주세요. 상품명 자체가 키워드가 결합된 것이기 때문에 여러분의 시선을 사로잡거나 생각하지 못했던 키워드가 보인다면 놓치지 말고 엑셀 파일의 1차키워드 열에 모두 입력합니다.

자, 이렇게 네이버 쇼핑 사이트도 확인했으면 이제 네이버 첫 화면으로 다시 돌아가 메뉴 중 **'블로그'**를 클릭하여 네이버 블로그 사이트로 들어갑니다.

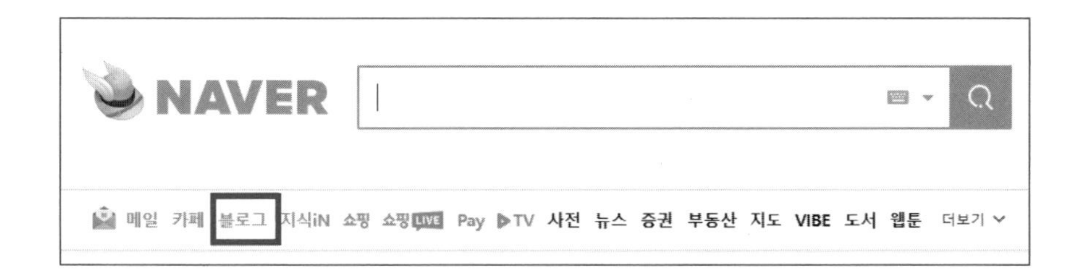

네이버 블로그 사이트로 들어간 상태에서 검색창에 대표키워드를 입력하고 바로 엔터를 눌러 보세요. 그럼 이렇게 화면 오른쪽에 네이버 블로그 사이트가 보여 주는 연관검색어를 확인할 수 있습니다. 블로그 연관검색어 중에도 좋은 키워드가 있다면 엑셀파일의 1차키워드 열에 기입합니다.

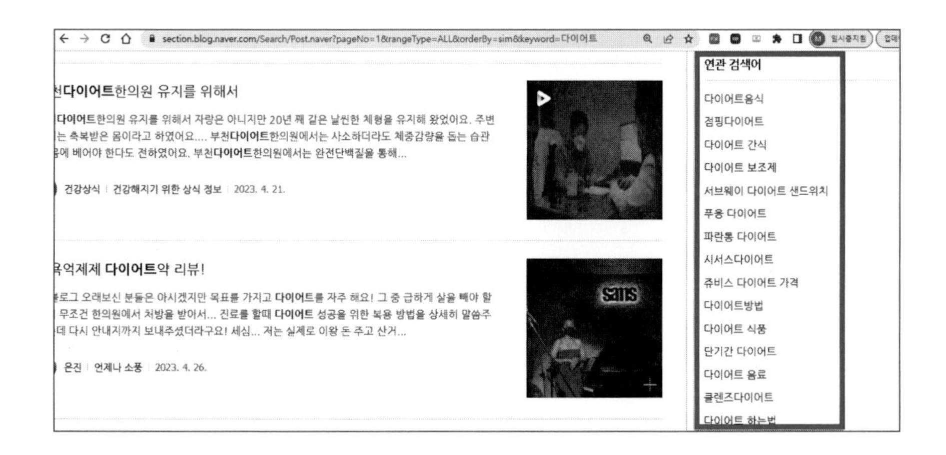

여기까지 했으면 이제 유튜브 사이트로 들어갑니다.

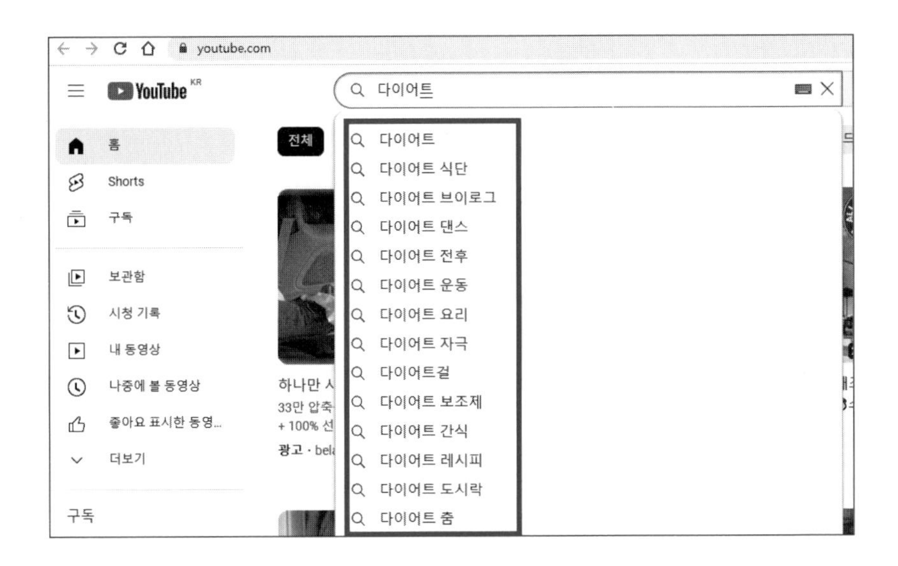

유튜브 사이트에서 검색창에 키워드를 입력하면 네이버와 마찬가지로 자동검색어가 보입니다. 해당 자동검색어 또한 사람들이 유튜브에서 많이 검색한 검색수 순으로 노출되는 키워드가 아닌 유튜브 알고리즘이 추천해 주는 키워드라고 보면 됩니다. 이 상태에서 키워드 마지막 글자 바로 옆에 'Shift+8(숫자)'을 입력하면 '*' 모양이 입력될 것입니다.

유튜브에서 검색키워드 옆에 '*'를 입력하게 되면 검색수 순서대로 키워드가 재배치됩니다. 다이어트라고만 검색하면 '다이어트걸' '다이어트춤'이라는 키워드가 리스트에 있는데 '*'를 입력해 보니 해당 키워드는 사라지고 다른 키워드가 추천된 것을 볼 수 있습니다. 따라서 '*' 기능을 활용해 검색수대로 재배치를 해 놓고 사용할 만한 키워드가 있으면 해당 키워드도 엑셀파일의 1차 키워드 열에 입력합니다. 유튜브를 보는 사람들이 보통 인스타그램도 많이 보기 때문에 유튜브의 키워드들을 인스타그램의 해시태그로 활용하거나 콘텐츠의 주제로 활용하는 것도 매우 좋은 방법입니다.

지금까지 다양한 방법을 활용해 키워드를 조사해 보았습니다. 네이버 통합검색 사이트 · 네이버 쇼핑 사이트 · 네이버 블로그 · 유튜브에서 보여 주는 키워드가 각각 조금씩 차이가 있을 수 있는데, 이는 각 사이트마다 사람들의 키워드 검색 목적이 다르기 때문입니다. 따라서 여러분은 이렇게 통합검색, 쇼핑, 블로그, 유튜브 사이트를 모두 확인하여 놓치는 고객이 없도록 꼼꼼히 조사해야 합니다. 그래야 경쟁사는 발견하지 못하면서 잠재고객들은 많이 검색하고 있는 '황금 키워드'를 발견할 수 있기 때문입니다.

모두 확인하였으면 이제 1차키워드 조사 마지막 단계입니다. 네이버 키워드 도구로 들어갑니다. 네이버 키워드 도구로 들어가는 경로는 앞서 설명하였으므로 생략하겠습니다. 네이버 키워드 도구의 '키워드' 칸 체크 후 방금 네이버에서 조사하였던 대표키워드 1개를 입력하고 '조회하기'를 클릭합니다. '다이어트'를 조회해 보았습니다.

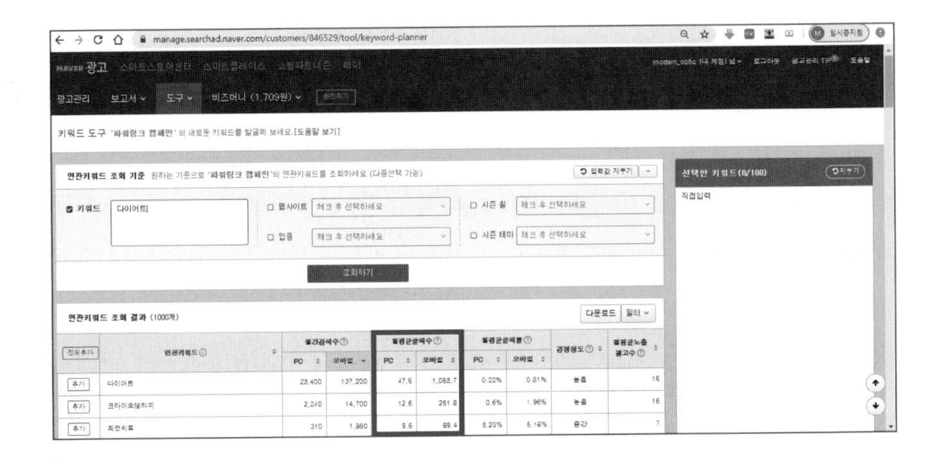

이때 1차키워드를 조사할 때에는 하단 메뉴 중 **'월평균 클릭수'**를 보면 됩니다. 앞서 네이버 키워드 도구로 대표키워드를 추출할 때에는 '월평균 검색수'가 높은 키워드를 조사하라고 언급하였습니다. 반면, 1차키워드를 추출할 때에는 검색수가 아닌 '월평균 클릭수'가 높은 키워드를 추출하면 됩니다.

월평균 클릭수는 앞서 언급한 바와 같이 최근 1개월 동안 해당 키워드 검색 후 통합검색에 노출되는 광고채널을 클릭한 숫자입니다. 특정 키워드를 검색하고 광고를 클릭했다는 것은 어느 정도 구매 욕구가 있다라고 볼 수도 있습니다. 1차키워드부터는 실제로 사업아이템을 구매할 가능성이 있는 잠재고객과 가까워질 필요가 있기 때문에 클릭수가 높은 키워드를 중심으로 최종 확인을 한 번 더 하는 것입니다. 앞서와 마찬가지로 클릭수 바로 밑에 PC 또는 모바일을 더블클릭하여 클릭수가 높은 키워드순으로 재정렬을 해 놓고 보면 됩니다.

참고로, 네이버 키워드 도구를 통해 1차키워드를 조사할 때에 PC 또는 모바일 클릭수가 최소 100개 이상 되는 키워드를 엑셀파일에 입력합니다. 만약 아이템의 시장규모가 작아 클릭수가 100개 이상 되는 키워드를 찾기 힘들다면 클릭수 최소 30개 이상 되는 키워드를 보면 됩니다. 앞서 살펴본 필터 기능을 활용하면 쉽게 확인할 수 있습니다.

그런데 엑셀파일에 키워드를 입력하다 보면 이렇게 대표키워드와 1차키워드가 중복되는 경우도 있을 수 있습니다. 이 경우에는 대표키워드에 기입되어 있는 키워드를 삭제하세요. 대표키워드는 1차키워드와 2차키워드를 조사하기 위한 토대이기 때문에 중복이 된다면 대표키워드를 삭제하는 것이 좋습니다. 또한 대표키워드 열에 있는 키워드끼리 중복되거나 1차키워드 열에 있는 키워드끼리 중복되는 경우도 있을 수 있습니다. 이 경우 하나만 남겨 놓고 나머지 중복 키워드는 삭제하여 정리합니다.

	A	B	C	D	E	F	G	H
1	대표키워드	1차 키워드	2차키워드	쇼핑노출여부	쇼핑 카테고리	쇼핑경쟁수	월간검색수(모바일)	경쟁비율
2	다이어트							
3		다이어트운동						
4		클렌즈다이어트						
5		다이어트음식						
6		다이어트고구마						
7	다이어트식품							
8	다이어트음식							
9	다이어트보조제							
10	다이어트식단							
11	단기간다이어트							

또한 지금까지 설명한 대로 대표키워드를 활용해 1차키워드를 조사하려 하였으나 더 이상 키워드가 나오지 않는 경우도 있을 수 있습니다. 이 경우에는 해당 키워드를 1차키워드 열에 옮겨 입력합니다.

(3) 2차키워드 조사 방법

이렇게 1차키워드 조사는 끝났습니다. 이제 1차키워드를 가지고 2차키워드를 조사해 봅니다. 방식은 동일합니다. 대표키워드를 가지고 1차키워드를 조사한 그 방법 그 순서 그대로 반복하는 것입니다. 네이버 검색창에 1차키워드 하나를 입력하는 것부터 동일하게 시작하면 됩니다.

네이버 검색창에 1차키워드를 검색해 보면 이렇게 1차키워드 앞뒤로 단어가 붙은 키워드들이 자동검색어에 노출되고 있습니다. 바로 이 키워드들이 세부키워드 또는 틈새키워드, 니치키워드로도 불리는 2차키워드입니다. 해당 자동검색어를 확인하고 마찬가지로 마지막 글자의 받침, 모음, 자음을 순차적으로 삭제해 보며 확인합니다. 그리고 다시 마지막 글자 원상복귀 후 'ㄱ'부터 'ㅎ'까지 자음을 순차적으로 입력하여 혹시 내가 놓치고 있는 키워드는 없는지 꼼꼼히 확인합니다. 그러고 나서 네이버 통합검색의 연관검색어와 네이버 쇼핑 사이트, 네이버 블로그 사이트까지 확인해 주고 마지막 네이버 키워드 도구를 활용해 클릭수 기준으로 좋은 키워드가 또 있는지 확인합니다.

	A	B	C	D	E	F	G	H
1	대표키워드	1차 키워드	2차키워드	쇼핑노출여부	쇼핑 카테고리	쇼핑경쟁수	월간검색수(모바일)	경쟁비율
2	다이어트							
3		다이어트운동						
4			다이어트운동추천					
5			다이어트운동식단					
6			여자다이어트운동					
7			남자다이어트운동					
8		클렌즈다이어트						
9		다이어트음식						
10		다이어트고구마						
11	다이어트식품							
12	다이어트보조제							
13	다이어트식단							
14	단기간다이어트							

이렇게 조사한 2차키워드는 엑셀파일에 1차키워드와 중복되지 않도록 바로 옆 아래 칸부터 입력합니다. 이러한 방식으로 2차키워드까지 입력하면 대표키워드인 '다이어트'라는 단어에 '운동'과 '추천' 등의 여러 단어를 조합한 것과 마찬가지의 작업이 됩니다.

만약 1차키워드와 2차키워드가 중복되는 경우 1차키워드에 있는 키워드를 삭제합니다. 또한 2차키워드 열에 있는 키워드끼리 중복되는 경우도 있을 수 있습니다. 이런 경우 하나만 남겨 놓고 나머지 중복되는 키워드는 삭제하여 정리합니다.

만약 1차키워드를 가지고 이 책에서 살펴본 방법대로 작업을 해 보았는데 더 이상 추가 키워드가 나오지 않는 경우에는 해당 키워드를 2차키워드 열로 옮겨 기입합니다. 참고로, '월평균 클릭률'이란 광고 노출수 대비 실제로 해당 광고가 클릭을 받은 비율을 말합니다. 검색수와 클릭수에 따라 변화되는 수치이기에 키워드를 조사할 때에는 지금까지 설명했던 검색수와 클릭수를 위주로 조사하는 것이 편할 것입니다.

(4) 간접키워드 조사 방법

이제부터는 앞서 설명한 간접키워드를 조사해 보겠습니다. 간접키워드는 내 상품과 관련된 직접적인 단어는 포함되어 있지 않지만, 홍보마케팅을 할 시즌 또는 시기에 사람들이 인터넷에 많이 검색할 만한 키워드 중 내 상품과 관련시켜 활용할 수 있는 키워드를 말합니다. 이러한 간접키워드를 잘 활용하면 내 상품을 전혀 몰랐던 사람들에게도 정보를 인지시켜 판매를 이끌어 낼 수 있습니다. 또한 사업아이템이 기존 시장에 없는 상품 및 서비스이거나 시장 규모가 작아 대표키워드를 찾기 어려운 경우에도 효과적인 방법이 될 수 있습니다.

간접키워드 또한 네이버 키워드 도구를 활용해 추출할 수 있습니다.

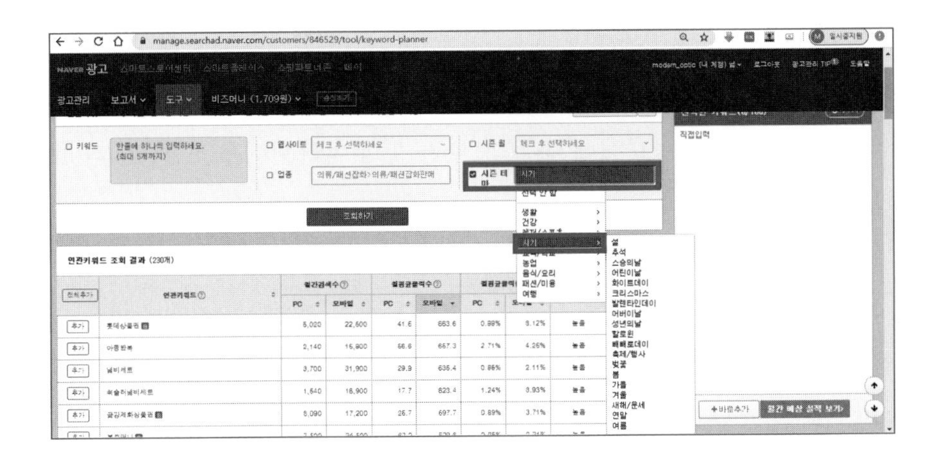

네이버 키워드 도구에서 상단 옵션 중 '**시즌 테마**' 체크 후 '**시기**'에 마우스를 올려 보면 주요 행사 및 시즌 리스트가 나오는 것을 확인할 수 있습니다. 리스트 중 하나를 클릭해 보면 해당 시즌 또는 해당 행사, 계절별로 사람들이 네이버에 어떤 키워드를 얼마나 검색하였는지 확인할 수 있습니다. 해당 키워드 중에 내 상품을 연결시켜 활용할 만한 간접키워드를 찾아 엑셀파일의 1차키워드 열에 입력합니다.

'**시기**' 리스트 중에 '**설**'을 클릭하여 보았습니다. '설' 시즌에 사람들이 네이버에서 많이 검색한 키워드들이 조회되었고, 그중 '**명절선물세트**'라는 키워드를 발견하였습니다. 만약 '다이어트 식품'을 판매하고 있다면 간접키워드로 '명절선물세트'를 활용하여 '명절선물세트로 좋은 다이어트 식품'과 같이 '간접키워드+내 상품 관련 키워드'의 방식으로 키워드를 조합하며 네이버 블로그 제목으로 활용하거나 파워링크 키워드 등의 마케팅을 진행하여 '명절선물세트'를 검색하는 사람들에게 내 상품을 노출시켜 마케팅을 할 수 있습니다.

또한 키워드 도구의 옵션을 조합해 간접키워드를 조사해 볼 수도 있습니다. 키워드 도구에서 '**업종**' 옵션 중 '**건강/미용>화장품/미용케어**'를 선택해 조회해 보았습니다.

그럼 이렇게 화장품 관련된 연관키워드가 보이는 것을 알 수 있습니다.

☐ 키워드 한줄에 하나씩 입력하세요. (최대 5개까지) ☐ 웹사이트 체크 후 선택하세요 ☐ 시즌 월 체크 후 선택하세요
☑ 업종 건강/미용 > 화장품/미용케어 ☐ 시즌 테마 체크 후 선택하세요

조회하기

연관키워드 조회 결과 (1000개) 다운로드 필터

전체추가	연관키워드	월간검색수		월평균클릭수		월평균클릭률		경쟁정도	월평균노출 광고수
		PC	모바일	PC	모바일	PC	모바일		
추가	유기농화장품	270	520	3.6	10.8	1.37 %	2.27 %	높음	15
추가	자연주의화장품	110	130	3.3	3.3	3.09 %	2.47 %	높음	15
추가	자외선차단제	1,430	5,760	2.3	46.5	0.18 %	0.90 %	높음	15
추가	재생크림	5,600	52,900	8.3	238	0.15 %	0.47 %	높음	15

그러고 나서 F5 새로고침을 한 후 이번에는 '시즌 월' 옵션 선택 후 '5월'을 선택하였습니다. 다음과 같이 5월에 사람들이 많이 검색하는 키워드를 볼 수 있습니다.

☐ 키워드 한줄에 하나씩 입력하세요. (최대 5개까지) ☐ 웹사이트 체크 후 선택하세요 ☑ 시즌 월 5월
☐ 업종 체크 후 선택하세요 ☐ 시즌 테마 체크 후 선택하세요

조회하기

연관키워드 조회 결과 (1000개) 다운로드 필터

전체추가	연관키워드	월간검색수		월평균클릭수		월평균클릭률		경쟁정도	월평균노출 광고수
		PC	모바일	PC	모바일	PC	모바일		
추가	MSI	124,500	250,400	2.9	15.3	0.01 %	0.02 %	중간	13
추가	기아타이거즈	92,100	826,200	35	26.3	0.05 %	0.01 %	높음	3
추가	로즈데이	4,420	29,600	1.3	38.3	0.04 %	0.17 %	높음	15

만약 화장품 관련 상품을 판매하고 있고 마케팅을 해야 할 시기가 5월이라면 '업종'과 '시즌월' 두 가지 옵션을 활용해 조회를 해 보는 것입니다. 그럼 다음과 같이 5월에 사람들이 많이 검색하는 화장품 관련 키워드를 볼 수 있습니다.

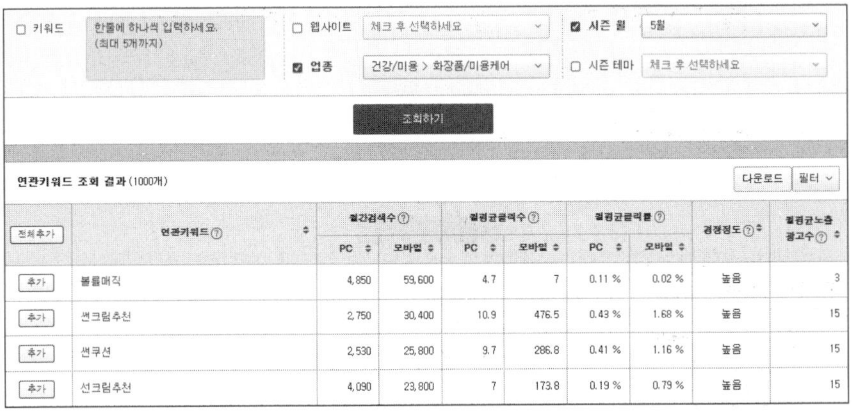

☐ 키워드 한줄에 하나씩 입력하세요. (최대 5개까지)
☐ 웹사이트 체크 후 선택하세요
☑ 업종 건강/미용 > 화장품/미용케어
☑ 시즌 월 5월
☐ 시즌 테마 체크 후 선택하세요

조회하기

연관키워드 조회 결과 (1000개)

다운로드 필터

전체추가	연관키워드	월간검색수		월평균클릭수		월평균클릭률		경쟁정도	월평균노출 광고수
		PC	모바일	PC	모바일	PC	모바일		
추가	볼륨매직	4,850	59,600	4.7	7	0.11 %	0.02 %	높음	3
추가	썬크림추천	2,750	30,400	10.9	476.5	0.43 %	1.68 %	높음	15
추가	썬쿠션	2,530	25,800	9.7	286.8	0.41 %	1.16 %	높음	15
추가	선크림추천	4,090	23,800	7	173.8	0.19 %	0.79 %	높음	15

이러한 방식으로 네이버 키워드 도구의 5가지 옵션을 다양한 각도로 활용하면 아무리 시장 규모가 작은 아이템이라도 효과적으로 온라인 마케팅을 할 수 있는 좋은 간접키워드를 찾아낼 수 있습니다.

지금까지 대표키워드 5개 중 1개인 '다이어트'를 가지고 2차키워드까지 추출해 보았지만, 여러분은 나머지 4개의 대표키워드도 같은 방식으로 키워드를 모두 추출해야 합니다. 참고로, 키워드를 조사할 수 있는 사이트는 네이버 키워드 도구뿐만 아니라 다음과 같이 다양한 사이트가 있으니 참고해 보세요.

• 키워드 조사 사이트 •

네이버 광고(키워드 도구) 및 데이터랩	리얼키워드
판다랭크	마피아넷
키워드 마스터	키자드
블랙키위	키워드사운드

키워드는 계절별, 분기별 또는 주요 시즌별로 알고리즘의 영향을 받아 변화하므로 최소 3개월에 한 번 정도는 점검해 보아야 합니다. 그리고 이렇게 조사한 키워드를 네이버나 구글 등 인터넷 포털 사이트에 직접 검색해서 혹시 내

상품과 비슷하면서도 훨씬 가성비 좋은 신규 상품 또는 대체 서비스가 생기지는 않았는지, 경쟁자 대비 내 상품의 판매가격이 너무 비싸게 노출되고 있지는 않은지 주기적으로 온라인을 통해 시장조사를 할 필요가 있습니다. 만약 경쟁자의 판매가보다 너무 높게 가격이 형성되어 있다면 가격대를 조정하거나 기능적인 부분을 보완하여 노출시킬 필요가 있습니다.

그런데 여러분 중에는 사업아이템을 개발할 때 사용된 원재료 값 자체가 비싸 가격를 조정하기 어렵거나 브랜드의 특성상, 또는 기타 여러 가지 상황상 아이템을 비싸게 판매할 수 밖에 없는 분들이 있을 수 있습니다. 그런 경우에는 고가 마케팅을 하면 됩니다.

고가 마케팅을 효과적으로 하기 위해서는 상세페이지 안에 다음의 5가지 콘텐츠가 포함되어 있어야 하는데, 이 5개 항목은 '업무 4단계: 구매 전환율을 끌어올리는 상세페이지 제작 및 검색엔진최적화(SEO)'에 상세히 나와 있으니 꼭 학습하기 바랍니다.

1. 브랜드의 스토리텔링(가치)
2. 제조 또는 연구 과정(사실)
3. 판매자의 전문성(이력)
4. 기존 고객들의 후기(신뢰)
5. 판매 건수 및 만족도(인기)

추출한 키워드는 적재적소에 배치하여 매출이 실질적으로 상승할 수 있도록 현명하게 활용해야 합니다. 온라인을 활용하는 수많은 잠재고객이 여러분의 아이템을 볼 수 있도록(인지) 네이버 파워링크, 네이버 쇼핑, 네이버 블로그, 네이버 카페, 페이스북 및 인스타그램의 해시태그 등 다양한 채널에 적극적으로 키워드를 활용해야 합니다. 다음 절에서 키워드 활용 방법에 대해 상세히 살펴보겠습니다.

2. 매출을 200% 끌어올리는 채널별 키워드 활용 방법

1) 네이버 파워링크에 키워드 활용하기

이제부터 키워드를 온라인 마케팅에 활용하는 방법에 대해 살펴보겠습니다. 먼저, 우리가 조사한 키워드는 '네이버 파워링크 광고(네이버 키워드 광고)'를 집행할 때 효과적으로 활용할 수 있습니다. 네이버 파워링크 광고는 '검색광고'라고도 불리며 네이버에 키워드 검색 시 통합검색의 '파워링크' 부분에 여러분이 운영하는 채널(사이트, 쇼핑몰, 블로그, 카페 등)을 노출시킬 수 있는 광고입니다. 누군가가 파워링크에 노출되어 있는 여러분의 사이트를 클릭할 때마다 광고비가 소진되기 때문에 CPC(Cost Per Click) 광고로도 불립니다.

네이버 파워링크 광고를 하게 되면 네이버 이외에도 네이버와 제휴를 맺고 있는 인터넷 포털사이트 줌(Zum)을 비롯해 다양한 검색 사이트[옥션, G마켓, BB(베스트바이어), 다나와, 인터파크, 에누리닷컴, AK몰, 가자아이, 11번가 등]에 여러분의 사이트를 노출시킬 수 있습니다. 또한 다른 사람이 운영하는 네이버 블로그, 네이버 카페, 네이버 지식인, 밴드 등과 같은 다양한 콘텐츠 채널에도 광고 노출이 가능합니다.

네이버 파워링크 광고의 핵심은 우선 잠재고객들이 검색할 만한 양질의 키워드를 찾는 것입니다. 해당 키워드로 검색 시 여러분의 사이트를 네이버 파워링크 부문에 노출시키고 매력적인 광고문구를 기입하여 클릭을 유발하게 하는 것이 관건입니다. 내 사이트를 클릭해서 들어와야 사이트 안에 들어 있는 내 상품을 볼 수 있고, 내 상품을 보는 사람이 많을수록 구매 가능성이 높아질 수 있기 때문입니다.

이때 네이버 파워링크는 광고에 활용되는 키워드의 검색수와 클릭수에 따라 클릭당 광고비가 결정됩니다. 키워드의 검색수와 클릭수가 높을수록 광고 경쟁이 심해지기 때문에 클릭당 비용이 매우 비쌀 수밖에 없습니다.

따라서 네이버 파워링크 광고를 집행할 때에는 광고 예산이 여유롭지 않은 이상 검색수와 클릭수가 높은 '대표키워드'를 활용하는 것은 피하는 것이 좋고, 1차키워드 또는 2차키워드를 활용해 파워링크 광고를 집행하는 것이 광고비를 아낄 수 있는 좋은 방법입니다.

참고로, 네이버에서 진행할 수 있는 광고 중 파워링크와 더불어 많이 집행하는 광고가 네이버 쇼핑 광고입니다. 네이버 쇼핑 광고는 스마트스토어 및 쇼핑몰을 운영하고 있는 경우 집행할 수 있으며, 통합검색 화면의 쇼핑 6구간 중 최상단 1구간과 2구간에 노출시킬 수 있는 광고입니다.

이때 네이버 검색창에 특정 키워드를 검색하면 파워링크와 네이버 쇼핑 채널이 연이어서 나오는 경우가 있습니다. 이 경우 고객 입장에서는 여러 업체들의 상품 이미지와 가격대가 한눈에 쉽게 비교가 되고 구매한 사람의 수와 리뷰수도 쉽게 확인할 수 있는 네이버 쇼핑 부분에 시선이 가기 마련입니다. 실제로도 네이버 파워링크와 쇼핑 광고 동시 집행 시 쇼핑 부분에서 트래픽이 상대적으로 더 많이 발생하는 경우가 많습니다.

따라서 마케팅 예산이 한정적이라 네이버 파워링크나 네이버 쇼핑, 둘 중 한 가지만 선택하여 광고를 집행해야 한다면 '네이버 쇼핑' 부분에 쇼핑몰을 노출시키는 '쇼핑 광고'를 먼저 시도하는 것이 좋습니다. 하지만 네이버 쇼핑 광고를 집행하게 되면 스마트스토어 이름 옆에 '광고' 표시가 노출되기에 광고 자체에 거부감을 느끼는 몇몇 소비자에게는 오히려 영향을 미치지 못할 수도 있습니다. 따라서 일단 일주일 정도 테스트 겸 쇼핑 광고를 통해 스마트스토어 및 쇼핑몰을 노출시켜 보고 유입량과 매출의 변화를 지켜보면서 유지 여부를 결정하는 것이 좋습니다.

2) 네이버 스마트스토어에 키워드 활용하기

조사한 키워드는 네이버 광고뿐만 아니라 네이버 스마트스토어에도 활용할 수 있습니다. 먼저, 키워드를 스마트스토어에 활용할 수 있는 첫 번째 부분은 **'상품명'**입니다. 스마트스토어를 운영하고 있는 분들이라면 상품명이 얼마나 중요한 부분인지 알고 있을 것입니다. 상품명에 어떠한 키워드를 어떻게 조합하여 입력하느냐에 따라 상위노출에도 영향을 미치기 때문입니다.

	A	B	C	D	E	F	G	H
1	대표키워드	1차 키워드	2차키워드	쇼핑노출여부	쇼핑 카테고리	쇼핑경쟁수	월간검색수(모바일)	경쟁비율
2	다이어트							
3		다이어트운동						
4			다이어트운동추천					
5			다이어트운동식단					
6			여자다이어트운동					
7			남자다이어트운동					
8		클렌즈다이어트						
9		다이어트음식						
10		다이어트고구마						
11	다이어트식품							
12	다이어트보조제							

스마트스토어 상품명에 가장 적합한 키워드를 찾아내기 위해서는 엑셀파일에 **'쇼핑노출여부' '쇼핑 카테고리' '쇼핑경쟁수' '월간검색수(모바일)' '경쟁비율'** 항목을 입력합니다.

먼저, 엑셀파일에 기입한 모든 키워드를 네이버에 하나씩 검색해 볼 필요가 있습니다. 대표키워드인 **'다이어트'**부터 네이버에 검색해 보겠습니다.

네이버에 다이어트 키워드를 검색해 보았더니 통합검색 화면 하단 부분에 '네이버 쇼핑'이 노출되고 있습니다. 그럼 엑셀파일의 '쇼핑노출여부' 부분에 ○ 표시를 해 줍니다.

그리고 쇼핑 더보기 옆에 기입되어 있는 숫자를 엑셀파일의 '쇼핑경쟁수' 부분에 입력해 주세요. 해당 수치는 현재 검색키워드인 '다이어트'라는 키워드로 온라인에서 상품을 판매하고 있는 쇼핑몰 숫자입니다. 해당 숫자가 높을수록 경쟁이 치열하다는 것을 의미합니다.

여기까지 입력했으면 이제 '쇼핑더보기'를 클릭해서 네이버 쇼핑 사이트로 들어갑니다.

네이버 쇼핑 사이트에 들어가서 해당 키워드로 상위노출되고 있는 다른 쇼핑몰들이 선택한 카테고리를 엑셀파일의 '쇼핑 카테고리' 부분에 그대로 입력합니다. 간혹 판매하는 상품의 카테고리를 본인의 생각대로 입력하는 분들이 있는데, 만약 해당 카테고리가 네이버에서 알맞게 입력한 카테고리가 아니라고 판단되면 해당 키워드를 네이버에 검색했을 때 통합검색 화면이 노출이 잘 되지 않을 수 있습니다. 따라서 해당 키워드를 네이버 쇼핑 사이트에 검색해서 상위노출되고 있는 기존 업체들이 선택한 카테고리를 그대로 입력하는 것이 좋습니다.

그런데 만약 엑셀파일에 기입한 키워드를 검색해 봤더니 네이버 통합검색에 '네이버 쇼핑'이 아예 노출되고 있지 않다면 어떻게 해야 할까요? 그 키워드는 네이버 스마트스토어에 적합한 키워드가 아닌 것입니다. 해당 키워드로 스마트스토어 상품명을 작성해 봤자 네이버 통합검색 화면에 아예 쇼핑 부분이 노출되고 있지 않기 때문에 여러분의 쇼핑몰을 찾기 힘들 것입니다. 따라서 해당 키워드는 스마트스토어가 아닌 다른 채널에 활용해야 합니다.

여러분이 추출한 대표키워드부터 2차키워드까지 각각의 키워드를 네이버에 검색해 보면 키워드마다 네이버 통합검색의 화면 구성이 모두 다르게 노출되는 것을 확인할 수 있습니다.

어떤 키워드는 네이버 통합검색 화면이 연관검색어, 파워링크, 포스트, 블로그, 뉴스, 지식인의 순서로 구성되어 있는 반면, 또 다른 키워드를 검색해 보면 통합검색에 블로그 채널이 아예 없는 경우도 있습니다.

키워드 검색 후 네이버 통합검색 화면에 노출되는 채널들의 순서는 보통 트래픽(클릭)이 많이 발생하고 채널 자체의 지수가 높은 순서대로 배치되는 경향이 있습니다. 따라서 키워드별로 채널 노출 순서를 엑셀파일에 숫자로 표기해 놓으면 좋습니다.

	H	I	J	K	L	M	N	O	P	Q
1	경쟁비율	도매사이트	네이버 파워링크	블로그	카페	지식인	이미지	동영상	보도자료	인스타그램 및 유튜브
2			1	2	3	5	7	6	X	O
3										
4										
5										
6										
7										

통합검색에 노출되고 있지 않은 채널은 '×' 표시를 하면 됩니다. 인스타그램 및 유튜브의 경우 모든 키워드를 활용할 것이기 때문에 '○' 표시를 해 놓았습니다.

만약 특정 키워드를 검색했는데 네이버 통합검색 화면에 네이버 쇼핑 채널이 없고 최상단에 블로그 채널이 노출되어 있다면, 해당 키워드를 검색한 사람들이 현재 카페나 지식인 등의 채널보다 블로그를 많이 클릭해서 보고 있다는 이야기입니다. 즉, 해당 키워드는 네이버 스마트스토어나 카페, 지식인 등이 아닌 블로그에 먼저 활용해야 하는 키워드라고 보면 됩니다.

이렇게 키워드를 PC와 모바일에서 검색하여 네이버 통합검색 화면이 어떤 채널로 구성되어 있고 어떤 순서로 채널들이 배치되어 있는지를 살펴본다면 잠재고객을 공략하기 위해 우선적으로 진행해야 할 마케팅 채널을 쉽게 정할 수 있습니다.

이때 꼭 기억해야 할 것은 PC 검색 결과와 모바일 검색 결과가 다르다는 것입니다. PC에서 다이어트를 검색하면 네이버 쇼핑 채널이 통합검색에서 약 여섯 번째 순위에 노출되고 있지만 모바일에서 다이어트를 검색하면 파워링크 바로 아래 부분 두 번째 순위에 네이버 쇼핑이 노출되고 있습니다. 따라서 여러분 중 B2C 영업 마케팅을 하는 분들은 모바일 화면을 보고, B2B 또는 B2G 영업 마케팅을 해야 하는 분들은 PC 화면 기준으로 조사하면 됩니다. 참고로, PC에서 네이버 웨일을 다운로드받아 활용하면 PC에서도 모바일 화면을 볼 수 있으니 참고하기 바랍니다.

또한 최근 몇 개의 컴퓨터를 활용해 접속 지역 등 값을 다르게 하고 테스트를 해 보니 몇몇 키워드의 경우 네이버의 검색 결과 알고리즘이 개인 맞춤형으로 진화되어 변화되고 있다는 것을 발견하였습니다. 즉, 동일한 키워드를 모든 컴퓨터에 동일하게 검색했을 때 A컴퓨터에서는 블로그부터 노출되고, B컴퓨터에서는 지식인 채널부터 노출되는 키워드들이 있었습니다. 하지만 이 부분은 현재 모든 키워드에 완전히 적용되고 있지는 않았습니다. 따라서 여러분은 '네이버 검색 결과 알고리즘이 이렇게 개인 맞춤형으로 변화될 수도 있다.' 라는 인사이트 정도로 인지하고 있으면 좋겠습니다.

그다음 엑셀파일의 '월간검색수' 칸에는 앞서 설명한 네이버 키워드 도구에서 해당 키워드를 검색하여 해당 검색수 숫자를 그대로 입력합니다. B2C의 경우 모바일 검색수를 입력하고, B2B 또는 B2G의 경우 PC 검색수를 입력합니다.

여기까지 했으면 이제 엑셀파일의 '경쟁비율'을 입력해야 합니다.

	A	B	C	D	E	F	G	H
1	대표키워드	1차 키워드	2차키워드	쇼핑노출여부	쇼핑 카테고리	쇼핑경쟁수	월간검색수(모바일)	경쟁비율
2	다이어트			O	식품다이어트식품가르시니아	3,542,033	95,700	=F2/G2
3		다이어트운동		X				
4			다이어트운동추천	X				
5			다이어트운동식단	X				
6			여자다이어트운동	X				
7			남자다이어트운동	X				
8		클렌즈다이어트		O	식품다이어트식품기타다이어트식품	4099	4,710	
9		다이어트음식		O	식품다이어트식품기타다이어트식품	39894	62,500	

경쟁비율은 엑셀 수식을 활용해 계산합니다. 수식은 '=쇼핑경쟁수/월간검색수'입니다. 그런 다음 엑셀파일 상단에 %(백분율)을 클릭합니다.

	A	B	C	D	E	F	G	H
1	대표키워드	1차 키워드	2차키워드	쇼핑노출여부	쇼핑 카테고리	쇼핑경쟁수	월간검색수(모바일)	경쟁비율
2	다이어트			O	식품다이어트식품가르시니아	3,542,033	95,700	3701%
3		다이어트운동		X				
4			다이어트운동추천	X				
5			다이어트운동식단	X				
6			여자다이어트운동	X				
7			남자다이어트운동	X				
8		클렌즈다이어트		O	식품다이어트식품기타다이어트식품	4099	4,710	
9		다이어트음식		O	식품다이어트식품기타다이어트식품	39894	62,500	

즉, 경쟁비율 칸에 키보드의 '=' 입력 후 마우스로 쇼핑경쟁수 숫자 클릭, 키보드의 '/' 입력 후 월간검색수의 숫자 클릭, 엔터를 누르고 엑셀파일 상단에 백분율 '%'를 클릭하면 됩니다. 나머지 키워드들도 이러한 방식으로 경쟁비율을 모두 입력해 주세요.

당연히 네이버 통합검색에 쇼핑 채널이 노출되고 있지 않은 키워드는 스마트스토어가 아닌 다른 채널에 활용할 것이기 때문에 카테고리 및 경쟁수 등의 조사는 하지 않고 빈칸으로 둡니다.

	A	B	C	D	E	F	G	H
1	대표키워드	1차 키워드	2차키워드	쇼핑노출여부	쇼핑 카테고리	쇼핑경쟁수	월간검색수(모바일)	경쟁비율
2	다이어트			O	식품다이어트식품가르시니아	3,542,033	95,700	3701%
3		다이어트운동		X				
4			다이어트운동추천	X				
5			다이어트운동식단	X				
6			여자다이어트운동	X				
7			남자다이어트운동	X				
8		클렌즈다이어트		O	식품다이어트식품기타다이어트식품	4099	4,710	87%
9		다이어트음식		O	식품다이어트식품기타다이어트식품	39894	62,500	64%

이렇게 경쟁비율을 모두 입력하였습니다. 자, 이제 여러분의 스마트스토어 상품명에 가장 적합한 키워드를 잡아낼 수 있습니다. 바로 **경쟁비율 숫자가 가장 낮게 나온 키워드**이므로, 여기에서는 '다이어트음식'이라는 키워드의 경쟁비

율 수치가 가장 낮음을 확인할 수 있습니다.

그럼 스마트스토어 상품명에 다이어트음식이라는 키워드를 가장 맨 처음 입력하는 것입니다. **경쟁비율이 낮다는 것은** 해당 키워드로 검색하는 사람들은 많은데 이 키워드로 상품을 판매하고 있는 업체는 적다는 뜻입니다. 즉, **수요는 많은데 공급이 작은 틈새키워드라는** 이야기입니다.

사실, 이러한 경쟁비율 수치는 판다랭크와 같은 툴에서도 확인할 수 있습니다. 하지만 키워드를 이렇게 상세하게 조사하여 한번에 계산하는 방법은 엑셀을 활용하는 것이 더 편리할 수 있습니다.

여러분이 스마트스토어 상품명에 키워드를 입력할 때에는 2~3개 정도의 키워드를 사용하는 것이 적합합니다. 따라서 경쟁비율이 낮은 키워드이면서 쇼핑 카테고리가 같은 키워드를 2~3개 정도 입력합니다. 다이어트, 클렌즈다이어트, 다이어트음식 중 2개를 상품명에 사용한다고 하면 경쟁비율이 낮고 카테고리가 동일한 '다이어트음식'과 '클렌즈다이어트'를 선택해서 입력하면 됩니다. 키워드 입력 순서는 경쟁비율이 가장 낮은 키워드순으로 입력합니다. 상품명에 사용하지 못한 나머지 키워드는 스마트스토어 검색설정에서 **태그와 Page Title, Meta description** 부분에 활용하면 되며, 블로그와 인스타그램의 해시태그, 광고 키워드 등 다양한 채널에 활용하여 스마트스토어로 유입될 수 있도록 사용해 주면 됩니다.

톡새 TIP 스마트스토어 SEO를 위한 검색설정 Meta 데이터 입력 안내

검색설정
태그
태그 직접 입력(선택포함 최대 10개)
입력하신 태그 중 일부는 내부 기준에 의해검색에 노출되지 않을 수 있습니다.
카테고리/ 브랜드/ 판매처명이 포함된 태그의 경우는 등록되지 않습니다.
판매상품과 직접 관련 없는 태그를 입력 시 판매금지될 수 있습니다
입력한 태그가 검색에 활용되는 지 궁금하다면? 검색에 적용되는 태그 확인
Page Title
Meta description

스마트스토어에서 상품등록을 할 때 화면 하단 부분을 보면 '검색설정'을 입력하는 부분이 있습니다. 태그, Page Title, Meta description 등 모두 3가지 항목에 키워드를 입력하여 네이버 알고리즘이 스마트스토어 상품을 잘 파악하여 노출될 수 있도록 세팅합니다.

태그에는 쇼핑 카테고리에 해당하거나 브랜드, 판매처명에 해당하는 키워드는 입력할 수 없습니다. 따라서 엑셀파일에 입력한 키워드 중 쇼핑 카테고리에 해당하는 키워드로 입력되지 않는다면 다른 키워드를 입력하면 되고, 되도록 상품명에 입력한 키워드와 동일한 카테고리에 해당되는 키워드를 입력합니다.

Page Title과 Meta description은 메타 데이터로 이 부분 또한 검색 노출에 도움이 될 수 있는 중요한 항목입니다. 네이버에서 각 항목을 다음과 같이 설명하고 있습니다.

- Page Title: 상품명, 스마트스토어명
- Meta description: 스마트스토어명, 스마트스토어 소개글

즉, Page Title 부분에는 키워드를 입력합니다. 네이버에서 설명하는 것처럼 상품명에 기입한 키워드와 스마트스토어 이름뿐만 아니라 상품명에 기입하지 못했던 다른 키워드들을 기입해 주어도 됩니다. 엑셀파일에 기입한 키워드를 활용합니다.

Meta description 부분에는 앞부분에 여러분의 스마트스토어 이름을 입력하고 스토어 소개글을 문장 형태로 입력합니다. 이때 네이버 스마트스토어 판매자센터에서 왼쪽 메뉴 중 '스토어 전시관리 > 스토어 관리' 화면에 기입한 스토어 소개글을 입력해도

됩니다.

각 상품마다 다양한 키워드를 활용해 값을 입력해 주면 네이버 알고리즘이 스마트스토어를 파악하는 데 도움이 되어 검색 노출에 도움이 되니 엑셀파일의 다양한 키워드를 적극적으로 입력합니다.

만약 다른 경쟁업체는 스마트스토어에 어떻게 키워드를 입력했는지 보고 싶은 분들은 f12 기능을 활용하면 확인할 수 있습니다. 키워드를 네이버에 검색했을 때 상위노출되고 있는 업체들이나 경쟁사가 사용한 히든 키워드들을 볼 수 있는 방법입니다. 사실 상품명이나 태그에 입력한 키워드들은 그들의 스마트스토어를 들어가 보면 쉽게 확인할 수 있습니다.

하지만 Page Title, Meta description에 입력되는 키워드들은 네이버 알고리즘이 보는 부분으로 일반 사람은 볼 수 없는 메타데이터입니다. 따라서 해당 키워드를 보려면 지금부터 알려 드리는 방법을 잘 숙지하세요.

우선, 모바일이 아닌 PC로 크롬을 통해 인터넷에 접속하세요. 스마트스토어 상품명에 입력할 키워드를 검색하여 상위노출되고 있는 경쟁사 상품을 클릭해서 들어갑니다. 기존에 분석해 보고 싶었던 롤모델 또는 경쟁사가 있다면 해당 업체의 스마트스토어를 찾아 들어가도 됩니다. 여기에서는 '다이어트음식' 키워드를 검색해 네이버 통합검색의 '쇼핑' 부문에 상위노출되고 있는 업체 중 한 곳을 클릭해서 들어가 보겠습니다. 그다음 해당 상품의 상세페이지 화면에서 키보드의 'F12'를 클릭합니다. 이때 유의해야 할 점은 스마트스토어의 메인 화면이 아닌 특정 상품의 상세페이지 화면에서 'F12'를 클릭해야 한다는 것입니다.

그럼 이렇게 화면 오른쪽에 개발자 도구 화면이 뜨는데, 상단 메뉴 중 'Elements' 메뉴를 클릭하세요. 그다음 키보드에서 '찾기' 명령어인 'Ctrl+F'를 누릅니다.

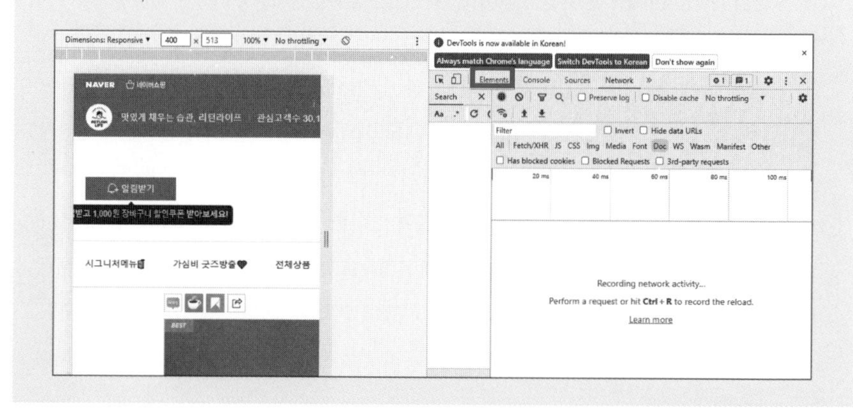

그럼 화면 중간 부분에 입력하는 칸이 생성되는데, 그 빈칸에 영어로 'Keywords'라고 입력하면 상단에 경쟁업체가 스마트스토어에 입력한 모든 키워드를 확인할 수 있습니다. 'description' 부분에 보이는 키워드들은 해당 업체가 Meta description 부분에 입력한 단어들이며, 'keywords' 부분에 보이는 키워드들은 해당 업체가 상품명과 태그, 상세페이지 부분에 입력한 단어들입니다. 'Title' 부분에 보이는 단어들은 해당 업체가 Page Title 부분에 입력한 단어들입니다.

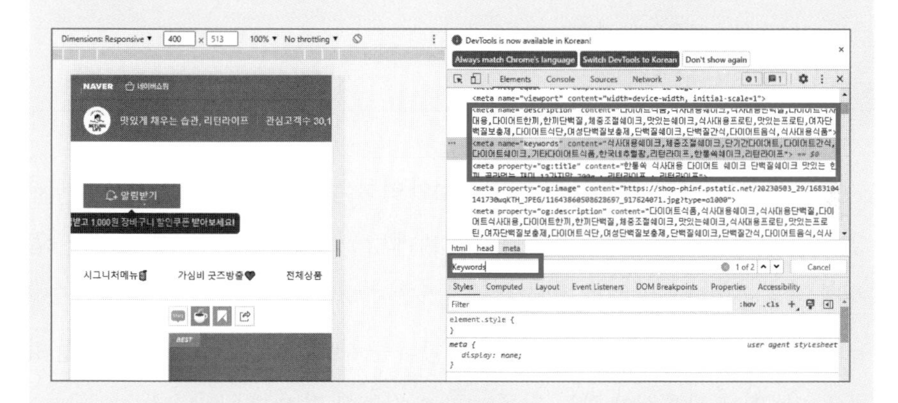

오른쪽 마우스를 클릭하여 Copy를 한 다음 메모장 등에 붙여넣고 다른 업체들도 이러한 방식으로 조사하여 정리를 해 보면 어떠한 키워드를 사용했고 스토어명을 어느 위치에 넣었는지 등을 파악하여 키워드 활용 방법을 학습할 수 있습니다.

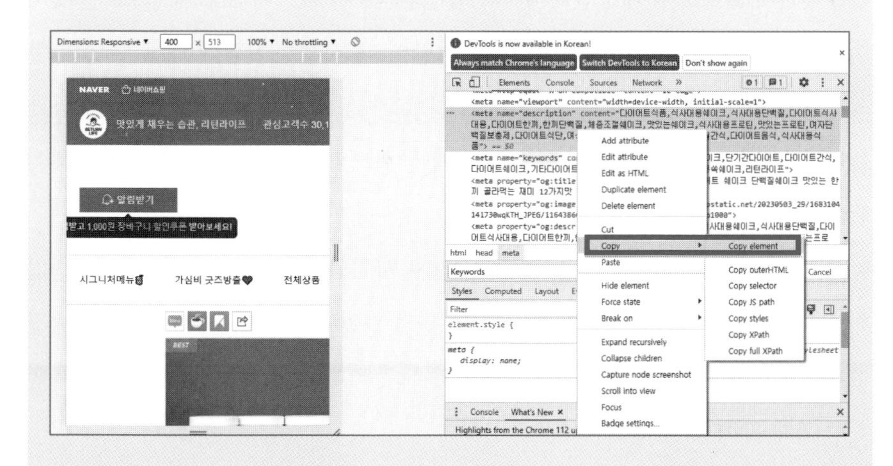

3) 네이버 블로그 마케팅에 키워드 활용하기

추출한 키워드는 네이버 블로그에도 유용하게 활용할 수 있습니다. 블로그 마케팅은 크게 3가지 종류로 구분할 수 있습니다.

1. 블로그 직접 운영
2. 체험단 및 인플루언서 블로그 마케팅
3. 블로그 전문 대행사 활용

네이버 블로그는 영업 방식이나 사업아이템의 종류와 상관없이 운영하면 좋은 필수 채널 중 하나입니다. 하지만 마케팅을 할 시간이 부족한 일반 사업자가 직접 운영하기에는 어려운 채널이기도 합니다. 그 이유는 블로그 포스팅을 할 때 다른 SNS보다 글을 길게 써야 한다는 부담감과 글과 사진, 영상 등의 콘텐츠를 함께 활용해야 하는 것에 대한 어려움이 있기 때문입니다.

그래서 직접 블로그를 운영하기보다 블로그를 이미 운영하고 있는 다른 사람들을 섭외해 포스팅을 의뢰하곤 합니다. 그것이 바로 **체험단 블로그 마케팅, 인플루언서 블로그 마케팅**입니다. 이 방법은 내 블로그에 포스팅을 하는 것이 아니라 블로그를 운영하고 있는 다른 사람이 내 사업아이템에 대해 본인의 블로그에 글을 올려 주는 것입니다. 입소문 효과를 내고 싶을 때 많이 하는 마케팅 방법이며, 단점은 네이버 통합검색에 상위노출이 보장되지 않거나 비용이 든다는 것입니다.

우선 여러분 중 입소문 효과를 내기 위해 체험단 마케팅을 하려는 분들이 많이 있을 것입니다. 체험단 마케팅 또는 인플루언서 마케팅을 할 때 반드시 필요한 것이 '키워드'입니다. 검색키워드와 노출키워드를 체험단 또는 인플루언서들에게 말해 줘야 합니다.

이때 검색키워드는 엑셀파일에서 1차키워드를 말해 주면 됩니다. 1차키워드 중에서도 검색수가 높은 키워드들 중 내 사업아이템과 연관성이 높은 키워드를 선발하여 말해 주면 됩니다. 노출키워드는 여러분의 업체명 또는 브랜드명 등 검색키워드를 검색했을 때 노출되었으면 하는 키워드를 말합니다.

또한 블로그 전문 대행사 등 상위노출 전문 기술을 보유하고 있는 업체에 맡길 때에도 1차키워드를 검색키워드로 업무 지시를 하는 것이 좋습니다. 2차키워드는 경쟁 정도가 비교적 낮아 여러분의 블로그에 직접 활용해도 상위노출이 될 가능성이 높습니다. 대표키워드는 경쟁 정도가 높아 비싼 마케팅 비용을 줘야 할 수 있고 구매에 직결이 되는 키워드가 아닐 수 있기 때문입니다. 즉, 체험단이나 인플루언서, 블로그 전문 대행사를 활용하여 마케팅을 할 때에는 1차키워드를 활용해 업무 지시를 합니다.

만약 여러분이 직접 블로그를 개설하여 운영할 때 본인의 블로그가 이제 막 시작하는 초기 블로그라면 경쟁이 심하지 않은 2차키워드를 포스팅에 활용하면 되고, 만약 여러분의 블로그가 최적화 블로그이거나 인플루언서 블로그라면 1차키워드를 바로 사용하여 포스팅을 해 봐도 됩니다.

예를 들어, 블로그가 아직 활성화되지 않은 초기 블로그이고 2차키워드 중 '효과적인다이어트방법'과 '올바른다이어트방법' '단기간에살빼는방법'이라는 키워드가 있다고 가정하겠습니다. 만약 오늘 블로그에 정보성 포스팅을 한다면 엑셀파일에 입력한 2차키워드의 앞 또는 뒤에 '꿀팁' 'TOP 10' '방법' '노하우' '총정리' '이유' 등과 같은 단어를 붙여 블로그 정보성 포스팅 제목으로 활용할 수 있습니다. 또는 페이스북 및 인스타그램의 카드뉴스 제목으로도 활용할 수 있습니다. 즉, 포스팅의 제목을 '효과적인다이어트방법 TOP 10'으로 만들어 포스팅을 하고, 내일은 '올바른다이어트방법 총정리' 이런 식으로 제목을 잡아서 포스팅을 하면 정보성 포스팅의 주제를 다양하게 만들어 낼 수 있습니다.

사실 블로그 포스팅이나 SNS 콘텐츠에서 제목은 정말 중요한 부분입니다. 내용이 아무리 좋아도 포스팅 제목이 검색자들의 시선을 사로잡지 못하면 클릭을 발생시키지 못해 블로그로 들어오지 못하게 되는 것이니까요.

그래서 저도 정말 중요한 포스팅을 할 때 블로그 포스팅 제목을 선정하는 데 더 많은 시간을 할애할 때가 있습니다. 앞서 살펴본 방법인 2차키워드 뒤에 꿀팁, 총정리 등의 단어를 붙여 제목으로 만드는 방법도 있지만, 한 가지 팁을 더 드리자면 구글이나 유튜브를 활용하여 포스팅의 제목을 만들기도 합니다.

구글에서 키워드를 검색하면 국내뿐만이 아닌 해외에서 올린 콘텐츠까지 찾아볼 수 있습니다. 그중 눈길을 사로잡는 콘텐츠의 제목을 벤치마킹하는 것입니다. 당연히 해당 콘텐츠의 제목을 그대로 활용하는 것은 저작권에 위배되는 위험한 행위일 수 있기 때문에 반드시 인사이트를 얻는 정도로 활용해야 합니다.

해외 콘텐츠를 파악할 수 있을 만큼 영어가 능숙하지 않은 분들의 경우 유튜브를 활용하는 마케터들도 있습니다. 유튜브에서 키워드를 검색하면 관련 영상들이 보일 것입니다. 상위에 노출되고 있는 영상들을 보며 썸네일과 영상의 제목을 벤치마킹하는 것도 좋은 방법입니다. 해당 영상을 많이 클릭한 이유가 썸네일이 눈길을 끌어서일 수도 있지만 영상의 제목에 후킹되어 클릭했을 수도 있기 때문에 어떠한 단어를 사용했고 어떤 느낌으로 작성했는지 등을 참고하면 좋습니다.

한 가지 팁을 드리면, 네이버 번역기를 활용해 다양한 언어로 변경 후 한글로 다시 번역하게 되면 완전히 새로운 형태의 문구가 완성됩니다. 예를 들어, 제가 유튜브에 '다이어트'를 검색했고 상단에 노출되고 있는 영상 2개 정도의 제목을 큐레이션하여 '10kg를 감량한 삼시세끼 다이어트식단 총정리'라는 블로그 포스팅 제목을 만들어 냈다고 가정하겠습니다. 해당 문장을 네이버 번역기에 넣고 영어로 번역한 다음 그 영어를 다시 왼쪽 칸에 입력해 보겠습니다.

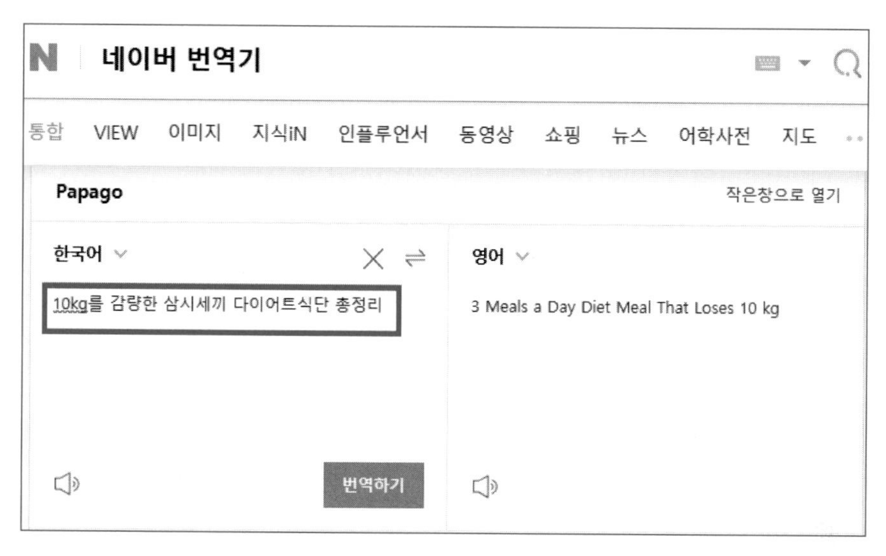

그럼 이렇게 '10kg를 감량한 삼시세끼 다이어트식단 총정리'가 '10kg 감량한 하루 3끼 다이어트 식단'으로 변경된 것을 볼 수 있습니다. 이러한 방식으로 영어에서 일본어, 이탈리아어 등 다양한 언어로 변역기 돌려 한국어로 변환해 보면 계속해서 단어와 문장 형태가 달라져 유사 텍스트와 저작권 문제 없이 벤치마킹을 할 수 있습니다.

번역기 활용

원본 글: 10kg를 감량한 삼시 세 끼 다이어트식단 총정리

☞ 번역 1회: 10kg 감량한 하루 3끼 다이어트 식단

☞ 번역 2회: 10kg 감량한 하루 세 끼 다이어트 식단

☞ 번역 3회: 하루에 세 끼 먹고 10킬로그램이나 줄었어요.

이 방법은 여러분이 기존에 작성한 블로그 포스팅을 재발행하고 싶을 때 기존 글 삭제 없이 새로운 콘텐츠를 만들어 낼 수 있는 방법이기도 합니다. 기존 포스팅 글을 번역기에 계속 돌리면 단어와 문장 형태, 키워드까지 변경이 되기 때문입니다. 참고로, 블로그 텍스트 기준으로 약 70% 정도가 새로운 단어들로 구성되어 있어야 유사 텍스트를 피해 갈 수 있습니다. 네이버 알고리즘은 텍스트를 파악할 때 모든 단어를 받침, 모음, 자음, 띄어쓰기, 기호 등으로 분해하여 파악하는 작업을 합니다. 이것을 토큰화 작업이라고 앞서도 설명하였습니다. 즉, 단순히 키워드가 몇 번 반복된 것만으로 유사 텍스트를 구분하는 것이 아니라 토큰화 작업을 통해 분석을 하는데 콘텐츠를 큐레이션하고 번역기를 여러 번 활용하면 새로운 콘텐츠를 발행하는 데 도움이 됩니다.

여러분의 블로그가 아직 최적화 블로그가 아닌 초기 블로그라면 상대적으로 경쟁률이 낮으면서 구매가능성이 높은 잠재고객들을 공략할 수 있는 2차키워드 같은 세부키워드를 가지고 먼저 꾸준히 포스팅을 해서 블로그 지수를 높인 다음 1차키워드와 대표키워드를 추후에 포스팅하는 것이 좋습니다.

블로그의 중요성을 인지한 많은 분이 블로그를 한번 만들어 보지만 막상 블로그에 어떤 내용의 포스팅을 해야 할지, 포스팅할 거리를 어디서 어떻게 찾아야 할지 등 막막해하는 분들이 많이 있습니다. 이때 여러분이 블로그를 통해 마케팅 효과를 보기 위해 반드시 다루어야 할 포스팅 주제 5가지가 있습니다. 이에 대해서는 업무 7단계의 '1 네이버 블로그 홍보 마케팅 실무 비법' 부분에서 상세히 다루도록 하겠습니다.

4) 네이버 카페, 지식인, 뉴스, 인스타그램에 키워드 활용하기

이 외에도 액셀파일에 입력한 키워드는 네이버 카페나 지식인 마케팅, 보도자료 등 네이버의 다양한 채널에 활용할 수 있습니다. 이때에는 반드시 네이버에 해당 키워드를 검색해 봐야 합니다. 통합검색 화면에 어떠한 채널이 노출되고 있고 어떠한 순서로 배치되어 있는지를 파악해 엑셀파일에 정리해 보면 좋습니다.

예를 들어, 키워드를 네이버에 검색해 봤더니 통합검색에 네이버 카페 채널이 노출되고 있지 않다면 그 키워드는 카페가 아닌 다른 채널, 즉 통합검색 화면에 노출되고 있는 다른 채널에 활용해야 합니다. 네이버 통합검색의 '뉴스' 채널에 우리 회사 관련 보도자료를 상위노출시키고 싶어 엑셀파일에 입력한 키워드 중 하나를 검색해 봤는데 통합검색 화면에 '뉴스' 채널이 아예 노출되고 있지 않다면 해당 키워드로 보도자료를 발행해 봤자 신문사 사이트에 들어가야만 찾을 수 있고 네이버 통합검색 화면에서는 찾을 수 없을 것이기 때문에 해당 키워드는 뉴스 보도자료가 아닌 다른 채널에 활용하는 것이 좋습니다.

이 외에도 지금까지 조사한 키워드는 인스타그램 및 페이스북에 해시태그로도 활용할 수 있으며, 키워드를 콘텐츠 주제로도 활용할 수 있고, 계정을 최적화하고 활성화시키는 데에도 활용될 수 있습니다. 이에 대해서는 업무 7단계의 '4 인스타그램(페이스북) 홍보 마케팅 방법' 부분에서 자세히 살펴보겠습니다.

4

업무 4단계

구매 전환율을 끌어올리는 상세페이지 제작 및 검색엔진최적화(SEO)

사업아이템을 정하고 해당 아이템을 홍보 마케팅할 채널과 검색키워드 조사까지 마쳤으면, 이제 판매 채널에 업로드할 상세페이지(랜딩페이지)를 만들 차례입니다.

광고나 SNS, 체험단이나 인플루언서 마케팅 등 다양한 온라인 마케팅 활동을 통해 사이트로 유입되어 들어온 잠재고객들을 효과적으로 사로잡아 구매로 연결시키기 위해서는 상세페이지가 매력적으로 구성되어 있어야 합니다. 상세페이지 제작은 정말 중요한 업무이고 키워드 조사만큼 시간이 오래 걸리는 작업이기도 합니다.

혹시 여러분 중 상세페이지를 어떻게 만들어야 하고 어떠한 내용을 넣어야 하는지 알고 싶은 분들은 지금부터 집중해 주면 좋겠습니다. 먼저, 구매를 불러일으키는 상세페이지에 반드시 들어가야 하는 10가지 필수 구성요소가 있습니다.

• 상세페이지 필수 구성요소 10 •

1. 키워드를 올바로 적용한 상품명	6. 객관성 요소
2. 후킹(아이캐칭)문구	7. 브랜드의 스토리텔링
3. 인기성 요소	8. 활용성 요소
4. 신뢰성 요소	9. 거미줄 상품
5. 판매자의 전문성 요소	10. 행동보증 요소

1. 키워드를 올바로 적용한 상품명

잠재고객들이 검색할 만한 키워드를 적용해 상품명을 작성해야 합니다. 상품명에 입력할 키워드는 '업무 3단계: 키워드 조사 및 활용'에서 자세히 설명하였으니 참고하기 바랍니다. 또한 상품명은 25자 이하로 쉽고 간략하게 입력합니다. B2C 판매의 경우 잠재고객들은 대부분 모바일로 검색을 하는데 핸드폰 기종에 따라 글자수가 25자가 넘어가는 경우 나머지 글자가 생략되는 경우가 있습니다. 따라서 한눈에 보기 쉽게 입력하는 것이 좋습니다.

또한 판매자가 만들어 낸 단어 또는 전문가만 아는 단어는 되도록 사용하지 않는 것이 좋습니다. 예를 들어, '달꼬견과 실속형 2SET'라는 상품명이 있습니다. 판매자가 '달달하고 꼬소한 견과류'를 '달꼬견과'를 줄인 것입니다. 이렇게 되면 몇몇 잠재고객들은 달꼬견과가 무엇인지 알아차리지 못하는 경우가 있습니다. 무슨 상품인지 이해가 되지 않으니 클릭하지 않게 됩니다. 따라서 '2023년산 100% 국내산 볶음아몬드 견과류 2세트'와 같이 잠재고객들이 검색할 만한 키워드를 넣어 입력해 주는 것이 좋습니다.

키워드를 다량 입력한 상품명도 피하는 것이 좋습니다. 상품명에 여러 가지의 키워드를 입력해 네이버에 노출될 수 있도록 작업하는 경우가 있는데, 이러한 경우 오히려 네이버 알고리즘에 비정상적인 활동이라고 인지되어 노출순위가 떨어질 수 있습니다. 따라서 앞서 설명한 대로 상품명에 활용할 키워드는 2~3개 정도를 활용합니다.

2. 후킹(아이캐칭)문구

후킹문구는 다른 말로 아이캐칭문구라고도 불립니다. 후킹문구는 사실 쇼핑몰 상세페이지에 기입하는 문구만 해당하는 것이 아니라 브랜드를 인식시켜 줄 수 있는 캐치프라이징이 될 수도 있고, 인스타그램이나 네이버 검색 광고의 광고문구가 될 수도 있고, 블로그 제목이 될 수도 있고, 유튜브 썸네일 제목이 될 수도 있고, 이메일 마케팅을 한다면 이메일 제목이 될 수도 있습니다. 즉, 잠재고객의 시선을 사로잡아 클릭을 유도하거나 체류시간을 높이거나 또는 구매로 전환시킬 수 있는 문장을 후킹문구라고 합니다. 이러한 후킹문구는 다음과 같이 4단계를 거쳐 효과적으로 제작할 수 있습니다.

• 후킹문구 제작 단계 •

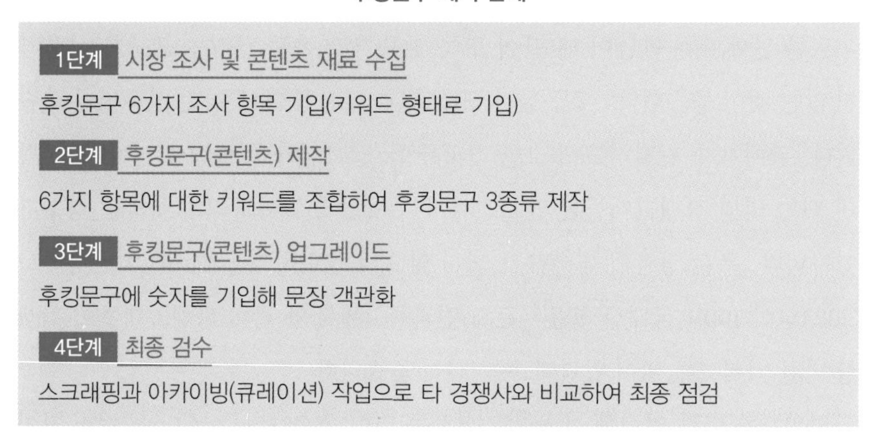
1단계 시장 조사 및 콘텐츠 재료 수집

후킹문구 6가지 조사 항목 기입(키워드 형태로 기입)

2단계 후킹문구(콘텐츠) 제작

6가지 항목에 대한 키워드를 조합하여 후킹문구 3종류 제작

3단계 후킹문구(콘텐츠) 업그레이드

후킹문구에 숫자를 기입해 문장 객관화

4단계 최종 검수

스크래핑과 아카이빙(큐레이션) 작업으로 타 경쟁사와 비교하여 최종 점검

1) 1단계: 시장 조사 및 콘텐츠 재료 수집

여러분의 사업아이템에 꼭 맞는 후킹문구를 효과적으로 만들어 내기 위해서는 기본적으로 6가지 항목에 대한 조사가 필요합니다. 다음의 6가지 항목을 질문이라고 생각하고 답해 보세요.

• 후킹문구(아이캐칭 문구) 조사 항목 6가지 •

판매자		소비자
판매자 입장에서의 장점 (업력, 고객수)	VS	소비자 입장에서의 장점 (사용 후 효과)
판매자가 강조하고 싶은 것 (전문성)	VS	소비자가 원하는 것 (안전성, 기능성)
타 상품 대비 우수한 기능 (서비스의 질, 지속성 등)	VS	나에게만 있는 장점 (특허, 성공 사례)

이 항목들에 대한 답을 입력할 때는 문장 형태의 서술형이 아니라 단어 형태의 짧은 키워드 형태로 작성합니다. 그래야 해당 키워드들을 조합하여 문장 형태로 가공하여 후킹문구로 사용할 수 있기 때문입니다. 예를 들어, 사업아이템이 기초 화장품이라고 하겠습니다. 판매자가 생각했을 때 장점을 '15년 이상 된 오래된 업력'과 '10만 명 이상의 고객 수'라고 생각했으나, 소비자 입장에서 생각하는 해당 업체의 장점은 '즉각적인 효과'였습니다. 소비자는 사업을 몇 년 동안 했고 몇 명의 고객을 배출했는지보다 바로 나타나는 즉각적인 효과, 눈에 보이는 효과를 장점으로 인식해 구매를 했던 것입니다. 이렇게 후킹문구에는 판매자 입장에서의 장점뿐만이 아니라 소비자 입장에서의 장점에 해당되는 키워드가 반드시 있어야 합니다.

그리고 판매자가 강조하고 싶은 것은 '한의사'라는 키워드였습니다. 기초 화장품을 만들 때 한의사와 함께 개발하여 천연 화장품이라고 강조하고 싶었던 것입니다. 그런데 소비자가 원하는 것은 '한의사'가 아니라 이 기초 화장품에 어떤 '성분'이 있고, 어떤 '기능'을 기대할 수 있고, 예민한 초민감성 피부에 사용해도 '안전한지'였습니다.

따라서 후킹문구에는 '한의사' '15년 이상 업력' 등과 같은 판매자가 말하고 싶은 키워드만 넣는 것이 아니라 소비자가 원하는 키워드들이 포함되어 있어야 합니다. 간혹 후킹문구를 만들 때 판매자가 강조하고 싶은 것과 소비자가 원하는 것을 구분하지 못하거나 또는 판매자 입장에서 생각하는 장점이 소비자가 생각하는 장점이라고 잘못 판단하는 경우가 굉장히 많습니다. 판매자는 소비자가 아닙니다. 판매자의 생각이 소비자의 생각이 아닙니다. 판매자가 생각하는 것을 소비자는 미처 생각하지 못할 수도 있고 판매자가 하는 말을 소비자들은 알아듣지 못할 수도 있습니다. 마치 동상이몽처럼 말이죠.

이 다름의 격차를 줄이는 것이 굉장히 중요합니다. 이 격차를 줄이기 위해 소비자가 무엇을 원하고 판매자인 나를 어떻게 생각하는지 등을 조사하고 파악해야 합니다. 판매자는 본인 자신과 회사의 인지도, 아이템에 대한 장단점 등 스스로를 객관적으로 바라보며 분석해야 합니다.

사실 판매자 입장에서의 장점이나 판매자가 강조하고 싶은 것 등 판매자 입장에서 기입하는 문항은 내 생각을 쓰면 되는 것이기 때문에 쉽지만, 소비자 입장에서의 장점이나 소비자가 원하는 것이 무엇인지를 쓸 때에는 소비자가 아니기 때문에 생각하기 어려울 수 있습니다.

이때 몇 가지 팁을 드리면, 우선 네이버 지식인과 네이버 카페를 이용하는 것입니다. 카페와 지식인은 사람들이 궁금하거나 원하는 정보가 있을 때 활용하는 채널입니다. 따라서 해당 채널에 들어간 다음 여러분의 사업아이템에 관련된 키워드를 몇 개 검색해 보세요. 그럼 해당 키워드에 관련된 질문과 글들이 보일 것입니다. 그중에 홍보성으로 보이지 않는 질문 관련 글들을 한번 보시면 이 질문을 한 사람(소비자)이 어떤 것을 원하고 있는지 파악할 수 있습니다. 그럼 그 내용을 키워드 형태로 짧게 요약해서 후킹문구에 활용하면 됩니다.

또 다른 팁으로는 네이버나 구글 등 인터넷 포털사이트에 사업아이템 관련 키워드를 검색해 보세요. 그럼 비슷한 상품을 판매하는 경쟁 업체들이 나올 것입니다. 그중에 인터넷 상단에 광고 없이 상위노출되고 있으면서 리뷰가 많고 평점이 높은 업체를 클릭해 들어가 보세요. 아니면 평소에 여러분이 눈여겨보고 있던 경쟁사나 롤모델 업체를 클릭해 들어가 봐도 됩니다. 단, 비슷한 상품, 동종 업계에 있는 업체여야 합니다.

예를 들어, 리뷰가 많고 평점이 높은 경쟁 업체의 스마트스토어를 클릭해 들어가 보면 고객들이 남긴 평점(별 5개)과 리뷰들이 있을 것입니다. 그중에 5점 만점 리뷰와 함께 1점짜리 리뷰(평점 가장 낮은 순으로 조회)를 보는 것입니다. 어떤 부분에서 사람들이 만족하고 있는지를 보고 그 부분이 우리한테도 있는지를 보세요. 타 업체가 가지고 있는 장점이 우리에게는 없는 부분이라면 그 부분을 개발하고 보완해야 합니다. 그리고 1점짜리 리뷰를 집중해서 살펴보고 그 내용을 우리의 상세페이지나 후킹문구에 반영하는 것입니다.

예를 들어, 제가 기초 화장품을 판매한다고 가정했을 때 타 경쟁사 스마트스토어에 "수분이 속부터 촘촘하게 채워지기는 개뿔… 겉에서 맴도는 느낌이에요. 10분도 안 돼서 얼굴이 금방 더 건조해지는 것 같아요. 별점 1도 아까워요." 라는 별점 1점의 리뷰가 있다고 가정하겠습니다. 그럼 이 문장의 내용을 참고하여 소비자의 언어와 표현을 활용해 후킹문구를 작성해 보는 것입니다. 예를 들어, 기존에 사용하고 있었던 후킹문구가 '한의사의 레시피로 만든 천연화장품'이었다면, 리뷰에 표현되었던 단어와 표현들을 적용하여 '수분이 속부터 촘촘하게 채워지는 한의사의 레시피로 만든 수분 폭탄 천연화장품! 8시간 수분 유지력!'이라는 문구로 조금 더 업그레이드해 볼 수 있습니다.

이 문장에서 '수분이 속부터 촘촘하게 채워지는'이라는 부분은 경쟁 업체의 1점짜리 리뷰에 고객이 남긴 표현을 인용한 것입니다. '한의사의 레시피로 만든'과 '천연화장품'은 기존에 활용하고 있었던 문구로서 판매자가 내세우고 싶은 장점에 해당됩니다. '8시간'이라는 단어는 경쟁업체의 1점짜리 리뷰에서 고객이 "10분도 안 되서 금방 더 건조해지는 것 같아요."라는 표현을 보고 수분이 유지되는 시간, 즉 명확한 숫자를 활용하는 것에 대한 인사이트를 얻은 것입니다. 이렇게 기존 고객들이 남긴 리뷰를 공부하다 보면 소비자가 원하는 것이 무엇이고 어떠한 단어를 사용하는 것이 후킹에 효과가 있을지 학습할 수 있습니다.

마지막으로, 타 상품 대비 우수한 기능이 무엇인지 키워드 형태로 기입해 보아야 합니다. 비단 상품에 대한 기능적인 부분뿐만 아니라 가격적인 부분, 서비스의 질, 판매자의 이력, 기업 전체의 마인드와 철학 등 정략적·정성적 부분도 모두 비교해서 내가 타 업체, 타 상품보다 어떠한 부분이 장점인지 모두 생각하고 고민해서 키워드 형태로 반드시 써 보아야 합니다.

그리고 이번에는 나에게만 있는 장점이 무엇인지도 써 보세요. 다른 업체에는 없고 나에게서만 찾을 수 있는 장점이 있어야 합니다. 만약 내가 가진 장점을 남도 가지고 있다면 그것은 더 이상 장점이 아닙니다. 나에게만 있는 특장점이 아직 없는 분들은 그 부분을 연구하고 개발해서 사업아이템에 보완하는 업무를 먼저 한 이후에 마케팅을 하는 것이 좋습니다. 그래야 치열한 온라인 마케팅 경쟁에서 살아남아 매출을 끌어올리고 유지할 수 있습니다.

2) 2단계: 후킹문구(콘텐츠) 제작

이렇게 6가지 항목을 조사하여 키워드 형태로 기입해 보았다면, 이제 해당 키워드를 조합하여 후킹문구를 최소 3문장 정도는 만들어 봐야 합니다. 먼저, 아무것도 없는 백지의 A4용지 또는 워드파일이나 메모장 등 본인에게 편한 양식을 하나 열어 놓고 6가지 항목에 대해 기입한 키워드들을 조합하여 스스로 광고문구를 써 봅니다. 이때 스스로 생각했을 때 이만한 광고문구가 없다고 느껴질 때까지 여러 번의 탈고를 거치는 최선의 노력을 해야 합니다. 하루 종일 또는 그 이상의 시간이 걸려도 괜찮습니다. 최선을 다해 스스로 먼저 아이디어를 짜내 보는 시간을 보내야 합니다.

3) 3단계: 후킹문구(콘텐츠) 업그레이드

후킹문구를 3문장 정도 만들어 보았으면 이제 해당 문구를 조금 더 효과적으로 업그레이드시키는 작업을 해야 합니다. 애매모호한 문장이 아니라 조금 더 객관적인 문장으로 후킹문구를 만들면 문장 자체가 구체적으로 보여 신뢰도를 상승시켜 클릭과 체류시간, 구매 전환 등에 도움을 줄 수 있습니다. **객관적인 문장으로 만드는 데 가장 큰 도움이 되는 것이 바로 '숫자'를 활용**하는 것입니다. 이때 '숫자'를 활용한 몇 가지 후킹문구 예시는 다음과 같습니다. 여러분의 사업아이템에 대입해 보세요.

틈새 TIP 잠재고객들의 시선을 사로잡는 후킹문구 예시

1. 상위 2%/1%
   - 상위 2% SNS 크리에이터 양성 과정
   - 상위 1% 마케팅 강사를 가르치는 강사

2. 대한민국 2%
   - 대한민국 2% 피부과 전문의가 개발한 기초 화장품
   - 대한민국 2% 주부 9단이 많이 구매하는 반찬가게

3. 98.7%
   - 98.7% 기존 고객들이 추천한
   - 98.7% 재구매율
   - 98.7% 만족도

4. 별점 5점(시각화 이미지)
   - 항목별로 구분하여 만족도 표기

5. 판매차수, 판매개수, 소비자수
   - 3차 리오더, 3차 완판
   - 1만 개 판매 돌파
   - 100만 명 소비자 달성

6. 1대1
   - 1대1 맞춤 무료 상담(컨설팅)이 제공되는 서비스

7. 1인
   - 1인 맞춤 각인이 가능한 100% 소가죽 지갑
   - 1인 창업 마케팅 양성 과정

8. 연도
   - 2023년도 국내산 햇감자로 만든 쫀득한
   - 2023년도 네이버 알고리즘을 반영한 마케팅 교육 과정

9. 업력
  - 30년 경력 대한민국 최초
  - 15년 전문 출판사가 출시한 베스트셀러
  - 15년 마케팅 전문기관
  - 3대째 내려오는

10. 가격 쪼개기
  - 하루에 1,200원, 1시간에 1만 원
  - 묶음 또는 박스 단위로 판매하는 상품의 경우 박스 1개당 비용을 안의 내용물 개수대로 나누어 1개당 비용을 문구에 입력

11. 크기 및 무게
  - 10cm 이상 특 A급 100% 국내산햇고구마 1kg

12. ~% 달성한
  - 와디즈 크라우드펀딩 1,300% 달성한

13. ~명이 선택한, ~가 선택한 No. 1
  - 수의사 100명이 선택한 영양제
  - 헬스트레이너들이 선택한 No. 1 보충제

14. 꽃다발 형태의 콘텐츠(트랜드 호기심을 자극하는 문구로, 여러 개의 상품을 꽃다발처럼 한데 묶는 콘텐츠)
  - 북촌 맛집 BEST 10
  - 2023년 쇼핑러들이 가장 많이 구매한 상품 TOP 3

이러한 예시 문구들을 보면 모두 **숫자**가 포함되어 있습니다. 해당 문장들은 인스타그램 광고문구, 블로그 홍보성 포스팅 제목, 스마트스토어 상세페이지 첫 문구, 또는 와디즈 크라우드펀딩 랜딩페이지의 첫 문장으로 썼던 문구들 중 가장 효율이 높은 숫자들을 기입하였습니다. 숫자 외의 나머지 부분은 여러분의 사업아이템에 맞게 응용하여 연습해 보세요.

추가로, ChatGPT와 같은 인공지능 챗봇을 활용해 보는 것도 좋습니다.

ChatGPT를 활용한 후킹문구 제작 및 업그레이드 방법

네이버 검색창에 'ChatGPT'라고 검색하면 쉽게 사이트를 찾을 수 있습니다.

해당 사이트에 들어가 회원가입을 한 후 로그인을 하면 인공지능과 채팅을 할 수 있는 화면으로 전환됩니다.

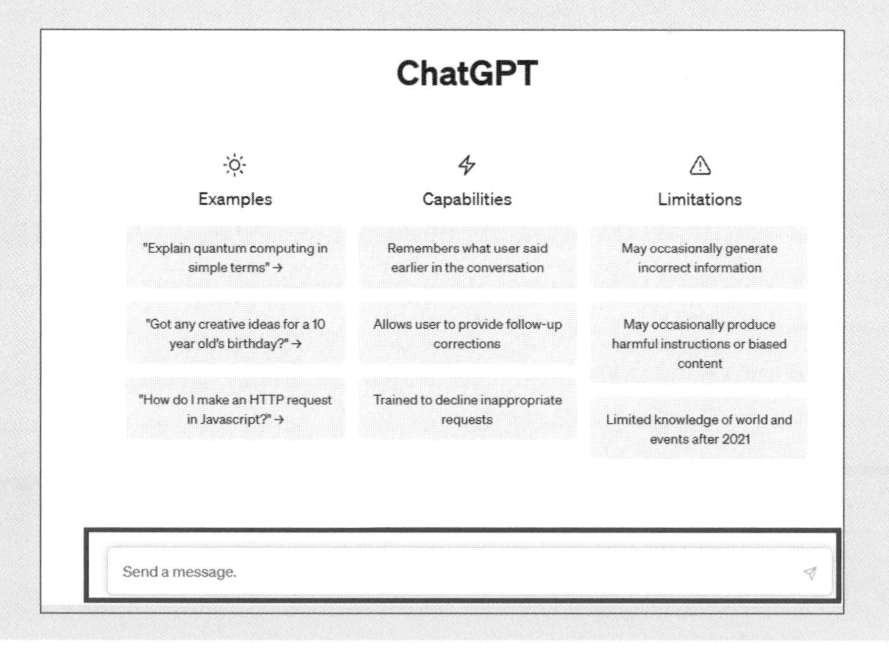

화면 하단의 'Send a message' 라는 부분에 여러 가지 질문을 하여 원하는 답을 구할 수 있습니다. 앞서 조사한 6가지 항목들을 조건값으로 넣어 광고문구를 만들어 달라고 기입하면 카피라이터가 없어도 빠른 시간 안에 제작이 가능합니다.

ChatGPT 채팅창에 퀴노아 약콩두유에 대한 광고문구를 만들어 달라고 했고, 광고문구 제작 시 반영되어야 할 조건을 추가로 기입했습니다.

무가당퀴노아약콩두유에 대한 광고 문구를 10개 정도 만들어줘.
조건은 다음과 같아.
1. 일반 약콩두유와 퀴노아약콩두유를 비교할 것
2. 퀴노아약콩두유만의 특장점을 포함할 것
3. 30~40대 여성들을 공략할 것
4. 대통령상을 받은 상품이라는 것을 어필할 것
5. 트레이너 출신의 여성 CEO가 만들었다는 것
6. 광고문구에 숫자를 넣어 객관화시킬 것

그 결과, 다음과 같은 후킹문구를 만들어 냈습니다.

1. 일반 약콩두유의 2배 이상의 단백질 함량, 0g의 당분 함유로 건강한 식습관을 유지하세요.
2. 일반 약콩두유보다 3배 이상의 칼슘 함량, 2배 이상의 철분 함량이 포함된 퀴노아약콩두유로 건강한 뼈와 혈액을 유지하세요.
3. 일반 약콩두유보다 4배 이상의 식이섬유 함량, 5배 이상의 마그네슘 함량이 있는 퀴노아약콩두유로 소화기능을 개선하세요.
4. 대통령상을 받은 퀴노아약콩두유로 건강한 식습관을 유지하세요.
5. 트레이너 출신 여성 CEO가 만든 퀴노아약콩두유로 당신의 몸에 최적화된 영양소를 섭취하세요.
6. 퀴노아약콩두유는 일반 약콩두유보다 2배 이상의 비타민 B12 함량이 있어 에너지를 유지할 수 있습니다.
7. 일반 약콩두유보다 3배 이상의 칼륨 함량, 2배 이상의 아연 함량이 있는 퀴노아약콩두유로 건강한 심장과 면역력을 유지하세요.
8. 퀴노아약콩두유는 일반 약콩두유보다 5배 이상의 콜레스테롤 함량이 낮아 건강한 혈관을 유지할 수 있습니다.
9. 대통령상 수상 상품, 트레이너 출신 여성 CEO가 만든 퀴노아약콩두유로 건강한 식습관을 유지하세요.
10. 일반 약콩두유보다 2배 이상의 비타민 D 함량, 4배 이상의 마그네슘 함량이 포함된 퀴노아약콩두유로 건강한 뼈와 면역력을 유지하세요.

이렇게 2번 단계인 후킹문구 제작 단계와 3번 업그레이드 단계에서는 ChatGPT를 활용해 보는 것도 좋습니다. 이때에도 ChatGPT에만 의존해서 후킹문구를 만들지 말고, 여러분이 **후킹문구를 스스로 작성해 본 다음 ChatGPT가 만들어 낸 후킹문구와 비교**하여 더 나은 문구로 업그레이드해 보는 것이 좋습니다.

4) 4단계: 최종 검수

여기까지 최선을 다해 후킹문구를 작성해 봤으면, 타 업체의 후킹문구와 비교해 보며 최종 검수 작업을 해야 합니다. 이때에는 스크래핑과 아카이빙 작업을 활용하면 효과적입니다. **스크래핑**이란 문구 및 콘텐츠를 수집하는 행위를 말하며, **아카이빙**이란 수집한 문구나 콘텐츠를 재조합하는 행위를 말합니다. 이 두 가지 용어만 잘 알고 있으면 콘텐츠 제작·발행 작업은 그리 어렵지 않습니다.

우선 '업무 3단계: 키워드 조사 및 활용'에서 조사하였던 키워드 엑셀파일을 열고 대표키워드와 1차키워드를 네이버에 검색합니다. 대표키워드와 1차키워드 중 사업아이템에 직접적인 관련이 있고 검색수가 가장 높은 키워드를 5~10개 정도 검색합니다.

대표키워드와 1차키워드는 검색량이 매우 높은 키워드로 노출 경쟁률이 굉장히 심한 키워드입니다. 해당 키워드로 네이버에 파워링크 광고를 하게 되면 한 번 클릭할 때마다 매우 높은 광고료가 지불될 수 있습니다. 광고료가 굉장히 고가인 키워드임에도 해당 키워드로 파워링크 광고를 하고 있는 타 업체들의 후킹문구를 살펴보고 혹시 내가 생각하지 못했던 후킹 단어가 있지는 않는지 인사이트를 얻을 필요가 있습니다.

여기에서 중요한 것은 먼저 여러분이 스스로 후킹문구를 최선을 다해 작성해 본 다음 대표키워드와 1차키워드를 네이버에 검색해서 타 업체들이 작성한 후킹문구 중 내가 생각하지 못했던 단어를 스크래핑(수집)해 보는 것입니다. 그런 다음 본인이 작성해 놓은 후킹문구에 스크래핑한 단어를 내 상품에 맞게끔 어순을 고려하여 편집하면 처음 본인이 작성한 후킹문구보다 훨씬 더 잠재고객을 사로잡을 수 있는 후킹문구를 만들어 낼 수 있습니다.

만약 본인이 스스로 후킹문구를 작성해 놓지 않고 타 업체가 작성한 후킹문구를 스크래핑하여 아카이빙한다면 그것은 모방에 지나지 않으며, 결국 똑똑한 소비자들은 금세 등을 돌리게 될 것입니다.

마케터는 끊임없는 연습을 통해 나에게 최적화된 후킹문구를 만들어 내는 작업에 최선을 다해야 합니다. 따라서 여러분은 잠재고객을 사로잡을 만한 본인 상품에 최적화된 후킹문구를 찾아낼 수 있도록 꾸준히 연습해야 합니다.

추가로, 스크래핑 작업을 할 때 네이버 파워링크 이외에도 통합검색한 화면 전체를 보기 바랍니다. 대표키워드와 1차키워드를 네이버에 하나씩 검색한 다음 통합검색 화면 전체를 위에서 아래로 천천히 스크롤을 내리면서 보는 것입니다.

통합검색 화면을 보면 파워링크부터 블로그, 카페, 지식, 뉴스 등 다양한 채널이 노출되고 있는데 채널들의 제목 위주로만 보면 됩니다. 검색량이 높은 키워드임에도 불구하고 통합검색 1페이지에 노출되고 있다는 것은 해당 콘텐츠들이 네이버 로직에 맞게 작성된 콘텐츠라는 의미이며, 사람들의 시선을 사로잡아 클릭을 많이 받았다는 의미입니다. 따라서 통합검색 1페이지 전체를 위에서 아래로 천천히 스크롤을 내리면서 내가 생각하지 못했던 유용한 단어나 문장들이 있다면 스크래핑하는 것이 좋습니다.

또한 동종 업종에 있으면서 현재 본인보다 매출이 좋은 업체들을 검색하여 해당 업체가 어떠한 후킹문구를 사용하고 있는지, 시간이 된다면 상품의 상세페이지에 혹시 내가 생각하지 못했던 단어나 문구가 있는 것은 아닌지, 상세페이지에 몇 개의 사진이 들어 있고 나에게는 없는 콘텐츠가 무엇인지까지 조사해 보면 좋습니다. 동종 업종임에도 이 업체가 지금 나보다 매출이 높은 그 이유를 찾아내는 것입니다. 꼼꼼히 조사해서 잠재고객이 어느 부분의 어느 단어에 반응을 하는지 알아내야 합니다.

더 이상 머리로만 고민하면 안 되고, 먼저 내가 스스로 후킹문구를 작성해 본 다음 앞서 제시한 방법대로 스크래핑하여 아카이빙을 하다 보면 어느새 나에게 최적화된 나만의 후킹문구가 탄생할 것입니다. 회사의 철학과 성격을 반영하면서 상품을 잠재고객들에게 제대로 나타낼 수 있는 후킹문구를 작성해 적재적소에 배치하여 상품 판매가 이루어질 수 있도록 하는 것, 이것은 마케팅에서 정말 중요한 부분입니다. 마케팅 기술을 익히는 것도 물론 중요한 일이지만, 담당 사업아이템에 대한 최적화된 후킹문구와 콘텐츠를 만들어 낼 수 있는 것이 마케터가 해야 할 필수 업무이며 역량입니다.

주기적으로 내가 추출한 키워드를 꾸준히 인터넷에 검색해 보고(계절이 바뀔 때마다, 약 3개월에 한 번 정도) 통합검색의 변화를 지켜보면서 새로운 표현을 스크래핑(수집)하고 그것들을 내가 만든 문구와 여러 각도로 아카이빙(재조합)해 보면서 내 것으로 만들어 보는 연습을 해야 합니다.

이렇게 만든 후킹문구는 쇼핑몰 상세페이지의 캐치프라이징으로도 활용할 수 있고, 네이버 검색 광고나 인스타그램의 타깃 광고문구로도 활용할 수 있습니다. 또한 블로그 포스팅의 제목으로도 활용하는 등 다양한 목적으로 사용할 수 있습니다.

후킹문구를 만들었다면 이제 사업아이템에 대한 인기성을 보여 주어 매출 발생 속도를 급진적으로 끌어올릴 필요가 있습니다. 바로 살펴보겠습니다.

3. 인기성 요소

상세페이지 상단에 브랜드 및 상품에 대한 인기성을 보여 줄 수 있는 콘텐츠가 배치되어 있으면 잠재고객들의 시선을 사로잡고 긍정적인 분위기를 조성하여 매출을 끌어올릴 수 있습니다.

예시 이미지처럼 기존 고객들의 만족도를 별점 5점으로 시각화하여 이미지 형태로 올려 주면 좋습니다. 별점 5점 바로 밑 부분에는 '수의사 Pick, 출시 전부터 반려인 수의사들 사이에서 소문난 영양제 맛집'과 같이 잠재고객들이 신뢰를 할 만한 계층을 언급해 주거나, 또는 '사장님 최애 상품' '직원 선택 1위' '부동의 1위 상품' '효자상품 TOP 1' 등과 같이 내외부에서 인기가 있는 상품이라는 것을 표현해 주면 좋습니다.

인기성을 표현하는 형태는 매우 다양합니다. '앵콜' '누적 판매량 1만장 돌파' '3,000장 판매돌파' '3차 리오더' '1초에 10박스 판매' 등과 같은 문구를 예로 들 수 있습니다. 또는 '스테디셀러' '주문폭주' '인스타 문의폭주' 'MD 추천' 등의 문구도 인기성을 보여 줄 수 있는 표현입니다. 해당 예시들을 응용하거나 좋은 인사이트를 얻어 여러분의 사업아이템에 적용해 인기성 콘텐츠를 제작해 보면 좋습니다.

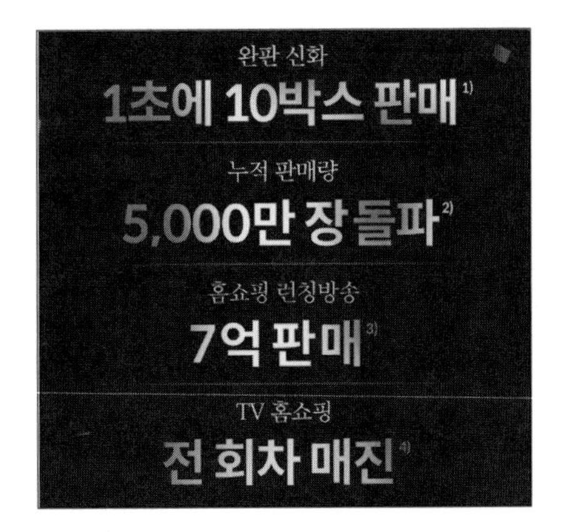

4. 신뢰성 요소

신뢰성 요소는 온라인 구매에 대한 불확실성을 없애 줄 수 있는 요소로 크게 다음과 같이 3가지 형태의 콘텐츠로 제작할 수 있습니다.

1. 만족도 조사 결과
2. 실 고객들이 쇼핑몰에 남긴 리뷰(후기) 캡처
3. 상품 제조 및 연구 과정, 사용 재료 등 이미지로 시각화

첫째, '만족도 조사 결과'는 기존 고객들의 구매 평점 등을 분석해 어떠한 항목에서 만족도가 높았는지를 보여 주는 콘텐츠입니다.

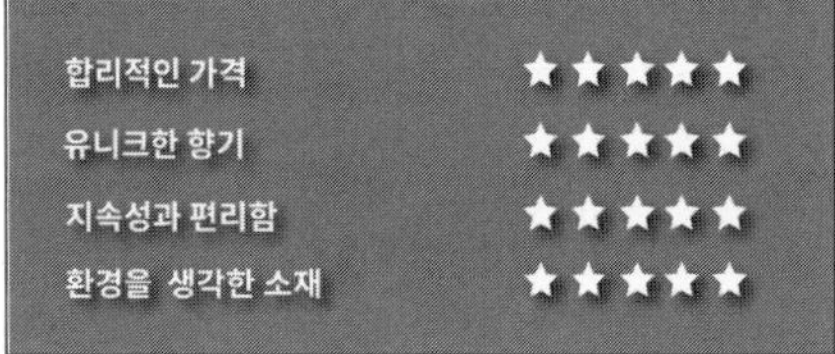

예시 이미지처럼 항목을 구분하여 어떠한 부분에서 5점 만점 중 5점 만족도를 달성했는지 구체적으로 보여 주면 구매를 망설이는 잠재고객들의 신뢰를 높여 구매를 결정하는 데 도움이 될 수 있습니다.

둘째, '실 고객들이 쇼핑몰에 남긴 리뷰(후기) 캡처'입니다. 후기 콘텐츠는 상품이나 서비스 등 상관없이 신뢰를 높일 수 있는 콘텐츠이며, 고가 마케팅을 진행할 때에도 도움이 되는 매우 중요한 콘텐츠입니다.

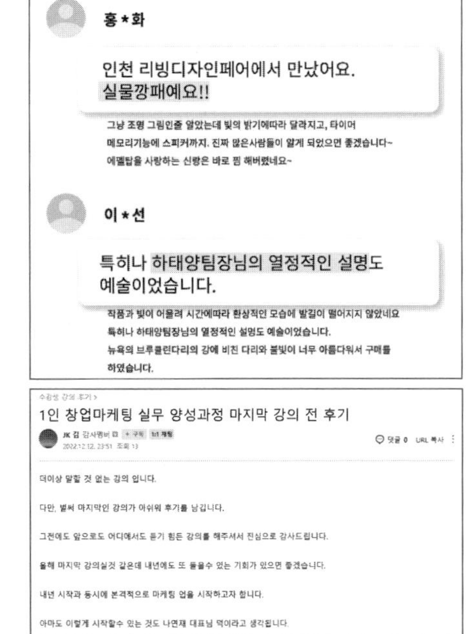

예시 이미지처럼 기존 고객들이 남겨 준 후기 문자나 카카오톡 메시지, 사이트에 남겨 준 후기 등을 캡처해서 상세페이지 상단 부분에 배치하면 사이트에 방문한 잠재고객들의 시선을 사로잡아 구매를 이끌어 내는 데 매우 효과적입니다. 이때 고객들이

남겨 준 문자나 카카오톡 내용을 포토샵이나 일러스트를 활용해 판매자의 언어로 재편집해 올리는 경우가 있습니다. 이렇게 되면 진실성이 제거되어 오히려 신뢰도에 방해가 될 수 있으니 되도록 고객들의 후기 콘텐츠는 이름 정도만 모자이크 처리를 하고 되도록 날 것 그대로 상세페이지에 활용하는 것이 효과적입니다.

순서를 정리해 보면, 먼저 상세페이지 최상단에 인기성을 보여 줄 수 있는 콘텐츠를 넣고, 그 바로 아래 부분에 후킹문구를 입력합니다. 그러고 나서 구체적으로 어떤 항목에서 기존 고객들의 만족도가 높았는지를 항목별로 구분하여 올려 주고, 다음 부분에 기존 고객들의 후기 콘텐츠를 올리면 이상적인 구성이 될 수 있습니다. 이렇게 되면 상품의 인기성과 신뢰성을 극대화하여 사이트 방문자들의 결제율을 끌어올릴 수 있습니다.

셋째, '상품 제조 및 연구 과정, 사용 재료 등 이미지로 시각화'한 콘텐츠도 신뢰성 요소 콘텐츠로 적합합니다. 상품을 제조할 때 사용된 재료, 각 단계별 과정 등을 상세페이지에 이미지와 문구로 시각화하여 보여 주세요.

• 제조 과정 이미지 •

연구 과정이나 제조 과정, 재료들을 이미지와 텍스트로 보여 주면 잠재고객들이 보았을 때 해당 사업아이템이 꼼꼼한 단계를 거쳐 좋은 재료로 제대로 만들어졌다는 것을 인식하게 되어 고가의 상품을 판매할 때도 도움이 됩니다.

5. 판매자의 전문성 요소

판매자의 전문성 요소는 다른 판매자들보다 우위성을 보여 주어 브랜드의 신뢰도를 높일 수 있는 콘텐츠입니다. 판매자가 취득한 전문 자격증이나 상장 등이 있다면 예시 이미지처럼 반드시 사진으로 보여 주는 것이 좋습니다. 그리고 판매자의 전문 복장(의사복, 요리사복, 정장 등)이 있는 경우 해당 복장을 입고 직접 사진을 촬영해 올리는 것도 효과적입니다.

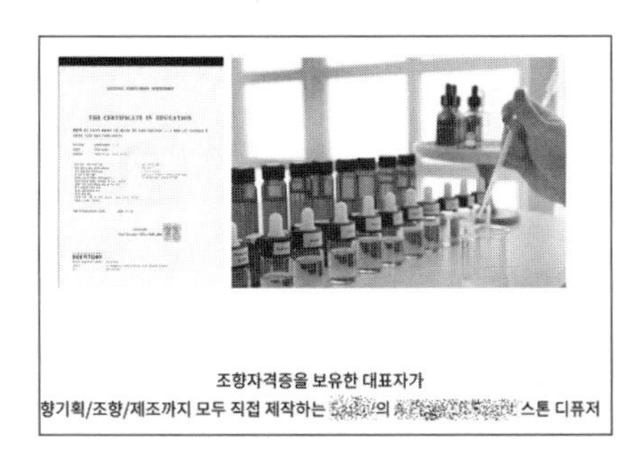

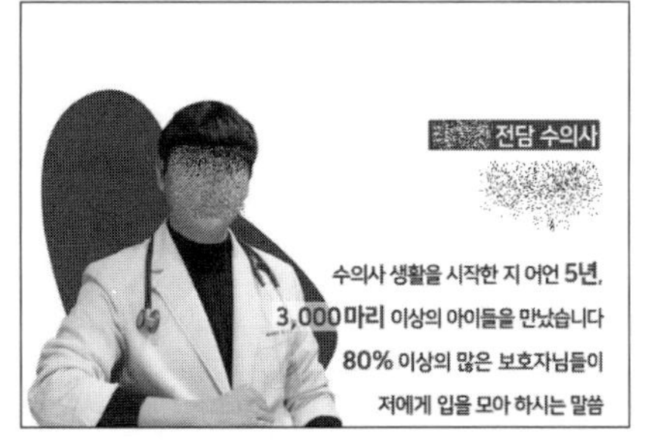

6. 객관성 요소

객관성 요소는 우리만의 특장점을 잠재고객들에게 객관적으로 보여 줌으로써 구매 전환율을 이끌어 낼 수 있는 콘텐츠입니다. 먼저, 여러분의 특장점을 기입하고 해당 특장점이 객관적인 사실로 인지될 수 있도록 해야 합니다. 이때 많이 사용되는 형태가 바로 '비교 콘텐츠'입니다.

• 비교 콘텐츠 예시 이미지 1 •

	기능성콜라겐 종류 (WCS)	동물용의약품 등 불검출	액상 제형	노케스템	시너지 원료 함유
ㄱ사	기능성 X	X	타블렛	이산화규소, HPMC	엘라스틴
ㄴ사	기능성 X	X	분말	3무 (노케스템 표기 X)	히알루론산
ㄹ사	저분자콜라겐펩타이드	X	액상	스테아린산마그네슘	엘라스틴, 히알루론산
	저분자콜라겐펩타이드GT (WCS 표기 O)	O	액상	O	엘라스틴, 히알루론산, 세라마이드

• 비교 콘텐츠 예시 이미지 2 •

• 비교 콘텐츠 예시 이미지 3 •

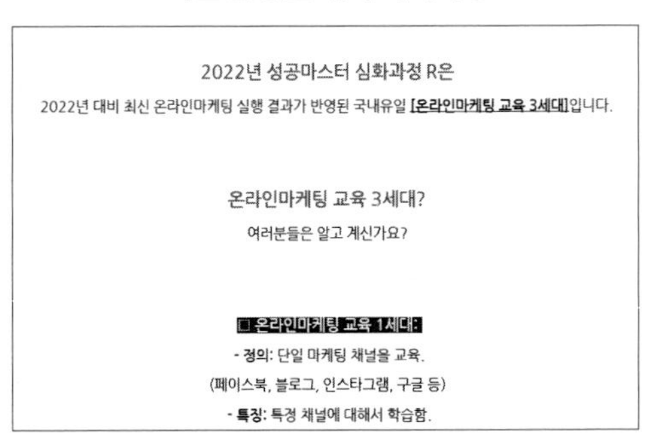

비교 콘텐츠는 예시 이미지처럼 다른 업체와 나를 비교하는 콘텐츠입니다. 이때 비교하는 내용은 다음과 같이 총 3가지를 기준으로 구분하여 비교할 수 있습니다.

> 1. **상품**: 상품의 기능, 사용 효과, 성분, 가격, 퀄리티 등
> 2. **소비자**: 구매 소비자(사용자) 수, 만족도 결과 등
> 3. **판매자**: 특허, 서비스 및 이벤트, 업력, 전문자격 등

상품에 대한 비교뿐만 아니라 소비자나 판매자 부문에서 타 업체보다 우위에 있는 것이 있다면 그 부분을 비교 콘텐츠로 만들어서 상세페이지에 노출하는 것입니다. 온라인 소비자들이 여러분의 사이트에 방문한 다음 다시 이탈하는 이유 중 하나는 바로 온라인 구매에 대한 '두려움' 때문입니다. 즉, 직접 보지 않은 것을 구매하는 것에 대한 두려움입니다. 오프라인의 경우 상품을 직접 보고 만

져 보고 사용해 보며 상품에 대한 정보를 직접 확인합니다. 심지어 판매자가 누구이고 어떻게 생겼으며 얼마나 고객들에게 친절한지 등도 보게 됩니다. 그러면서 소비자들은 이 판매자가 파는 상품이 본인에게 필요한 상품인지 아닌지를 판단하여 올바른 구매 행동 결정을 할 수 있습니다.

하지만 온라인 구매의 경우 소비자들은 '얼굴도 모르는 판매자'가 인터넷에 올린 이미지와 문구, 영상 등을 보고 구매 결정을 해야 하기 때문에 이 정보가 사실인지 아닌지 직접 확인하기 어렵습니다. 소비자들은 판매자가 올린 이미지와 문구, 영상이 거짓일지도 모른다는 두려움, 판매자의 말에 속을지도 모른다는 두려움, 내가 힘들게 번 돈을 허투루 쓸지도 모른다는 두려움 등으로 인해 이 상품이 판매자가 말하는 대로 정말 좋은 상품인지를 파악하기 위해 다시 네이버 검색창에 해당 상품명 또는 관련 키워드를 검색해 이 상품에 대한 실제 리뷰를 올린 블로거는 없는지 탐색하기 시작하는 것입니다.

만약 실제 리뷰를 찾기 힘든 경우 해당 사이트에서 이탈하여 다시 비슷한 다른 키워드를 재검색해 정보를 비교하는 행위를 하게 됩니다. 본인의 구매 결정에 도움을 주는 정보성 리뷰가 있을 만한 더 좋은 상품을 찾기 시작하는 것입니다.

모든 고객이 이러한 행동패턴을 똑같이 거치는 것은 아니지만 온라인에서 얻을 수 있는 정보가 많아질수록 이러한 행동패턴을 거치는 소비자들이 점점 더 많아지고 있으니 꼼꼼히 준비를 해 놓는 것이 좋습니다.

따라서 판매자는 소비자가 온라인 구매에 대한 두려움으로 인해 **정보를 비교하는 행위를 직접 대신 해 줌**으로써 판매자가 언급한 장점들을 객관적인 사실로 인지시켜 사이트의 이탈을 방지할 수 있습니다. 또한 앞서 살펴본 대로 상세페이지상에 판매자의 얼굴을 보여 주면 신뢰성 측면에서 매우 좋습니다.

현재 많은 업체가 이러한 효과 때문에 비교 콘텐츠를 만들어 올리고 있습니다. 다만, 현재 몇몇 판매자의 경우 비교 콘텐츠 제작 시 실제 시장에 존재하는 업체와 비교를 하는 것이 아니라 가상의 업체를 판매자가 스스로 만들어 비교하는 콘텐츠를 제작하기도 합니다. 예를 들어, A사, B사, 판매자(본인) 이렇게 3곳을 비교하고 비교 내용은 상품의 가격에 대해 비교한다고 가정하겠습니다. A사 15,000원, B사 16,000원, 판매자(본인) 14,000원이라고 비교해 놓았는데, 이 정보가 사실이 아니라 A사와 B사가 판매자가 가상으로 만들어 낸 상상의 업체일 수 있다는 이야기입니다. 이 부분은 이 책을 보고 있는 판매자 및 소비자 분들이 참고하여 이해해 주면 좋겠습니다.

7. 브랜드의 스토리텔링

브랜드의 스토리는 브랜드 이름에 숨겨져 있는 뜻(브랜드의 가치)과 사업아이템을 판매하게 된 이유(스토리), 브랜드가 나아가고자 하는 방향(사회성)과 해당 브랜드 상품을 구매한 고객들이 얻게 될 가치(기분, 느낌, 성과 등을 언급해 구매해야 하는 이유를 납득시키는 단계) 등을 말합니다. 브랜드의 방향과 고객들이 얻게 될 가치를 설명할 때에는 브랜드 또는 상품이 사회적으로 도움이 된다는 것을 어필하면 더 효과적입니다. 예를 들어, 우리 브랜드의 상품을 구매할수록 지구 환경에 도움이 된다거나, 장애인 및 저소득층을 위해 수익이 기부되어 해당 상품을 구매할수록 착한 소비, 개념 있는 소비, 올바른 소비를 하는 것 같은 기분이 들도록 하는 것입니다.

또는 해당 상품이 개발하게 된 동기가 가족(아버지 또는 어머니, 동생 등)을 위해 개발된 것이라면 판매자에게 가장 소중한 사람을 위해 만들었다고 언급해 줌으로써 소비자들로 하여금 '그만큼 신경써서 만들었겠구나.' '정성을 다해 만든 상품이니 믿을 만하지 않을까.' 하는 생각을 갖게 하여 상품의 신뢰도를 높일 수 있습니다.

만약 시간이 된다면 네이버에 **와디즈 크라우드펀딩**을 검색하여 해당 사이트에 들어가 보기 바랍니다. 와디즈 크라우드펀딩은 태초에는 많은 판매자가 투자를 받기 위해 활용하는 사이트였으나, 현재는 바이럴마케팅(입소문마케팅) 등을 위해서도 많이 활용하고 있는 사이트입니다. 해당 사이트에는 아직 만들어지지 않은 상품, 즉 아직 세상에 나오지 않은 상품임에도 그 가치와 브랜드의 스토리를 보고 구매하려는 사람들이 많이 가입되어 있습니다.

해당 사이트에 들어가서 여러분의 사업아이템과 비슷한 상품을 검색해 보고 그중 펀딩 성공율이 가장 높은 업체를 2~3개 정도 클릭하여 상세페이지를 천천히 읽어 보세요. 이 업체가 상세페이지를 어떻게 제작했고 브랜드 스토리를 어떻게 풀어 냈길래 아직 만들어지지도 않은 상품을 사람들이 구매하려고 하는지 분석해 보는 것입니다. 상품의 제목과 사진, 상세페이지의 첫 문구, 전반적인 내용과 구성 순서, 그리고 브랜드의 스토리를 어떻게 풀어내고 있는지를 보세요. 그리고 똑같이 만들어 보기 바랍니다. 혹 시간적 여유가 없는 분들은 업체들의 상세페이지를 천천히 읽어 보면서 생각하지 못했던 문구나 내 눈을 확 사로잡는 문구, 이미지 등이 있다면 해당 부분이라도 벤치마킹해서 여러분의 상세페이지에 녹여 적용해 보면 좋겠습니다. 그럼 여러분이 제작한 상세페이지보다 훨씬 더 잠재고객들의 눈을 사로잡고 구매전환율을 끌어올릴 수 있는 상세페이지로 발전시킬 수 있습니다.

8. 활용성 요소

활용성 요소는 상세페이지에 유입되어 들어올 잠재고객들의 연령층과 특정계층, 지역, 상황을 구체적으로 기입하여 해당 조건에 부합하는 사람들도 활용할 수 있음을 보여 줄 수 있는 콘텐츠입니다. 즉, 세밀한 타깃팅을 효과적으로 할 수 있는 콘텐츠입니다.

• 활용성 이미지 예시 •

• 특정 공간 활용성 이미지 •

예를 들어, 30~40대 직장인이라는 키워드를 넣으면 해당 상세페이지를 보고 있는 사람 중 해당 연령층에 해당되는 사람들의 시선을 사로잡고 공감을 불러일으켜 후킹이 될 것입니다. '입덧이 심한 임산부' '월 수익 1,000만 원 이상 프리랜서' '아토피가 심한 3세 이하 유아' 등으로 특정 계층을 구체적으로 입력하면 해당 조건에 부합되는 잠재고객들의 시선을 사로잡고 공감을 불러일으

킬 수 있습니다. 또한 특정 지역 또는 공간 명칭을 입력하면 해당 지역에 거주하는 사람들과 특정 공간을 활용하려는 사람들이 후킹될 수 있습니다.

이런 식으로 여러분이 고려하고 있는 잠재고객을 분석하여 활용성 콘텐츠를 제작합니다. 이러한 활용성 콘텐츠를 효과적으로 제작하려면 고객들의 연령, 성비, 특정 계층 등에 대한 소비자 분석이 잘 되어 있어야 합니다. 구체적이고 정확한 소비자 분석은 마케팅에서 매우 중요한 작업입니다.

이때 여러분이 타깃으로 삼을 잠재고객을 올바르게 설정하고 매출을 증가시킬 수 있는 고객 확장을 하기 위해서는 다음의 2가지 관점에서 소비자 분석을 해 볼 필요가 있습니다.

1. 기존 구매 고객 분석
2. 잠재고객의 구매에 영향을 미치는 영향자 분석

첫째, 기존 구매 고객들을 분석해야 합니다. 고정적으로 매출에 가장 높은 비중을 차지하고 있는 고객과 매출 비중이 점점 높아지고 있는 고객, 매출 비중은 작지만 꾸준히 구매가 이루어지는 고객들이 누구인지 구분하여 분석해 볼 필요가 있습니다. 기존 구매 고객들의 연령, 성별, 업종, 직함 및 직책, 특정 계층 등의 데이터를 최대한 조사하여 엑셀파일에 기입해 놓고 통계를 내 보면 됩니다.

당연히 매출에 가장 높은 비중을 차지하고 있는 고객층이 메인 타깃 고객입니다. 이때 더욱 다양한 고객층으로 확장시키고 싶은 경우에는 구매 비중이 점점 높아지고 있거나 소액이지만 꾸준히 구매가 이루어지고 있는 잠재고객 그룹을 찾아내서 상세페이지 활용성 요소 콘텐츠 부분에 해당 그룹의 특징(연령, 성비, 지역, 계층 등)을 입력합니다. 또한 그들을 공략할 수 있는 이벤트를 기획해 운영하거나 그들을 타깃으로 한 아이템을 개발해 판매하면 더욱 다양한 계층의 잠재고객을 확보하는 데 도움이 될 수 있습니다.

둘째, 이러한 잠재고객들의 구매에 영향을 미치는 개인 또는 집단이 누구인지 분석해야 합니다. 구매에 영향을 미치는 부문에서는 다음의 2가지 개념이 있습니다.

1. 구매의 목적이 되는 **대상**(구매 이유): 이성, 반려견, 아이
2. 구매에 도움이 되는 **수단**: 정부기관의 지원, 내일배움카드, 소비지원금카드 등

예를 들어, 특정 업종의 기업들을 '대상'으로 판매를 해야 하는 업체(B2B)라고 가정하겠습니다. 그러면 단순히 '기업'들만 타깃 잠재고객으로 고려하는 것이 아니라 해당 기업들이 참여하여 사업 지원을 받고 있는 정부기관 및 지자체까지 잠재고객 범위에 포함시키는 것입니다.

거시적 관점에서 분석을 해 보았더니 요즘 사회적으로 예비창업자나 3년 미만의 스타트업, 7년 이하의 성장기업, 재도전 창업을 위한 프로그램 등 정부 지자체 및 준정부기관들이 앞다투어 다양한 창업 지원 프로그램을 운영하고 있고 해당 프로그램에 참여하여 사업 지원을 받는 기업들이 많아지고 있다는 사실을 알게 된 것입니다. 창업 관련 프로그램의 경우 기업들이 사업에 필요한 아이템을 구매할 때 자금을 지원해 주는 경우가 많습니다. 즉, 기업들이 구매 활동을 할 때 이러한 기관들이 운영하는 프로그램이 영향을 미치게 되는 것입니다. 따라서 창업 관련 프로그램을 운영하는 기관들을 잠재고객 범위에 포함시키고 '수단'에 해당되는 명칭(B2B 정부지원금 활용 가능, 내일배움카드 활용 가능 등)을 상세페이지에 기입해 주면 좋습니다. 또한 해당 기관의 홈페이지 등에 공급사로 가입을 하거나 제휴업체로 계약 영업을 하는 것도 좋은 방법입니다.

또 다른 예로, 이번에는 20~30대 여성을 타깃으로 한 화장품이나 향수 등 뷰티 관련 제품을 판매하는 업체(B2C)라고 가정하겠습니다. 그러면 단순히 '여성'들만 타깃 잠재고객으로 고려하는 것이 아니라 이들의 구매 목적이 되는 대상과 수단을 조사하여 영향자를 찾아내는 것입니다.

먼저 최근 1년간 고객들이 사이트에 남긴 구매 후기나 설문지 등을 꼼꼼히 확인해 봤더니, 그 결과 "남자친구가 좋아하네요~" "남편이 생일선물로 사줘서~" 등과 같이 이성에 대한 키워드가 있는 것을 발견하였습니다. 그러면 2030 여성들의 구매에 영향을 미치는 영향자가 남자친구나 남편과 같은 이성이라는 것을 쉽게 파악할 수 있습니다.

그러면 홍보 마케팅을 할 때 여성만을 고려한 문구뿐만 아니라 구매에 영향을 미치는 이성 관련 문구 또는 남성을 후킹할 수 있는 멘트(예: '여자친구 생일선물 BEST 1')를 활용하거나 여자친구가 있는 남자나 결혼한 남성을 타깃으로 한 이벤트를 진행하여 서브 타깃으로 DB를 수집해 놓으면 좋습니다. 또한 해당 연령층의 남성이 많이 활동할 만한 채널(예: 카페 및 커뮤니티 등)을 조사하여 홍보 마케팅을 진행하면 좋습니다. 만약 창업을 시작한 지 얼마되지 않아 기존 구매고객이 없는 경우 비슷한 아이템으로 판매를 하고 있는 **경쟁 업체 쇼핑몰의 리뷰를 분석**해 보는 것도 좋은 방법입니다.

9. 거미줄 상품

거미줄 상품이란 하나의 쇼핑몰에서 판매되고 있는 상품들이 마치 거미줄처럼 연결되어 있는 것을 말합니다. 즉, 상품의 상세페이지마다 '함께 하면 좋은 상품' '이 상품을 구매한 고객들이 많이 보고 있는 상품' '가장 많이 구매되는 BEST 상품' '단계별 사용법(1단계–2단계–3단계)' '2023년 쇼핑러들이 가장 많이 구매한 상품 TOP 3' 등의 행동 유도 문구를 쓰고 다른 상품들의 링크를 입력하여 잠재고객들이 상품을 하나만 구매하고 나가는 것이 아니라 **다른 상품까지 함께 구매하게 하는 장치**입니다. 이는 **매출 볼륨을 키울 수 있는 요소**입니다.

네이버 스마트스토어의 경우에는 상세페이지 맨 하단에 "함께 사고 배송비 절약해 보세요."라는 문구가 나오며, 판매 중인 다른 상품이 노출되기는 합니다. 하지만 여러분의 잠재고객 대부분은 상세페이지를 처음부터 맨끝 하단까지 집중해서 눈여겨보지 않습니다. 따라서 상세페이지 내용 안에 거미줄 상품 링크를 기입해 놓는 것이 좋습니다. 이때 한 가지 팁으로 스마트스토어의 경우 백링크를 활용하면 상위노출이라는 또 다른 효과까지 기대할 수 있습니다.

톡새 TIP 네이버 스마트스토어에서 백링크를 활용하여 거미줄 상품 링크를 넣는 방법

해당 작업은 인터넷 익스플로러가 아닌 PC 크롬에서 진행합니다. 먼저, 네이버에서 잠재고객들이 검색할 만한 키워드를 검색합니다. 그런 다음 여러분의 스마트스토어를 네이버 통합검색 쇼핑 부분에서 찾아주세요. 당연히 해당 키워드를 네이버 스마트스토어 상품명에 기입해 놓았어야 검색이 되겠지요? 만약 네이버 통합검색 쇼핑 6구좌 안에 스마트스토어가 없다면 쇼핑 더보기를 클릭해 여러분의 스마트스토어를 찾으면 됩니다. 본인의 스마트스토어를 찾기 어려운 분들은 판다랭크나 사장님닷컴, 셀링하니, 비즈랭킹과 같은 사이트를 이용하면 특정 키워드를 검색했을 때 여러분의 스마트스토어가 쇼핑 몇 페이지 몇 위에 있는지 쉽게 확인할 수 있습니다.

스마트스토어를 찾았으면 상품명 위에 마우스를 올려 놓고 우클릭을 합니다. 우클릭 후 아래에서 두 번째 '링크 주소 복사' 메뉴를 클릭합니다.

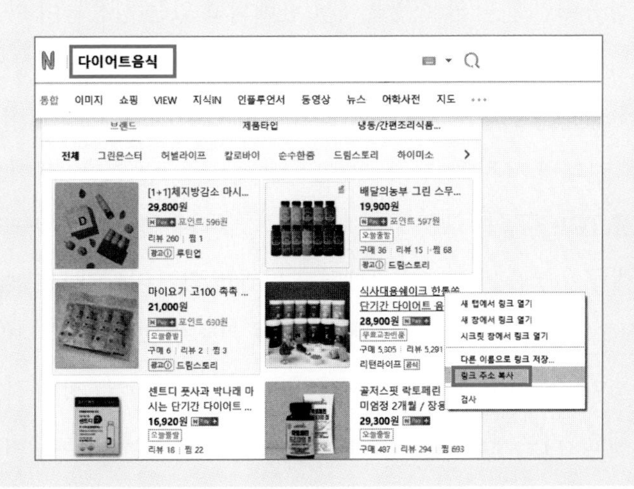

해당 링크를 상세페이지에 활용합니다. 이렇게 하면 누군가가 상세페이지 안에 기입되어 있는 해당 링크를 클릭했을 때 네이버 알고리즘은 검색창에서 '다이어트음식'을 검색해서 네이버 쇼핑에 노출되어 있는 스마트스토어를 클릭해서 들어갔다고 인식합니다. 그러면 이 행동 자체가 네이버 스마트스토어 상위노출에 도움이 되는 유효 트래픽으로 인식되어 순위 상승에 도움이 될 수 있습니다. 따라서 해당 링크는 스마트스토어에서 각 상세페이지별 거미줄 상품 링크뿐만 아니라 블로그 포스팅을 할 때나 페이스북 게시물 및 인스타그램 프로필 부분에 링크를 넣을 때에도 활용하면 좋습니다.

만약 블로그에 다이어트 관련 정보성 포스팅을 하고 포스팅 안에 스마트스토어에서 판매하고 있는 다이어트 상품에 대한 백링크를 기입했다고 가정하겠습니다. 누군가가 블로그에 들어와서 해당 포스팅 안에 기입되어 있는 백링크를 클릭하면 네이버는 포스팅을 통해 스마트스토어로 유입된 것이 아니라 '다이어트음식'이라는 키워드를 검색해 네이버 쇼핑에 노출되고 있는 스마트스토어를 클릭해서 들어왔다고 인식하게 되는 것입니다.

보통 여러분은 스마트스토어에 상품을 올리고 주변 지인들에게 카톡으로 링크를 공유할 때 아마 네이버에 '스마트스토어 이름'을 검색해서 들어갈 것입니다. 여기서부터 잘못된 것입니다. 잠재고객 중 여러분의 스마트스토어 이름을 알고 있는 사람이 별로 없을 것이기 때문에 상위노출과 매출 볼륨이라는 두 마리 토끼를 다 잡으려면 상품명에 기입한 키워드, 즉 잠재고객이 검색할 만한 키워드를 검색해 자신의 스마트스토어를 찾은 후 백링크를 공유하는 것이 좋습니다.

보통 스마트스토어 상품을 다양한 SNS에 공유하거나 주변 지인들에게 카톡으로 링크를 전달할 때 예시 이미지처럼 상품 썸네일 바로 위에 있는 '기타 보내기 펼치기' 버튼을 클릭해 URL 복사를 활용할 것입니다.

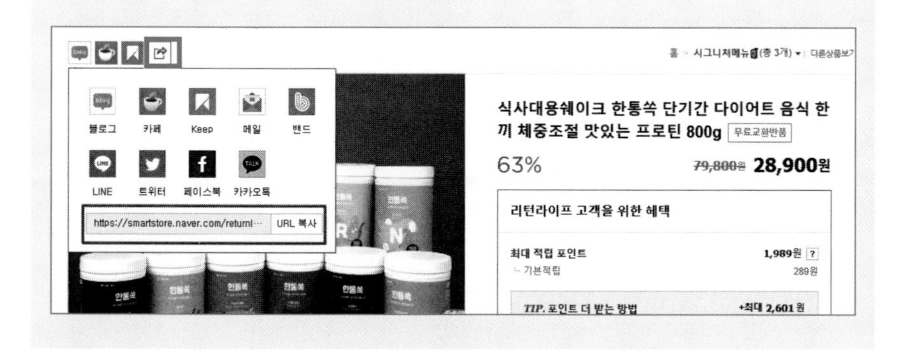

또는 상세페이지 맨 위에 기입되어 있는 링크를 복사하여 활용하기도 합니다.

링크를 한번 비교해 보겠습니다.

1. 기타 보내기 펼치기 링크
https://smartstore.naver.com/returnlife/products/6622789931

2. 상세페이지 맨 상단 링크
https://smartstore.naver.com/returnlife/products/6622789931?NaPm=ct%3Dlhevbsxk%7Cci%3D9e2ea7d42aa783f78b36fd62d69e97c697f15b62%7Ctr%3Dsls%7Csn%3D840732%7Chk%3D50d10a1483d0862c170fbdcea275621c3aebc41e

3. 백링크
https://search.naver.com/p/crd/rd?m=1&px=709&py=2385&sx=709&sy=385&p=iaBxolprvhGssP1b4RNssssstPC-266857&q=%EB%8B%A4%EC%9D%B4%EC%96%B4%ED%8A%B8%EC%9D%8C%EC%8B%9D&ie=utf8&rev=1&ssc=tab.nx.all&f=nexearch&w=nexearch&s=OvHcwwnet88GmDv1OdwK4kl6&time=1683551892257&abt=%5B%7B%22eid%22%3A%22VDO-DOBBY%22%2C%22vid%22%3A%223%22%7D%2C%7B%22eid%22%3A%22SBR1%22%2C%22vid%22%3A%221030%22%7D%5D&u=https%3A%2F%2Fcr3.shopping.naver.com%2Fv2%2Fbridge%2FsearchGate%3Fquery%3D%25EB%258B%25A4%25EC%259D%25B4%25EC%2596%25B4%25ED%258A%25B8%25EC%259D%258C%25EC%258B%259D%26nv_mid%3D84167290253%26cat_id%3D50001767%26h%3De14cb74f7b771030f9a32652d175c4550b9a34c9%26t%3DLHEUKPO3%26frm%3DNVSCPRO&r=4&i=00000009_001398c2ed8d&a=shp_gui*a.outtit&cr=3

백링크는 이렇게 다른 링크에 비해 길이도 매우 길지만 'search'라는 문구가 있습니다. 검색이라는 뜻입니다. 즉, 앞서 설명한 대로 해당 링크를 활용하면 검색을 통해 스마트스토어로 유입되어 들어온 유효 트래픽으로 간주되니 잘 활용하면 좋겠습니다. 그런데 백링크 길이가 너무 길어 활용이 어려운 경우에는 URL을 줄여 주는 사이트를 활용하면 됩니다. 이 부분도 추가적으로 살펴보겠습니다.

네이버에 'bitly'를 검색합니다.

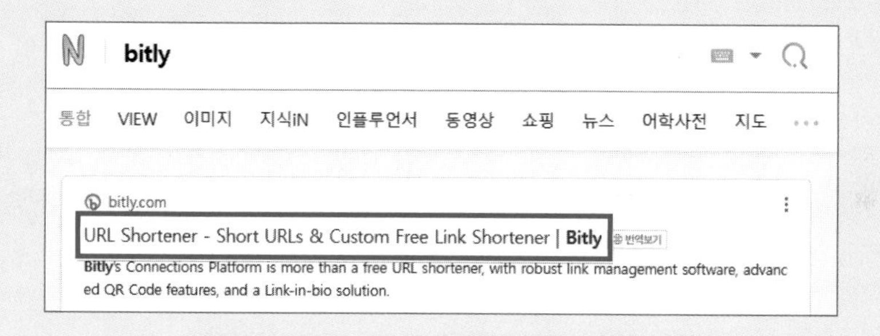

상단 사이트를 클릭해서 들어간 후 회원가입을 합니다. 해당 사이트는 무료로 누구나 회원가입해서 이용할 수 있는 사이트입니다. 물론 회원가입 없이도 사용이 가능하지만 기능적인 면에서 제한이 있습니다.

해당 사이트에 로그인한 후 화면 상단 왼쪽에 보면 'Create new'라는 메뉴가 있습니다. 해당 메뉴를 클릭한 다음 한 번 더 'Link' 메뉴를 클릭해 줍니다.

Create new

Destination

https://example.com/my-long-url

You can create 10 more links this month.

그럼 이렇게 화면 상단에 링크를 기입하는 칸이 나오는데, 빈칸에 길이가 너무 길어 활용하기 어려웠던 백링크를 붙여넣기합니다. 엔터를 눌러 주면 링크가 짧아진 것을 확인할 수 있습니다.

이 상태에서 상단 오른쪽에 'Edit' 메뉴를 클릭합니다.

bit.ly/42tKO1l
Edit
May 8, 2023 10:35 PM GMT+9 by
bit.ly/42tKO1l
Copy
https://cr3.shopping.naver.com/v2/bridge/searchGate?query=다이...
Redirect

그럼 이렇게 화면 오른쪽에 줄여진 링크를 한 번 더 편집할 수 있는 화면이 나옵니다. 이 상태에서 'bit.ly/' 뒤에 있는 부분을 드래그하여 편집합니다.

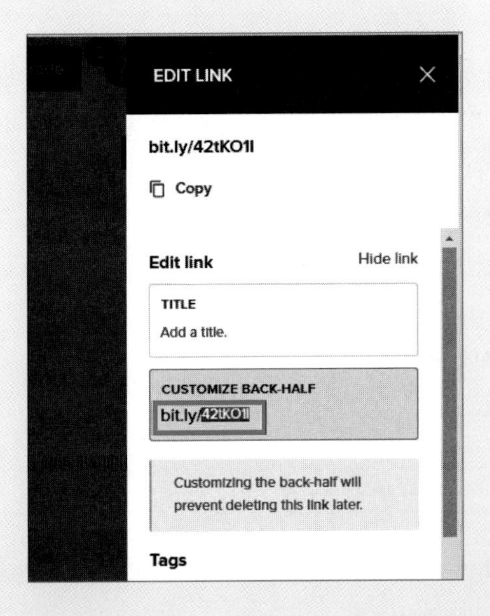

팁을 드리면, 이 부분에 잠재고객들의 시선을 사로잡을 수 있는 후킹문구를 기입하면 좋습니다. 해당 후킹문구에도 숫자를 기입하여 객관화해 주면 더욱 좋습니다. 후킹문구에 대해서는 이 장의 앞부분에서 이미 살펴보았으니 생략하겠습니다.

시선을 사로잡을 만한 키워드나 문구를 링크에 입력하고 엔터를 누르면 길었던 네이버 스마트스토어 백링크가 깔끔한 후킹 링크로 바뀐 것을 볼 수 있습니다.

링크 바로 밑에 'Copy'를 클릭하여 원하는 곳에 붙여넣거나 공유하면 됩니다. 길었던 백링크를 bitly로 짧게 줄이고 시선을 사로잡을 만한 키워드까지 넣었으니 다양한 온라인 채널에 활용하면 클릭을 많이 받을 확률이 높아질 것입니다. 해당 링크를 누군가가 클릭할수록 여러분의 스마트스토어에 유효 트래픽으로 인식되어 노출 순위에 도움이 됩니다.

다만, bitly로 편집한 링크가 SNS(인스타그램)에서 종종 오류가 발생하여 제대로 전환되지 않는 경우가 발생하고 있습니다. 따라서 해당 링크를 채널에 적용한 다음에는 반드시 클릭하여 사이트로 잘 전환되었는지 확인해 볼 필요가 있습니다. 만약 오류가 발생한다면 bitly로 줄인 링크는 더 이상 사용하지 말고 텍스트 및 이미지에 하이퍼링크로 원래의 백링크를 적용하거나 다른 URL 편집 도구를 활용하는 것이 좋습니다. 이러한 백링크는 스마트스토어와 스마트플레이스의 링크가 적용되며, 블로그 및 카페 등의 채널은 생성되지 않는 점 참고하기 바랍니다.

간혹, 네이버 스마트스토어의 백링크 개념을 알게 된 분들 중 몇몇 분이 백링크를 스마트스토어 상위노출의 모든 것 또는 핵심 키라고 생각하는 분들이 있는 것 같습니다. 백링크는 하나의 수단일 뿐이지 전부가 아닙니다. 즉, 백링크를 활용했다고 하여 무조건 스마트스토어가 상위노출이 될 것이라고 생각하면 안 됩니다.

백링크를 비롯하여 이 책에서 살펴본 10가지 요소가 상세페이지게 잘 녹아 있고, 스마트스토어 등급에 맞는 키워드 활용해 속성값을 입력하였으며, 카테고리가 정확히 매칭되어 있고, 유입자들의 특정 행동(스크롤의 움직임, 체류시간, 찜, 리뷰, 문의 등)이 정상적으로 발생되고 있으며, 실제 해당 상품의 판매가 점차 증가하는 등의 데이터가 쌓일 때 상위노출에 도움이 되는 것입니다. 따라서 여러분은 이 책에서 살펴본 상세페이지 구성과 키워드부터 먼저 꼼꼼히 학습해 보는 것이 좋습니다.

10. 행동보증 요소

'행동보증 요소'란 잠재고객들이 **'구매'**라는 행동을 하면 판매자가 특정한 **'보증'**을 해 줌으로써 온라인 구매자의 두려움을 없애 주고 신뢰를 줄 수 있는 콘텐츠입니다. 이러한 행동보증은 크게 다음의 4가지 요소가 있습니다.

1. 환불(효과가 없으면 7일 이내 100% 환불)
2. 교환(제품 하자 발생 시 무료 교환)
3. A/S(2년 무상 A/S)
4. 업데이트(업그레이드)

• 행동보증 요소 사진 예시 •

효과 없다면 100% 환불

"

개선 효과가 없다면 100% 환불해 드립니다!
(단, 배송비 제외)

"

행동보증 요소는 예시 이미지처럼 활용하여 상세페이지에 적용해 볼 수 있습니다. 이 행동보증 요소는 앞서 설명한 온라인 구매자의 '두려움'을 없애 줄 수 있는 콘텐츠 중 하나입니다. 행동보증 요소가 상세페이지에 기입되어 있으면 구매자들이 안심을 하게 되고 판매자와 상품에 대해 신뢰를 하게 되어 구매 결정에 도움이 됩니다. 특히 사이트에 방문 후 특정 상품(아이템)에 대해 어떠한 행동(장바구니, 좋아요 등)을 한 후 이탈된 고객들(퍼스트파티 DB 두 번째)을 사로잡고자 할 때 유용하게 사용되는 요소입니다.

판매자 입장에서 환불 등의 요소를 활용하였을 때 실제로 환불 비중이 많아질까 오히려 두려워할 수도 있겠지만, 결과적으로 환불 요청 비중보다 해당 요소로 인한 구매 비중이 높아져 매출의 결과를 보면 훨씬 장점이 될 수 있습니다. 이 부분은 여러분의 사업 운영 기간이나 상품 판매 후 마진, 상품에 대한 특장점, 경쟁사의 사용 여부 등을 조사해 보고 활용 여부를 결정하면 좋습니다.

지금까지 상세페이지 제작 시 반드시 알아야 할 구성요소 10가지에 대해 살펴봤습니다. 여러분이 반드시 잊지 않아야 하는 것은 상세페이지 10가지 요소는 하나의 세트라는 것입니다. 즉, 구성요소 10가지가 모두 다루어질 때 온전한 마케팅 효과를 기대할 수 있습니다.

만약 여러분의 브랜드가 아직 신생 브랜드인데 구성요소 10가지 중 '인기성' 요소만 중점적으로 활용하게 되면 오히려 잠재고객들의 거부감을 불러일으킬 수 있습니다. 하지만 신뢰성 요소와 전문성 요소, 객관성 요소를 함께 다루게 되면 인기성 요소가 객관적인 사실적 데이터로 인지되어 방문자들의 지갑을 열리게 할 수 있습니다.

지금까지 살펴본 상세페이지 필수 구성요소 10가지를 하나의 세트라고 생각하고 콘텐츠를 제작해 보면 좋겠습니다.

5

업무 5단계

고객의 리뷰 마케팅

1. 구매 결정과 직결되는 기존 고객들의 리뷰

상세페이지를 제작하여 사이트에 업로드하였으면, 이제 리뷰 마케팅을 진행해야 합니다. **리뷰는 잠재고객들이 사이트에 유입되어 들어왔을 때 구매 결정에 가장 큰 영향을 미치는 요소입니다.**

• 리뷰 이미지_PC 화면 예시 •

• 리뷰 이미지_모바일 화면 예시 •

기존 구매고객들의 리뷰는 이미지처럼 스마트스토어 최상단에 노출되기 때문에 여러분이 상세페이지를 제작한 후 즉시 해야 할 업무가 바로 리뷰를 쌓는 마케팅입니다. **리뷰는 사이트에 들어온 잠재고객(퍼스트파티 DB 두 번째)들을 효과적으로 사로잡을 수 있는 매우 중요한 요소임을** 반드시 기억하면 좋겠습니다.

2. 효과적인 리뷰 생성 방법

고객들의 리뷰를 생성하는 방법에는 여러 가지가 있습니다. 여러분이 직접 리뷰 이벤트를 기획하여 운영하는 방법부터 전문 마케팅 업체(아이엠마케터 등)를 통해 리뷰를 만들어 내는 방법, 알바몬 사이트에서 알바생들을 여러 명 고용하여 상품 비용을 주고 상품을 구매하게 해 리뷰를 만들어 내는 방법, 주변 지인이나 가족을 활용해 리뷰를 만들어 내는 방법 등 다양한 방법이 있습니다.

만약 처음 스마트스토어를 운영하는 것이라면 처음부터 전문 업체나 프로그램을 사용해 리뷰를 만들어 내기보다 창의적인 이벤트를 기획해 마케팅을 해 보거나 주변 지인들을 활용하는 것을 추천합니다. 처음부터 업체나 프로그램을 활용하게 되면 여러분의 온라인 마케팅 실력이 향상되기보다 업체에 의지하고 의존하려는 성향이 생길 수 있기 때문입니다.

마케팅을 하는 사람은 언제나 자유로워야 하고 독립적이어야 합니다. 그래야 새로운 아이디어가 떠오르고 실행하는 데 방해받지 않을 수 있습니다. 스스로의 실력 없이 누군가에게 의존하게 되고 그것에 안주하게 되는 그 순간을 가장 조심해야 합니다.

리뷰는 하나의 상세페이지당 최소 5개 정도는 쌓아 놓는 것이 좋습니다. PC로 검색하는 사람들의 경우 첫 화면에 리뷰 4개가 바둑판 모양처럼 노출되기 때문에 더보기를 클릭하는 행동까지 고려하여 최소 5개 정도의 리뷰가 필요합니다.

모바일로 검색하는 사람들의 경우에는 PC 화면과는 달리 '리뷰' 버튼이 상세정보 바로 옆에 노출되어 한눈에 모든 리뷰를 쉽게 볼 수 있게 되어 있습니다. 이때 최소 5명의 서로 다른 사람이 동일한 상품에 대해 다양한 내용으로 정보성 후기를 남기며 5점 만점을 주게 되면 이 상품을 처음 보는 사람들에게 좋은 이미지로 각인이 되게 됩니다. 그러면 구매 전환율이 매우 높아지게 됩니다.

소비자 심리라고 볼 수 있습니다.

당연히 5명이 아니라 +9999명이 모두 각자의 말투로 별점 5점을 남겨 주면 좋겠지만, 일단 해당 수치를 처음부터 합법적인 방법으로 뚝딱 만들어 내기는 어려우니 1차 목표를 최소 5개의 리뷰 생성으로 잡고 가면 좋겠습니다.

5개의 리뷰가 노출되게 되면 리뷰를 남길까 말까 쭈뼛거리던 사람도 기존 리뷰들을 보고 비슷한 글을 남기는 고객들도 있습니다. 마치 집단 분위기가 형성되듯이 말입니다. 여러분의 쇼핑몰이나 스마트스토어에 긍정적인 집단 분위기가 형성될 수 있도록 바람잡이를 해 줄 기초 세팅이 필요합니다.

5개가 쌓이면 그 이후에는 100개를 목표로 해 보세요. 그럼 결국 그 다음에는 자연스럽게 '+9999'가 될 것입니다.

자, 지금까지 쇼핑몰 및 스마트스토어 등 판매 채널에 상세페이지를 만들어 올리고 리뷰 작업을 어느 정도 해 놓았다면 이제 해당 상세페이지로 더욱더 많은 잠재고객이 유입되어 들어와 상품을 볼 수 있도록 해야 합니다. SNS 채널들을 통해 잠재고객들을 사이트로 유입시켜 보도록 하겠습니다. 여러분 각자에 맞는 채널 조사는 '업무 2단계: 맞춤 홍보 마케팅 채널 조사'에서 자세히 설명하였으니 이제 조사한 SNS 채널을 각각의 인터넷 환경에 맞게 세팅하고 매력적인 콘텐츠를 제작해 유입시키는 업무를 해 보도록 하겠습니다.

6

업무 6단계

SNS 콘텐츠 제작

SNS 채널별 최적화 세팅 및 운영 방법을 살펴보기 전에 SNS 채널별로 콘텐츠를 보다 쉽게 제작할 수 있는 도구(툴)에 대해 먼저 살펴보겠습니다. 여러분이 온라인 마케팅을 하면서 만들게 될 콘텐츠의 종류에는 크게 이미지형 콘텐츠(사진 및 카드뉴스 등), 동영상 콘텐츠, GIF(움짤) 콘텐츠, 텍스트와 링크(블로그 포스팅 및 상세페이지 등), 뉴스레터 콘텐츠(팸플릿 등)의 형태가 있습니다.

각 형태별 콘텐츠 제작 시 유용한 사이트 및 도구를 살펴보겠습니다.

• 내 아이템을 홍보할 최적의 콘텐츠 제작 도구 •

이미지	동영상	GIF(움짤)	텍스트	뉴스레터
망고보드 미리캔버스 TYLE.io CANVA (추천) 포토스케이프 파워포인트 포토샵/일러스트	프리미어 프로 키네마스터 VLLO 어플 (무료) Shakr.com (유료) Animoto (유료) 뱁믹스/곰믹스 VREW (무료) 클로바더빙	Giphy https://gighy. com/create/ gifmaker Ezgif https://ezgif. com/maker	눈누/다폰트	Malichimp.com

이미지라고 기입되어 있는 항목은 SNS에서 많이 활용되고 있는 카드뉴스 형태의 콘텐츠도 포함된 항목입니다. 카드뉴스는 이미지 위에 텍스트가 입력된 형태로 마치 1장씩 카드를 넘기면서 보는 것 같다고 하여 붙여진 이름으로, 유튜브의 썸네일 이미지 등을 생각하면 됩니다.

• Tyle.io 홈페이지 카드뉴스 양식 화면 예시 •

콘텐츠 형태별 제작 도구에 대해 간단히 살펴보겠습니다.

1. 이미지(카드뉴스) 콘텐츠 제작 도구

1. 망고보드/미리캔버스

카드뉴스, 인포그래픽, 프레젠테이션, 포스터, 배너 등 다양한 콘텐츠를 제작할 수 있는 사이트입니다. 다양한 디자인 양식이 있어 원하는 카드뉴스를 클릭하여 수정하기만 하면 되는 간편한 사이트입니다. 디자인 실력이 없더라도 이미 디자인이 된 템플릿을 활용하므로 누구나 쉽고 간편하게 콘텐츠를 제작할 수 있습니다. 사이트 이용 요금이 있으니 자세한 요금 정책은 해당 사이트를 참고하세요.

2. Tyle.io

망고보드와 미리캔버스 사이트처럼 카드뉴스 및 동영상을 제작할 수 있는 사이트입니다. 마찬가지로 다양한 디자인 양식이 있어 원하는 카드뉴스 양식을 클릭하여 글자를 입력하기만 하면 되는 간편한 사이트입니다. Tyle.io 또한 사이트 이용 요금이 있으니 자세한 요금 정책은 해당 사이트를 참고하세요.

3. CANVA

카드뉴스, 인포그래픽, 프레젠테이션, 포스터, 배너뿐만 아니라 창업자들에게 필요한 회사 명함, 로고까지 누구나 쉽게 다양한 콘텐츠를 제작할 수 있는 사이트입니다. 다양한 디자인 양식이 있어 원하는 카드뉴스를 클릭하여 수정하기만 하면 되는 간편한 사이트입니다. 디자인 실력이 없더라도 이미 디자인이 된 카드뉴스를 활용하므로 누구나 쉽고 간편하게 콘텐츠를 제작할 수 있습니다. CANVA의 경우 무료로 이용할 수 있는 콘텐츠 양식이 많아 유용하게 활용할 수 있습니다. 이 사이트는 호주에서 만든 사이트로 세련된 디자인 양식이 많아 개인적으로 추천하는 툴입니다. 망고보드나 미리캔버스 등도 물론 좋은 도구이니 본인의 스타일과 취향에 맞는 디자인 템플릿이 있는 사이트를 활용하면 됩니다.

4. 포토스케이프

이미지를 다양하게 편집할 수 있는 무료 프로그램입니다. 네이버에 '포토스케이프'를 검색하면 사이트가 나오고 프로그램을 '다운로드'할 수 있는 버튼이 있으니 PC에 설치하여 다양한 콘텐츠를 제작해 보기 바랍니다. 네이버 블로그와 페이스북의 타이틀 이미지부터 카드뉴스 등 매우 다양한 콘텐츠를 제작하고 편집할 수 있는 유용한 무료 프로그램입니다.

그 밖에 파워포인트나 포토샵, 일러스트를 활용해 이미지 콘텐츠를 제작할 수 있습니다. 다만, 해당 도구를 활용하기 어렵고 디자인 제작이 어려운 분들은 앞서 살펴본 이미지 콘텐츠 제작 사이트를 이용하면 쉽게 이미지 콘텐츠를 제작할 수 있습니다.

만약 사용할 이미지조차 없는 경우에는 저작권 문제 없이 무료로 이미지를 구할 수 있는 사이트를 활용해 사진을 구할 수 있습니다. 다음의 사이트를 활용하면 저작권 없이 다양한 채널에 안전하게 활용할 수 있는 사진을 구할 수 있습니다.

• 저작권 없는 이미지를 무 · 유료로 구할 수 있는 사이트 •

https://pixabay.com/	https://gratisography.com/
https://www.pexels.com/ko-kr/	https://photopin.com/
https://www.freepik.com/	https://littlevisuals.co
https://morguefile.com/	https://compfight.com/
https://unsplash.com/ko	https://picjumbo.com/

이러한 사이트 외에도 구글에서도 이미지를 구할 수 있습니다. 예를 들어, '사과' 사진을 구하고 싶은 경우 구글 검색창에 '사과'를 검색하고 상단 메뉴 중 'Image(이미지)'를 클릭합니다. 다양한 사과 사진이 나오는데, 저작권이 있는 이미지도 있을 수 있기에 함부로 활용해선 안 됩니다.

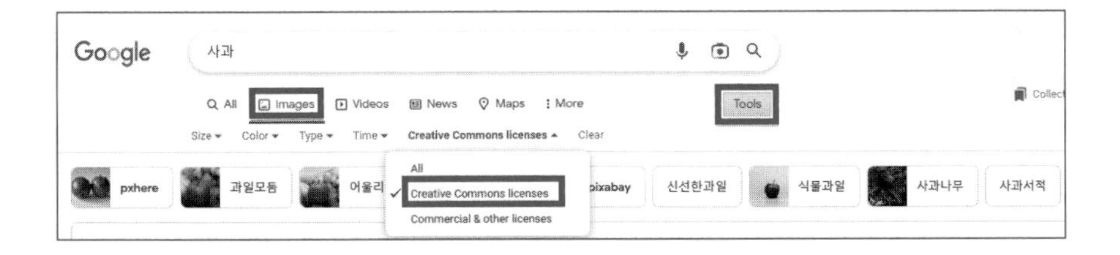

따라서 이 상태에서 화면 상단 오른쪽에 'Tool'을 클릭하고 'Creative Commons License'을 클릭합니다. 그럼 저작권이 없는 사진만 필터링되어 노출됩니다. Creative Commons License(CCL)란 저작권 침해 소지가 없는 사진 등 비영리 저작물에 대한 사전 이용 허락 표시입니다. 저작권자가 사용 조건을 미리 알린 CCL 저작물에 한해 사용자는 저작권자에게 일일이 허락을 구하지 않고 조건에 따라 저작물을 사용할 수 있으며, 구글을 통해서도 사진을 쉽게 구해 활용할 수 있습니다.

참고

이미지에서 불필요한 배경을 지우는 등의 작업을 하고 싶은 분도 있을 것입니다. "누끼를 딴다"라고 표현을 하는데, 포토샵이나 일러스트 등의 프로그램 사용이 어려울 경우 remove.bg(https://www.remove.bg/ko)라는 사이트를 활용하면 누구나 쉽게 무료로 누끼를 따는 작업을 할 수 있으니 참고해 보세요.

2. 동영상 콘텐츠 제작 도구

1. 프리미어 프로

Adobe에서 제공하는 동영상 편집 및 제작 프로그램으로 유튜버 및 영상을 다루는 분들이 많이 사용하고 있는 도구입니다. Adobe 사이트를 통해 유료 결제를 해야 사용할 수 있습니다.

2. 키네마스터

영상을 제작하고 편집할 수 있는 도구로 다양한 템플릿을 활용해 유튜브, 인스타그램, 틱톡 등 다양한 SNS 채널에 맞는 영상 콘텐츠를 제작할 수 있습니다.

3. VLLO

초보자도 누구나 쉽게 무료로 사용할 수 있는 동영상 편집 앱입니다. 플레이스토어에서 VLLO를 검색하면 바로 다운로드하여 사용할 수 있습니다. 프리미어 프로나 키네마스터 사용이 어려울 경우 VLLO를 먼저 사용해 동영상 편집을 해 보면 좋습니다.

4. Shakr.com

동영상을 멋지게 제작하고 편집할 수 있는 도구입니다. 모션그래픽 전문 디자이너들이 다양한 동영상 템플릿을 제공하고 있어 사진과 멘트를 넣으면 누구나 쉽게 멋진 동영상을 제작할 수 있습니다. 제작한 동영상은 컴퓨터에 다운로드하여 블로그, 페이스북, 인스타그램, 유튜브 등 다양한 채널에 활용할 수 있습니다.

5. Animoto
영상을 편집할 수 있는 유용한 프로그램입니다. 동영상 자르기, 자막, 보정 등의 유용한 기능들이 탑재되어 있습니다.

6. 뱁믹스/곰믹스
동영상을 편집할 수 있는 사이트로, 개인적으로 뱁믹스보다는 곰믹스 프로그램을 추천하는 편입니다. 곰믹스가 동영상 편집 속도가 빠른 편이기 때문입니다.

7. VREW
동영상 콘텐츠를 VREW에 업로드를 하면 영상에 나오는 음성을 자동으로 인식하여 자막처리가 되는 매우 유용한 프로그램입니다. 즉, 영상에 나오는 소리를 나 대신 타이핑해 주는 도구이며 그 밖에도 다양한 기능이 있습니다.

8. 클로바더빙
동영상에 더빙을 할 수 있는 프로그램입니다. 다양한 목소리를 영상에 입힐 수 있는 프로그램으로 본인의 목소리가 아닌 다른 음성을 입혀 영상을 만들고 싶을 때 쓰기도 합니다.

만약 사용할 영상조차 없거나 영상을 제작할 여력조차 없다면 이미 만들어진 영상을 안전하게 구할 수 있는 다음의 사이트를 활용할 수 있습니다.

• 저작권 없는 동영상을 구할 수 있는 사이트 •

1. 픽사베이 비디오(https://pixabay.com/videos/)

다양한 영상 콘텐츠를 4K와 HD 버전으로 다운로드할 수 있으며, 한글 검색을 지원하는 사이트입니다. 영상 소스가 필요한 마케터들이 많이 활용하고 있는 사이트이며, 각 영상 소스마다 저작권이 달라 라이선스 확인이 필요하며 상업적 용도로 사용이 제한되는 경우도 있으니 확인이 필요합니다.

2. 픽셀스(https://www.pexels.com/videos/)

픽사베이처럼 한국어가 지원되어 다양한 주제의 영상 콘텐츠가 제공되어 현업 마케터들이 많이 활용하고 있는 사이트로 각 영상 소스마다 저작권이 달라 라이선스 확인이 필요합니다.

3. 비디보(https://www.videvo.net/)

현재 시점으로 한국어 지원은 되고 있지 않지만 영상 콘텐츠뿐만 아니라 배경음, 효과음 등도 다운로드할 수 있습니다. 썸네일에 Free라고 되어 있는 영상만 무료로 받을 수 있으니 꼭 확인하고 다운로드하길 바랍니다.

4. 바이디지(https://www.videezy.com/)

사물, 자연, 풍경의 영상이 많으며, 각 영상 소스마다 저작권이 달라 라이선스 확인이 필요하고, 출처 표기를 해야 하는 경우도 있습니다.

5. POND5(https://www.pond5.com)

글 지원이 없어서 원활한 사용을 위해서는 크롬 번역을 사용해야 합니다. HD & 4K 스톡 비디오 라이브러리와 수백만 개의 음악 트랙, SFX, 모션 그래픽 및 이미지를 구할 수 있는 사이트입니다.

6. 커버르(https://coverr.co/)

개인용, 상업용 모두 무료로 사용이 가능하며 높은 퀄리티의 자료들이 많습니다. Zoom 화상회의 배경 영상으로도 사용할 수 있으니 참고하기 바랍니다.

7. CLIPSTILL(https://www.clipstill.com/)

주로 짧은 영상들이 제공되고 있습니다. 보통 긴 영상을 짧게 편집해서 사용하는 경우가 많은데, 이 사이트에서 다운받으면 긴 영상을 편집하여 짧게 편집할 필요가 없습니다.

8. 믹스키트(https://mixkit.co/)

Adobe가 운영하는 사이트로 다양한 자료를 무료로 제공하고 있습니다. 자연, 인물, 도시, 음악, 비즈니스 등 다양한 주제의 영상 콘텐츠를 찾을 수 있으며, 상업적인 목적으로도 사용 가능합니다. 몇몇 콘텐츠의 경우 라이선스에 따라 출처를 밝혀야 하거나 사업적 용도로 사용이 제한되는 경우도 있는 점 참고하기 바랍니다.

9. 비즈플레이(https://www.vidsplay.com/)

무료로 상업적인 목적으로 사용할 수 있는 영상 콘텐츠가 많으며, 제공되는 영상의 주제가 다양하고 신규 영상 업데이트도 주기적으로 진행되고 있습니다.

10. 프리네이츄얼스톡(https://freenaturestock.com/videos/)

출처 표기 없이 상업적 이용이 가능한 자연 영상 소스가 많습니다.

11. 라이프오브비즈(https://www.lifeofvids.com/)

자연 관련 영상이 많고 광고에도 활용할 수 있을 만큼 감성적인 영상을 제공하고 있습니다. 몇몇 콘텐츠의 경우 라이선스에 따라 출처를 밝혀야 하거나 상업적 용도로 사용이 제한되는 경우가 있으니 확인이 필요합니다.

12. 모션플레이시스(https://www.motionplaces.com/)

도시나 특정 지역에서 촬영한 영상들이 많으며, 무료로 사용이 가능합니다. 몇몇 콘텐츠의 경우 라이선스에 따라 출처를 밝혀야 하거나 상업적 용도로 사용이 제한되는 경우가 있습니다.

1~3번 사이트가 가장 유명하며, 기타 사이트는 여러분이 제작할 영상의 주제에 맞게 선택하여 활용하면 좋겠습니다. 그 밖에도 셔터스톡과 같은 사이트에서도 영상 콘텐츠를 구매할 수 있으니 참고하기 바랍니다. 사이트마다 사용 조건이 다르니 영상 콘텐츠가 필요한 경우 해당 사이트에 접속해 사용 조건을 반드시 확인한 후 활용해야 합니다.

3. GIF 콘텐츠 제작 도구

Giphy/Ezgif

움짤 형태의 GIF 콘텐츠를 만들 수 있는 도구입니다. GIF 콘텐츠는 SNS뿐만 아니라 쇼핑몰의 상세페이지에도 많이 사용되고 있는 콘텐츠입니다. 움직이는 형태의 콘텐츠이기 때문에 보는 사람들에게 생동감을 주어 가독성과 집중도를 높일 수 있기 때문입니다. 참고로, GIF 콘텐츠는 해당 도구뿐만 아니라 앞서 살펴본 이미지 형태 콘텐츠 제작 도구인 CANVA나 망고보드 등을 활용하여 쉽게 만들 수 있으니 참고하기 바랍니다.

4. 텍스트 제작 도구

눈누/다폰트/폰트스페이스

상업적으로 이용할 수 있는 글자 폰트를 모아 놓은 사이트입니다. 눈누는 한글 중심의 폰트를 구할 수 있고, 다폰트와 폰트스페이스는 영어 중심의 폰트를 구할 수 있는 사이트입니다. 회사 로고, 명함, 브랜드 이름, 카드뉴스나 썸네일, 스마트스토어의 상세페이지 등 다양한 텍스트 제작 시 활용할 수 있으며, 남들보다 더욱더 깔끔하고 기억에 남게 제작하려고 할 때 나만의 폰트를 활용하는 것이 도움이 될 수 있습니다.

5. 뉴스레터(팸플릿 등) 제작 도구

Mailchimp.com

뉴스레터, 카탈로그, 포스터를 제작할 수 있는 사이트입니다. 상품 카탈로그, 행사 포스터, 기타 다양한 뉴스레터를 유료/무료로 제작하여 활용할 수 있습니다. 이 사이트에도 다양하게 디자인이 되어 있는 양식들이 있어 쉽고 빠르게 콘텐츠를 제작할 수 있습니다.

7

업무 7단계

SNS 채널 운영 및 활성화

앞서 다양한 형태의 콘텐츠를 제작할 수 있는 도구를 알아보았으니, 이제 해당 콘텐츠를 업로드할 각 SNS 채널 운영 방법 및 활성화 방법에 대해 살펴보도록 하겠습니다.

1 네이버 블로그 홍보 마케팅 실무 비법

앞서 기본적으로 운영해야 할 홍보 마케팅 채널 중 하나라고 설명했던 네이버 블로그에 대해 먼저 자세히 살펴보겠습니다. 블로그를 활용하여 진행할 수 있는 마케팅은 크게 다음의 3가지가 있습니다.

1. 블로그 직접 운영
2. 체험단 및 인플루언서 블로그(인스타그램 등) 마케팅 활용
3. 블로그 마케팅 대행사 및 실행사 활용

1번은 내가 내 블로그를 만들어 운영하는 것으로 비용이 들어가지 않고, 2번과 3번은 비용이 들어가는 방법입니다. 각각의 방법마다 장단점이 있습니다. 1번은 블로그를 직접 운영해야 하므로 포스팅을 해야 하는 시간적 압박과 콘텐츠 발행에 대한 부담이 있을 수 있지만, 내가 원하는 방향으로 포스팅을 자유롭게 할 수 있다는 장점이 있습니다. 2번은 전문 실행사가 아니기 때문에 네이버 통합검색 상위노출 보장이 어려울 수 있지만, 입소문을 내고자 할 때 효과적인 방법이 될 수 있습니다. 3번은 네이버 로직을 잘 알고 있는 전문 업체를 활용하는 것이기 때문에 상위노출 보장은 가능하지만, 전문 업체의 직원들이 포스팅을 하기 때문에 글 내용이 다소 부자연스러울 수 있습니다.

마케팅 예산이 있고 마케팅 인력이 있는 업체의 경우, 이 3가지 방법을 모두 진행하여 상위노출과 입소문, 브랜드 마케팅 모두를 공격적으로 진행하기도 합니다. 반면, 마케팅 예산이 제한적인 상황이라면 우선 비용이 들어가지 않

는 1번 방법을 진행해 보는 것이 좋습니다. 본인의 브랜드를 활성화하기 위해, 그리고 블로그 포스팅을 어떻게 하면 좋을지 감을 익히기 위해서라도 직접 먼저 채널을 운영해 보는 것이 좋습니다.

따라서 여러분이 블로그를 효과적으로 운영하고 활성화할 수 있는 방법에 대해서 먼저 설명하겠습니다.

1. 블로그 최적화 세팅 및 상위노출 방법 총정리

블로그를 직접 만들어 운영하고 활성화시킬 때에는 반드시 다음 2가지 개념을 알고 있어야 합니다.

1. 최적화(검색로직최적화)
2. 상위노출

'최적화'란 블로그 자체를 네이버 알고리즘에 맞게 세팅하는 것을 말하고, **'상위노출'**이란 블로그에 올리는 포스팅을 네이버 통합검색 상위에 노출시키는 것을 말합니다. 즉, 최적화는 블로그 지수라고 보면 되고, 상위노출은 포스팅(콘텐츠)을 생각하면 됩니다.

블로그 지수(등급)는 최적화 이외에도 일반, 준최적화 등으로 나뉘는데, 그 중 상위노출에 가장 유리한 지수가 최적화라고 볼 수 있습니다. 이때 한 가지 알고 있어야 하는 개념이 C-Rank 로직입니다. C-Rank는 전문성을 뜻하는데, 이는 블로그 지수와는 상관없이 적용될 수 있는 로직입니다. 하지만 어떻게 검색해도 노출되지 않는 저품질 블로그에는 적용되지 않습니다. 즉, 일반 블로그, 준최적화 블로그, 최적화 블로그의 구분과 관계없이 특정 분야의 전문성(명확한 주제)을 가진 블로그라는 것을 인식시키면 비교적 지수가 낮은 준최적화 등급의 블로그라고 하더라도 관련 분야의 키워드로 상위노출을 시킬 수 있습니다. 블로그를 이제 막 시작하는 분들은 당장 블로그를 최적화 등급으로 만드는 것이 어려울 수 있기 때문에 본인의 블로그를 명확한 주제로 최적화 세팅하여 C-Rank 레벨이 되도록 하는 것이 더 유리할 수 있습니다. 블로그 최적화 세팅 시에는 다음의 3가지 개념을 꼭 기억하여 진행해야 합니다.

1. 블로그 주제 세팅
2. 블로그 카테고리 주제 세팅
3. 블로그 포스팅 주제 세팅

이 3가지의 주제가 삼위일체가 되도록 세팅을 해 주는 것이 좋습니다. 여러분이 해야 할 업무 순서대로, 블로그 주제 세팅 방법부터 살펴보겠습니다.

1) 네이버 블로그 최적화 세팅

(1) 블로그 주제 세팅

블로그를 장기적으로 안전하게 운영하면서 홍보 마케팅 효과를 극대화할 수 있도록 블로그를 올바르게 세팅하는 것부터 언급해야 할 필요가 있습니다. 먼저, 네이버에 로그인 후 **'블로그'**를 클릭하고 **'내블로그'**를 다시 한번 클릭하여 여러분의 블로그로 들어갑니다.

블로그 프로파일 부분의 '관리' 메뉴를 클릭하여 **'블로그 정보'** 화면으로 들어갑니다.

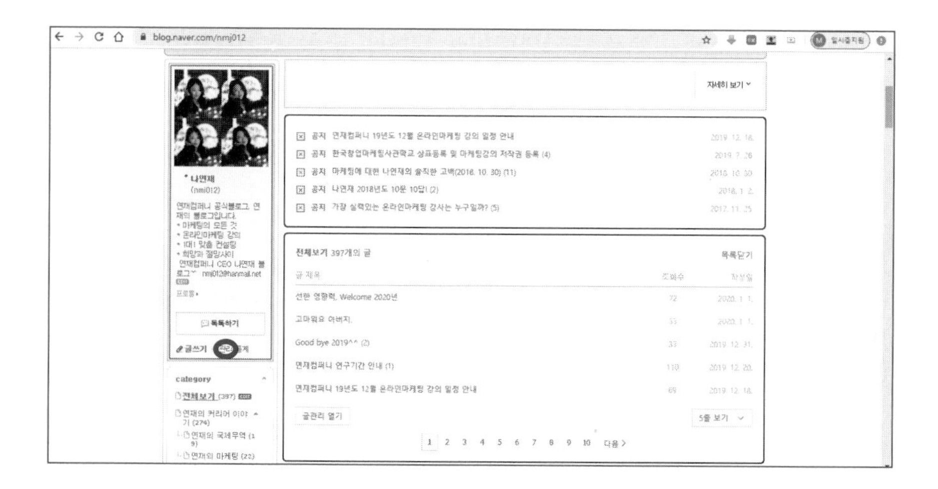

네이버 알고리즘은 여러분의 블로그에 주기적으로 들어가 검사를 합니다. 이 작업을 '크롤링' 작업이라고 부릅니다. 앞에서 말씀드렸던 토큰화 작업과 텍스트마이닝 등의 데이터 분석 작업을 통해 여러분의 블로그를 파악하는 작업입니다. 이때 크롤링 작업을 하는 화면 중 하나가 바로 블로그 정보 화면입니다. **따라서 블로그를 최적화시키기 위해서는 '블로그 정보' 화면을 명확히 세팅해 주는 것이 좋습니다.**

우선, 네이버 블로그는 **'명확한 주제'**를 정해 운영하는 것이 좋습니다. 사업을 하고 있는 분들이라면 블로그를 상품 홍보의 수단으로 활용할 수밖에 없기 때문에 장기적인 관점을 고려해서라도 사업아이템을 블로그 주제로 사용하는 것이 좋습니다. 예를 들어, 화장품 관련 상품을 판매하고 있다면 '미용', 주거 및 인테리어 관련 사업이라면 '인테리어', 음식에 관련된 사업이라면 '요리', 의류업이라면 '패션', 교육업이라면 '교육', 약초나 건강식품 등 건강에 관련된 상품이라면 '건강', 기타 생활용품을 판매한다면 '생활' 등으로 블로그의 주제를 정합니다.

만약 아직 판매할 상품이 없거나 다양한 카테고리의 아이템을 홍보 마케팅 해야 한다면 '일상' '생활' 또는 '리뷰' 등으로 블로그의 주제를 정합니다.

블로그의 주제를 정했으면, 주제에 해당되는 키워드를 블로그 정보 화면에서 블로그명과 소개글 부분에 입력합니다. 키워드를 블로그 정보 화면에 입력하는 이유는 앞서 살펴본 대로 크롤링 작업을 통해 정보 화면에 입력된 텍스트들을 분석하여 블로그를 더 잘 파악할 수 있도록 하기 위함입니다.

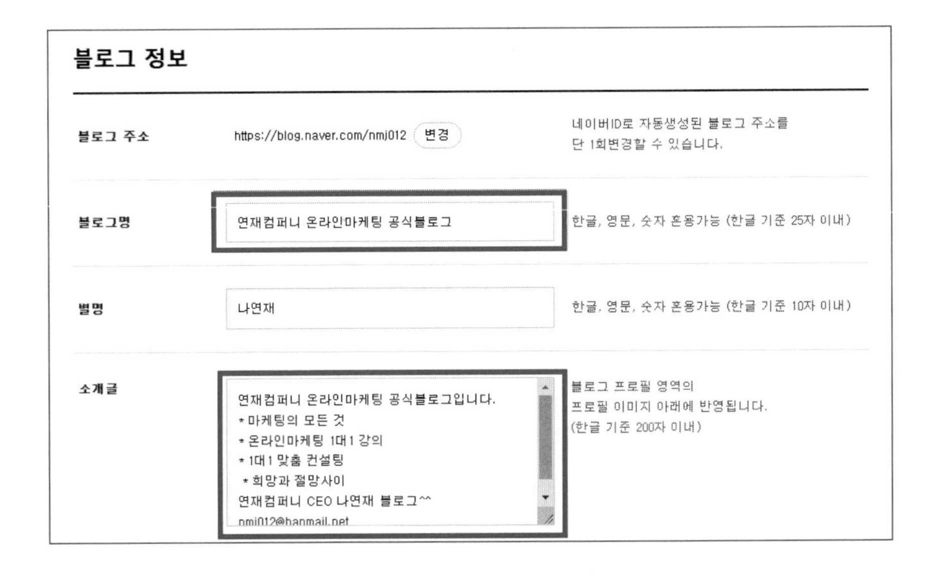

부연 설명을 하면, 네이버 봇(bot)이라 불리는 프로그램이 여러분의 블로그에 들어가 이 블로그의 주제는 무엇인지, 유해한 내용은 없는지, 네이버의 검색 환경을 위반하는 행위를 하고 있지는 않는지, 이 블로그를 더 많은 사람이 볼 수 있도록 통합검색 상위에 노출을 시킬지 등 여러 가지 검사를 합니다.

만약 여러분이 블로그 정보 화면에 특정 키워드를 입력해 놓으면 네이버 알고리즘은 그 블로그의 주제를 그 키워드로 빠르게 인식하게 되고 누군가가 네이버에 관련 키워드를 검색했을 때 해당 키워드의 주제라고 분류해 놓은 블로그를 우선 필터링하여 해당 블로그에 있는 포스팅을 노출하게 되는 것입니다.

예를 들어, 블로그 정보 화면에 '마케팅' 관련 키워드를 넣어 세팅을 했으면, 네이버는 해당 블로그를 '마케팅 블로그'로 인식합니다. 그리고 누군가가 네이버에 마케팅 관련 키워드를 검색하면 마케팅 블로그라고 분류해 놓았던 블로그를 우선 불러온 다음 블로그에 업로드되어 있는 글 중 검색키워드와 가장 관련도가 높은 포스팅을 노출시켜 주는 것입니다.

즉, 블로그의 성격이나 주제를 가장 잘 볼 수 있는 첫 페이지인 '블로그 정보' 화면이 정확하게 모두 입력이 되어 있어야 좋습니다. '블로그 정보' 화면을 정확하게 입력해서 네이버 봇에게 자신의 블로그가 이 주제에 특화된 전문 블로그라는 것을 알려 주어야 합니다.

소개글에 블로그의 주제에 해당되는 키워드를 입력할 때에는 1~3회 정도 반복하여 입력해 주면 됩니다. 똑같은 키워드를 너무 많이 입력하게 되면 정상적인 네이버 검색환경을 방해하는 어뷰징 활동으로 인식되어 노출에 제한을 받을 수도 있기 때문에 소개글 부분에는 1~3회 정도만 반복해 주면 됩니다.

또한 상품을 판매하는 분들이라면 내 블로그에 들어온 사람이 언제든 블로그를 통해 문의할 수 있도록 소개글에 연락처, 이메일 주소 등의 정보도 입력하면 좋습니다.

소개글까지 입력했으면 바로 밑에 '내 블로그 주제' 메뉴를 클릭하여 앞서 설명한 여러분의 블로그 주제를 선택합니다.

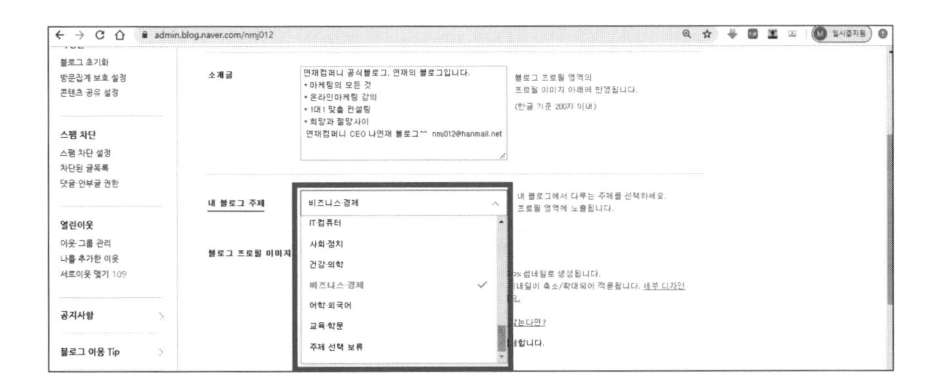

여러분이 운영하고 있는 블로그에 명확한 주제가 있는지 없는지가 블로그를 최적화시키는 데 영향을 미치기 때문에 '주제 선택 보류'로 방치해 놓지 말고 반드시 이 칸을 클릭해서 여러분의 블로그가 어떤 주제에 속하는지 꼭 체크해 주는 것이 좋습니다.

이때 이름, 별명, 소개글에 넣은 키워드가 만약 '요리'라면 '내 블로그 주제'에서도 '요리'를 선택합니다. 만약 내가 판매하고 있는 상품이 음식 관련 상품이라서 블로그의 소개글에 '요리' 키워드를 넣었는데 블로그 주제는 전혀 다른 'IT컴퓨터'를 선택하면 안 됩니다. 처음부터 끝까지 주제를 일관되게 선택해 주어야 정확도가 올라가 여러분의 블로그를 더욱 빨리 최적화할 수 있습니다.

'내 블로그 주제' 선택 후 바로 밑에 '블로그 프로필 이미지'와 '모바일앱 커버 이미지'도 올려 줍니다. 회사의 공식 블로그라면 로고나 브랜드 이미지 또는 별도의 이미지를 만들어 올려도 됩니다. 강사나 컨설턴트 또는 1인 사업가의 경우에는 전문적으로 보이는 본인의 사진을 올려 주면 좋습니다. 일반인이라면 자유롭게 본인이 잘 나온 사진이나 자신을 잘 표현할 수 있는 이미지를 올리면 됩니다.

블로그 정보 화면 하단에 '네이버 톡톡 연결' 칸이 없는 분들은 네이버 톡톡 연결 신청을 해 주어야 합니다. '네이버 톡톡'은 내 블로그에 들어온 고객들과 실시간으로 1:1 상담을 할 수 있는 기능입니다. 사업을 하는 사람들에게 굉장히 유용한 기능인데, 블로그를 보고 고객이 상담을 원하는 경우 언제든 '네이버 톡톡'을 클릭하면 상담을 할 수 있습니다.

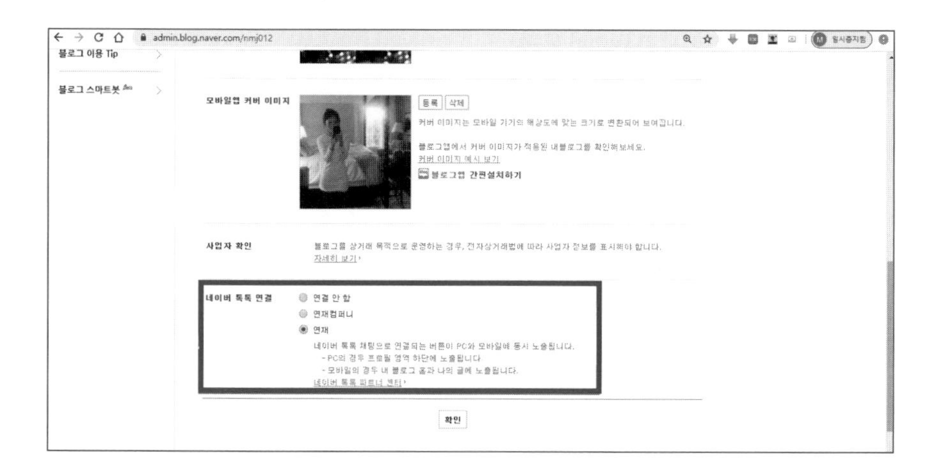

네이버 톡톡 기능은 사업자를 위해 만든 기능이므로 '네이버 스마트스토어' 또는 '네이버 모두' 둘 중에 하나를 미리 만들어 놓아야 활용할 수 있습니다. 네이버 스마트스토어는 무료로 활용할 수 있는 '쇼핑몰'이라고 생각하면 되고, 네이버 모두는 무료로 활용할 수 있는 '모바일 전용 홈페이지'라고 보면 되겠습니다. 네이버 스마트스토어와 네이버 모두는 누구나 쉽게 무료로 만들 수 있는 사이트이므로 둘 중 하나를 만들고 나서 **'네이버 톡톡 파트너센터'**를 검색해 신청만 하면 됩니다. 당연히 네이버 스마트스토어와 네이버 두 채널을 모두 만들어도 됩니다.

• PC에서 본 네이버 톡톡 •

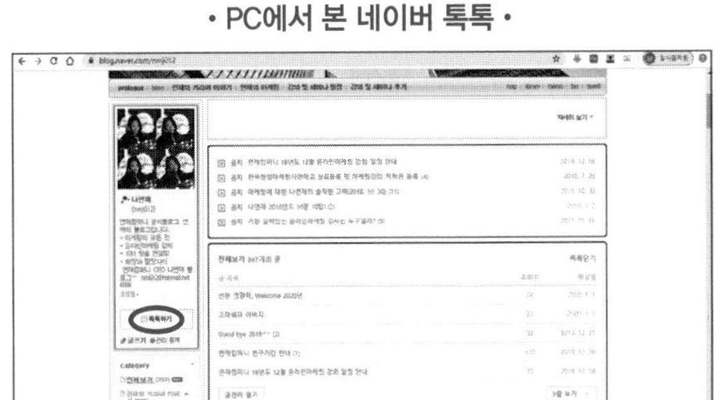

• 모바일에서 본 네이버 톡톡 •

'네이버 톡톡'은 PC 화면으로 봤을 때는 프로필 바로 밑에 노출이 되며, 모바일로 들어갔을 때는 커버 이미지 바로 하단에 가로로 넓게 노출됩니다. 누군가가 블로그에 들어와서 '톡톡하기'를 클릭하면 블로그 주인에게 채팅을 보낼 수 있는 화면이 나타나고, 해당 화면에서 채팅을 보내면 실시간으로 모바일로 알림이 와서 언제 어디에서든 고객들과 빠르게 상담할 수 있습니다. 실시간 알림을 받으려면 모바일의 플레이스토어나 원스토어에서 '네이버 블로그' 앱과 '네이버 톡톡 파트너센터'를 설치하면 됩니다.

여기까지 블로그 설정을 완료했으면 **'확인'**을 클릭하여 마무리해 줍니다.

(2) 네이버 블로그 레이아웃 및 기본 메뉴 세팅

이제 블로그의 기본 뼈대를 만들 예정입니다. 관리 화면에서 상단 메뉴 중 '꾸미기 설정'을 클릭합니다. '스킨 선택'에서 '레이아웃 설정'을 클릭합니다.

'레이아웃 · 위젯 설정' 화면의 상단 왼쪽에 배치된 4개를 '2단 레이아웃'이라고 부르고, 가운데 배치된 6개를 '3단 레이아웃'이라고 부르며, 끝에 배치된 2개를 '1단 레이아웃'이라고 부릅니다.

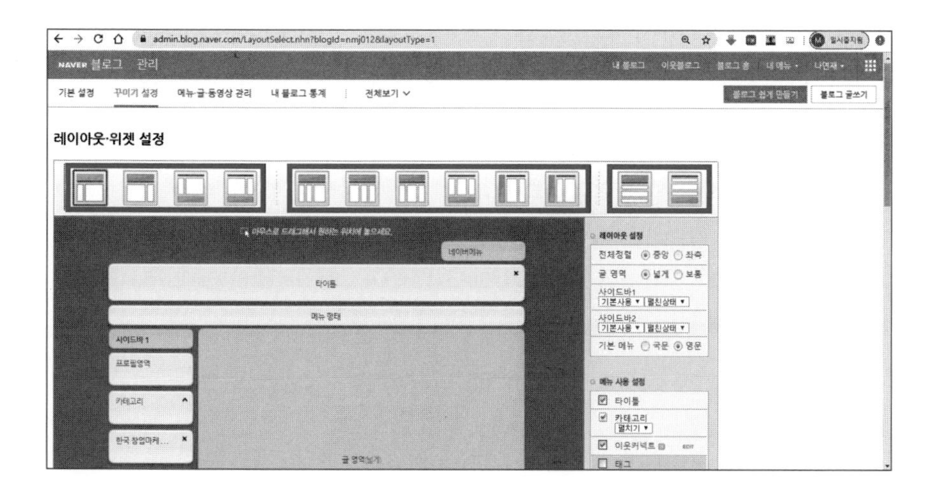

1단 레이아웃을 선택하면 포스팅의 양 옆에 자질구레한 것 없이 깔끔하게 포스팅이 보이게 되며, 다른 레이아웃에 비해 글 영역이 넓어 사진이 가장 크게 노출되어 내 블로그를 보는 구독자들에게 보다 효과적으로 어필할 수 있습니다.

온라인은 상품을 직접 만져 볼 수 없는 가상의 공간이기에 보이는 사진과 이미지가 굉장히 중요합니다. 따라서 1단 레이아웃은 생활과 밀접한 관련이 있는 의식주 업종, 즉 '요리, 뷰티, 패션, 인테리어' 등과 같이 보여 주는 이미지가 중요한 업종의 경우 선택해 주면 가장 좋습니다. 다른 레이아웃에 비해 포스팅 화면과 이미지 크기가 넓게 보이기 때문에 가독성을 높여 상품의 장점을 잘 보여 줄 수 있습니다.

만약 교육이나 컨설팅 업종 등 이미지보다 텍스트로 정보를 더 많이 보여 줘야 하는 업종이라면 2단 레이아웃을 선택해 주면 좋습니다. 2단 레이아웃은 화면의 한쪽에 카테고리가 정렬되어 보여서 우리나라 사람들에게 가장 익숙한 화면입니다.

3단 레이아웃은 사진이 작게 노출되며 양 옆에 카테고리가 분산되기에 다른 레이아웃에 비해 가독성이 떨어질 수 있으니 레이아웃 선택 시 참고하세요.

레이아웃 선택 후 전체 정렬은 '중앙'을 체크하고, 글 영역은 '넓게'를 체크해 줍니다. 사이드바1과 사이드바2는 '기본사용'으로 두고 메뉴 사용 설정에서 타이틀은 반드시 체크해 줍니다. 내 블로그에 노출되었으면 하는 메뉴들을 추가로 체크한 후 맨 하단의 '미리보기'를 클릭해서 설정이 잘 되었는지 확인한 후 문제가 없으면 '적용'을 클릭합니다.

블로그의 기본 뼈대를 만들었으니 예쁘게 꾸며야 합니다. 블로그 관리 화면에서 **'꾸미기 설정'**을 클릭합니다. 스킨선택 화면에서 **'세부 디자인 설정'**을 클릭하면 화면 오른쪽 부분에 블로그를 꾸밀 수 있는 **'리모콘'**이 보입니다.

리모콘을 활용해 블로그를 다양하게 꾸밀 수 있는데, 먼저 블로그의 얼굴이라 할 수 있는 대문 이미지, 즉 블로그의 타이틀을 올려야 합니다. 리모콘의 '타이틀' 메뉴를 클릭하여 블로그 타이틀 이미지를 올려 줍니다.

직접 만든 타이틀 이미지를 올릴 때에는 타이틀 메뉴의 **'직접등록'**을 클릭 후 **'파일등록'**을 클릭하여 가로 966픽셀, 세로 50~600픽셀의 크기의 이미지를 올려 줍니다.

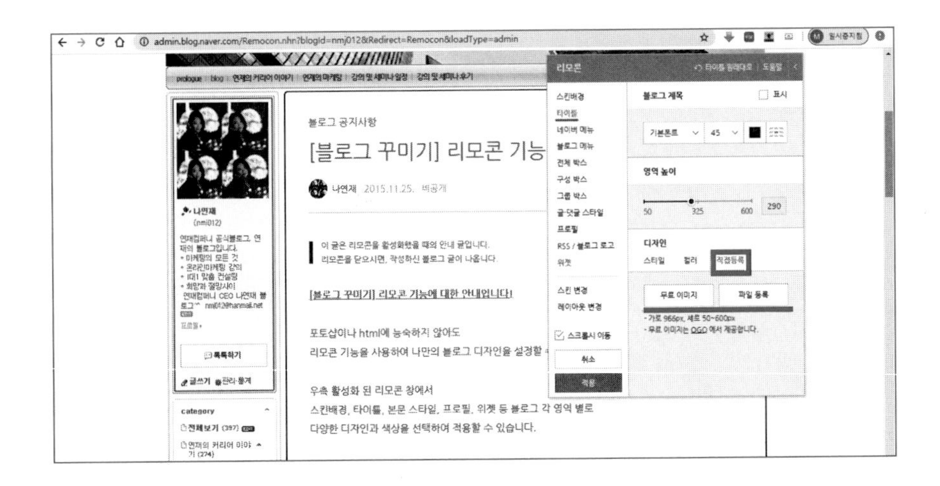

이미지를 직접 만들 때 포토샵 프로그램 활용이 어려운 분들은 '업무 6단계: SNS 콘텐츠 제작'에서 살펴본 망고보드나 CANVA 등을 활용하면 누구나 쉽게 예쁘고 멋진 블로그 타이틀 이미지를 만들 수 있습니다. 네이버에서 무료로 제공하는 다양한 타이틀 이미지도 있으니 유용하게 활용할 수 있습니다. 무료 이미지를 활용하고자 하는 경우에는 타이틀의 직접등록 클릭 후 **'무료 이미지'**를 클릭하여 원하는 이미지를 검색하면 찾을 수 있습니다.

블로그의 타이틀을 올렸으면, 리모콘에 있는 메뉴를 하나씩 클릭하여 본인의 취향에 맞게 블로그를 꾸며 주면 됩니다.

(3) 네이버 블로그 카테고리 최적화 세팅

이제 블로그의 카테고리를 만들어야 합니다. **'블로그 관리'** 화면에서 상단 메뉴 중 **'메뉴 · 글 · 동영상 관리'**를 클릭합니다. 왼쪽 메뉴에서 **'블로그'**를 클릭하면 내 블로그의 카테고리를 만들 수 있는 화면이 나타납니다.

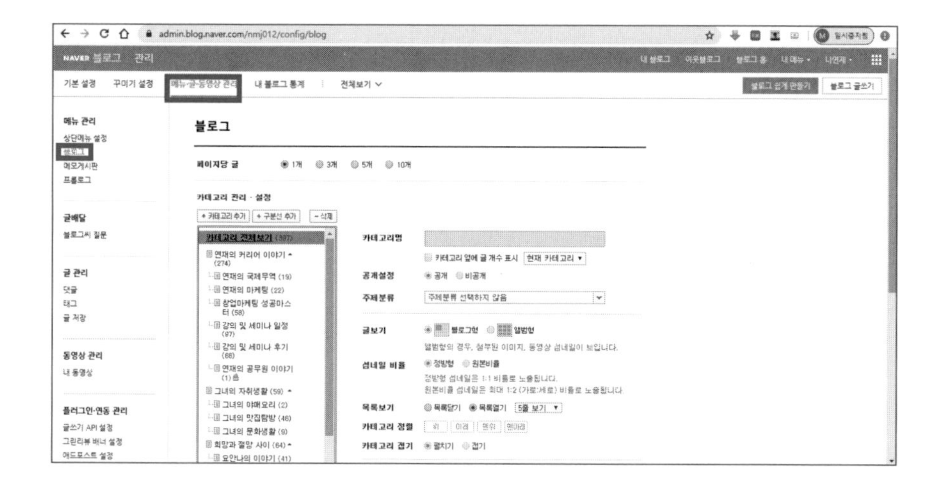

먼저, 블로그 화면 상단에 '페이지당 글'을 '1개'에 체크해 줍니다. 블로그 최적화에 영향을 미치는 주요한 점수 중 '페이지 뷰(view)'와 '체류시간'이라는 점수가 있습니다.

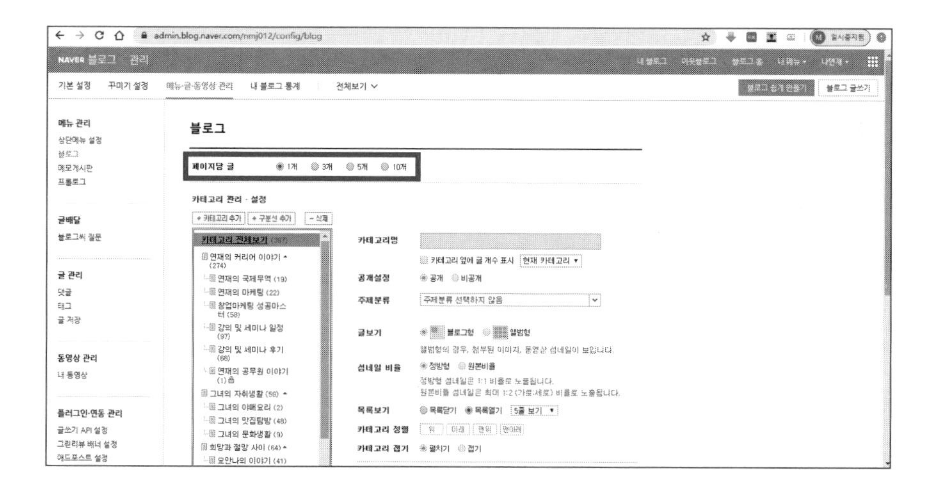

페이지 뷰 점수는 다른 사람이 내 블로그에 들어와서 포스팅을 본 점수를 말합니다. 쉽게 말하면, 누군가 내 블로그에 들어와서 포스팅 하나만 보고 나가면 1점, 포스팅을 2개 보면 2점…. 이런식으로 한 사람이 내 블로그에 들어와

여러 개의 포스팅을 볼수록 페이지 뷰 점수가 올라갑니다. 즉, 몇 개의 컨텐츠를 몇 번을 클릭해 보았는지를 검사하는 점수라고 보면 됩니다.

점수는 화면을 기준으로 체크하기 때문에 하나의 화면에 하나의 포스팅만 보일 수 있도록 '페이지 뷰'를 1개에 체크합니다. 만약 페이지 뷰를 1개가 아니라 3개에 체크를 하게 되면 컴퓨터 한 화면에 여러분의 블로그 포스팅 3개가 연달아 보이게 됩니다. 그러면 다른 사람이 블로그 들어와서 포스팅을 3개를 봤더라도 한 화면 기준이기 때문에 1점밖에 되지 않습니다.

페이지당 글을 1개로 설정했으면 **'카테고리 추가'** 버튼을 클릭하여 블로그의 카테고리를 만들어 줍니다. 블로그의 카테고리를 만들 때에는 앞서 블로그 정보 화면에서 세팅하였던 **블로그의 주제를 잘 보여 줄 수 있는 관련 카테고리**가 있어야 합니다.

만약 내가 판매하고 있는 상품이 음식으로 블로그 정보 화면에서 블로그의 주제를 '요리'로 정했고 블로그 이름, 별명, 소개글 부분에도 요리 키워드를 입력했다면, 블로그의 카테고리에도 '요리' 카테고리가 있어야 좋습니다. 블로그 주제로 선택한 키워드가 블로그 카테고리 명칭에 곳곳에 배치하여 전체 카테고리 중 60% 이상 배치되어 있는 것이 좋습니다.

블로그의 주제를 한 가지 정해서 블로그 정보 화면부터 카테고리까지 일관되게 입력하여 **내 블로그 전체를 해당 주제에 특화된 전문 블로그로 세팅을 하는 것**입니다. 이렇게 하면 내 블로그에 들어오는 사람들에게 블로그의 성격이나 주제를 더욱 쉽게 각인시킬 수 있으며, 카테고리를 보고 이 블로그가 특정 주제에 특화된 블로그인 것을 더욱 쉽게 인식할 수 있습니다. 네이버 봇(프로그램)도 카테고리에 입력된 키워드까지 크롤링하여 수집·분석하기 때문에 더욱더 빨리 해당 블로그의 주제를 파악해 블로그 최적화에 도움이 될 수 있습니다.

블로그 카테고리를 만들 때 어떤 내용의 포스팅을 블로그에 담을지 생각하며 만들게 됩니다. 블로그 강의를 하거나 컨설팅을 하다 보면 이 부분에서 수강생들이 가장 많이 고민을 하는 것 같습니다. 간혹 어떠한 주제의 포스팅을 해야 매출에도 도움이 될지를 많이 물어 보곤 합니다. 어떠한 주제의 포스팅을 해야 할지 모르니 카테고리를 만드는 것도 어렵다고 합니다. 이 책을 보고 있는 분들 중에도 이러한 고민을 가지고 있는 분들이 있을까 하여 다음에서는 포스팅의 주제와 함께 카테고리를 어떻게 만들어야 할지 자세히 팁을 드려 보도록 하겠습니다.

(4) 네이버 블로그 포스팅 필수 주제 세팅

네이버는 매일 내 상품에 대한 홍보성 포스팅만 하는 블로그를 별로 반기지 않는다는 것은 이제 많은 분이 알고 있을 것입니다. 블로그를 구독하는 사람들 입장에서도 매일 상품에 대한 홍보성 포스팅만 올라오는 블로그에는 별로 매력을 느끼지 못할 것입니다.

또한 반대로 아직까지도 블로그에 홍보성 포스팅은 절대 하면 안 되고 정보성 포스팅만 써야 한다고 생각하는 분들도 있습니다. 네이버 블로그에는 홍보성 포스팅만 하거나 정보성 포스팅만 해야 하는 것이 아니라 모두 다루어져야 합니다.

네이버 블로그 포스팅은 크게 홍보성 포스팅과 비홍보성 포스팅으로 구분합니다. 홍보성 포스팅을 해야 하는 이유는 블로그를 통해 매출을 발생시키거나 부수익을 얻기 위함입니다. 비홍보성 포스팅을 해야 하는 이유는 블로그를 더욱 빠르게 활성화하고 내 상품을 구매할 가능성이 있는 잠재고객들을 끌어 모으기 위함이며, 비홍보성 포스팅으로 유입된 잠재고객들을 홍보성 포스팅으로 유입시켜 구매 전환을 일으키기 위함입니다.

즉, 블로그를 통해 브랜드 마케팅과 사업아이템에 대한 홍보, 매출 등 여러 가지 목표를 효과적으로 달성하기 위해서는 홍보성 포스팅과 비홍보성 포스팅을 모두 다루어야 합니다. 해당 홍보성 포스팅과 비홍보성 포스팅을 효과적으로 모두 다루기 위해서는 **총 5가지의 주제로 포스팅**을 하는 것이 좋습니다. 5가지 포스팅 주제는 다음과 같습니다.

1. 정체성 포스팅
2. 홍보성 포스팅
3. 단계성 포스팅
4. 후기성 포스팅
5. 대가성 포스팅

이러한 주제들은 비단 블로그뿐만 아니라 인스타그램 등의 SNS 채널을 운영할 때에도 유용한 콘텐츠 주제입니다. 제가 주변 대표님들의 블로그를 운영해 드릴 때에도 이 5가지 주제를 활용하여 월, 화, 수, 목, 금의 순서대로 포스팅을 제작하곤 합니다. 그런데 이 말을 듣고 '그럼 나도 블로그에 1일 1포스팅을 해야 하는 것인가?'라고 생각할 수도 있을 것 같습니다.

블로그 포스팅은 매일 1일 1포스팅을 고집할 필요는 없습니다. 시간이 여의치 않다면 2~3일에 1번, 1주일에 한 번 포스팅을 해도 괜찮습니다. 다만, 2주 동안 블로그에 어떠한 콘텐츠도 업로드되지 않으면 블로그 지수가 하락되기 시작합니다. 블로그 지수가 떨어지게 되면 포스팅을 올렸을 때 상위노출이 잘 되지 않을 수 있고 기존에 상위노출이 잘 되고 있었던 포스팅도 순위가 하락할 수 있으니 최대 2주가 넘어가지 않도록 새로운 콘텐츠(포스팅)를 만들어 유지해야 합니다.

그럼, 5가지 주제별 포스팅의 각 개념에 대해 살펴보겠습니다.

① 정체성 포스팅

정체성 포스팅이란 블로그 주인의 정체를 알려 줄 수 있는 포스팅입니다. 즉, 블로그 주인이 포스팅의 주체가 되는 콘텐츠입니다. 예를 들어, 기업이 운영하는 브랜드 블로그라면 블로그 주인인 기업을 알려 줄 수 있도록 회사 소개나 대표자의 사업 철학, 회사 직원들 소개(담당 업무 등), SNS 채널 개설 이유 및 운영 계획, 기업 임직원들끼리 워크숍에 갔던 내용 등과 같은 포스팅이 해당됩니다. 개인이 운영하는 블로그라면 개인이 주체가 되는 일상 포스팅이 해당될 수 있습니다. 이러한 정체성 포스팅에서 브랜드 마케팅 효과가 발생합니다. 포스팅 내용 자체가 기업이 주체가 되기 때문에 주로 사용하는 키워드가 기업 관련 키워드(회사 이름, 상호명, 브랜드명)로 자연스럽게 인지도를 높일 수 있게 되기 때문입니다.

② 홍보성 포스팅

홍보성 포스팅이란 말 그대로 판매하고자 하는 사업아이템(상품, 서비스 등)에 대한 포스팅을 말합니다. 간혹 블로그에 홍보성 포스팅을 쓰면 안 되고 정보성 포스팅만 해야 한다고 아직도 잘못 알고 있는 분들이 있지만, 그렇지 않습니다. 현재 네이버는 판매자들을 위해 블로그에 '블로그마켓'이나 '사업자정보' '네이버 톡톡' 등의 기능을 활용할 수 있도록 해 놓았습니다. 판매자들이 블로그를 필수로 운영하고 있다는 것을 다 알고 있어 트렌드에 맞게 변화되고 있는 것입니다. 블로그를 통해 직접적으로 사업아이템을 홍보하기 위해서는 홍보성 포스팅을 해야 합니다. 사업아이템과 관련된 홍보성 포스팅을 효과적으로 작성하는 방법에 대해서는 잠시 후 자세히 살펴보겠습니다.

③ 단계성 포스팅

단계성 포스팅이란 사업아이템이 세상에 나오기까지의 단계를 보여 주는 과정 포스팅입니다. 바로 이 단계성 포스팅이 블로그 및 인스타그램 등 SNS 채널에서 반드시 다루어져야 할 콘텐츠입니다. 잠재고객들이 여러분의 SNS에 방문하는 이유 중 하나는 홈페이지와 쇼핑몰에서 볼 수 없는 것들을 보기 위해서입니다.

여러분의 잠재고객들은 보다 가치 있는 구매를 하기를 원합니다. 이때 사업아이템을 만들고 연구하는 그 수고스러운 과정들을 솔직하게 보여 주면 해당 아이템의 가치와 판매자의 진정성을 알 수 있게 되고 이 상품을 구매하는 것이 가치 있는 구매라고 판단하게 되어 구매를 촉진할 수 있습니다. 다른 일반적인 상품보다 해당 상품에서 특별함을 느꼈기 때문입니다.

그런데 블로그와 인스타그램 등 다양한 SNS를 만들어 놓고 매출을 올려야 한다는 생각에 사로잡힌 나머지 조급한 감정이 생겨 365일 매일 잘 완성된 멋있고 예쁜 사업아이템과 관련된 홍보성 포스팅만 한다면 오히려 거부 반응이 생겨 마케팅 효과가 떨어질 수 있습니다.

따라서 블로그나 인스타그램 등의 SNS에는 홈페이지나 쇼핑몰 등 판매 채널에서는 볼 수 없는 **진실성이 담긴 과정 콘텐츠**를 올리는 것이 좋습니다. 예를 들어, 사업아이템에 대한 제작 과정이나 연구 과정, 이미 완성된 상품이나 서비스라도 꾸준히 지속적으로 여러 각도와 방법으로 테스트해 보고 더 나은 아이템으로 업그레이드하기 위해 노력하는 과정 등 그 단계를 순차적으로 정직하게 보여 주면 소비자에게 기업과 아이템에 대한 신뢰도가 높아지고 긍정적으로 각인되어 구매를 유도할 수 있습니다.

단계성 포스팅을 할 때에는 멋지게 포장하려고 하기보다 솔직하게 글을 쓰는 것이 더 좋습니다. 마치 엄마, 아빠 또는 친한 친구에게 오늘 내가 했던 일, 고생했던 것, 오늘은 어떤 노력을 했는지, 어떤 고민을 하고 있는지 등을 홍보성 말투가 아닌 사람과 대화하듯 편안한 말투로 포스팅을 하면 됩니다.

이러한 단계성 포스팅은 사업아이템이 아직 세상에 나오지 않았어도 기획 단계부터 보여 줄 수 있는 콘텐츠이기 때문에 예비창업자들이 사전에 구매 가능성 높은 잠재고객을 확보해 놓고 싶을 때에도 유용한 콘텐츠가 될 수 있습니다. 이렇게 단계성 포스팅은 신뢰도 향상과 충성고객 확보 등 다양한 효과를 발생시킬 수 있는 콘텐츠이기 때문에 반드시 다루어져야 합니다.

④ 후기성 포스팅

후기성 포스팅이란 여러분이 판매하고 있는 사업아이템에 대한 실제 후기를 보여 줄 수 있는 콘텐츠입니다. 이때 후기 콘텐츠는 잠재고객이 해당 아이템을 구매했을 때 경험할 수 있는 것들을 보여 줌으로써 신뢰성과 함께 기대심리를 불러일으켜 구매를 망설이는 잠재고객을 후킹할 수 있는 매우 효과적인 마케팅 콘텐츠입니다.

예를 들어, 기존 고객들로부터 받은 문자나 카카오톡, 고객들의 인터뷰 영상, 블로그나 카페에 올려진 후기 글이나 댓글, 쇼핑몰의 리뷰 등을 캡처하여 포스팅에 활용하는 것이 좋은 후기 콘텐츠가 될 수 있습니다. 그런데 만약 기존 고객들로부터 후기를 받기 어렵거나 창업을 시작한 지 얼마 되지 않아 이러한 후기 콘텐츠가 아직 없는 경우에는 본인이 직접 후기 콘텐츠를 작성하면 됩니다.

예를 들어, 교육 및 컨설팅 관련 종사자라면 '한국창업마케팅사관학교 온라인 마케팅 교육 실제 후기'라는 제목으로 강의 현장으로 가는 과정, 강의실 내부 모습, 강의 내용, 실제 수강생들의 참여 모습 등을 포스팅함으로써 향후 해당 강의를 수강하게 되었을 때 경험할 수 있는 강의실 분위기와 사람들의 모습을 보여 주는 것입니다.

만약 제조업체라면 해당 상품을 고객에게 납품하러 가는 과정, 납품 현장, 현장에 있는 구매 고객들의 표정이 담긴 모습 등을 올림으로써 구매를 망설이는 잠재고객들에게 해당 아이템을 구매하게 되었을 때 경험할 수 있는 감정이나 모습들을 전달해 줄 수 있습니다.

⑤ 대가성 포스팅

대가성 포스팅이란 SNS 채널에 방문하는 사람들에게 무언가를 줄 수 있는 콘텐츠를 말합니다. 사람들은 자신이 무언가 얻을 것이 있을 때 팔로잉을 하고 구독을 누르며 이웃이 됩니다. 이때 무언가를 줄 수 있고 얻을 것이 있는 콘텐츠라고 하면 보통 '이벤트'를 많이 생각하는 것 같습니다. 잠재고객들이 좋아할 만한 종류의 이벤트를 기획해서 SNS에 올리고 해당 이벤트에 참여한 사람들 중 몇 명을 선발해 커피 쿠폰 등을 주면 되는 것인가라고 생각할 수도 있습니다.

물론 이러한 이벤트에 대한 내용도 대가성 포스팅에 해당됩니다. 하지만 대가성 포스팅이란 물질적으로 주는 것뿐만이 아닌 지성이나 감성을 충족시켜 주는 것도 해당됩니다.

또한 예비창업자들이나 창업을 시작한 지 얼마 안 된 분들은 마케팅 예산에 한계가 있어 처음부터 이벤트를 기획해 운영하기에는 부담스러울 수 있습니다. 이벤트에 참여한 사람들에게 무언가를 줄 때 비용이 들기 때문입니다. 이때에는 내 채널에 들어온 사람들에게 물질적으로 주는 것이 아니라 유용한 정보를 주거나 오감을 만족시킬 수 있는 재미성 콘텐츠를 올려 주면 됩니다.

무언가를 주고 무언가를 얻는다는 것에는 앞서 살펴본 것처럼 단순히 커피 쿠폰이나 상품과 같은 물질적인 것뿐만이 아니라 '정보'나 '재미' 등 콘텐츠를 보는 사람의 지성과 감성을 충족시켜 줄 수 있는 것도 포함되기 때문입니다. 이러한 정보성 콘텐츠나 재미성 콘텐츠를 다른 말로 미끼성 콘텐츠라고도 합니다. 잠재고객들이 관심있어 할 만한 내용을 미끼로 보여 주어 더욱 빨리 내가 낚을 고객들을 끌어 모을 수 있기 때문입니다. 이렇게 대가성 포스팅은 여러분의 SNS 채널을 더욱 빠르게 활성화할 수 있을 뿐만 아니라 더욱 다양한 범위의 잠재고객을 확보하는 데에도 큰 도움이 되는 콘텐츠입니다.

이렇게 5가지의 포스팅 주제를 골고루 올릴 수 있는 블로그 카테고리를 만들어 주면 좋습니다. 이해를 돕기 위해, 예를 들어 다음과 같은 업체가 있다고 가정하겠습니다.

아이템	컨테이너 제조 및 판매
상호명	삼우컨테이너
지역	전국구 판매
특장점	15년 업력, 대표자가 직접 제조, 친환경 자재, 저렴한 가격

사업아이템은 컨테이너를 제조 및 판매하는 업체입니다. 해당 업체는 인테리어 관련 업종으로 네이버 블로그 마케팅이 필수인 업체입니다. 그래서 블로그를 개설하였고, 당연히 블로그의 주제는 '컨테이너'로 정했습니다. 컨테이너 및 관련 키워드를 블로그 정보 화면에도 곳곳에 입력하였습니다. 그리고 앞서 제가 말씀드린 5가지 주제의 포스팅을 하기 위해 다음과 같이 블로그 카테고리를 정했습니다.

• 블로그 카테고리(주제 관련 키워드 활용) 예시 •

1. 삼우컨테이너 이야기
2. 친환경 컨테이너 제작 기록
3. 컨테이너 무료 견적 및 구매 정보
4. 컨테이너 납품 후기
5. 컨테이너의 모든 정보

블로그 카테고리에도 '컨테이너'라는 키워드가 입력된 것을 볼 수 있습니다. 이렇게 블로그 주제에 해당되는 키워드를 넣어 앞서 살펴본 5가지 주제의 내용을 담을 수 있는 카테고리를 만들면 블로그 활성화, 사업아이템 홍보 등 다양한 목적을 효과적으로 달성할 수 있는 블로그를 운영할 수 있습니다. 만약 블로그 카테고리를 어떻게 만들어야 하는지 감이 오지 않는다면 삼우컨테이너 업체의 블로그 카테고리를 보고 응용하여 활용하면 좋습니다. 이미 블로그 카테고리를 만들어 놓은 분들도 해당 업체의 카테고리와 비교해 보면 좋습니다.

반면, 아직 사업아이템이 없거나 1인 제휴 마케터로서 블로그의 카테고리를 정하는 것이 어렵다면 우선 '일상' '리뷰' '문화' 정도로 만들어 보세요. '일상' 카테고리에는 맛집, 여행, 봉사활동, 개인 일기, 개인 에세이 등 일상적인 내용을 포스팅하면 되고, '리뷰' 카테고리에는 상품 관련 리뷰 포스팅을 하면 됩니다. 앞서 말씀드린 'B2B 유통 판매 사이트'나 '제휴 마케팅 사이트'에 있는 상품을 홍보할 때 '리뷰' 카테고리에 포스팅을 하면 됩니다. '문화' 카테고리에는 박람회, 전시회, 교육, 영화, 책 서평 등의 포스팅을 하면 됩니다.

아직 블로그의 주제를 잡지 못한 분들이라도 이렇게 블로그의 카테고리를 만들어 1개월 정도 꾸준히 운영해 본 다음 1개월 뒤에 그동안 작성했던 블로그 포스팅을 보면 가장 많이 작성한 주제가 파악될 것입니다. 그럼 해당 주제를 블로그의 주제로 삼아 보다 구체적으로 포스팅을 해 보면 좋습니다.

블로그 주제 변경 시에는 앞서 살펴본 대로, '블로그 정보' 화면을 수정하여 운영하면 됩니다.

블로그 카테고리를 다 만들었으면, 카테고리를 하나씩 선택해서 카테고리마다 주제를 명확히 입력합니다. 카테고리 선택 후 오른쪽의 **'주제분류'** 메뉴를 클릭하여 각 카테고리에 맞는 주제를 선택합니다. 바로 이 부분이 블로그 최적화 세팅에 필요한 두 번째 단계였던 블로그 카테고리 주제 세팅입니다. 여기까지 했으면 화면 하단의 **'확인'**을 클릭하여 마무리합니다.

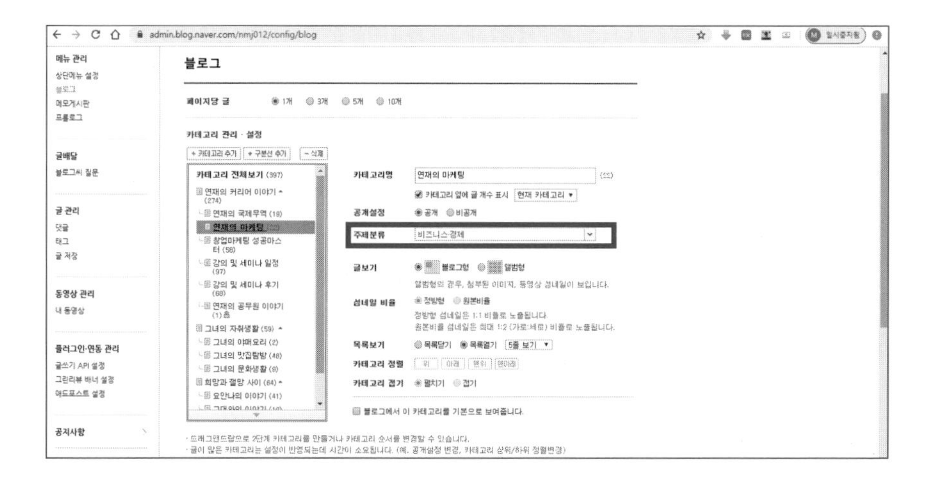

2) 네이버 블로그 포스팅 작성 방법

블로그 기본 세팅을 했으면, 이제 본격적으로 포스팅을 시작해야 합니다. 앞서 블로그를 통해 여러 가지 마케팅 목적을 달성하려면 5가지 주제, 즉 정체성 포스팅, 홍보성 포스팅, 단계성 포스팅, 후기성 포스팅, 대가성 포스팅을 다루는 것이 좋다고 설명하였습니다.

앞서 삼우컨테이너를 블로그 활용 예시로 보여 드렸습니다. 해당 업체에서 5가지 주제에 맞게 포스팅을 한다면 다음과 같은 내용으로 작성해 볼 수 있습니다. 윗부분이 블로그 포스팅 제목이고, 아랫부분이 포스팅 요약 내용입니다.

15년 전문 컨테이너 제조업체 '삼우컨테이너'를 소개합니다.

• 삼우컨테이너의 전경, 컨테이너를 직접 제조하는 대표자 소개, 제조 과정, 특장점, 판매 이력

직접 제조하여 유통 마진 없는 25평 사무실용 컨테이너 소개

• 상품의 완성 사진, 튼튼한 재료, 가격(비공개) 및 용도, 비교 콘텐츠, 판매자 사진 및 주문 방법

친환경자제를 활용한 30평 주택용 컨테이너 제조 과정

• 삼우컨테이너가 활용하는 자재, 대표자가 제조하는 과정(사진/영상), 완성되는 과정

경기도 용인 이편한세상아파트 경비실용 컨테이너 후기

• 컨테이너 납품 출장 과정, 현장 사진 및 세팅 사진, A/S 정보 등 현장 반응을 어필

중고 컨테이너 매매와 임대의 장단점 총정리

• 중고 컨테이너 매매 유의사항, 제조 업체에 확인해야 하는 것 등 소비자를 위한 글

먼저, 블로그를 개설하고 가장 먼저 포스팅해야 하는 내용이 바로 정체성 포스팅입니다. 만약 오늘 블로그를 개설했다면 먼저 회사명을 넣어 '15년 전문 컨테이너 제조업체 삼우컨테이너를 소개합니다.'라는 제목으로 포스팅을 하는 것입니다. 이렇게 하면 회사명을 검색했을 때에도 네이버에 노출이 되고 이

블로그를 만든 주체가 누구인지 앞으로 블로그에 유입되어 들어올 잠재고객들에게 소개하는 글이 되어 예의상으로도 좋습니다. 이때 정체성 포스팅 제목을 쓸 때에는 업체명만 기입하는 것이 아니라 해당 업체의 특장점인 '15년 전문'이라는 키워드와 '컨테이너 제조업체'라는 검색키워드도 함께 기입하는 것이 좋습니다.

만약 '삼우컨테이너를 소개합니다.'라고만 포스팅 제목을 입력하면 '삼우컨테이너'라는 업체명 키워드를 검색하는 사람들은 별로 없기 때문에 마케팅 효과가 없습니다. 따라서 그 앞에 사람들이 검색할 만한 '컨테이너 제조업체'라는 키워드를 입력하여 해당 키워드를 검색하는 사람들에게 삼우컨테이너를 알리는 것입니다. 또한 이 업체만의 특장점에 해당되는 키워드인 '15년 전문'이라는 키워드를 함께 사용함으로써 우리 브랜드에 대해 잘 몰랐던 잠재고객들에게 브랜드를 각인시킬 수 있는 효과가 있습니다.

그 이후에는 우리 업체가 판매하는 아이템에 대한 홍보성 포스팅을 하면 됩니다. 상품을 홍보하는 포스팅을 '홍보성 포스팅'이라고 생각하면 됩니다. 이때 블로그를 통해 효과적으로 상품이 홍보되고 판매될 수 있도록 잠재고객을 홀릴 수 있는 글을 작성해야 합니다. 홍보성 포스팅은 어떻게 작성하느냐에 따라 매출에 영향을 미치는 만큼 중요한 포스팅입니다.

보통 상품의 홍보성 포스팅을 할 때 많이 하는 실수 중 하나가 본인 상품에 대한 자랑만 한다는 것입니다. 우리 상품은 이렇고, 이래서 좋고, 저래서 좋고 등등 계속해서 장점만 쭉 나열하는 형태로 포스팅을 작성하는 것을 흔히 볼 수 있습니다. 이렇게 되면 고객들 입장에서는 계속해서 끊임없이 나열되는 상품의 정보에 점점 피로도가 쌓이게 됩니다. 내가 왜 이 장점을 계속 보고 있어야 하는지, 그래서 뭘 어쩌라는 것인지 몇몇 고객들에게는 오히려 거부감을 불러일으켜 결국 등을 돌리게 될 수도 있습니다.

따라서 상품의 장점만을 나열하는 1차원적인 홍보성 포스팅이 아닌 고객들의 감성과 공감대를 형성하여 결국 상품을 구매할 수 있도록 하는 효과적인 홍보성 포스팅을 작성해야 합니다.

(1) 홍보성 포스팅 작성 방법

잠재고객을 홀리는 홍보성 포스팅을 작성할 때에는 글쓰기 방법 중 하나인 PASONA 법칙을 활용하면 좋습니다. **PASONA 법칙이란 다음의 6가지 요소를 활용하여 콘텐츠를 제작하는 방법입니다.**

• PASONA 법칙 •

Problem: 문제제기
Affinity: 친근감(공감대) 형성
Solution: 해결책 제시
Offer: 제안
Narrow down: 긴급성과 한정성
Action: 구체적인 행동 요구

하나의 홍보성 포스팅 안에 PASONA 법칙 6개 요소가 하나도 빠짐없이 들어 있어야 좋습니다. 한 요소당 한 문장씩 스토리가 이어지도록 만들어 준다고 생각하면 됩니다.

① Problem: 문제제기

'문제제기'는 말 그대로 포스팅을 보는 사람들에게 문제를 제기하는 것으로 보통 **'질문 형태'**로 작성합니다. 글의 첫 문장에 질문이 들어가게 되면, 그 글을 보는 사람은 자연스럽게 질문에 대한 답을 생각하게 됩니다. 답을 생각하다 보면 자연스럽게 그 글에 집중을 하게 됩니다. PASONA 법칙은 구독자들의 심리를 효과적으로 이끌어 낼 수 있는 기법이라고 볼 수 있습니다.

이때 질문은 내 잠재고객들이 가장 원하는 것을 질문으로 작성해 주면 더욱 효과적입니다. 또한 문장에 **'숫자'**를 넣어 주면 문장 자체가 구체화되어 고객들의 시선을 훨씬 고정시킬 수 있습니다. 예를 들어, 다이어트 관련된 상품을 판매하고 있다면 다이어트에 관심 있는 고객들은 단기간에 요요나 부작용 없이 살 빼는 방법을 알고 싶을 것입니다. 그렇다면 PASONA 법칙의 문제제기에 해당하는 문장을 작성할 때 "효과적인 다이어트 방법이 과연 있을까요?"라고 작성하는 것보다 "1주일 만에 요요 없이 5kg 살 빼는 다이어트 방법이 과연 실제로 있을까요?" 등의 형태로 문장에 '1주일'과 '5kg'이라는 숫자를 넣어 질문 형태로 작성할 수 있습니다.

② Affinity: **친근감(공감대) 형성**

온라인 마케팅은 본인 상품의 자랑만 나열하는 것이 아니라 내 채널을 보는 잠재고객들과 같은 공감대를 형성하여 친근감을 느끼게 하는 것이 매우 중요합니다.

친근감(공감대) 형성에 대한 문장은 앞서 **문제제기한 질문에 답**을 하면 됩니다. 이때 긍정이 아닌 **부정적으로** 문장을 써 주면 구독자들의 공감대를 형성하는 데 조금 더 효과적입니다. 예를 들어, 앞서 문제제기로 "1주일만에 요요 없이 5kg 살 빼는 다이어트 방법이 과연 실제로 있을까요?"를 작성했다면, 그 답변으로 "사실 그런 방법을 찾기는 굉장히 어렵습니다." 등과 같이 부정적으로 친근감(공감대) 형성에 대한 문장을 작성하는 것입니다. 이때 "굉장히 어렵다." "별로 없다." "사실 그렇지 않다." 등의 형태로 질문에 대한 답을 부정적으로 해 주게 되면 글의 반전 효과로 인해 '그래 맞아. 다이어트는 정말 어려운 게 맞지? 내가 틀린 게 아니야. 그럼 어떻게 해야 하지?'와 같은 공감대를 불러일으켜 상품의 홍보 글에 대한 거부감을 조금 더 효과적으로 낮출 수 있을 뿐만 아니라 글의 집중도를 높여 홍보 효과를 높일 수 있습니다.

③ Solution: **해결책 제시** / Offer: **제안**

해결책 제시와 제안은 성질이 비슷한 요소이기 때문에 경우에 따라 둘 중에 하나만 작성해도 됩니다. 해결책 제시 또는 제안에 대한 문장을 작성할 때에는 **내 상품을 등장**시켜야 합니다.

앞서 두 번째 요소인 '친근감(공감대) 형성'의 문장으로 "사실 그런 방법을 찾기는 굉장히 어렵습니다."와 같이 부정적으로 작성했다면 다음 문장인 해결책 제시 또는 제안에서는 내 상품을 등장시켜 "그러나 우리 ○○는 실제 그 효과를 보고 있습니다."와 같이 긍정적인 문구를 작성하여 다시 한 번 반전 효과를 주어야 좋습니다.

해결책 제시 또는 제안에 대한 문장을 써 준 뒤에는 실제 고객들의 상품 평가, 고객들에게 받은 카카오톡이나 문자 후기, 고객들의 인터뷰, 상품의 만족도 별점, 판매 순위 등 상품의 효과나 장점을 증명할 수 있는 명확한 이미지나 영상을 보여 주어 신뢰도를 끌어 올리는 것이 매우 중요합니다.

④ Narrow down: **긴급성과 한정성**

긴급성과 한정성 문장은 이 글을 보는 잠재고객들이 상품을 빨리 구매해야 할 것 같은 생각이 들 수 있도록 **이성을 마비시킬 수 있는 문장**이라고 보면 됩니다. 이 문장에도 '숫자'를 넣어 구체화하면 효과가 더욱 좋습니다. 예를 들어, "본 상품은 10~15명까지 선착순으로 판매하며, 현재 5명 접수된 상태입니다." 등의 형태로 이 상품을 빨리 구매해야 할 것 같은 긴급함을 줄 수 있도록 작성해 주는 것입니다. 긴급성과 한정성은 동일한 상품을 언제 또 구매할 수 있을지 불안함을 느끼게 하여 바로 구매할 수 있도록 해야 합니다.

예를 들어, "본 상품은 2023년 10월 30일까지 선착순 판매 종료되며, 다음 판매 일정은 추후공지하겠습니다." "올해 S/S 시즌에 한하여 판매되며, 이후 동일한 상품은 출시는 미정입니다." "지금 이 가격이 가장 저렴합니다. 다음 차수부터 50% 더한 정상가로 판매됩니다." 등의 형태로 작성할 수 있습니다. 여러분은 예시 문장을 참고하여 본인의 상품에 대입해 더욱더 좋은 문장을 작성해 보기 바랍니다.

⑤ Action: **구체적인 행동 요구**

구체적인 행동 요구는 상품을 바로 구매할 수 있는 링크를 입력하여 **판매 사이트로의 클릭을 유도**하는 것입니다. 이때 링크는 쇼핑몰이나 스마트스토어의 메인 화면이 아닌 해당 상품을 바로 볼 수 있는 '상세페이지(랜딩페이지)'의 링크를 입력해야 고객들의 이탈률을 줄일 수 있습니다. 이때 네이버 스마트스토어나 스마트 플레이스 링크를 입력한다면 '백링크'를 사용해 구매 전환과 상위 노출까지 노리는 것이 똑똑한 방법이겠지요? 만약 상세페이지의 백링크가 너무 길다면 앞서 이 책에서 살펴본 Bitly 사이트를 활용하여 URL을 깔끔하게 줄인 뒤 활용하면 좋습니다. 혹시 백링크가 무엇인지 기억이 나지 않는다면 업무 4단계의 '9. 거미줄 상품' 부분을 다시 복습하기 바랍니다.

PASONA 법칙은 사람들의 심리를 잘 건드릴 수 있는 글쓰기 기법 중 하나입니다. 이러한 홍보성 포스팅 하나만 잘 완성해 놓으면 열 아들 부럽지 않은 마케팅 효과를 보게 될 것입니다.

여러분도 PASONA 법칙을 적용해 자신의 상품에 대한 홍보성 포스팅을 작성해 보기 바랍니다. 만약 PASONA 법칙대로 홍보성 포스팅을 하는 것이 여전히 어려운 분들은 네이버 연재컴퍼니 블로그에 들어와 해당 블로그에서 **'성공마스터 4기 모집 시작'** 글을 참고하기 바랍니다. 해당 글은 교육생을 모집하는 홍보성 포스팅으로서 PASONA 법칙을 적용해 작성하였습니다. 따라서 여러분 중 아직도 감이 잡히지 않은 분들은 해당 글을 보고 벤치마킹을 해 보면 좋겠습니다.

홍보성 포스팅의 제목에도 반드시 잠재고객들이 검색할 만한 키워드와 업체만의 특장점에 해당되는 키워드를 함께 넣어 주는 것이 좋습니다. 이때 본인의 블로그가 준최적화 이상으로 노출이 잘 되고 있는 블로그라면 1차키워드를 검색키워드로 활용해 보는 것이 좋지만, 이제 막 시작하는 초기 블로그의 경우에는 1차키워드도 경쟁이 심해 노출이 잘 안 될 수도 있으니 2차키워드를 활용하여 노출부터 시켜 보는 것이 좋겠습니다.

단계성 포스팅을 쓸 때에도 잠재고객들이 검색할 만한 키워드를 적용해 제목을 작성하여 해당 키워드를 검색한 사람들에게 포스팅이 노출되어 유입될 수 있도록 하는 것이 좋습니다. 후기성 포스팅을 작성할 때에는 검색키워드와 함께 납품 기관 이름과 지역명을 입력해 주면 해당 기관명을 검색하는 사람들에게도 노출되어 유입시킬 수 있습니다.

대가성 포스팅을 작성할 때에도 당연히 잠재고객들이 검색할 만한 키워드를 활용해 포스팅을 작성해야 합니다. 즉, 모든 블로그 포스팅에는 블로그 활성화와 매출 증대를 위해 검색키워드를 쓰는 것이 좋습니다. 다만, 매일 똑같은 키워드를 반복해서 포스팅하게 되면 블로그 지수가 하락할 수 있으니 엑셀 파일에 입력한 키워드를 골고루 사용하는 것이 좋습니다.

앞서 '업무 3단계: 키워드 조사 및 활용'에서 2차키워드를 활용해 블로그 정보성 포스팅 제목을 만들어 내는 방법에 대해 살펴보았습니다. 포스팅 제목을 만들었으니 이제 포스팅 내용을 작성해야 합니다. 이때에도 4가지 개념, 즉 스크래핑과 아카이빙, 번역기, ChatGPT만 알고 있으면 누구나 쉽게 그 업종의 전문가가 아니라도 포스팅을 만들어 낼 수 있습니다.

앞서 포스팅 제목을 만들었을 때처럼 구글이나 유튜브를 활용해 콘텐츠를 스크래핑하는 것입니다. 구글에서 영어로 키워드를 검색한 다음 외국에서 발행된 콘텐츠를 스크래핑(수집)하고 아카이빙(재편집)한 다음 번역기를 돌립니다. 번역기를 돌리면 어순이나 말투, 심지어 키워드까지 달라지기 때문에 유사 콘텐츠까지도 피할 수 있습니다.

또는 유튜브에서 포스팅에 사용할 키워드를 검색한 뒤 상위에 노출되는 영상 2~3개에 나오는 음성을 텍스트로 기입한 다음 해당 내용의 순서 등을 재조합하여 번역기를 돌려 새로운 포스팅으로 만드는 것입니다. 예를 들어, 오늘 '효과적인 다이어트 방법 TOP 10'의 제목으로 블로그 포스팅을 한다면, 본 제목의 주요 키워드인 '다이어트 방법'을 구글 또는 유튜브에 검색해 봅니다. 검색된 화면을 보면 '다이어트 방법'이라는 동일한 주제로 다양한 콘텐츠가 노출되고 있는 것을 볼 수 있습니다.

이 중 내 상품 또는 브랜드에 조금이라도 연결시킬 수 있을 만한 콘텐츠이거나 또는 내가 운영하는 블로그의 성격을 크게 해치지 않을 만한 콘텐츠를 3가지 정도 스크래핑(수집)하여 메모장에 타이핑한 다음, 문맥에 맞게 아카이빙(재배치, 편집)해 줍니다. 그러고 나서 번역기(네이버 파파고 등)에 아카이빙한 콘텐츠를 입력하고 외국어로 번역 후 다시 한국어로 돌려 주면 새로운 콘텐츠가 되는 것입니다. 번역기 사용에 대해서는 업무 3단계의 '2. 키워드 활용 방법' 부분에서 자세히 다루었으니 참고하기 바랍니다.

유의해야 할 사항은 타인이 발행한 포스팅이나 콘텐츠를 스크랩 후 아카이빙하지 않고 출처 없이 원본 그대로 활용하는 행위는 조심해야 합니다. 저작권 문제가 있을 수 있고, 네이버 블로그의 경우에는 검색 로직상 '유사콘텐츠'에 해당되어 노출이 잘 안 될 수도 있습니다. 따라서 다른 사람이 발행한 '정보성 포스팅'을 그대로 활용하면 안 됩니다.

텍스트 기준으로 최소 70% 이상은 내용을 다르게 해 주는 것이 좋기 때문에 다양한 채널에 발행된 여러 개의 콘텐츠를 스크래핑(수집)하여 새로운 콘텐츠로 보일 수 있도록 아카이빙한 다음 번역기까지 활용하는 것이 안전합니다.

이러한 방법이 모두 번거롭다면 후킹문구를 만들 때 활용했던 ChatGPT를 활용하여 포스팅을 쉽게 만들어 낼 수도 있습니다.

• ChatGPT를 활용해 블로그 포스팅을 만들어 내는 화면 •

예를 들어, 오늘 포스팅할 내용이 '요요 없는 단기간 다이어트 방법 총정리' 라면 ChatGPT에 "'요요 없는 단기간 다이어트 방법 총정리'라는 제목으로 글자수가 700자 이상 되도록 블로그 포스팅을 써 줘."라고 하면 즉각적으로 블로그 정보성 포스팅이 완성되는 것을 볼 수 있습니다.

다만, 유의해야 할 점은 ChatGPT가 만들어 낸 글은 인터넷에 이미 노출된 정보를 조합하여 만들어 낸 글이며 간혹 사실이 아닌 정보를 사실처럼 말하는 경우도 있다는 것입니다. 따라서 내용에 대해 사실 검증 후 유사 콘텐츠에 걸리지 않도록 글의 순서를 변경하고 번역기를 사용해 한 번 더 문장 및 키워드를 변경해 준 다음 블로그에 활용하는 것이 좋습니다.

(2) 비홍보성 포스팅 작성 방법

지금까지 총 5가지 포스팅 주제와 작성 방법에 대해 알아보았습니다. 우리는 블로그를 이용해 수익을 발생시켜야 하기 때문에 비홍보성 포스팅을 통해서도 내 사업아이템에 대한 마케팅 효과가 발생될 수 있도록 이용할 줄 알아야 합니다.

먼저, 비홍보성 포스팅(정체성 포스팅, 단계성 포스팅, 대가성 포스팅, 후기성 포스팅 등) 작성 시 중간 또는 하단 부분에 해당 비홍보성 포스팅의 주제와 관련성이 높은 '홍보성 포스팅'의 링크를 입력합니다. 그러면 해당 포스팅을 보는 사람들이 포스팅에 걸려 있는 링크를 클릭하여 유입될 가능성이 생깁니다. 홍보성 포스팅에는 상품을 구매할 수 있는 상세페이지 링크를 이미 걸어 놓았기 때문에 유입된 잠재고객들이 매출로 전환될 수 있습니다.

또는 포스팅 내용과 관련성이 높은 상품을 직접 구매할 수 있도록 쇼핑몰 상세페이지 링크(백링크)를 입력해도 좋습니다. 즉, 비홍보성 포스팅의 키워드로 검색해서 들어온 사람들이 결국 내가 판매하고 있는 상품까지 인지하고 나갈 수 있도록 하는 것입니다. 우리는 모두 '내 상품에 관련된' 키워드를 추출하였고, 해당 키워드를 활용해 포스팅하였기 때문에 해당 포스팅을 보려고 블로그에 들어온 사람들에게 내가 판매하고 있는 상품 홍보성 포스팅을 보여 준다고 해서 이탈이 생기거나 거부감이 생기는 일은 적습니다. 해당 키워드에 관련된 상품이기 때문에 거부감을 효과적으로 줄이면서 즉각적인 구매를 불러일으키는 데 효과적입니다.

이렇게 비홍보성 포스팅을 통해 해당 정보를 보려고 들어온 사람도 내 고객이 될 수 있도록 끌어 모으는 작업을 하는 것이 좋습니다. 이때 비홍보성 포스팅에 링크를 입력할 때에는 'http//'나 'www'를 직접 타이핑하기보다 이미지나 글자에 하이퍼링크 기능을 활용해 링크를 넣어 주거나, 블로그 포스팅을 할 때 상단의 **'링크'** 버튼을 활용해 작성하면 됩니다.

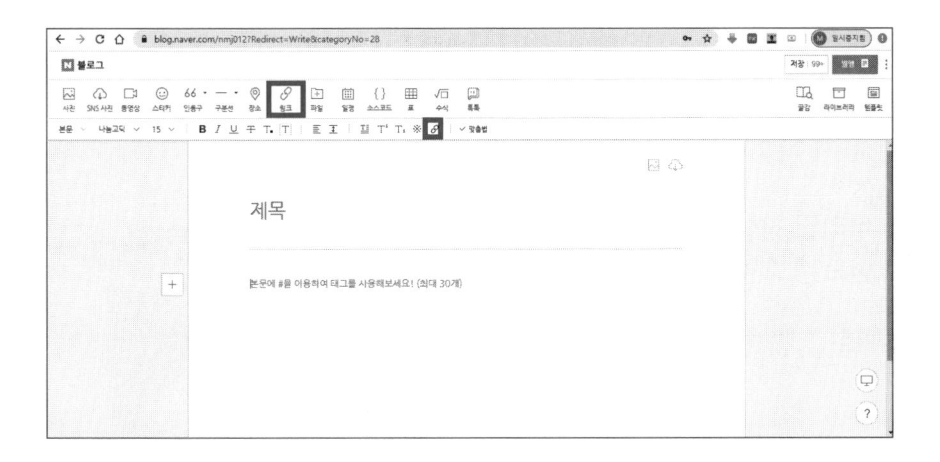

포스팅 본문에 'http//' 'www'와 같은 url을 직접 타이핑하여 입력하게 되면 홍보성 포스팅으로 간주되기 때문입니다. 즉, 여러분이 블로그에 비홍보성 포스팅을 했다 하더라도 포스팅 내용 안에 링크를 직접 타이핑하여 기입하거나 구독자들의 행동을 유도하는 문장이 있다면 홍보성 포스팅으로 간주된다는 이야기입니다.

따라서 홍보성 포스팅을 할 때에는 해당 문구나 링크를 활용해도 되지만 비홍보성 포스팅을 할 때에는 링크 기입 시 이미지나 링크에 하이퍼링크를 넣거나 네이버가 제공하는 상단의 '링크' 기능을 활용하면 됩니다.

• 비홍보성 포스팅에 링크 기입 예시 1 •

퀸사이즈 침대 크기! 매트리스 사이즈 비교 (라지킹, 더블, 킹, 슈퍼싱글)

오늘의집에서 첫구매 최대10만 원 할인받고
▼▼ 퀸사이즈 매트리스 득템하기 ▼▼

• 비홍보성 포스팅에 링크 기입 예시 2 •

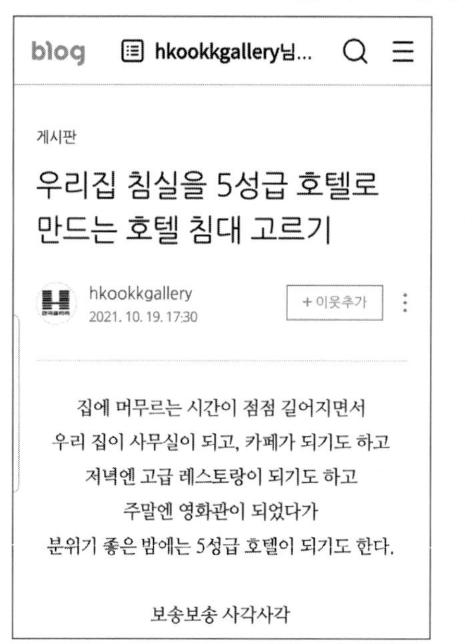

또한 이렇게 포스팅 중간이나 하단 부분에 애 블로그의 또 다른 포스팅의 링크를 입력하게 되면 최적화 점수 중 하나인 '페이지뷰' 점수와 '체류시간' 점수에도 도움이 될 수 있습니다. 포스팅에 있는 링크를 클릭하면 새로운 콘텐츠를 클릭하는 것이기 때문에 '페이지뷰' 점수가 올라가며, 새로운 콘텐츠를 읽어보는 시간으로 인해 블로그에 머물러 있는 '체류시간'이 증가하기 때문에 점수가 올라갑니다.

또한 "아래를 클릭하세요. 문의주세요. 전화주세요." 등과 같이 어떠한 목적을 가지고 구독자의 행위를 대놓고 유도하는 문구도 홍보성 문구로 인지될 수 있습니다. 따라서 비홍보성 포스팅에 행동을 유도하는 문구를 사용하고 싶다면 이미지에 글자를 넣어 활용하면 됩니다. 이미지에 있는 글자는 네이버 알고리즘이 파악하지 못하기 때문입니다.

지금까지 블로그 포스팅 주제와 포스팅 작성 방법에 대해 알아보았습니다.

이렇게 열심히 포스팅을 했는데 내 블로그에 들어오는 사람이 없어 판매하고 있는 상품을 아무도 보지 못한다면 그 블로그는 홍보 마케팅의 효과가 없을 것입니다.

따라서 이제 블로그에 더욱더 많은 사람을 유입시켜 포스팅을 보고 판매 아이템을 인지하여 구매로 전환될 수 있도록 광고 없이 네이버 통합검색에 상단에 노출될 수 있게 하는 상위노출 방법에 대해 알아보겠습니다.

3) 네이버 블로그 상위노출 방법

네이버 블로그 포스팅을 광고 없이 상위노출시키는 방법은 다음과 같습니다.

키워드 활용 및 제목

(1) 블로그 포스팅 제목에 키워드 입력

포스팅 제목에는 키워드를 1~3개 이하로 조합하여 입력하는 것이 가장 이상적입니다(예: 봄동겉절이 만드는 법 극찬받은 봄동무침 봄동요리). 해당 포스팅 제목에는 봄동겉절이, 봄동무침, 봄동요리 등 3가지의 봄동 관련 키워드를 넣었습니다. 포스팅 제목이 중요하다는 생각에 노출 욕심이 생겨 많은 키워드를 넣게 되면 오히려 네이버 알고리즘이 해당 포스팅의 주제와 내용을 파악하지 못해 노출 순위가 떨어질 수 있습니다.

또한 포스팅 제목을 작성할 때 키워드를 단순 나열하는 것보다 말이 되도록 짧고 간결한 문장 형태로 입력해 주면 더욱 좋습니다. 예를 들어, 반려견 관련 상품을 판매하고 있다고 가정하겠습니다. '강아지' '반려견' '애완견' 이렇게 3개의 키워드를 네이버에 검색하였을 때 내 블로그의 포스팅이 노출되었으면 좋겠다는 욕심에 포스팅 제목을 '강아지 용품/반려견 용품/애완견 용품'의 방식으로 키워드를 나열하여 제목을 작성하는 것은 좋지 않습니다. 만약 3가지 키워드를 모두 다 사용하고 싶다면 1개의 키워드당 하나의 포스팅으로 '귀여운 강아지용품 필수템' 등의 형태로 제목을 작성하여 각각 포스팅을 작성해 주거나 3개의 키워드를 하나의 문장 형태로 가시성이 좋게 연결해 사용해 주는 것이 좋습니다.

추가로, 매일 같은 키워드를 사용해 포스팅을 하는 것도 좋지 않습니다. 예를 들어, 오늘 '귀여운 강아지용품 필수템 Top 5'라는 제목으로 포스팅을 했는데 '강아지용품'이라는 키워드로 다시 한 번 포스팅을 하고 싶다면 3일 정도 이후에 하는 것이 좋습니다. 상위노출을 목적으로 매일 포스팅 제목과 본문에 같은 키워드로 포스팅을 하게 되면 오히려 키워드 남발이 되어 정상적인 검색로직을 위반하여 사람들을 끌어들이려는 블로그로 오인받아 블로그가 저품질이 될 수도 있기 때문입니다. 이때 '저품질'이란 네이버와 같은 인터넷 포털 사이트에 블로그가 전혀 노출되지 않는 상태를 말합니다. 따라서 동일한 키워드를 사용하여 포스팅을 다시 올리고 싶다면 최소 2~3일 뒤에 해 주는 것이 좋으며, 그 2~3일 동안에는 다른 키워드로 포스팅을 해 주면 좋습니다. 여러분은 블로그가 저품질이 되지 않도록 앞서 조사한 키워드 엑셀표를 참고하여 되도록 다양한 키워드로 포스팅을 해 주는 것이 중요합니다.

(2) 블로그 포스팅 제목의 길이, 영어 및 기호 활용

블로그 포스팅 제목은 최소 7자에서 최대 28자까지 등록하는 것이 좋습니다. 이는 단어 간 띄어쓰기를 포함한 숫자이며, 네이버 파워콘텐츠 작성 기준입니다. 파워콘텐츠는 네이버 블로그, 카페, 포스트 등의 채널을 광고할 수 있는 광고 채널입니다. 네이버에서 블로그로 광고를 할 때 정한 규격이라는 것은 해당 기준이 네이버가 원하는 블로그의 구성이라고 보아도 무방합니다.

블로그 포스팅 제목이 28자 이상이어도 1위 상위노출에 지장이 없는 것이 확인되었지만, 가시성을 위해서라도 해당 기준을 지켜 주는 것이 좋습니다. 또한 제목에 기호([ ] 등) 및 영어가 있어도 상위노출이 가능함을 2023년 1월과 2월에 모두 테스트 완료하였습니다. 다만, 제목의 가시성을 저해할 정도로 불

필요한 기호를 너무 많이 넣게 되면 노출 순위가 떨어질 수 있으니 유의하는 것이 좋습니다.

(3) 포스팅 첫 문단에 키워드 입력

포스팅 제목을 만들고 본격적으로 글을 쓸 때 가장 첫 문단에 키워드를 입력해 주세요. 당연히 포스팅 제목에 입력한 키워드를 동일하게 입력해야 하며 최소 1회~최대 6회까지 반복하여 입력합니다. 너무 많은 키워드를 다량으로 입력하거나 포스팅 내용과 관계 없는 키워드를 입력하게 되면 오히려 블로그 노출 순위가 하락되거나 저품질이 될 수 있으니 유의하세요. 한 가지 팁으로, 포스팅 제목을 본문 첫 문단에 그대로 한 번 더 써 주게 되면 자연스럽게 포스팅 본문에 키워드가 1번 입력되는 것입니다.

(4) 키워드 값 변경

포스팅 첫 문단에 입력한 키워드의 색상, 굵기, 크기 등 3가지 값을 변경하여 강조를 해 주면 좋습니다. 예를 들어, 포스팅의 다른 글자들은 15포인트, 검정색, 일반 굵기인데, 포스팅 제목에 특정 키워드가 있고 해당 키워드가 첫 문단에 다른 값으로 입력되어 있으면 네이버 알고리즘이 해당 키워드를 포스팅의 주제라고 인식하여 누군가가 해당 키워드를 네이버에 검색했을 때 통합검색 결과 화면에서 매칭시켜 줄 가능성이 매우 높아지게 됩니다.

(5) 키워드 추가 반복 입력

포스팅 나머지 글에도 제목과 첫 문단에 입력한 키워드를 최소 3번 이상 최대 20번 이하로 문장 사이사이 곳곳에 반복하여 입력해 주면 좋습니다. 깨끗한 네이버 아이디로 블로그를 만들어 오랫동안 양질의 포스팅으로 성실히 운영하여 블로그 자체의 지수가 매우 높은 블로그라면 포스팅 제목에만 키워드를 넣어도 상위에 잘 노출되는 경우도 있지만, 아직 블로그를 운영한 지 얼마

되지 않은 블로그라면 포스팅의 본문에도 검색키워드를 여러 번 입력해 주는 것이 노출에 훨씬 도움이 됩니다.

만약 포스팅 본문에 키워드를 어떤 식으로 배치해야 할지 모르겠다면 해당 키워드로 이미 상위노출되어 있는 다른 블로그를 벤치마킹하는 것도 좋은 방법입니다. 예를 들어, 2차키워드 중 '다이어트 음식 만들기'라는 키워드가 있다면 해당 키워드를 네이버에 검색해 봅니다. 그러면 네이버 통합검색 화면에 노출되고 있는 블로그들이 있습니다. 상위노출되고 있는 블로그 포스팅을 클릭해서 들어간 다음 화면에서 'Ctrl+F' 버튼을 누르면 블로그 화면 상단에 검색창이 보일 것입니다.

해당 검색창에 '다이어트 음식'을 검색하면 이 블로그에 다이어트 음식 키워드가 몇 번 반복되었는지 키워드 옆에 숫자로 표기되며, 포스팅 본문에 해당 키워드가 어디에 배치가 되어 있는지 노란 표시가 되어 쉽게 파악할 수 있습니다.

만약 상위노출되고 있는 블로그가 첫 문단에 키워드를 한 번 반복했고 두 번째 문단에 두 번 반복했다면 여러분도 해당 키워드를 활용할 때 비슷하게 반복하여 배치해 주면 됩니다. 이 키워드를 검색했을 때 이 블로그가 상위에 노출되어 있다는 것은 포스팅의 내용과 구성이 네이버 봇(프로그램)에 적합하게 작성되었기 때문에 참고해 볼 필요가 있습니다. 이렇게 검색 키워드를 제목과 본문에 입력하게 되면 포스팅의 '정보 정확도'가 올라가 해당 키워드를 검색하는 사람들이 원하는 정보를 빨리 찾을 수 있도록 정확도가 높은 해당 포스팅을 상위에 노출시켜 주게 됩니다.

포스팅 레이아웃 및 콘텐츠 구성: 사진, 동영상, 지도 등

(6) 모바일/PC 포스팅 구성

여러분이 일반인을 대상으로 영업 마케팅을 하는 B2C라면 블로그 포스팅 작성 시 모바일 화면에 맞춰 포스팅 글을 작성하는 것이 좋습니다. 반면, 기업 대 기업으로 영업 마케팅을 하는 B2B나 정부기관을 상대로 영업을 하는 B2G라면 PC 화면을 기준으로 포스팅 글을 작성하는 것이 좋습니다. 모바일 화면과 PC 화면 각각 문장 줄 바꿈을 했을 때 보이는 화면이 다르니 되도록 깔끔하게 정리하여 포스팅을 해야 합니다. 블로그 포스팅 시 하단 맨 우측에 보면 **'모바일 및 PC 화면'**을 선택하여 포스팅을 작성하고 수정할 수 있으니 참고하세요.

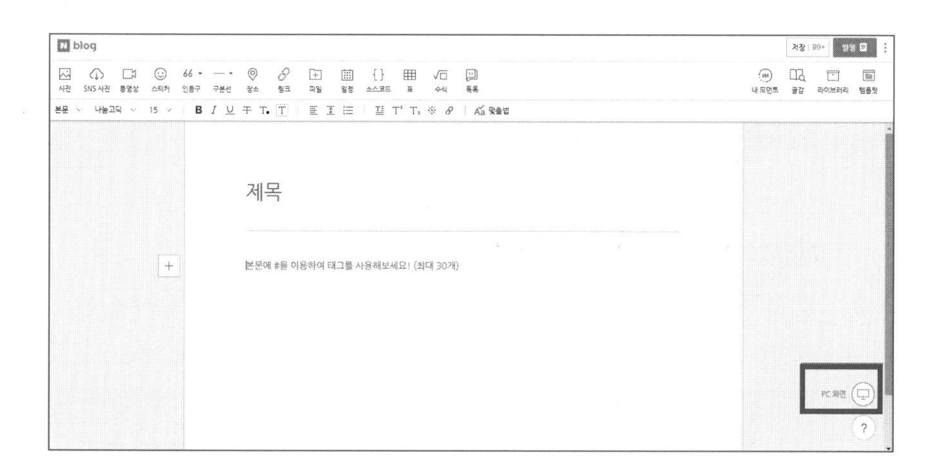

또한 네이버 블로그 포스팅 시 상단 우축에 보면 **'템플릿'**이라는 메뉴가 있습니다. 템플릿 메뉴를 클릭해 보면 네이버가 만들어 놓은 포스팅 템플릿들이 있습니다. 마우스를 올려 보면 미리보기 화면을 볼 수 있으니 마음에 드는 템플릿을 선택하여 포스팅을 하면 쉽고 빠르게 가독성이 좋은 예쁘고 멋진 구성의 글을 쉽게 완성할 수 있으니 꼭 참고하기 바랍니다.

(7) 포스팅 작성 순서

블로그 포스팅 작성 시 글부터 작성해도 상위노출이 가능하나 2023년 1월 이후 이미지부터 시작하는 포스팅이 대부분 1등으로 순서가 노출되는 것을 확인하였습니다.

(8) 네이버에서 제공하는 기능 활용

포스팅 글 작성 시 화면 상단에 네이버에서 제공하는 다양한 기능(사진, 동영상, 스티커, 구분선, 장소, 템플릿, 표 등)을 적극적으로 활용하는 것이 좋습니다. 같은 주제라고 하더라도 글과 사진, 동영상, 지도 등 다양한 콘텐츠가 있는 포스팅은 구독자들의 가독성을 높여 체류시간을 끌어올리고 이탈률을 방지하여 지수가 올리는 효과를 기대할 수 있기 때문입니다. 또한 알고리즘상으로도 훨씬 풍성한 정보를 제공하는 것으로 인식되기에 보다 쉽게 상위노출이 될 수 있습니다. 이때 당연히 포스팅의 내용에 따라 적합한 기능만을 사용하는 것이 좋습니다. 만약 매번 포스팅할 때마다 동영상이나 지도를 넣기가 부담스럽고 어려운 상황이라면 글과 사진을 조금 더 풍성하게 기입해 주면 좋습니다.

(9) 사진 개수

사진은 하나의 포스팅당 최소 7장 이상 넣어 주는 것이 좋습니다. 만약 온라인에서 경쟁이 심한 맛집, 뷰티, 성형, 다이어트 등의 업종이라면 하나의 포스팅에 최소 10장 이상의 사진을 넣어 줍니다. 네이버 통합검색에 상위노출이 잘 되고 있는 맛집 블로그를 살펴보면 하나의 포스팅에 약 10장 이상씩의 사진이 들어 있는 것을 쉽게 확인할 수 있습니다.

(10) 사진 품질지수

블로그 포스팅 시 사진은 핸드폰이나 디지털카메라로 직접 찍은 원본 사진을 활용하는 것이 품질지수가 가장 좋은 콘텐츠로 인식되어 상위노출에 도움이 됩니다.

핸드폰으로 사진을 찍고 포스팅을 PC로 하는 경우가 있습니다. 이때 PC에 카카오톡을 설치하여 핸드폰으로 찍은 사진을 카카오톡으로 보내 다운로드 받는 경우가 있는데, 사진 전송 전 반드시 '원본' 기능을 체크하고 송부하는 것이 좋습니다. 그래야 사진의 속성값이 사라지지 않고 그대로 전송되어 네이버에서 원본 사진으로 인식될 수 있습니다.

먼저, 카카오톡으로 사진을 송부할 때 송부할 사진 선택 후 핸드폰 화면 하단에 '∘∘∘ (오른쪽 점 세 개)'를 클릭해 주세요.

그리고 팝업창 중앙에 있는 '원본' 기능을 체크합니다.

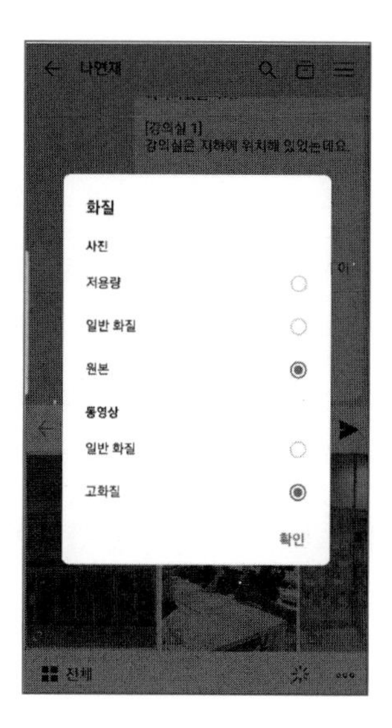

네이버는 사진의 속성값을 모두 인지합니다. 사진의 속성값을 확인하는 방법은 우선 사진 위에 마우스를 올리고 우클릭을 하여 맨 하단 '속성'을 클릭하고 '자세히'를 클릭해 보면 사진을 찍은 날짜, 카메라 정보, 화이트밸런스, 밝기 등 다양한 정보를 볼 수 있습니다.

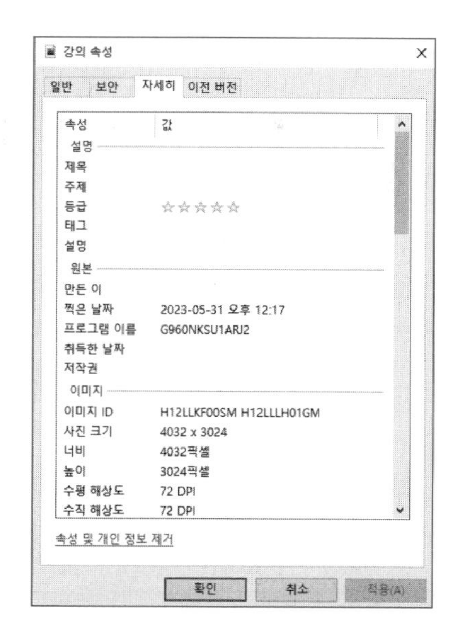

이러한 정보를 사진의 속성값이라고 하고, 네이버에서 해당 속성값을 인지하는 것입니다.

여러분이 카카오톡으로 사진을 공유할 때 원본 기능을 체크하지 않고 송부하게 되면 사진 속성값이 모두 사라집니다. 그러면 네이버는 해당 사진의 속성값을 읽지 못하여 원본 사진으로 인지하지 않고 스크랩해 오거나 공유해 온 사진으로 인식하여 상위노출 순위에서 밀릴 수 있습니다. 그래서 반드시 사진의 속성값이 살아 있도록 전송하는 것이 좋습니다. 이메일로 사진을 보내거나 네이버 Mybox에 사진 저장 후 다운로드하여 활용하는 것은 모두 속성값이 살아 있어 괜찮습니다. 혹 이 방법도 괜찮을지 저 방법도 괜찮을지 궁금한 분들은 사진에 마우스 우클릭하여 '속성 > 자세히'를 들어가 속성값이 입력되어 있는지를 확인해 보세요. 어떠한 방법이든 속성값이 입력되어 있으면 원본 사진으로 인식되어 좋습니다.

만약 사진이 직접 찍은 원본 사진이 아닌 경우, 예를 들어 구글에서 사진을 다운로드하거나 픽사베이 같은 사이트에서 사진을 받은 경우 등 원본 사진으로 인식되기 어려운 사진을 블로그 포스팅에 사용해야 하는 경우가 있을 수 있습니다. 그때에는 부득이하게 '**사진세탁**' 기술을 활용하세요. 사진세탁을 하는 방법은 여러 가지가 있지만, 여기에서는 포토스케이프 프로그램을 활용해 진행해 보겠습니다.

포토스케이프 프로그램을 활용한 사진세탁 기술 활용

먼저, 네이버에 '포토스케이프'를 검색해 프로그램을 다운로드합니다. 해당 프로그램은 누구나 무료로 다운받아 활용할 수 있는 사진 편집 프로그램이니 편하게 사용할 수 있습니다. 포토스케이프 검색 후 사이트에 들어가 3.7 버전을 다운로드합니다. 이후 프로그램을 실행시키고 상단에 '사진편집' 메뉴를 클릭해서 들어갑니다.

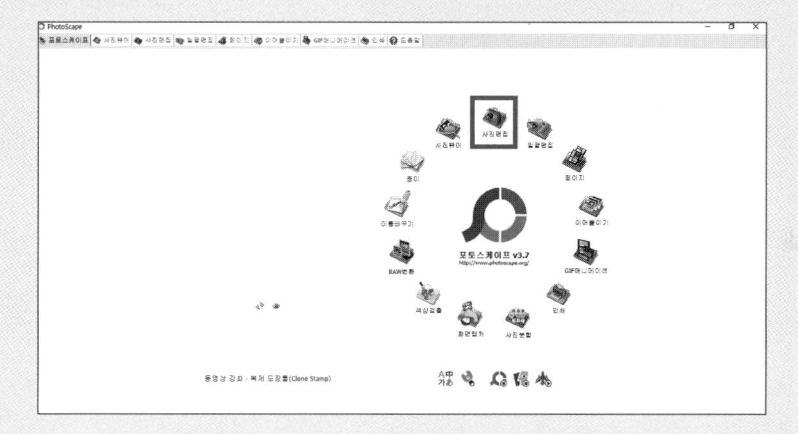

'사진편집' 메뉴를 클릭하면 화면 왼쪽에 컴퓨터 폴더가 보일 것입니다. 폴더에서 세탁할 사진을 선택합니다. 사진 선택 후 화면 오른쪽 하단에 '메뉴'를 클릭 후 'Exif 정보'를 클릭해 보세요. Exif 정보는 사진의 속성값을 볼 수 있는 메뉴입니다. 이렇게 포토스케이프 프로그램을 통해서도 사진 속성값을 확인할 수 있습니다.

해당 해바라기 사진을 카카오톡으로 전송할 때 '원본' 기능을 체크하지 않았습니다. 그랬더니 다음과 같이 속성값이 아무것도 인식되지 않았습니다. 해당 사진이 원본사진으로 인식될 수 있도록 작업해 보겠습니다.

먼저, 왼쪽 화면에서 세탁할 사진 위에 마우스를 올려 놓고 우클릭을 합니다. 그럼 팝업창이 뜨는데 밑에서 두 번째 'Exif 정보 삭제'를 클릭합니다. 이로써 사진의 모든 값과 정보를 깨끗하게 삭제하여 혹시라도 모를 중복 이미지를 피해 갈 수 있습니다.

참고로, 사진이 PNG 파일인 경우 포토스케이프에서 Exif 정보 삭제를 할 수 없습니다. 따라서 만약 세탁해야 할 사진이 PNG 파일인 경우 JPG 파일로 변경합니다. 사진에서 마우스 우클릭 후 '편집'을 클릭하면 그림판이 나오는데, 화면 상단 '파일' 클릭 후 '다른 이름으로 저장'을 누르고 파일 형식을 JPG로 하여 저장합니다. 'Exif 정보 삭제'를 클릭하여 깨끗하게 하였으면 이제 새로운 사진 속성값을 넣어 줍니다.

먼저, 프로그램 하단에 '밝기, 색상' 메뉴를 클릭하여 진하게, 밝게, 어둡게 값을 조절해 줍니다. 원본 사진이 미워지지 않을 정도로 살짝 조절을 해 주면 됩니다. 그리고 '확인' 버튼을 클릭합니다.

그다음 프로그램 하단의 '도구' 메뉴 클릭 후 '페인트 브러쉬'를 클릭하고 바로 위 팔렛트(컬러 선택)를 클릭하여 사진에 있는 색상과 비슷한 색상을 골라 점을 몇 개 찍어 줍니다. 동일한 색상으로 점을 찍었기 때문에 육안으로 보았을 때에는 식별이 어려우나 네이버 알고리즘은 새로운 색상값을 인지합니다. 만약 동일한 색상을 선택하는 것이 도저히 어렵다면 Exif 삭제 후 밝기 색상값만 조절 후 다음 단계로 넘어갑니다.

프로그램 하단 오른쪽의 '저장' 버튼 클릭 후 옵션에서 상단 2개 메뉴만 클릭 후 저장합니다. 이때 '다른 이름으로 저장'을 선택하여 포스팅 키워드를 입력해 주면 네이버 통합검색 이미지 부분에 노출될 확률이 높습니다.

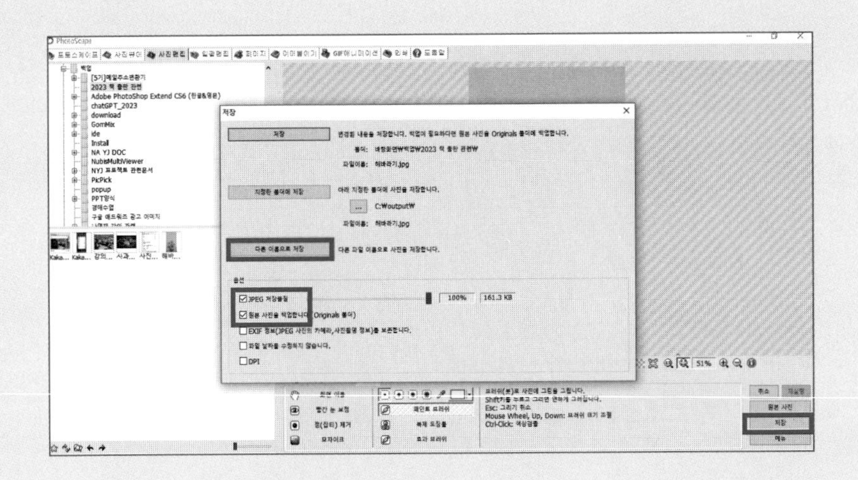

여기까지 한 다음 저장된 사진을 찾아 마우스 우클릭을 하여 '속성 > 자세히'를 들어갑니다. 그럼 이렇게 사진 속성값 화면이 보이는데 값들을 하나씩 클릭하여 새로운 값을 입력합니다. 찍은 날짜 및 취득한 날짜도 달력을 선택하여 최근 날짜로 입력을 해 주고 카메라 정보도 입력합니다. 어떻게 입력을 해야 할지 모르겠는 분들은 핸드폰으로 아무 사진이나 찍은 뒤 카카오톡을 통해 원본 기능 체크 후 송부합니다.

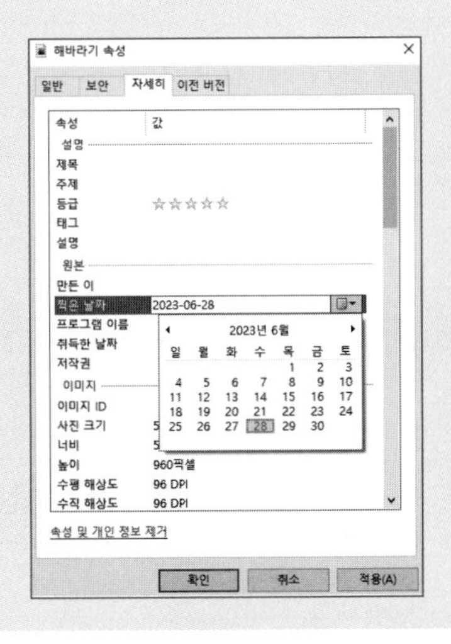

왼쪽 사진이 카카오톡 원본 기능을 체크하여 송부한 원본사진의 속성 화면이고, 오른쪽 사진이 포토스케이프로 기본 작업을 해 놓은 세탁사진의 속성 화면입니다. 원본사진의 속성값을 복사하여 세탁할 사진에 붙여넣기하면 입력이 됩니다.

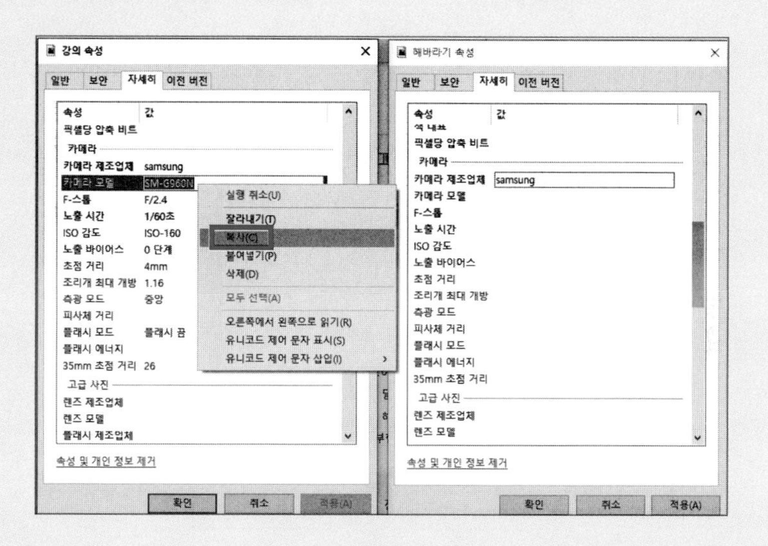

세탁할 사진에 속성값을 모두 입력하였으면 세탁한 사진 하단 오른쪽에 '적용' 클릭 후 '확인'을 클릭합니다.

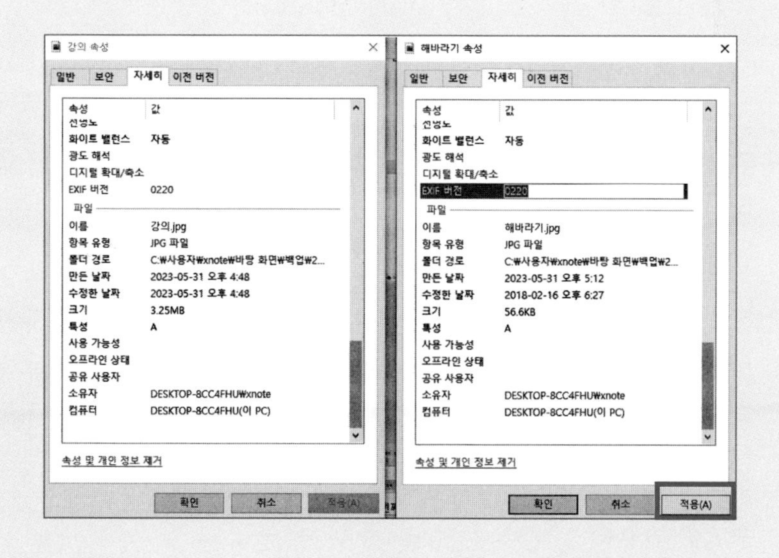

그런 다음 다시 해당 사진에 마우스 우클릭하여 속성값을 보면 처음에는 아무것도 없었던 사진에서 새로운 속성값이 들어간 사진으로 잘 변경된 것을 확인할 수 있습니다.

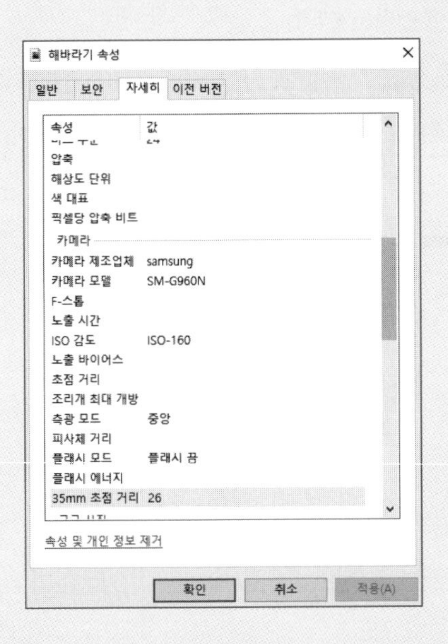

이렇게 되면 Exif 삭제로 모든 기록을 깨끗하게 지워 놓고 값을 입력하게 되면 중복 이미지도 피할 수 있으면서 새로운 속성값이 인식되어 원본사진으로 인식될 수 있습니다.

추가로, 해상도가 낮거나 일부 또는 전부가 깨져 보여 실체를 선명하게 알아보기 어려운 사진은 상위노출에 도움이 되지 않으며 단순 텍스트로만 구성된 '이미지'(예: 카드뉴스)로만 구성된 포스팅도 노출 순서에서 밀릴 수 있으니 참고하기 바랍니다.

또한 다른 사람이 블로그에 올린 이미지나 보도자료 이미지를 캡처하여 내 블로그에 그대로 가져다 사용하는 행위도 좋지 않습니다. 저작권 문제도 있을 수 있지만, 네이버 입장에서 똑같은 이미지를 통합검색 부분에 동시에 올려 줄 필요는 없습니다. 유사 이미지 또는 유사 콘텐츠에 해당되어 노출이 잘 안 될 수도 있습니다.

만약 다른 사람의 사진을 활용해야 하는 경우에는 사전에 쪽지나 댓글을 통해 사용 여부를 확인받고, 출처를 기입한 다음, 사진세탁을 통해 원본 사진으로 속성값을 변경한 후 사용하는 것이 안전합니다.

(11) 사진 및 이미지의 파일 이름에 키워드 입력

블로그에 올리는 사진의 파일 이름에 키워드를 입력하게 되면 누군가 네이버에 해당 키워드를 검색했을 때 네이버 통합검색의 '이미지' 부분에 키워드가 입력된 사진이 노출될 수 있습니다. 해당 사진을 클릭하면 블로그로 유입됩니다. 사진을 컴퓨터에 저장할 때 '파일 이름' 부분에 검색 키워드를 입력하면 됩니다. 이때 키워드는 포스팅 제목과 본문에 반복해서 입력한 키워드를 입력합니다.

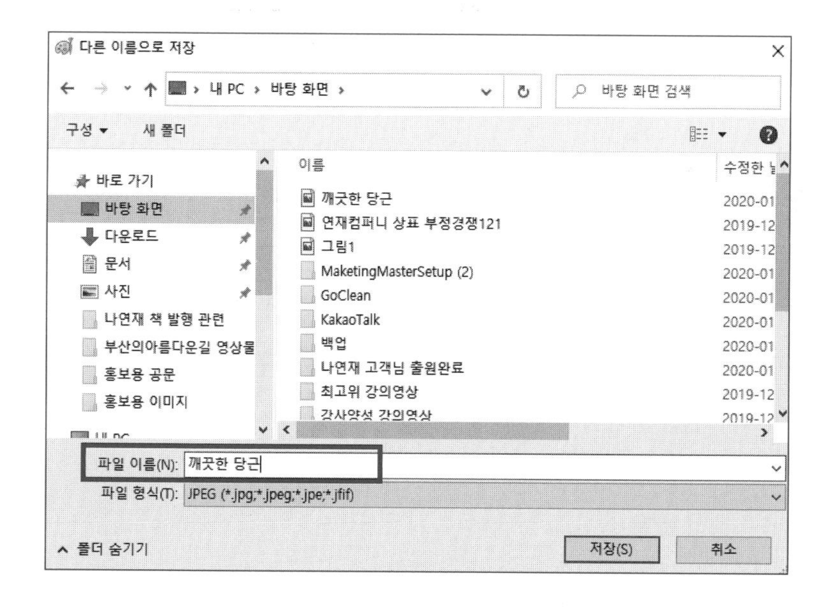

이때 검색 노출을 의도하고 하나의 사진에 여러 개의 키워드를 입력하는 것은 좋지 않은 행위입니다. 하나의 사진당 1~2개 정도의 키워드를 입력하면 됩니다.

(12) 사진 및 이미지 등의 미디어 요소

블로그 포스팅 작성 시 다양한 사진 및 이미지(카드뉴스, gif 등)를 활용하는 것은 상위노출에 영향을 미칩니다. 이때 사진 및 이미지 업로드 시 해당 콘텐츠의 설명 문구를 작성하여 네이버 검색 엔진이 해당 콘텐츠를 쉽게 인식하고 내용을 잘 이해할 수 있도록 해 주는 것도 좋습니다.

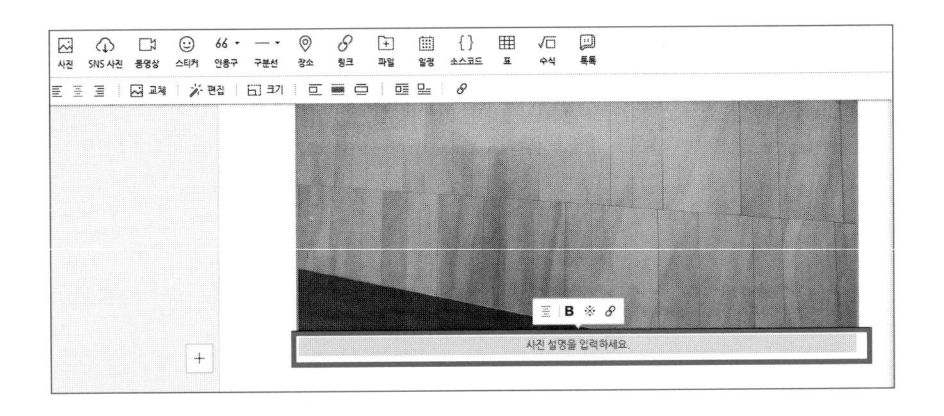

설명 문구에는 해당 사진을 네이버 알고리즘이 잘 이해할 수 있도록 사진에 대한 설명을 넣어 입력합니다. 간혹 사진 설명에도 키워드를 입력하는 경우가 있는데, 이미 사진 파일명과 포스팅 본문에 키워드를 반복해서 입력하였기 때문에 사진의 설명 부분에는 키워드를 억지로 입력하는 것보다 해당 사진에 대한 간단한 문구를 입력하면 됩니다. 포스팅에 사용하는 사진 중 강조하고 싶은 사진이거나 사진만 봐서는 이해가 어려운 사진일 때 사용하면 좋습니다.

(13) 동영상 활용

블로그 포스팅에 동영상을 넣어 주면 포스팅 내 체류시간이 길어지고, 영상 클릭수가 유발되어 포스팅의 품질지수가 좋아집니다. 동영상을 사람들이 끝까지 다 보지 않는다고 하더라도 다양한 형태의 콘텐츠(이미지, 영상, GIF 등)가 하나의 포스팅에 포함되어 있으면 상세한 정보를 담은 유용한 포스팅으로 인지되어 상위노출에 유리할 수 있습니다. 이때 동영상의 길이는 30~60초가 가장 적절합니다.

(14) 동영상 제목과 설명 문구

동영상의 미디어 요소도 검색엔진최적화(SEO)에 영향을 미칠 수 있습니다. 따라서 동영상 업로드 시 제목과 설명 문구를 작성하여 네이버 검색 엔진이 해당 영상 콘텐츠를 쉽게 인식하고 내용을 잘 이해할 수 있도록 하는 것이 좋습니다. 참고로, 동영상과 사진 등의 이미지 콘텐츠에 입력하는 키워드도 개수에 적용이 됩니다. 따라서 설명 부분에 키워드를 억지로 입력하는 것보다 해당 동영상에 대한 간단한 문구를 입력하여 포스팅 본문에 키워드가 최대 20번이 넘어가지 않도록 조절하면 좋습니다.

(15) 지도 및 GIF, 표 등 다양한 형태의 콘텐츠 활용

포스팅 내 다양한 형태의 콘텐츠가 있을수록 상위노출에 유리합니다. 하나의 포스팅에 사진, 글, 동영상, 지도 등의 콘텐츠가 다양하게 포함되어 있을수록 글을 보는 사람들의 이해를 도울 수 있는 양질의 콘텐츠라고 생각하여 상위에 노출시켜 주는 경향이 있습니다.

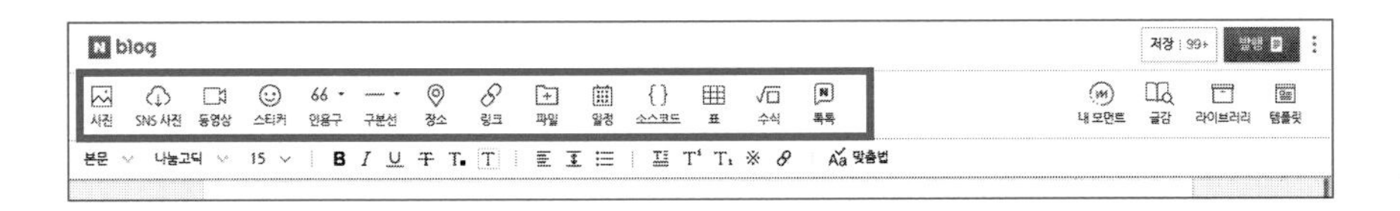

따라서 블로그 포스팅 작성 시 네이버가 제공하는 상단 기능[사진, 동영상, 장소(지도), 링크, 파일 등]들을 적극적으로 이용하면 상위노출에 도움이 됩니다. 만약 다양한 형태의 콘텐츠를 매번 포스팅할 때마다 활용하기 어렵다면 글과 사진 정도로 구성하되 동영상과 지도 등을 사용하지 않는 만큼 더 상세한 글과

풍부한 사진을 활용하여 보는 사람이 콘텐츠를 잘 이해할 수 있도록 작성해 주는 것이 좋습니다.

포스팅 텍스트 및 링크 구조

(16) 오피스 문서에 글 작성 후 복사 및 붙여넣기 행위 금지

엑셀, 워드, 파워포인트, 한글과 같은 오피스 문서에 글을 작성한 후 포스팅 시 복사 및 붙여넣기를 하면 검색로직이 문서 속성값을 크롤링하여 인지합니다. 해당 글은 직접 작성한 원본 포스팅으로 인지하지 않고 스크랩 또는 공유글로 오판단되어 상위노출에 순서가 밀릴 수 있습니다. 간혹 다른 블로거가 작성한 포스팅을 여러분의 블로그로 스크랩해 오는 경우도 있는데, 이 경우 그 사람 블로그 지수는 좋아지지만 여러분 블로그 지수는 반대로 낮아질 수 있으니 다른 사람이 작성한 글을 공유하거나 스크랩하기보다는 본인이 직접 블로그 포스팅을 하는 것이 좋습니다.

(17) 포스팅 텍스트 입력 시 직접 타이핑

포스팅 작성 시 직접 타이핑을 하여 포스팅을 작성하는 것이 가장 좋습니다. 만약 미리 포스팅 글을 써 놓고 싶은 경우에는 속성값 자체가 'txt.' 파일인 메모장을 활용하면 됩니다.

(18) 포스팅 작성 시 텍스트 글자수

포스팅 작성 시 글자수는 최소 700자 이상 되도록 작성하는 것이 좋습니다. 해당 기준은 네이버 블로그와 네이버 카페로 네이버 통합검색에 광고할 수 있는 '네이버 파워컨텐츠'의 기준으로 네이버에서 정한 규격이라고 보면 됩니다. 상위노출이 반드시 필요한 포스팅의 경우 띄어쓰기 포함 2,000~3,000자 정도로 작성하는 것이 유리하며, 네이버 **'글자수세기'**를 활용하면 글자수가 몇 자인지 쉽게 파악이 가능합니다.

이렇게 '글자수세기'를 활용하면 본인이 작성한 포스팅 글자수를 쉽게 알 수 있으며 블로그 포스팅을 할 때 너무 짧게 포스팅을 하지 않는다면 700자 이상의 포스팅을 하는 것은 크게 어렵지 않습니다.

(19) 포스팅 내용 정확도

포스팅의 내용은 제목과 관련된 내용으로 최소 70% 이상 구성되도록 작성하는 것이 좋습니다. 포스팅 제목에 입력한 키워드가 반복적으로 자연스럽게 입력될 수 있도록 내용을 구성하는 것입니다. 당연한 이야기이지만 포스팅 제목을 '온라인 마케팅교육 후기'라고 입력했으면, 포스팅 내용은 온라인 마케팅교육에 대한 내용으로 70% 이상 구성되어 있어야 합니다. 간혹 온라인 마케팅교육 후기라고 제목을 써 놓고 내용은 교육에 대한 내용보다 주변 풍경 사진이나 사람들과 마시는 커피 사진 등 전혀 상관없는 사진과 문장들을 더 많이 써 놓은 글들이 있습니다. 이렇게 되면 글의 정확도 점수가 하락해 해당 키워드를 검색한 사람들의 통합검색 화면에는 노출되지 않을 수 있으니 유의해야 합니다.

(20) 포스팅 수정 및 삭제

포스팅 발행 후 수정이 필요한 경우가 있습니다. 띄어쓰기나 받침 등의 수정 정도는 충분히 가능합니다. 다만, 포스팅의 주제에 해당하는 키워드를 변경해야 하는 경우 차라리 해당 키워드로 새로운 포스팅을 업로드하는 것이 좋습니다. 되도록 포스팅 발행 후에는 수정을 하지 않는 것이 가장 좋기는 하기 때문에 사전에 포스팅을 메모장에 미리 써 놓고, '한국어 맞춤법/문법 검사기'를 활용해 최종 점검 후 포스팅을 업로드하는 것이 좋습니다.

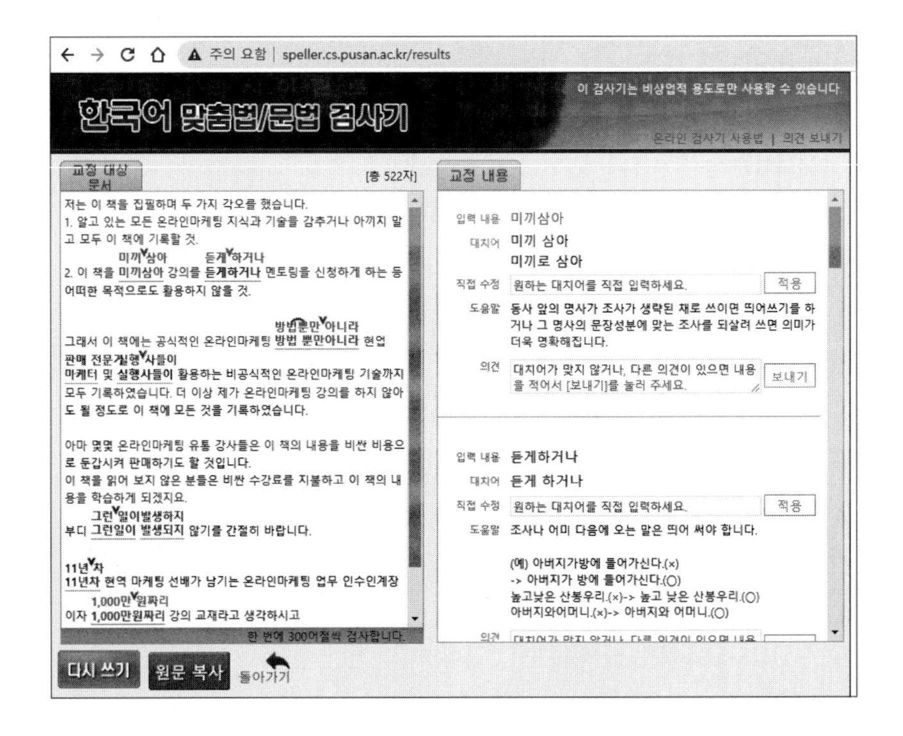

포스팅 삭제의 경우 되도록 하지 않는 것이 좋습니다. 간혹 이전에 작성해 놓은 포스팅이 현재 사업과는 맞지 않거나 너무 개인적인 포스팅이라 더 이상 노출시키고 싶지 않아서 등 다양한 이유로 삭제를 고민하는 경우가 있는데, 해당 포스팅이 남을 비방하거나 개인정보를 너무 노출시킨 포스팅이 아니라면 그대로 유지하는 것이 좋습니다. 이전에 작성해 놓은 포스팅을 보려고 유입되는 사람들이 여전히 있을 수도 있고, 해당 글이 네이버에 좋은 점수를 받았던 포스팅이라면 삭제했을 때 유입자 감소와 지수 하락 등이 발생할 수 있기 때문입니다.

실제로 운영하던 블로그 중 2010년도부터 네이버 블로그를 개인 일상 블로그로 운영해 오다가 2016년도에 사업을 시작하게 되어 2010년도부터 작성해 놓았던 포스팅을 한꺼번에 대거 삭제한 적이 있었습니다. 그 결과, 해당 블로그는 저품질 블로그가 되어 네이버에서 사람들이 찾을 수 없는 블로그가 되었던 적이 있습니다.

간혹 이러한 이야기 때문에 어떤 분들은 "지금 운영하고 있는 블로그가 있는데 새로 사업을 시작하게 되었습니다. 현재 블로그와 주제가 맞지 않으니 기존 블로그 포스팅을 삭제하지 말고 그냥 그 사업을 주제로 한 블로그를 새로 운영하는 게 좋나요?"라고 물어보는 분들도 있습니다. 오래전에 만들어 놓은 일상 블로그이고 이전에 작성해 놓은 포스팅이 있으며 해당 포스팅이 현재 네이버에도 잘 노출되고 있다면 저는 그 블로그를 계속 사용하라고 말합니다.

새로 블로그를 만들어 시작하려면 제로 베이스에서 다시 시작해야 합니다. 만약 내부에 마케팅을 전담할 직원이 있고, 시간적 여유가 있거나 블로그 포스팅을 맡길 금전적 여유가 있다면 블로그를 하나 더 만들어서 동시에 2개를 운영하는 것도 좋은 방법입니다. 그러나 만약 혼자서 모든 업무를 다 해야 하는 1인 사업자이거나 여유가 없는 분들은 개인 블로그와 기업용 브랜드 블로그를 구분하여 2개를 운영하기 시작하면 콘텐츠 내용에서 부담을 느껴 쉽게 포기하게 되는 경우가 있습니다. 따라서 이미 점수를 잘 받아 놓은 블로그가 있다면 그 블로그를 이용하는 것이 좋습니다.

블로그의 주제는 바뀔 수 있습니다. 개인이 사업을 시작할 수도 있고 사업을 하다가 다시 회사에 입사하게 될 수 있는 것처럼 네이버도 이 부분을 인지하고 있습니다. 따라서 기존에 운영하던 블로그 정보 화면에 들어가 현재 사업에 맞게 변경 세팅하고 기존에 블로그에 들어오는 사람들을 위해 공지글을 올린 뒤 변경한 주제에 맞게 포스팅을 올리면 됩니다.

(21) 링크 구조 개선하기

링크 구조 개선은 검색엔진최적화(SEO)에서 중요한 역할을 합니다. 링크 구조란 웹 사이트 내에서 다른 페이지로 이동할 수 있는 링크의 배치와 구성을 의미합니다. 잘 구성된 링크 구조는 검색 엔진이 웹 사이트의 구조를 이해하는데 도움을 주며, 사용자가 쉽게 탐색할 수 있는 웹사이트를 만들어 줍니다. 링크 구조를 개선하는 방법은 다양합니다. 가장 기본적인 방법은 내부 링크를 적절하게 배치하는 것입니다. 예를 들어, 블로그에 위젯을 설치해 사용자가 블로그 내에서 쉽게 원하는 메뉴로 이동할 수 있게 하는 것입니다. 또한 각 포스팅에서 다른 관련된 포스팅으로 쉽게 이동할 수 있도록 포스팅에 링크를 걸어주는 것도 있습니다.

이렇게 함으로써 검색 엔진은 채널 내의 각 페이지들이 서로 연결되어 있음을 파악하게 되고, 사용자는 더 많은 관련 정보를 찾을 수 있으며 체류시간이 길어져 블로그 지수를 높일 수 있습니다. 이렇게 링크를 삽입하는 경우, 콘텐츠 내용과 충분한 관련이 있는 페이지로 연결하는 것이 중요하며, 내용과 관련 없는 외부 사이트 또는 불법 사이트로의 연결 등이 확인될 경우, 노출이 제한되거나 순위가 하락될 수 있으니 유의해야 합니다.

스마트스토어나 스마트플레이스의 링크를 블로그에 입력할 때에는 앞서 살펴본 '백링크'(업무 4단계의 '9. 거미줄 상품' 부분 참조)를 활용하면 유입자 증가뿐만 아니라 스토어나 플레이스의 상위노출까지 도움을 줄 수 있으니 이 부분만 우선 기억해 두면 좋습니다.

또한 다른 사이트 및 SNS에서 여러분의 블로그로 유입될 수 있도록 링크를 활용해 주는 것도 좋습니다. 블로그 포스팅 후 하단의 '기타 보내기 내보내기' 버튼을 활용하면 다양한 외부 사이트 및 SNS로 링크를 공유할 수 있으니 참고하기 바랍니다.

해시태그

(22) 적정 해시태그 개수

포스팅 작성 완료 후 '**발행**' 버튼을 클릭하면 하단에 '**태그 편집**'이라는 메뉴가 있습니다. 태그는 다른 말로 '해시태그'로도 불리며, 내 포스팅을 검색되게 해 주는 색인 기능이라고 보면 됩니다. 하나의 포스팅당 최대 30개까지 입력할 수 있으나 30개를 모두 입력하게 되면 구독자의 피로도를 높일 수 있고 주제와 관련성이 낮은 해시태그가 섞여 있는 경우 네이버 알고리즘이 포스팅 내용을 이해하기 어렵게 만들 수 있기 때문에 본 포스팅의 제목과 본문에 입력한 검색키워드 1개를 포함해 최대 10개 이하으로 작성해 주는 것이 좋습니다.

(23) 해시태그 입력 순서

태그를 입력하는 순서에 따라서도 블로그 포스팅의 정확도가 달라져 노출순위가 바뀔 수 있기 때문에 제목과 본문에 입력한 키워드를 맨 처음에 입력하는 것이 좋습니다. 포스팅 본문과 아예 관련성이 없는 태그는 작성하지 않는 것이 좋습니다. 만약 포스팅 제목에 '다이어트음식 만들기 총정리'로 정하고 이에 관련된 포스팅을 작성하였으면, '태그' 부분에는 '#다이어트음식'이라는 태그를 제일 먼저 입력해 줍니다. 그러나 구독자의 행동을 이끌어 내기 위해 포스팅과 전혀 관련 없는 키워드(예: 다이어트와는 전혀 무관한 트래픽이 많이 잡히는 인기키워드)를 입력하게 되면 네이버 검색로직에 반하는 행위로 인지되어 블로그 지수가 하락할 수 있으며, 포스팅의 정보 정확도도 하락하여 노출이 잘 되지 않을 수도 있습니다.

(24) 해시태그 구성 방법

블로그 포스팅 시 태그를 1개 이상 쓰는 경우 포스팅 제목과 본문에 반복해서 입력했던 핵심 키워드 및 관련 키워드를 60% 정도로 구성하여 입력해 주면 좋습니다. 예를 들어, 블로그 포스팅 제목이 '봄동겉절이 만드는 법 극찬받은 봄동무침 봄동요리'라고 가정하겠습니다. 해당 블로그 포스팅의 주제는 '봄동' 관련 요리입니다. 그래서 포스팅 본문에도 제목에 기입한 키워드를 반복해서 입력했습니다. 그러면 태그 부분에도 제목과 본문에 입력한 키워드를 반드시 앞부분에 입력해 주고 관련 키워드로 최소 60% 정도는 구성을 해 주어야 좋다는 말입니다.

적용을 해 보면, '#봄동겉절이, #봄동무침 #봄동요리 #봄동레시피 #아이들반찬 #도시락메뉴' 등으로 구성할 수 있습니다. 구성을 보면 총 6개의 태그를 입력했고 6개 중 4개가 봄동 관련 키워드인 것을 볼 수 있습니다. 그리고 나머지 2개는 봄동이라는 키워드가 직접적으로 들어가지는 않았지만 관련성이 있는 간접키워드를 입력해 주었습니다. 이렇게 핵심 키워드 관련 태그를 앞부분에 60% 정도 이상 배치하여 입력하게 되면 네이버 알고리즘이 해당 포스팅을 더욱 빠르고 정확하게 이해할 수 있게 되어 누군가 봄동 키워드를 검색했을 때 해당 포스팅을 보여 줄 가능성이 매우 높아집니다.

발행 및 포스팅 주제 설정

(25) 포스팅 주제 매칭 및 즉시 발행

블로그 포스팅을 다 했으면 '발행'을 클릭한 다음 카테고리를 선택하고 포스팅의 '주제'를 반드시 설정해야 좋습니다. 포스팅이 어떤 내용인지 어느 주제에 매칭을 하면 좋을지 주제를 꼭 선택하여 네이버 봇(프로그램)에게 알려 주어야 좋습니다. 이때 선택하는 포스팅 주제가 앞서 블로그 최적화 부분 설명 시 언급했던 블로그 포스팅 주제 매칭입니다. 해당 블로그 포스팅 주제 또한 블로그 전체 주제 및 카테고리 주제와 동일하게 세팅해 주면 좋습니다.

공개는 전체공개로 하고, 발행 설정에 있는 5개 옵션을 모두 체크하는 것이 좋습니다. 또한 블로그 포스팅은 되도록 즉시 발행해 주면 좋습니다.

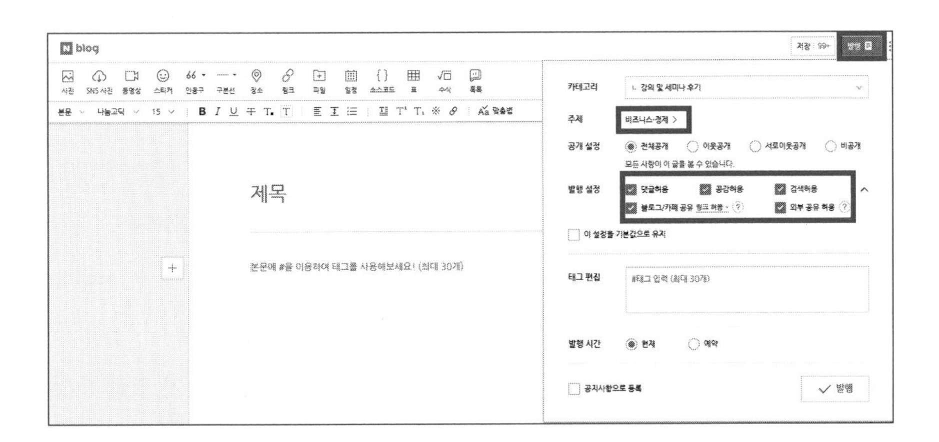

네이버에서는 우리에게 블로그를 무료로 사용하도록 제공하고 있습니다. 블로그에 창의적이고 유용한 글을 창작하여 올리라고 무료로 제공한 것입니다. 네이버에 유용하고 재밌고 창의적인 포스팅(콘텐츠)이 많이 올라오면 다음이나 구글을 이용하던 사용자들도 네이버를 많이 이용하게 될 테니 영업적으로 좋기 때문입니다. 그런데 우리가 네이버로부터 블로그를 무료로 받아 놓고 포스팅을 노출시키지 않고 계속 임시저장만 해 놓는다면 좋은 점수를 받을 수 없습니다. 따라서 주기적으로 새로운 포스팅을 작성해 사람들이 볼 수 있도록 노출할 필요가 있습니다.

(26) 댓글 및 공감 점수

블로그 포스팅의 댓글 및 공감은 상위노출에 직접적인 영향력이 크지 않습니다. 즉, 내가 작성한 블로그 포스팅에 사람들이 댓글과 공감을 달아 주지 않았다고 해서 상위노출이 안 되는 것은 아니라는 말입니다. 특정 키워드를 검색해 보니 네이버 통합검색 View 1위에 노출되고 있는 블로그 포스팅에는 공감(하트) 7개가 달려 있고 댓글은 아예 없었습니다. 반면, 2위에 노출되고 있는 블로그는 공감 17, 댓글 10개로 훨씬 더 많은 댓글과 공감이 달려 있었습니다. 이렇게 포스팅은 댓글과 공감이 많이 달려 있다고 해서 순위가 높아지는 것이 아니라 포스팅의 질과 내용의 정확도가 훨씬 더 중요한 것입니다.

간혹 포스팅에 댓글과 공감이 많이 달려 있다는 것은 글을 본 사람이 많다는 것이니 네이버가 유용한 글이라고 생각해서 상위에 노출되지 않을까 생각하시는 분들이 있을 수 있습니다. 하지만 댓글과 공감은 글의 내용을 보지 않고도 남길 수 있습니다. 또한 글의 내용과는 상관없이 어떠한 이유(개인적인 친분 등)로 남길 수도 있는 것입니다. 즉, 댓글과 공감이 많다는 이유만으로 상위노출이 되기에는 역부족입니다.

따라서 여러분이 블로그를 직접 운영할 때 댓글과 공감을 늘리기 위해 아까운 돈을 낭비하지 않으면 좋겠습니다. 잠재고객이 검색할 만한 키워드를 조사하여 해당 키워드를 포스팅의 주제로 삼아 도움이 될 만한 양질의 내용을 개발하는 데 더 노력을 기울여야 합니다.

4) 기타 네이버 블로그 마케팅 활용 방법

(1) 네이버 블로그 검색 등록하여 끌어 모으기

이제 여러분의 네이버 블로그를 다른 인터넷 포털 사이트에 검색 등록을 하여 더욱 많은 사람이 볼 수 있도록 하는 것이 좋습니다. 사람에 따라 네이버 보다 구글이나 다음을 활용하는 사람들도 있기 때문에 다음에 제시한 인터넷 포털사이트 검색 등록을 활용하여 여러분의 블로그뿐만 아니라 운영하고 있는 스마트스토어나 홈페이지, 쇼핑몰도 검색 등록을 해 주면 좋습니다.

블로그 검색 등록하기

- 다음: https://register.search.daum.net
- 구글: www.google.co.kr/intl/ko/add_url.html
- 줌: http://help.zum.com/submit

(2) 네이버 블로그 포스팅 유통하여 끌어 모으기

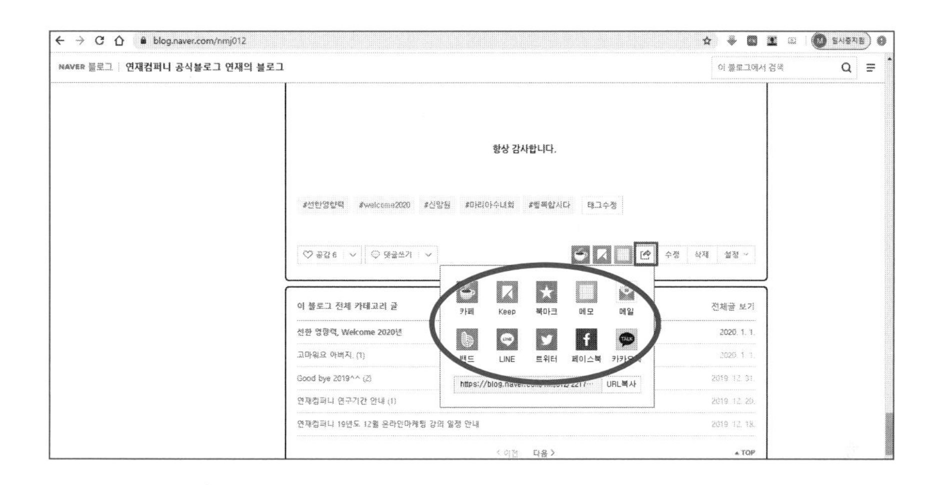

블로그 포스팅 완료 후 포스팅 하단의 '기타 보내기 펼치기' 버튼을 클릭하여 네이버 카페, 페이스북 등 다양한 SNS로 유통하면 훨씬 더 많은 유입률을 이끌어 낼 수 있습니다. 잠재고객 중에는 페이스북을 주로 보는 사람들이 있는 반면 네이버 카페를 자주 보는 사람들도 있기 때문에 네이버 블로그 포스팅을 한 뒤에 '기타 보내기 펼치기' 버튼을 활용해 다양한 SNS로 공유한다면 더욱 많은 잠재고객을 끌어모을 수 있습니다.

(3) 블로그 이웃 및 서로이웃으로 온라인 영업하기

이웃 및 서로이웃은 온라인상으로 블로그를 활용해 사람들과 관계를 맺는 작업입니다. 블로그는 이웃과 서로이웃, 두 가지의 형태로 관계를 맺을 수 있는데, 이웃은 한쪽만 신청해도 관계가 형성되며, 서로이웃은 쌍방이 동의를 해야 관계가 형성됩니다. 인스타그램으로 따지자면 이웃은 선팔이고, 서로이웃은 맞팔이라고 생각하면 됩니다.

모바일에서 블로그를 들어가면 '이웃새글' 화면부터 보입니다. 이웃새글 화면은 이웃 또는 서로이웃 맺은 사람이 올린 포스팅을 볼 수 있는 화면입니다.

인스타그램으로 따지자면 친구들이 올린 게시물이 보이는 '**피드**' 화면과 동일하다고 생각하면 됩니다. 따라서 내 블로그를 이웃이나 서로이웃으로 추가한 사람이 많으면 많을수록 블로그에 포스팅을 올렸을 때 해당 포스팅을 보는 사람이 많아져 홍보에 더욱 도움이 될 수 있습니다. 서로이웃이 어느 정도 이상 되면 서로이웃을 대상으로 이벤트를 진행하거나 판매하고 있는 상품을 저렴하게 구매하게 하여 좋은 후기를 작성하게 함으로써 자연스러운 2차 바이럴 마케팅의 효과를 누릴 수도 있습니다. 즉, 이웃 및 서로이웃 활동은 온라인상에서 누군가와 관계를 맺음으로써 나의 존재를 알리고 내 사업아이템도 효과적으로 알릴 수 있는 '**온라인 영업**' 활동인 것입니다.

따라서 여러분은 블로그에 단순히 포스팅만 하기보다는 초반에는 적극적으로 온라인 영업을 하여 조금 더 빠른 시간에 브랜드 인지도와 매출이 향상될 수 있도록 활동을 해 주어야 합니다.

온라인 영업을 위해 이웃 및 서로이웃을 효과적으로 맺는 방법은 크게 다음의 3가지가 있습니다.

1. 네이버 블로그 사이트 활용
2. 검색창에 키워드 검색 후 상위노출되고 있는 포스팅에 반응한 사람 공략
3. 경쟁사 블로그 공략

첫째, 네이버 블로그 사이트를 활용하는 방법입니다. 네이버에서 상단에 '**블로그**' 메뉴를 클릭하여 블로그 사이트로 이동합니다. 블로그 사이트에서 상단 '**주제별 보기**'를 클릭하고 하단의 '**관심주제**'에서 톱니바퀴 모양을 클릭하여 잠재고객들이 관심 있어 할 만한 주제 10가지를 선택합니다.

관심주제 10가지를 선택하고 확인을 누르면 상단에 선택한 10가지 주제들이 나오는데, 그중 하나를 클릭해 보면 해당 주제에 관련된 블로그들을 한눈에 볼 수 있습니다. 예를 들어, 제가 선택한 관심주제 중 '**비즈니스 · 경제**'를 클릭하면 비즈니스 · 경제 관련된 포스팅을 업로드한 블로그 리스트가 나열됩니다. 해당 블로그들은 네이버로부터 주제에 대한 정확도가 높게 인식된 순서대로 랭킹된 것으로 품질지수가 매우 좋은 블로그들입니다. 이웃 또는 서로이웃 활동을 할 때 이렇게 품질지수가 좋은 블로그와 관계를 맺으면 도움이 됩니다.

그런데 이러한 블로그들은 품질지수가 좋은 만큼 상위노출도 잘 되고 있어 1일 방문자도 많고 이웃 및 서로이웃 신청도 굉장히 많을 것입니다. 즉, 품질지수가 좋고 상위노출이 잘 되고 있는 블로그와 관계를 맺게 되면 쌍방소통이 아닌 나 혼자만 방문하는 일방소통이 될 가능성이 높습니다. 따라서 해당 블로그뿐만 아니라 그 블로그의 포스팅에 반응한 사람들을 공략하는 것입니다.

해당 블로그 내에서 검색창에 내 사업아이템 관련 키워드를 검색해 봅니다. 해당 키워드로 포스팅 된 글이 있다면 그 포스팅을 클릭한 다음 포스팅 하단의 공감을 클릭해 보면 공감을 누른 블로거들이 한눈에 보이고 바로 옆에 '이웃추가' 버튼을 볼 수 있습니다.

이렇게 '이웃추가' 버튼을 클릭하여 이웃 또는 서로이웃을 신청하면 쌍방 소통 가능성이 높은 블로거들과 쉽게 관계를 맺을 수 있습니다. 해당 포스팅은 내 사업아이템 관련된 키워드로 발행된 글이기도 하기 때문에 이 글에 공감을 했다는 것은 내 글에도 반응을 해 줄 가능성이 높습니다. 또한 내 고객이 될 가능성도 높은 잠재고객이기도 합니다. 따라서 이러한 방식으로 '좋아요' 및 '댓글'을 남긴 블로거들에게 서로이웃을 신청하는 것이 영업적으로도 훨씬 좋을 수 있습니다.

둘째, 네이버 통합검색에 상위노출되고 있는 포스팅에 반응한 사람을 공략하는 방법입니다. 네이버 통합검색 화면에서 내 사업아이템 관련 키워드를 검색해 봅니다. 이때 일전에 조사해 놓았던 키워드 엑셀파일의 1차키워드를 검색해 봅니다. 키워드 검색 후 네이버 통합검색 VIEW에 노출되고 있는 블로그 포스팅 제목을 클릭하여 해당 블로그로 들어갑니다. 앞서 말씀드린 방법과 마찬가지로 해당 포스팅 글에 공감을 누른 사람들에게 서로이웃을 신청하는 것입니다. 내 사업아이템의 1차키워드에 관련된 포스팅이기 때문에 해당 글에 공감을 했다는 것은 내 글에도 반응할 가능성이 높다는 것입니다.

셋째, 경쟁사 블로그를 공략하는 방법입니다. 만약 여러분 중 비슷한 사업아이템을 판매하는 경쟁사가 있거나 또는 롤모델로 삼고 있는 업체가 있다면 해당 업체가 운영하고 있는 블로그를 찾아 들어가는 것입니다. 보통 업체 홈페이지나 쇼핑몰, 스마트스토어, 스마트플레이스에 블로그가 연결되어 있을 것입니다. 해당 업체의 블로그에 들어가 포스팅에 공감 및 댓글을 남긴 사람들에게 서로이웃 신청을 하는 것입니다. 나와 비슷한 사업아이템을 판매하는 업체의 글에 반응을 한 사람들이기 때문에 내 글에도 반응할 가능성이 높을 수 있습니다. 만약 글에 반응을 한 사람들이 경쟁사에 관심이 있는 잠재고객들이거나 경쟁사의 기존 고객들이라면 내 상품을 더욱 특별하게 인지시켜 내 고객으로 만들 가능성도 있습니다. 즉, 내가 공략해야 할 잠재고객일 수도 있는 것입니다. 따라서 여러분은 내 아이템을 구매할 가능성이 높은 사람들과 온라인으로 관계를 맺을 수 있도록 최선을 다해 이웃 및 서로이웃 관계를 맺어 주면 좋습니다.

지금까지 블로그를 직접 운영하여 홍보 마케팅을 할 수 있는 방법에 대해 알아보았습니다. 이번에는 입소문을 효과적으로 발생시킬 수 있는 SNS를 활용한 체험단 및 인플루언서 마케팅 진행 방법과 유의 사항에 대해 이야기해 보도록 하겠습니다.

2. 체험단 및 인플루언서 블로그(인스타그램 등) 마케팅 활용

체험단 및 인플루언서 마케팅은 브랜드 및 사업아이템의 입소문을 낼 수 있는 좋은 수단 중 하나입니다. 그러나 사전 준비와 구체적인 진행 방법을 알지 못한 채 진행하게 될 경우 입소문 효과는 커녕 돈만 낭비하는 경우가 발생될 수 있습니다.

우선, 체험단 및 인플루언서 마케팅의 개념을 이해해야 합니다. **체험단 마케팅**이란 SNS 계정을 가지고 있는 일반인에게 대가를 지불하고 홍보를 맡기는 것을 말하며, **인플루언서 마케팅**이란 사회적으로 영향력이 있는 유명인에게 대가를 지불하고 홍보를 맡기는 것을 말합니다.

판매자가 혼자서 사업아이템을 홍보할 때보다 다른 사람들도 해당 사업아이템을 함께 칭찬해 주고 좋은 평가를 해 주면 시너지 효과가 극대화되면서 더 큰 신뢰가 형성되어 구매 결정에 큰 도움을 줄 수 있습니다. 즉, 소비자들 사이에서 **입소문**을 효과적으로 발생시켜 잠재고객들의 구매를 촉진할 수 있고 브랜드 **인지도**를 효과적으로 높일 수 있기 때문에 체험단 마케팅 또는 인플루언서 마케팅을 진행하는 것입니다.

체험단 및 인플루언서 마케팅은 네이버 블로그, 인스타그램, 유튜브 등 다양한 SNS 채널에서 진행할 수 있습니다. 효과적으로 체험단 및 인플루언서 마케팅을 진행하기 위해서는 다음의 5가지 사항을 반드시 준비해야 합니다.

1. 검색포털 사이트(네이버, 구글 등)에서 업체명 및 상품명 검색 시 사이트가 잘 노출되고 있는가?
2. 사이트의 디자인이 복잡하지 않으며 매력적으로 구성되어 있는가?
3. 상세페이지(랜딩페이지)가 잘 구성되어 있고 후기성 리뷰가 있는가?
4. 체험단 및 인플루언서에게 전달할 검색키워드와 노출키워드가 준비되어 있는가?

> 5. 체험단 및 인플루언서에게 요청할 내용(글에 포함되어야 할 정보 등)이 준비되어 있는가?

이러한 5가지 사항을 사전에 꼼꼼히 체크하여 부족한 부분을 보완한 다음 체험단 및 인플루언서 마케팅을 진행해야 효과적인 결과를 도출할 수 있습니다. 네이버 등 검색포털 사이트에서 업체명과 상품명을 검색했을 때 사이트나 쇼핑몰이 노출되고 있지 않은 경우 최우선으로 사이트 검색 노출부터 진행해야 합니다.

체험단 및 인플루언서 마케팅을 진행하게 되면 잠재고객들이 그들의 포스팅을 보고 네이버에 여러분의 업체명이나 상품명을 검색해 볼 것입니다. 그런데 검색 결과 사이트를 찾기가 어려우면 경쟁사 사이트로 유입되어 들어가거나 아예 구매를 포기해 버리는 상황이 발생합니다. 이렇게 되면 체험단 및 인플루언서에게 돈만 쓰게 되는 결과가 발생하니 반드시 사전에 노출 여부를 꼭 확인해야 합니다.

검색 노출은 네이버 서치어드바이저와 네이버 스마트플레이스 등의 경로를 통해 정보를 노출시킬 수 있습니다. 상세페이지 내용과 키워드 조사의 경우 이 책에서 이미 상세히 다루었으니 기억이 나지 않는 분들은 다시 앞부분으로 돌아가서 충분히 복습하면 좋겠습니다.

마지막으로, 체험단 및 인플루언서들에게 요청할 내용도 사전에 준비가 되어 있으면 좋습니다. 블로그 포스팅 또는 인스타그램 게시글에 어떠한 정보를 넣었으면 좋겠는지 정해야 합니다. 이 부분은 네이버에 레뷰 사이트나 디비디비딥 사이트의 포스팅 알바 메뉴를 들어간 다음 비슷한 상품을 판매하고 있는 업체를 클릭해 보면 어떻게 업무 지시를 해야 하는지 알 수 있습니다. 레뷰는 체험단 및 인플루언서 마케팅을 진행할 수 있는 사이트로 수많은 업체가 마케터들에게 지시하는 미션 사항들을 한눈에 볼 수 있습니다.

체험단 및 인플루언서 마케팅을 진행할 수 있는 방법은 3가지로 나뉠 수 있습니다.

첫째, 체험단 및 인플루언서 업체를 활용하는 방법입니다. 대표적으로 앞서 살펴본 레뷰, 모두의 블로그, 오마이블로그, 미블, 공팔리터 등의 업체를 활용해 체험단 및 인플루언서 마케팅을 진행할 수 있습니다. 업체 쪽에 어느 정도의 수수료를 지불해야 하며, 상품을 홍보해 주는 마케터들에게는 상품이나 서비스를 무상으로 사용하게 하거나 포인트를 지급하는 형태로 대가를 제공합니다. 레뷰 업체의 경우 블로그뿐만 아니라 유튜브와 인스타그램 체험단 및 인플루언서 마케팅도 진행 가능하니 참고하기 바랍니다. 업체마다 수수료 비율과 조건들이 모두 다를 수 있으니 앞서 제시한 사이트에 접속하여 자세히 상담을 받아 보면 좋습니다.

업체를 통해 진행하는 경우 사전에 체험단 및 인플루언서 리스트를 요청하는 것도 좋은 방법입니다. 인플루언서라고 하더라도 특정 키워드를 사용해 블로그 포스팅을 했을 때 상위노출이 잘 되지 않을 수도 있습니다.

마케팅 자동화 프로그램 등의 툴을 활용해 1일 방문자수를 조작하는 등의 가짜 인플루언서들이 있을 수도 있고, 내가 타깃으로 삼고 있는 잠재고객과 인플루언서 및 체험단들의 SNS에 방문하는 사람들의 성비와 연령층이 맞지 않아 마케팅 효과가 떨어질 수도 있습니다.

따라서 사전에 내 상품에 대한 글을 업로드할 체험단 및 인플루언서 리스트를 요청하여 네이버에 SNS 계정을 검색한 후 네이버 통합검색 View 부문에 그들의 블로그가 잘 노출되고 있는지 먼저 확인해야 합니다. 그리고 그들의 블로그에 들어가 최근 1개월 동안 작성한 글의 내용을 보며 내 잠재고객이 관심 가질 만한 글에 해당되는지를 보면 됩니다. 또한 게시물에 '좋아요' 및 '댓글' 등의 반응이 잘 달려 있는지도 확인해 주면 좋습니다.

둘째, 업체를 통하지 않고 내가 직접 마케터들을 구하는 방법입니다. 직접 마케터들을 구하는 방법은 여러 가지가 있지만, 그중 홍보 측면에서 효과를 보려면 대표키워드와 1차키워드를 네이버에 검색하여 통합검색에 상위노출되고 있는 블로그들을 클릭하여 들어간 다음 해당 블로그 주인에게 쪽지나 이메일 또는 비밀댓글을 달아 상품에 대한 후기성 포스팅을 부탁하는 것입니다.

인스타그램 또한 검색창에 대표키워드와 1차키워드를 입력 후 인기게시물에 노출되는 계정을 클릭하여 해당 계정을 운영하고 있는 사람에게 DM(Direct Mail)을 발송하는 것입니다. DM 내용은 본인의 상품을 무상으로 제공해 드릴테니 한번 사용해 보고, 후기성 포스팅이 가능한지 요청하는 내용입니다. 해당 DM을 받고 무시하는 인스타그램 운영자들도 있고, 또는 역으로 금전을 요구하는 인스타그램 운영자들도 있을 것입니다.

이때 너무 과한 금전을 요구하는 경우 정중히 거절하고 다른 계정에 DM을 송부하면 됩니다. 이렇게 마케터들을 직접 구한 경우에는 추후에도 홍보 마케팅을 할 일이 생길 때를 대비하여 엑셀파일에 마케터들의 계정 주소, 이름, 연락처 등을 잘 기입해 정리해 놓는 것이 좋습니다.

대표키워드와 1차키워드를 검색하여 마케터를 찾는 이유는 검색량이 많은 키워드이기 때문입니다. 검색량이 많다는 것은 온라인에서 그만큼 경쟁이 심한 키워드입니다. 경쟁이 심한 키워드임에도 네이버 통합검색, 인스타그램 인기게시물 부분에 상위노출이 되고 있다는 것은 어느 정도 최적화되어 있는 채널이라는 의미이며, 그런 채널에는 관련 키워드를 적용해 포스팅을 했을 때에도 쉽게 상위노출이 될 가능성이 높기에 효과적인 홍보 효과를 볼 수 있습니다.

직접 마케터들을 구하는 경우, 마케터마다 원하는 대가가 다를 수 있으니 상호 조율을 해야 합니다. 보통 상품을 무료로 주는 경우도 있고, 키워드의 검색량과 경쟁률에 따라 비용을 산정하여 원고료(포스팅 비용)을 제공하는 경우도 있습니다.

셋째, 알바몬 등의 채용포털 사이트를 활용해 SNS에 포스팅을 해 줄 체험단 알바생들을 구하는 방법도 있습니다. 당연히 알바생들은 단기 알바로 구합니다. 채용 조건에 네이버 블로그 1년 이상 운영 중인 자 우선 채용, 인스타그램 팔로워 1만 이상 우선 채용 등의 조건을 걸고 이력서에 알바생이 운영 중인 SNS 계정명과 링크를 기입하게 하여 접수를 받습니다. 이력서가 들어오면 SNS 계정명을 검색하여 노출이 잘 되고 있는지를 확인해야 합니다. SNS 계정을 검색했을 때 찾기 어려운 채널은 저품질 계정일 수도 있기 때문에 채용하지 않습니다.

해당 계정을 찾아 들어간 후 최근에 업로드된 게시물들을 살펴봅니다. 포스팅 또는 게시물 제목이 매력적으로 작성되어 있는지, 내용과 구성은 센스 있게 작성되어 있는지 등을 살펴보고 해당 게시물에 공감(좋아요)과 댓글은 어느 정도 달려 있는지 살펴봅니다. 그리고 게시물(포스팅 등)에 기입된 키워드들을 네이버에 검색하여 해당 포스팅이 네이버 통합검색 VIEW에 잘 노출되고 있는지 확인합니다. 아무리 글이 센스 있게 잘 작성되어 있고 댓글과 공감이 달려 있다고 하더라도 네이버 통합검색 화면에 더 이상 노출되지 않는 블로그는 내 사업아이템에 대한 포스팅을 의뢰했을 때에도 상위노출이 잘 되지 않을 가능성이 높아 채용을 보류합니다.

체험단 마케팅의 경우 최소 5~20명 정도의 마케터(블로거 등)를 활용하는 것이 입소문 효과 측면에서 좋습니다. 따라서 체험단 알바생들을 구할 때에도 최소 5명 정도를 고용하여 포스팅을 하게 하는 것이 좋고, 포스팅 업로드 시기는 최소 2주~1개월 정도는 서로 다르게 하여 지시하는 것이 좋습니다. 비슷한 시기에 비슷한 상품에 대한 블로그 포스팅 및 인스타그램 게시물이 업로드되게 되면 신뢰성이 떨어져 오히려 마케팅 효과가 반감되기 때문입니다.

알바몬과 같은 채용 사이트 이외에도 디비디비딥과 같은 제휴 마케팅 사이트를 활용하여 블로거들을 구하는 경우도 있습니다. 네이버에 디비디비딥 사이트 검색 후 회원가입하여 로그인을 한 다음 사이트 상단에 **'포스팅알바'** 메뉴를 클릭해서 들어가 보세요.

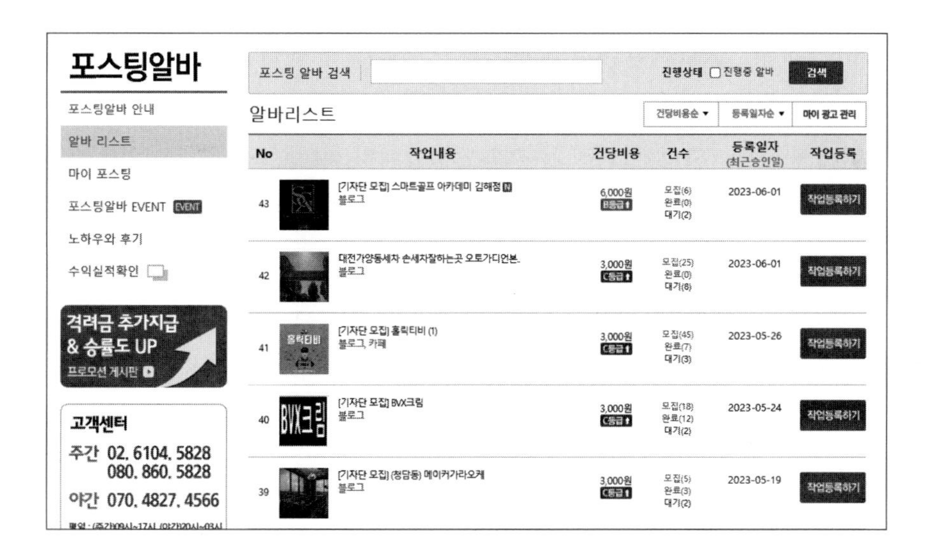

'포스팅알바' 메뉴를 클릭하여 들어가 보면 현재 다양한 업체가 블로그 포스팅을 의뢰해 놓은 글들을 볼 수 있습니다. 업체마다 포스팅 1건당 비용이 모두 다릅니다. 따라서 여러분도 해당 사이트에 들어가 사업아이템 관련 키워드를 검색하여 비슷한 업체를 찾아보면 포스팅 1건당 대략 얼마를 주면 좋을지 어떠한 방식으로 체험단 마케터 및 알바생들에게 업무 지시를 하면 좋을지 구체적으로 알 수 있습니다. 반대로 이러한 제휴 마케팅 사이트에 올려진 포스팅 작업 내용을 내 블로그에 올려 부수익을 얻을 수도 있습니다.

또한 온라인에서 영향력이 높은 인플루언서 블로거들과 마케팅을 할 때에는 1일 방문자수만 보고 거래를 하지 말고 앞서 설명한 대로 그동안 인플루언서가 블로그에 올린 글의 내용을 봐야 합니다. 최근 1개월 동안 올린 글의 내용이 내가 타깃으로 삼고 있는 잠재고객들이 관심 있어 할 만한 글에 해당되는지를 보는 것이 좋습니다.

만약 내 사업아이템의 타깃 고객이 30대 여성들인데 알고 보니 인플루언서 블로그에 주로 들어오는 사람들이 40~50대 이상의 남성들이라면 포스팅을 맡겼을 때 성비와 연령층이 맞지 않아 마케팅 효과가 없을 수 있습니다. 따라서 인플루언서가 최근에 작성 블로그 포스팅의 제목(키워드)과 내용, 그 글에 반응한 공감과 댓글들을 보고 계약을 할지 말지를 결정하는 것이 좋습니다.

또한 인플루언서들이라고 하더라도 특정 키워드를 사용했을 때 네이버 통합검색에 상위노출이 잘 되지 않을 수도 있습니다. 따라서 이 부분도 인플루언서 블로그에 들어가 마케팅하려고 하는 키워드 또는 비슷한 검색수를 가진 관련 키워드를 검색해 포스팅이 있는지를 보고, 해당 키워드를 네이버 통합검색에 검색하여 계약을 하려고 하는 인플루언서의 블로그 포스팅이 네이버 통합검색 VIEW 탭의 순위 안에 잘 노출되고 있는지도 확인해 보면 좋습니다.

이렇게 체험단 블로그 및 인플루언서들에게 포스팅 의뢰를 할 때에도 반드시 검색키워드와 노출키워드를 선정하여 주는 것이 좋으며, 자세한 업무 지시 내용은 앞서 설명한 레뷰 또는 디비디비딥과 같은 사이트에 들어가 다른 업체들이 올린 작업 내용을 참고하면 됩니다. 참고로, 체험단 및 인플루언서 마케팅 진행 시 거래 조건에 반드시 '해당 포스팅 글 최소 6개월간 삭제 금지' 또는 '해당 포스팅 삭제 금지'라는 문구를 넣어 상품이나 돈을 받고 바로 글을 삭제해 버리는 일명 '먹튀행위'를 방지할 수 있는 조항을 서면으로 명시하여 거래하는 것이 안전합니다.

지금까지 블로그 체험단 및 인플루언서 마케팅 진행 방법과 유의 사항에 대해 알아보았습니다. 이제, 블로그 마케팅 세 번째 방법인 블로그 마케팅 대행사 및 실행사를 활용하는 방법에 대해 살펴보겠습니다.

3. 블로그 마케팅 대행사 및 실행사 활용

블로그 마케팅 실행사들의 경우 보유하고 있는 상위노출 블로그가 많이 있기 때문에 포스팅 의뢰를 하게 되면 실행사가 보유하고 있는 블로그에 포스팅을 올려 주고 대가를 받습니다. 앞서 살펴본 체험단 및 인플루언서의 경우 상위노출 기술을 가진 전문 업체가 아니라 일반인 블로거를 모집하여 포스팅을 하기 때문에 확실한 네이버 상위노출 보장을 받기가 어려울 수 있습니다.

그러나 블로그 마케팅 대행사나 실행사에 의뢰하게 되면 네이버 통합검색 VIEW에 **상위노출을 조건으로 진행**할 수 있다는 장점이 있습니다. 반면, 포스팅을 의뢰하게 되면 대행사 및 실행사 직원들이 포스팅을 합니다. 모든 업체가 그렇지는 않겠지만, 영업적인 멘트보다 오로지 상위노출에만 초점을 맞춰 포스팅을 작성하게 되면 글의 내용이 부자연스럽거나 매력적이지 못한 경우도 있습니다. 따라서 기본적으로 포스팅에 꼭 들어가야 하는 멘트나 아이템의 특장점 등 가이드라인을 적어 주는 것이 좋습니다. 시간적 여유가 있다면 포스팅을 다 써서 주어도 됩니다. 그럼 블로그 직원들이 해당 글을 보고 상위노출이 될 수 있도록 키워드 재배치 등 약간의 수정을 하여 다시 검수 요청을 하고 광고주가 확인을 완료하면 그들의 블로그에 업로드하고 트래픽 작업을 하여 상위노출을 시킵니다.

포스팅 1건당 비용의 경우 포스팅에 사용할 검색키워드의 검색수와 해당 키워드로 네이버에 발행된 포스팅 건수(경쟁수)에 따라 비용이 달라집니다. 따라서 업체와 계약을 할 때에도 앞서 키워드 활용 부분에서 설명하였듯이 검색수가 높고 경쟁이 치열한 대표키워드로 업무 지시를 하기보다 1차키워드를 검색키워드로 활용해 달라고 지시하는 것이 좋습니다.

블로그 실행사들과 거래를 할 때에도 검색키워드와 노출키워드를 명시해 주어야 하는데, 검색키워드는 잠재고객이 검색할 만한 키워드인 1차키워드 중

2~5개 정도를 주고 노출키워드는 포스팅에 노출되면 좋은 키워드로 여러분의 업체명이나 브랜드명 등의 키워드를 주면 됩니다.

업체마다 조금씩 차이가 있겠지만, 통상적으로 포스팅 1건당 상위노출 조건으로 4~20만 원 사이로 책정하는 편이니 업체별 견적서를 요청하여 비교하여 보고 결정하는 것이 좋습니다.

네이버 검색창에 '블로그 마케팅 대행사' 또는 '블로그 마케팅 실행사' 등으로 검색하면 다양한 업체가 나오니 견적을 받아 보기 바라며, 원하는 검색 키워드로 네이버 통합검색 화면의 VIEW 부분에 상위노출이 가능한지 여부를 사전에 반드시 확인을 해 보는 것이 좋습니다. 또한 상위노출의 명확한 개념(예: '통합검색 VIEW 4위 내' 등)과 언제까지 상위노출 작업을 완료할 것인지 작업 기간(몇 월 몇 일까지 작업 완료 등), 해당 기간 동안 상위노출이 되지 않았을 경우 A/S 방식은 무엇인지도 꼭 서면으로 받아 놓는 것이 좋습니다.

예를 들어, '온라인 마케팅교육'이라는 검색키워드로 서면 계약을 하는 경우 우선 상위노출에 대한 명확한 개념을 명시하는 것이 좋습니다. 요즘은 그런 업체는 없겠지만, 예전에 상위노출이 되지 않았으면서 상위노출이 됐다고 우기는 업체들도 있었습니다. **상위노출**이란 당연히 요청한 검색키워드를 네이버에 검색했을 때 반드시 네이버 통합검색 화면의 VIEW 순위 안에 노출이 되어야 하는 것입니다. '더보기'를 클릭해 들어가 1페이지 안에 노출되었다고 상위노출된 것이 아니라 반드시 네이버 통합검색에서 VIEW 순위 안에서 글을 찾을 수 있어야 합니다. 또한 몇 월 며칠까지 포스팅을 완료할 것인지, 이후 네이버 통합검색 VIEW 순위에 포스팅이 노출되지 않는 경우 환불을 해 줄 것인지 아니면 재포스팅을 해 줄 것인지, 만약 재포스팅을 해 준다면 몇 월 며칠까지 몇 번을 해 줄 것인지, 재포스팅도 상위노출이 되지 않았을 경우에는 환불 처리함 등의 조건을 구체적으로 서면으로 계약하는 것이 좋습니다.

지금까지 네이버 블로그 마케팅에 대해 알아보았습니다. 다음에서는 특정 지역에 거주하는 사람들을 공략해야 하거나 특정 계층(주부, 대표, 장애인, 대학생 등)을 타깃으로 할 때 필수 홍보 채널로 손꼽히는 네이버 카페 마케팅에 대해 상세히 알아보겠습니다.

2 네이버 카페 마케팅으로 매출 10배 올리는 방법

네이버 카페는 회원들이 글을 올리며 소통하는 채널로 지역별, 주제별로 구분되어 있어 사업아이템에 대한 입소문을 발생시켜야 하는 B2C뿐만 아니라 B2B 영업 마케팅에도 효과적인 마케팅 채널입니다. 카페와 비슷한 홍보 마케팅 방식이 적용되는 채널로는 이지데이, 마이민트, 마이클럽, 아줌마닷컴, 디시인사이드 등과 같은 커뮤니티 사이트나 네이버 밴드와 같은 채널이 있습니다. 카페와 커뮤니티사이트, 밴드 모두 회원가입을 해야 글을 쓸 수 있는 폐쇄성이 있는 채널입니다.

카페를 활용한 홍보 마케팅 방법은 사업아이템의 종류나 영업 방식에 무관하게 매출에 큰 도움이 될 수 있는 입소문 마케팅 방법 중 하나이기 때문에 집중해서 정독하기 바랍니다.

1. 네이버 카페 마케팅 방법

카페 마케팅을 하는 방법은 크게 다음의 2가지로 나눌 수 있습니다.

1. 직접 카페를 개설하여 운영하는 방법
2. 외부 카페를 활용하는 방법

1) 직접 카페를 개설하여 운영하는 방법

이 방법은 마치 네이버 블로그를 운영하듯이 본인이 만든 카페에 많은 사람들이 회원으로 가입할 수 있도록 양질의 정보성 및 재미성 포스팅을 꾸준히 올려야 하고 타 카페의 회원들에게 쪽지를 발송하는 등 카페 자체를 홍보해야 하기 때문에 카페가 활성화될 때까지 긴 시간이 소요될 수 있습니다. 따라서 직접 카페를 개설하여 운영하는 방법도 좋지만, 잠재고객이 많이 가입되어 있을 만한 외부 카페를 찾아 함께 마케팅을 진행하는 것이 가장 효과 빠른 방법일 수 있습니다.

2) 외부 카페를 활용하는 방법

이 방법은 다음의 5가지로 진행할 수 있습니다.

1. 카페 배너 광고
2. 카페 회원 DB 수집 및 DM 발송
3. 외부 카페 카테고리 임대
4. 카페 공지글 활용
5. 카페 침투 게릴라 마케팅

(1) 카페 배너 광고

첫째, 배너 광고의 경우 외부 카페 메인 화면에 자신의 사업아이템 홍보 이미지를 노출시키는 것입니다. 카페에 광고비를 내고 홍보용 이미지를 노출시키는 것입니다. 카페마다 배너 광고 단가가 다르므로 카페 매니저에게 배너 광고 비용을 확인한 후 진행 여부를 결정합니다. 다만, 배너 광고의 경우 PC에서는 배너 이미지가 노출되지만 모바일로 카페에 접속했을 때는 보이지 않습니다. 따라

서 일반인을 대상으로 영업 마케팅을 해야 하는 B2C 영업 마케팅에는 적합하지 않습니다. 일반인은 평소 상품을 구매할 때 PC보다는 모바일로 정보를 찾고 구매하는 경우가 많기 때문입니다.

또한 지출하는 광고료에 비해 매출 전환이 효과적이지 못한 경우도 있습니다. 일부러 광고를 클릭하지 않는 소비자도 있기 때문에 처음부터 배너 광고를 집행하는 것은 지양하는 것이 좋습니다.

(2) 카페 회원 DB 수집 및 DM 발송

둘째, 카페 회원들에게 DM(Direct Mail)을 발송하는 것입니다. DM이란 카페 회원들에게 쪽지를 보내거나 이메일을 보내는 것입니다. 아마 여러분 중에도 쪽지나 이메일을 들어가 보면 가입한 카페에서 보낸 쪽지나 메일들이 있을 것입니다. 내 카페가 아닌 외부 카페의 경우 내가 직접 회원들에게 DM을 보낼 수 없기 때문에 카페 매니저에게 쪽지나 이메일을 보내 DM 발송 가능 여부를 문의해야 합니다. 카페 매니저들의 성향과 규칙에 따라 비용을 청구하는 카페가 있을 수 있고, 또는 DM 정도는 무료로 진행해 주는 카페 매니저들도 있습니다. 그런데 이렇게 카페 매니저에게 DM을 요청하는 경우 내가 직접 작업을 한 것이 아니기 때문에 전체 회원에게 모두 발송이 되었는지, 발송된 DM 중 몇 명이 메일을 클릭해 보았는지 분석하는 것이 어렵습니다.

그래서 간혹 카페에 가입되어 있는 회원들의 DB를 수집해 직접 쪽지나 이메일을 발송하는 DM 마케팅을 진행하기도 합니다. 카페 회원들의 DB를 수집하는 방법의 경우 일일이 손수 회원들의 아이디를 클릭하여 쪽지를 발송하거나 이메일을 보내 아이디를 수집하는 방법도 있으나, 현재는 강화된 「개인정보 보호법」으로 인해 네이버 아이디 일부가 비공개 처리되어 마케팅 프로그램을 활용하여 수집하기도 합니다. 마케팅 프로그램의 경우 주로 '마케팅몬스터, 마케팅마스터, 아이엠마케터' 등의 마케팅 프로그램 판매 업체를 통해 쉽게 구할 수 있으니 참고하기 바랍니다.

이렇게 DB를 수집한 후에는 DM 마케팅을 진행합니다. 해당 DM 마케팅 진행 방법에 대해서는 업무 7단계의 '3 잠재고객 DB 수집 및 DM 마케팅' 부분에서 상세히 알아보겠습니다.

카페 회원들을 대상으로 하는 DM 마케팅의 경우 회원들의 카페 신뢰도 및 참여도에 따라 효과가 달라집니다. 만약 회원들이 카페를 신뢰하고 있고 참여도가 높다면 카페에서 보내는 메시지들을 주의 깊게 볼 수 있습니다. 하지만 카페가 유용하지 않다고 생각하여 언제 가입했는지 기억도 하지 못하는 회원들이라면 카페에서 보내는 쪽지나 이메일을 보지도 않을뿐더러 오히려 카페에서 오는 모든 이메일 및 쪽지를 자동 스팸으로 분류해 놓았을 수도 있습니다. 그런 줄도 모르고 만약 해당 카페 매니저에게 돈을 주고 DM을 맡긴다면 큰 손해가 되겠지요. 따라서 카페 DM의 경우 비용을 들여서 할 정도의 마케팅은 아니며 무료로 진행 가능할 때 시도해 보면 좋습니다.

(3) 외부 카페 카테고리 임대

셋째, 외부 카페의 카테고리를 임대하여 글을 올리는 것입니다. 잠재고객이 많이 가입되어 있는 대형 카페일수록 홍보성 티가 나는 글을 올리면 해당 글이 삭제될 뿐만 아니라 강퇴 또는 활동정지되어 마케팅을 할 수 없는 경우가 생깁니다. 그래서 아예 외부 카페의 카테고리를 임대하거나 구매하여 해당 카테고리에 편하게 글을 올리는 것입니다. 당연히 내 카페가 아니기 때문에 내 마음대로 카테고리를 만들 수 없으니 카페 매니저에게 쪽지 또는 이메일을 보내어 카테고리 임대 문의를 해야 합니다.

[성형정보&칼럼]

코/눈/리프팅♥ 성형
가슴_윤곽_코_눈♥ 성형
코수술/코제거▶
✔ 성형외과·피부과
♡키다리▶ 성형
모발이식
★★ 성형외과★★
윤곽눈코가슴▶
♥가슴눈코윤곽★ ♥
○마인드 코/윤곽/눈○
♥♥ 성형외과♥♥
새이름♡ ♡

회원수가 많은 대형 카페의 카테고리를 보면 특정 업체명이 포함된 카테고리가 있습니다. 이러한 카테고리가 이에 해당됩니다. 당연히 업체가 해당 카테고리를 카페에 비용을 지불하고 임대 또는 구매한 것이기 때문에 해당 카테고리에는 해당 업체만 글을 쓸 수 있고, 홍보성 포스팅이나 정보성 포스팅 등 강퇴 및 활동정지 없이 비교적 자유롭게 포스팅을 하여 마케팅을 할 수 있습니다.

보통 일반인은 PC보다 모바일을 통해 카페에 접속합니다. 핸드폰으로 카페에 접속하게 되면 카테고리와는 상관없이 글이 작성된 시간대 순서대로 노출되어 보이기 때문에 카테고리를 임대한 후에도 지속적으로 자주 글을 업로드하여 회원들의 눈에 띌 수 있도록 해야 합니다.

대형 카페일수록 회원이 많아 글이 올라오는 속도가 굉장히 빠르기 때문에 자주 글을 업데이트하지 않으면 내가 작성한 글을 찾기도 힘들 정도로 금세 사라질 수 있습니다. 이 때문에 내가 작성한 카페 글의 순위가 밀리지 않도록 공지 기능을 추가로 이용하는 경우도 있습니다. 바로 이 방법이 '카페 공지글 활용' 방법입니다.

(4) 카페 공지글 활용

넷째, 카페 공지글이란 말 그대로 내가 카페에 작성한 글이 항상 위에 고정되어 있도록 공지글로 업로드하는 것입니다. 이것 또한 외부 카페의 경우 스스로 공지 세팅을 할 수 없기 때문에 카페 매니저에게 쪽지 또는 이메일, 채팅 등으로 포스팅 링크를 보내어 공지글로 설정해 줄 수 있는지 문의해야 합니다. 마찬가지로, 카페 매니저의 성향이나 규칙에 따라 비용을 청구할 수도 있고, 무상으로 진행해 주는 경우도 있습니다. 다만, 카페에 너무 많은 공지글이 상단에 이미 고정되어 있는 경우 시선을 사로잡지 못해 마케팅 효과가 떨어질 수 있습니다.

그래서 공지글을 활용하지 않더라도 글이 상위에 계속 노출될 수 있도록 자주 글을 업로드하는 것이 좋습니다. 보통 중고나라 카페의 경우 1분 또는 초 단위로 새로운 글이 올라오는 것을 볼 수 있습니다. 내 글이 제대로 사람들에게 읽히지도 못하고 순위가 떨어질 수 있다는 것입니다.

그래서 이를 위해 나 대신 특정 카페에 포스팅을 지속적으로 반복하여 업로드해 주는 프로그램을 사용하기도 합니다. 해당 프로그램 또한 마케팅몬스터와 같은 업체의 홈페이지에서 찾아볼 수 있으니 참고하기 바랍니다.

또한 글에 조회수가 많지 않은 경우도 시선을 사로잡지 못할 수 있습니다. 조회수는 그 글을 본 숫자로 심리상 조회수가 높은 글일수록 호기심이 발동하여 클릭을 유발할 수 있는데, 이러한 조회수 관련 프로그램도 앞서 말씀드린 업체의 사이트에서 찾아볼 수 있으니 참고하기 바랍니다.

(5) 카페 침투 게릴라 마케팅

다섯째, 침투 게릴라 마케팅을 진행하는 것입니다. 1인 제휴 마케터들이 많이 활용하는 방법으로, 자연스럽게 내 사업아이템의 입소문을 일으킬 수 있도록 '침투 마케팅'을 진행하는 방법입니다. '게릴라 마케팅'이라고도 합니다. 게릴라란 사전적인 의미로는 적의 배후나 측면에서 **적이 눈치채지 못하게** 기습 교란 파괴 따위의 활동을 하는 특수부대나 함대 도는 비정규 부대를 뜻합니다.

마케팅적으로는 잠재고객들이 많이 모여 있을 만한 네이버 카페 및 커뮤니티 사이트에 회원가입(침투)한 다음 기존 **회원들이 눈치채지 못하도록** 회원들을 상대로 교묘히 광고 및 홍보를 하는 것입니다. 즉, 게릴라는 상대가 눈치채지 못하게 틈을 파고들어 기습을 하는 것이기 때문에 보통 판매자라는 신분을 숨기고 일반 사용자(소비자)인 것처럼 위장하여 마케팅을 합니다. 따라서 이러한 침투 게릴라 마케팅에 성공하기 위해서는 포스팅 내용이 광고처럼 보이지 않도록 글을 쓰는 노하우를 익히는 것이 가장 중요합니다.

침투 게릴라 마케팅은 보통 다음의 3가지 방법으로 나뉩니다.

① 본인의 네이버 아이디를 활용하여 작업하는 방법

이 경우에는 보통 본인의 네이버 아이디를 최적화 아이디로 만들어서 포스팅을 합니다. **최적화 아이디**란 특정 키워드를 활용해 카페에 포스팅했을 때 네이버 통합검색 상단에 해당 아이디로 작성한 **글이 상단에 노출되는 '지수가 좋은 아이디'**를 말합니다. 예를 들어, 네이버에 검색량이 높은 대표키워드나 1차키워드를 검색해 봅시다. 네이버에 '다이어트 음식'을 검색해 보면 통합검색 화면에 노출되고 있는 카페가 4개 보입니다.

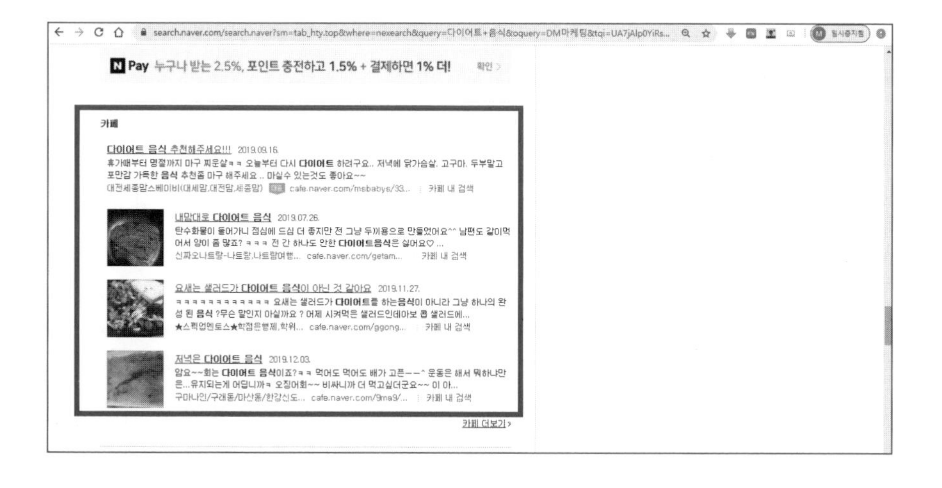

현재 카페 리스트 중 1위로 노출되고 있는 카페는 '대전세종맘스베이비'라는 카페입니다. 글의 제목을 클릭하여 해당 카페를 들어가 보겠습니다. 해당 카페는 현재 숲 단계이고 가입되어 있는 네이버 아이디 수만 17만 8천 개가 넘습니다. 오늘 하루만 해도 '다이어트 음식'이라는 키워드를 활용해 카페에 포스팅을 한 사람이 많이 있을 것입니다. 그러나 네이버 검색창에 '다이어트 음식'을 검색했을 때 통합검색에 노출되는 글은 그 많은 카페 회원 중 한 사람의 글만 노출됩니다. 해당 글이 키워드 배치와 본문에 키워드 반복 등 상위노출 알고리즘에 부합되게 작성된 글이면서 최적화 아이디로 작성한 글이기 때문입니다. 즉, 키워드 검색 후 네이버 통합검색 화면의 카페에 노출되고 있는 글을 쓴 사람의 아이디가 최적화 아이디일 가능성이 매우 높습니다.

본인의 네이버 아이디를 최적화 아이디로 만들기 위해서는 우선 네이버 통합검색에 상위노출이 잘 되고 있는 카페에 가입한 후 최소한 약 1개월 이상의 긴 시간 동안 작업을 해야 합니다. 그 기간 동안 단 한 번도 외부 카페에서 강퇴나 활동정지, 신고 등을 당한 이력이 없어야 하고, 다른 사람들에게 도움이 될 만한 양질의 포스팅을 꾸준히 올려 트래픽을 꾸준히 받아야 합니다.

침투 마케팅의 첫 번째 방법인 본인의 아이디를 최적화 아이디로 만들어 홍보 마케팅을 하는 것은 시간이 많이 소요되기 때문에 최적화 아이디가 아니어도 일단 잠재고객들이 많이 가입되어 있는 카페라면 침투 게릴라 마케팅을 시도해 보는 경우도 많습니다.

이때에도 카페에 가입하자마자 광고 글을 올리게 되면 회원들의 신고나 카페 매니저에 의하여 해당 글 삭제 및 강퇴 또는 활동정지되어 마케팅 효과를 발생시킬 수 없게 됩니다. 따라서 카페에 가입한 후 일상 글이나 회원들에게 도움이 될 만한 유용한 정보성 글을 꾸준히 올리고 다른 회원의 글에도 댓글을 달아 주는 활동을 하면서 신뢰를 구축한 다음 자연스럽게 후기성 광고 글을 올리는 것이 보다 효과적입니다. 또한 게릴라 포스팅을 올리기 전 카페 매니저에게 쪽지 등을 통해 사전 양해를 구하는 경우 매니저의 성향에 따라서 홍보 마케팅을 허용하는 곳도 있습니다.

② 아르바이트생을 고용하여 활용하는 방법

먼저, 알바몬과 같은 구인구직 사이트를 활용해 네이버 아이디를 보유하고 있는 사람을 아르바이트생으로 고용해 해당 알바생들에게 카페에 포스팅을 하게 하는 경우가 있습니다. 카페 마케팅에 대한 알바생 채용 공고문을 올릴 때에는 제목 앞부분에 꺾쇠를 넣어서 '재택근무, 부업, 투잡' 등의 단어를 입력해 주면 보다 쉽게 알바생을 모집할 수 있습니다. 알바생을 모집할 때에는 먼저 일주일 정도 단기 알바생으로 채용 후 작업량과 진행 속도 등을 본 뒤 장기 계약을 하면 좋습니다. 알바생에게 지급되는 급여는 한 시간 단위가 아닌 '건별'로 지급됩니다. 카페 1개에 포스팅 1건당 작업비가 지불되는데, 보통 포스팅 1개당 500~2,000원 정도입니다.

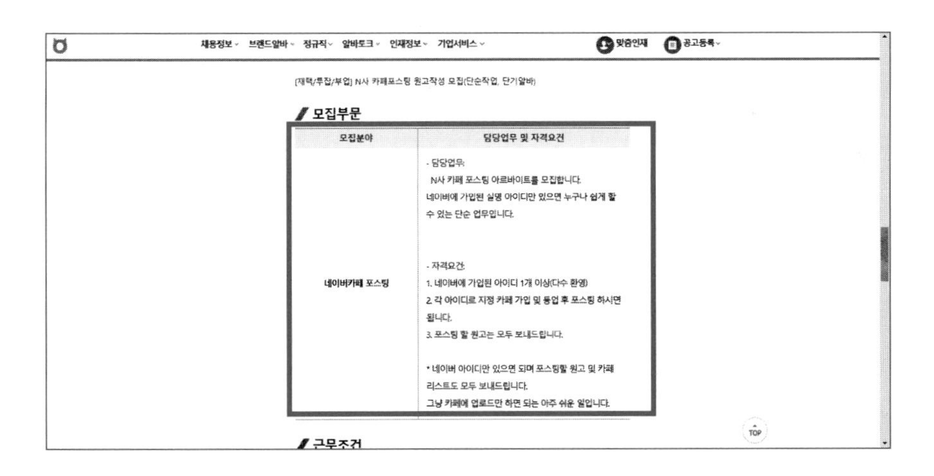

알바생 모집 내용은 앞의 이미지처럼 "N사 카페 포스팅 아르바이트를 모집합니다. 네이버 가입된 실명 아이디만 있으면 누구나 신청 가능합니다." 등의 형태로 작성하여 모집 공고를 올립니다. 보통 알바생을 1명 채용하기보다는 여러 명을 채용해서 작업량이나 작업 속도 등을 살펴보고 능력이 뛰어난 알바생들을 장기 고용하기도 합니다. 한 명만 채용할 경우 해당 알바생이 작업을 갑자기 못한다고 하거나 작업 속도나 퀄리티가 너무 떨어질 경우 다시 알바몬 등의 사이트에 비용을 지불하고 채용 공고를 올려야 하는데, 이렇게 되면 비용적·시간적으로 손해가 되기 때문에 3~4명 정도를 채용하여 업무를 시켜 보는 것이 좋습니다.

알바생들에게 카페 마케팅을 맡길 때는 작업할 카페 리스트를 뽑아서 엑셀 파일로 주는 것이 좋습니다. 그렇지 않으면 알바생들이 내 상품의 잠재고객들과는 무관한 본인이 이미 가입되어 있는 카페나 또는 가입하기 쉬운 카페에만 포스팅을 올릴 수도 있기 때문입니다. 따라서 내 상품을 구매할 가능성이 있는 잠재고객들이 많이 가입되어 있을 만한 카페를 찾아 엑셀파일로 정리한 다음 해당 카페 리스트를 알바생들에게 나누어 작업하도록 하는 것이 좋습니다.

잠재고객이 가입되어 있을 만한 카페를 찾는 방법은 네이버 메인 화면에서 상단 메뉴 중 '**카페**'를 클릭하여 들어갑니다.

네이버 카페 홈에서 상단 메뉴의 '**주제별**'을 클릭하면 원하는 주제의 카페를 찾을 수 있고, '**지역별**'을 클릭하면 타깃 지역에 거주하고 있는 사람들이 가입되어 있을 만한 카페를 쉽게 찾을 수 있습니다.

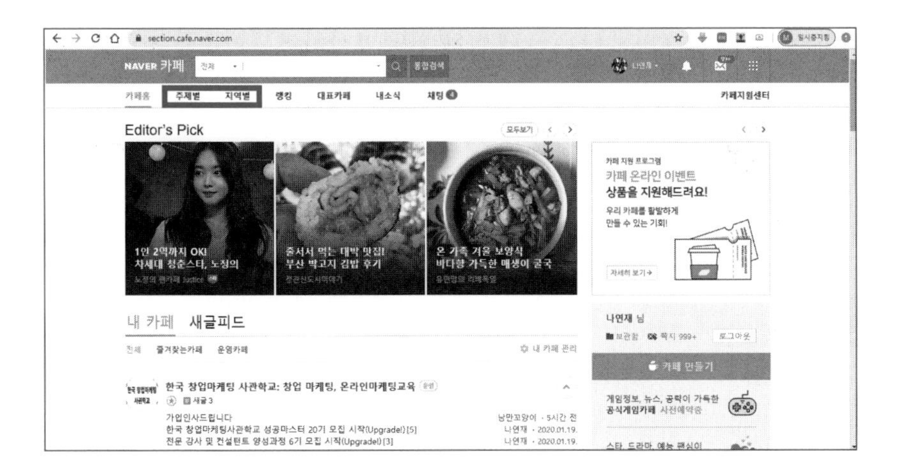

알바생들에게 작업 지시를 할 때에는 이와 같은 방법을 활용해 원하는 카페를 찾아 엑셀파일에 정리를 해 놓습니다. 그런 다음 카페에 올릴 포스팅 내용을 모두 작성한 원고 파일(메모장, 워드 등)을 제공해 원고 그대로 카페에 올리게 하는 방법이 있고, 어느 정도의 기준만 간단히 적어 준 뒤 알바생들이 그 기준안에서 자유롭게 포스팅을 하게 하는 방법이 있습니다.

원고 내용을 모두 다 작성하여 알바생들에게 제공하게 되면 그대로 복사하여 붙여넣기만 하면 되기 때문에 알바생들의 실수나 오타를 줄이면서 빠른 작업이 가능하지만, 여러 카페에 모두 같은 내용의 포스팅이 올라가기 때문에 홍보성 티가 날 수 있습니다. 반면, 기본적인 포스팅 기준만 정해 준 뒤 그 기준안에서 자유롭게 포스팅을 하게 하면 생각치 못한 변수가 발생될 수 있고 작업 속도도 느릴 수 있지만 다양한 내용의 포스팅이 카페에 올라가기 때문에 보다 자연스러운 홍보를 진행할 수 있습니다. 따라서 2가지 방법 중 작업 지시자의 성향과 상황에 맞게 선택하면 됩니다.

또한 알바생들의 작업물을 확인해야 알바비를 지급할 수 있으니 다음 이미지처럼 카페리스트를 정리해 놓은 엑셀파일에 알바생들의 이름과 작업 URL 링크를 적게 하여 보고를 받고 확인해야 합니다. 포스팅 이후에 예상치 못하게 글이 삭제될 수도 있기 때문에 약 7일 정도 후에 알바비를 지급하는 것이 좋습니다. 7일 동안 삭제되지 않은 글에 한해 건당 계산하여 알바비를 지급합니다.

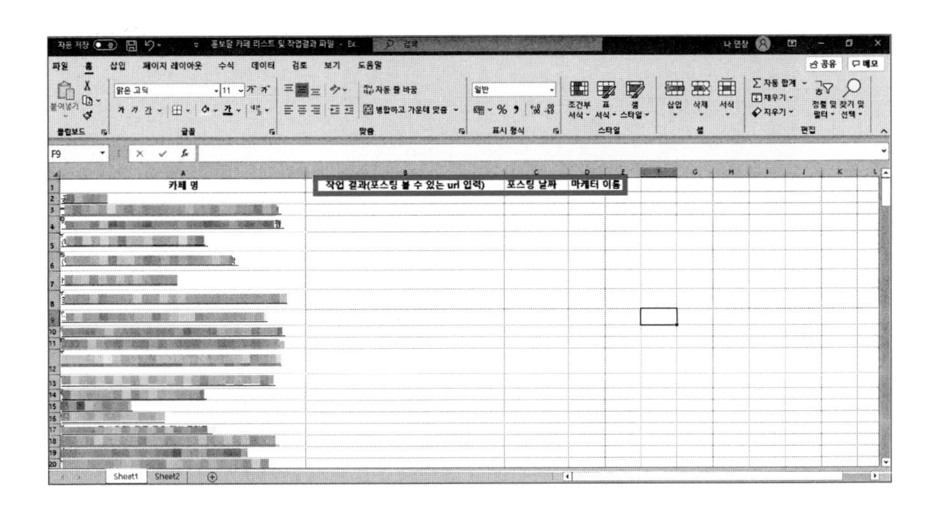

③ 카페에 이미 가입되어 있는 회원을 활용하는 방법

검색량이 높은 대표키워드 및 1차키워드를 네이버에 검색 후 통합검색 화면에 노출되는 카페의 글 제목을 클릭하여 해당 글을 작성한 사람의 아이디 옆의 '1:1' 버튼을 클릭하여 쪽지를 발송하거나 그 사람의 블로그에 들어가 비밀 댓글로 포스팅 제안을 하는 것입니다. 대표키워드와 1차키워드로 검색을 해야

하는 이유는 앞서 말씀드린 것처럼 최적화 아이디를 가지고 있는 사람을 찾기 위해서입니다.

검색량이 높은 키워드의 경우 최적화 아이디가 아닌 이상 해당 키워드를 사용해 포스팅을 하더라도 네이버 통합검색 상위에 노출될 가능성이 매우 낮습니다. 따라서 일부러 대표키워드나 1차키워드로 검색하여 통합검색에 노출되고 있는 아이디를 찾아 해당 아이디를 보유하고 있는 사람에게 포스팅을 부탁하는 것입니다. 최적화 아이디가 맞다면 다른 키워드를 활용해 포스팅을 하더라도 네이버 통합검색 상위에 잘 노출될 가능성이 매우 높기 때문에 홍보 마케팅 효과가 매우 크게 나타날 수 있습니다. 카페의 기존 회원에게 포스팅을 부탁할 때에도 상품을 무상으로 제공하거나 또는 건당 원고료를 지급하여 사례를 하는 것이 통상적입니다.

자, 알바생을 고용하던 최적화 아이디를 가지고 있는 카페 회원들에게 포스팅을 부탁하건, 아니면 본인의 네이버 아이디를 가지고 포스팅을 해 보건 간에 이제 포스팅의 내용을 어떻게 쓸지 고민해야 합니다. 다음에서 자세히 알아보도록 하겠습니다.

2. 바이럴 효과를 불러일으키는 카페 포스팅 방법

카페에 포스팅을 하는 방법은 여러 가지가 있습니다. 해당 방법은 카페뿐만 아니라 커뮤니티 사이트에서도 활용할 수 있습니다.

1) 꽃다발 형태의 글쓰기

내 상품을 홍보하기 위해서 하나의 포스팅 안에 비슷한 다른 상품들을 끼워서 종합적으로 보여 주어 마치 '유용한 정보성' 포스팅인 것처럼 작성하는 형

N
NAVER
가장 빨리 완판되는
다이어트 제품 7가지
※ 본 리뷰는 청담언니에서 아주 주관적인 관점에서 서술되었습니다.

태라고 보면 됩니다. 예를 들어, 내가 판매하고 있는 상품이 립스틱이라면 'SNS 가장 후기 좋은 립스틱 TOP 5' 또는 '발색 오래가는 가성비 끝판 립스틱 TOP 6' '유튜버 가장 많이 쓰는 립스틱 TOP 6' '2030 여신 필수 화장품 TOP 5' 등으로 다양하게 제목을 정해 콘텐츠를 제작하는 것입니다. 만약 '인스타 가장 후기 좋은 립스틱 TOP 5'로 제목을 정한다면 본인이 판매하고 있는 립스틱과 시중에 판매되고 있는 다른 립스틱 4개를 합쳐 카드뉴스 형태로 콘텐츠를 만들어 카페에 포스팅을 하는 것입니다.

또 다른 예로, 만약 서울 낙성대 부근에서 식당을 운영하고 있다면 '낙성대역 단골만 가는 숨은 맛집 Top 5' '데이트하기 좋은 낙성대역 맛집 Top 6' 등의 형태로 다양하게 제목을 만들어 콘텐츠를 작성할 수 있습니다. '데이트하기 좋은 낙성대역 맛집 Top 6' 중 하나가 본인이 운영하는 식당이라고 보면 됩니다.

이렇게 포스팅을 하는 이유는 보다 자연스럽게 본인의 상품을 더욱 많은 사람들에게 인지시키기 위함입니다. 대놓고 본인의 상품을 홍보하게 되면 보는 사람에게 거부감을 일으킬 수도 있고, 왠만한 후킹문구가 없는 이상 온라인이라는 거대한 바다에서 사람들의 이목을 끌기 쉽지 않기 때문에 새롭고 유용한 정보를 계속해서 알고 싶어 하는 사람들의 심리를 활용해 정보를 한데 모아 보여 주는 꽃다발 형태의 포스팅을 하여 자연스럽게 클릭해 볼 수 있도록 하는 것입니다. 해당 포스팅을 본 사람들 중 호기심이 생긴 사람들은 더 많은 정보를 알고 싶어 네이버 검색창

출처: 청담언니 & jongro_nolja 인스타그램.

에 조금 전 봤던 상품명을 검색해 보고 좋은 리뷰나 평점이 실제로 달려 있다면 구매까지 할 수 있습니다.

온라인 마케터의 업무 중 하나는 담당하는 상품이나 서비스가 인터넷에 일단 '검색'이 되게끔 하는 것입니다. '검색'이라는 행위가 있어야 상품을 볼 수 있고, 상품을 보아야 구매 결정을 할 수 있기 때문입니다.

꽃다발 형태의 콘텐츠를 만들 때에는 보통 카드뉴스의 형태로 만드는데, 정보가 10개 이상이 넘어가게 되면 구독자의 피로도가 높아져 보는 도중에 이탈이 될 수도 있기 때문에 4~10개 이하의 정보로 구성하여 만드는 것이 좋습니다.

또한 카드뉴스의 첫 번째에 입력하는 정보는 누구나 알 만한 유명한 브랜드나 상호명으로 시작해야 콘텐츠에 대한 구독자들의 신뢰도가 생겨 더욱 효과적인 바이럴 효과를 불러일으킬 수 있습니다. 그렇다고 너무 유명한 브랜드로만 정보 구성을 하게 되면 오히려 홍보하려고 하는 상품이 무엇인지 구독자들이 바로 알게 되어 거부감이 느껴질 수도 있으니 인지도 측면에서 다양한 브랜드의 정보로 구성하는 것이 좋습니다.

또한 꽃다발 형태로 콘텐츠를 만들 때 제목 앞 부분에 인지도가 높은 채널 이름(예: 네이버, 쿠팡, 위메프, 인스타, 유튜버 등)이나 계절(예: 겨울철, 여름철 등), 타깃 소비자들의 연령층(예: 2030대), 유명한 지역 이름을 넣어 주면 정보가 객관화가 되어 신뢰도가 올라가 보다 많은 클릭을 유발할 수 있습니다.

예시

1. 네이버 가장 많이 팔린 먹는 콜라겐 TOP 5(제목 앞 부분에 네이버 언급)
2. 2030대에게 꼭 필요한 뷰티템 TOP 5(제목 앞 부분에 타깃 소비자의 연령층 언급)
3. 겨울철 면역력 높여 주는 생활습관 총정리(제목 앞 부분에 홍보 시기에 해당하는 계절 언급)
4. 서울대입구 샤로수길 분위기 좋은 데이트장소 TOP 5(제목 앞 부분에 유명지역 언급)

2) '검색키워드 + 추천해주세요' 형태의 글쓰기

네이버 카페나 커뮤니티 사이트, 지식인 채널 등에서 많이 쓰이는 글쓰기 형태 중 하나입니다. 포스팅 제목을 '검색키워드+추천해주세요'의 방식으로 작성하는 것입니다. 이때 검색키워드는 앞서 엑셀파일에 추출해 놓은 1차키워드를 활용합니다. 1차키워드를 활용하는 이유는 대표키워드보다 세부키워드로 구매 가능성이 높은 잠재고객들이 검색할 만한 키워드이면서 2차키워드보다 검색량이 높아 많은 클릭을 발생시킬 수 있기 때문입니다.

예를 들어, 립스틱을 판매하고 있고 1차키워드 중에 '여자친구선물'이라는 간접키워드가 있다면 '여자친구선물 추천해주세요'로 제목을 정해 포스팅을 할 수 있습니다. 1차키워드인 '여자친구선물'과 '추천해주세요'를 합친 문장입니다. 이렇게 포스팅을 하면 누군가 네이버에 '여자친구선물'을 검색했을 때 해당 포스팅이 네이버 통합검색에 노출되어 여자친구의 선물을 알아보려는 사람들의 클릭을 유도하여 립스틱을 구매하게 할 수 있습니다.

또 다른 예로, 만약 화장품을 판매하고 있고 본인이 추출한 1차키워드 중에 '여드름에좋은화장품'이라는 키워드가 있다면 카페 포스팅 제목을 '여드름에좋은화장품 추천해주세요'로 작성할 수 있습니다. 1차키워드인 '여드름에좋은화장품'과 '추천해주세요'를 합친 문장입니다.

이렇게 '검색키워드+추천해주세요'의 방식으로 포스팅을 할 때에는 최적화 아이디로 포스팅을 하는 것이 더욱 효과적입니다. 최적화 아이디로 포스팅을 해야 네이버 통합검색에 해당 글이 노출되어 더욱 많은 사람들의 클릭을 유도할 수 있기 때문입니다. 만약 본인의 아이디가 최적화 아이디가 아니라면 앞서 살펴본 대로 대표키워드나 1차키워드 검색 후 통합검색에 노출되고 있는 최적화 아이디를 가지고 있는 카페 회원에게 부탁을 하는 방법도 있습니다.

'검색키워드+추천해주세요'의 방식으로 포스팅을 하게 되면 포스팅 본문에 특정 상품명이나 회사명이 전혀 입력되지 않기 때문에 홍보성으로 인식되지 않아 강퇴나 활동정지, 신고를 당하지 않습니다. 따라서 이러한 포스팅 방식은 기존 카페 회원들도 부담 없이 제안을 받아 줄 것입니다.

'검색 키워드+추천해주세요' 방식은 댓글 작업이 매우 중요합니다. 댓글을 통해 매출이 이루어진다고 볼 수 있습니다. 이때 댓글은 최적화 아이디가 아닌 일반 아이디로 해도 괜찮습니다. 댓글 내용은 본인이 판매하고 있는 상품을 입력하여 홍보하면 됩니다. 이때 주의해야 할 사항은 댓글에도 특정 상품명이나 회사 이름을 입력하면 댓글이라 하더라도 강퇴당하거나 신고를 당하는 경우가 있기 때문에 홍보하고자 하는 상품명이나 회사명을 이니셜로 입력하거나 약간의 후킹문구와 함께 "쪽지 드릴게요." 등으로 댓글을 작성해 간접적으로 홍보를 하는 방법이 있습니다. "쪽지 드릴게요."라는 댓글이 달려 있으면 해당 정보에 관심이 있는 사람들이 대댓글로 "저도 쪽지 부탁드려요." 등의 요청 댓글을 달게 됩니다. 판매자는 쪽지를 받길 원하는 사람들에게 본인 상품을 입력한 쪽지를 발송하여 홍보를 할 수 있습니다. 이미 최적화 아이디로 검색키워드를 적용하여 포스팅을 했기 때문에 해당 글은 네이버 통합검색에 상위노출되어 많은 사람이 해당 글을 보게 될 것이고, 그만큼 많은 쪽지나 문의가 달리게 될 것입니다.

만약 본인이 직접 카페에 글을 작성하기 힘들거나 카페 회원을 섭외하기에도 여의치 않은 경우에는 대표키워드 및 1차키워드 검색 후 네이버 통합검색에 상위노출되고 있는 카페 글을 클릭하여 댓글 작업만 하기도 합니다. 댓글 작업은 앞서 말씀드린 대로 최적화 아이디가 아니어도 가능하기 때문입니다. 댓글에 후기성으로 여러 업체의 정보(이 중 하나가 본인 업체)를 이니셜 형태로 남겨 추천하는 형태로 댓글을 작성하는 것입니다. 그런데 댓글에 특정 업체명 및 브랜드, 상품명 등을 이니셜 형태로 남기는 것 자체도 강퇴나 활동정지가 되는 엄격한 카페도 있습니다.

그래서 요즘에는 카페에 글을 작성하거나 댓글을 직접 남기는 것이 아니라 상위노출되고 있는 **카페 글에 '좋아요'나 댓글 등 반응을 한 사람들을 공략**하는 경우가 많습니다. 카페 글에 '좋아요' 및 댓글을 남긴 사람들의 별명을 클릭해 1:1 채팅이나 쪽지를 보내 영업을 하는 것입니다. 해당 글에 반응을 했다는 것은 관심도가 높다는 것이고 구매 가능성이 있는 잠재고객일 수 있기 때문입니다.

3) '검색키워드 + 상품명 + 어떤가요?' 형태의 글쓰기

두 번째 방법처럼 제목에 '검색키워드'가 똑같이 들어가지만, '상품명'을 입력하며 마지막에 '어떤가요?'를 입력하여 질문 형태로 글을 쓰는 방식입니다. 이때 검색키워드는 앞서와 마찬가지로 1차키워드를 활용합니다.

예를 들어, 판매하고 있는 상품이 홍길동회사의 패스트다이어트(상품명 예시)이고, 추출한 1차키워드 중에 '단기간다이어트방법'이라는 키워드가 있다면 포스팅 제목을 '단기간다이어트방법으로 패스트다이어트 어떤가요?'로 작성할 수 있습니다. 1차키워드인 '단기간다이어트방법'과 상품명인 '패스트다이어트' '어떤가요?'를 합하여 제목을 만든 것입니다.

이 방법 또한 최적화 아이디로 포스팅을 하여 네이버 통합검색 상위에 노출될 수 있게 하면 좋습니다. 누군가 네이버 검색창에 '단기간다이어트방법'을 검색하면 최적화 아이디로 작성한 포스팅이 네이버 통합검색에 보일 것이며, 다이어트에 관심 있는 사람 중에 내 상품을 전혀 몰랐던 잠재고객들에게도 자연스럽게 브랜드명을 인지시킬 수 있는 효과가 있습니다.

제목을 작성할 때는 반드시 1차키워드와 상품명을 결합시켜야 하며, 키워드 없이 그냥 상품명만 입력하면 안 됩니다. 해당 상품이 아직 잘 알려지지 않은 상품이라면 네이버에 내 상품명을 바로 검색하는 사람은 별로 없을 것이기 때문입니다. 마케터는 내 상품을 전혀 모르는 사람들에게 내 상품의 존재를 인지시키고 인터넷에 검색하여 사이트로 유입될 수 있도록 소비자들의 행동을 이끌어야 합니다. 그 방법 중 하나로 잠재고객들이 많이 검색하는 1차키워드를 활용하여 내 상품을 노출시키는 것입니다.

이 방법 또한 **댓글 작업이 필수**입니다. 댓글을 통해 매출이 상승된다고 보면 됩니다. 두 번째 방법처럼 댓글은 일반 아이디로 작성하면 되며 상품에 대해 좋은 장점을 댓글로 작성해 줍니다. 판매자가 작성하는 댓글이지만 마치 실제 소비자가 해당 상품을 사용해 본 것처럼 좋은 후기성 댓글을 작성하는 것입니다.

온라인을 통해 상품을 구매하는 소비자들은 상품의 상세페이지 못지않게 댓글을 아주 꼼꼼히 검토한 후에 구매 여부를 결정합니다. 소비자들은 상품을 판매하는 판매자의 말보다 나와 같은 입장에 있는 다른 소비자들의 말을 더 신뢰하는 경향이 있습니다. 판매자가 말하는 상품의 장점이 진짜인지, 그 이외에 단점은 없는지 이미 그 상품을 구매해 본 기 소비자들을 통해 '진실된 정보'를 알고 싶어 합니다. 이러한 소비자의 심리를 간파한 마케터들은 소비자가 되어 상품을 홍보합니다. 본인의 신분을 숨기고 소비자처럼 행동하거나 또는 다른 일반인을 섭외해 소비자인 것처럼 위장하여 **'댓글 마케팅'**을 합니다. 온라인이라는 공간에서 소비자들은 '댓글'을 통해 정보를 교류하고 소통하며 다른 소비자가 작성한 댓글을 통해 상품의 진짜 정보를 알고자 하기 때문입니다.

원래 구매하려고 하는 상품이 있는 '확정 소비자'라도 댓글에 평가가 좋은 새로운 상품이 등장하면 그 상품을 네이버에 검색하여 이탈되는 경우도 많습니다. 이처럼 '댓글' 마케팅은 소비자들에게 신뢰를 줄 수 있는 마케팅이자 새로운 상품 정보를 각인시킬 수 있는 효과적인 마케팅의 방법 중 하나라고 할 수 있습니다.

4) 키워드를 적용하여 후기성으로 포스팅을 하는 글쓰기

이 방법은 특정 상품 및 서비스를 이용해 보고 이용 후기를 포스팅하는 것으로, 포스팅 내용 안에 특정 상품명 또는 회사 이름을 언급하므로 카페에서 강퇴나 활동정지를 당할 수도 있는 방법입니다. 따라서 이러한 후기성 포스팅은 카페보다는 네이버 블로그나 인스타그램 등의 SNS에 많이 활용되는 방법이라고 볼 수 있습니다.

5) 상품에 대한 소개와 장점을 넣어 홍보성 포스팅을 그대로 올리는 글쓰기

해당 포스팅을 할 때 주의해야 할 사항은 홍보성 포스팅을 올릴 수 있는 카테고리를 찾아 올리는 것이 주요합니다. 각 카페마다 회원들의 상품을 홍보하거나 판매할 수 있는 카테고리(예: 벼룩시장, 홍보하세요 등)를 만들어 놓기도 합니다. 상품에 대한 홍보성 포스팅은 해당 카테고리에만 올려야 강퇴나 활동정지를 당하지 않을 수 있습니다.

지금까지 살펴본 방법들을 활용해 카페에 포스팅을 한 뒤 조금 더 해당 포스팅이 검색에 잘 걸릴 수 있도록 작업을 하는 마케터들도 있습니다. 대표적인 방법 중 하나가 히든태그 작업입니다. **히든태그란** 포스팅 안에 잠재고객이 검색할 만한 키워드를 사람의 눈에는 보이지 않도록 하여 대량으로 집어넣는 작업입니다. 그래서 히든태그(숨겨진 키워드)인 것입니다. 누군가 히든태그로 활용한 키워드 중 하나를 검색하면 본인의 포스팅이 검색되어 더욱 많은 클릭을 유도할 수 있습니다.

예를 들어, 어떠한 카페에 들어가 특정 지역의 맛집 정보를 찾고 싶어 카페 내 검색창에 '맛집'을 검색하였는데 전혀 상관없는 신발 포스팅이 검색된 경우, 해당 신발 포스팅 안에 '맛집'이라는 키워드를 숨겨 놓았기 때문입니다. 사람의 눈에는 포스팅 안에 '맛집'이라는 키워드가 안 보이지만 숨겨서 입력해 놓았기 때문에 네이버 봇에는 키워드가 읽혀 검색되는 것입니다.

경쟁사 히든태그 키워드 추출1 - Windows 메모장

파일(F) 편집(E) 서식(O) 보기(V) 도움말(H)

```
<div style="width: 1px; height: 1px; overflow: hidden;"><div align="center">루이보스티□배달통□청접장□브라질리언왁싱□여성의류도매쇼핑몰□명함추천□sensor
아하는남자향수□아이폰664기가□경동화물□임부바지□스틱분유□리틀그라운드□전기고데기□자전거헬멧□프랑프랑커트러리□깃발제작□유아레인코트□등산의자□
□아씨방□철분□승마기구□초등학생소풍가방□건성피부□메가스터디□에코백□3구전기렌지□본죽배달□GNC맥주효모□쇼핑몰솔루션□메신저백□치아씨드□브라이
과□이브라nl풀세트□블로바□더블하트젖병□여성트레이닝복세트□아디다스스니커즈□케이투□홀리건□뽀로로도시락□월드컵□금잔화□여자메탈손목시계□남자바람
시픽□파이오니아□청소년수련관□코큐텐효능□고디바커피□찐빵□쿠션□등산티□CD케이스제작□바오바오클러치□생과일쥬스전문점□게이밍노트북□버버리가방□미
든구스슈퍼스타□란시노유두보호크림□레이어드티셔츠□화웨이X3□프뢰벨명화카드□수건인쇄□수납장제작□전동그라인더□매트리스패드□올레티비□폴딩트레일러□
공기청정기□다코쿨링팩□썬글라스□비엔나소세지□오리고기□카시오손목시계□나침반□정자□쿠쿠압력밥솥10인용□얼굴비대칭□방수패드□알톤하이브리드□팩세이
작□투피스□담양떡갈비□에그어택아이언맨□부천에어컨설치□티쏘시계□영국어학연수□올리브데올리브원피스□가구저렴한곳□타이포그래피□i40□남성면바지□악기
트□옥스포드리딩트리□토네이도수영복□남자고급시계□나이키코르테즈□랩핑□밍크□딤에크레스□소량주문제작□에프터이펙트□유아이불□옆머리다운펌□티맥스53
□모빌□화장용품□소파쇼핑몰□ncr지인쇄□아디다스져지□본베베점보의자□외식상품권□인버터□스텐물병□아이스가방□TRIANGL□후아유후드집업□맵피□미니화장
현수막인쇄□교패□와이어헤어밴드□쿠쿠공기청정기□무선자동차□화분진열대□디즈니스토어구매대행□버클□헤드쿠션□겨울□기적의한글학습□매직스톤□조□프루
마김밥□방수스피커□미니어쳐하우스□등등/잉글리시□릭돔□캐릭터알람시계□멜빵앞치마□한울파운데이션□드래곤볼피규어□손잡이□국밥□일회용바늘□쑥뜸□어린
와인악세사리□마미즈□케즈챔피온□키보드판매□하이패스단말기추천□바다탐험대옥토넛□그랜드피아노□청소용품도매□갤럭시기어□헤어스타일□카드돈보기□ck□
라모델□WPH단백질보충제□콘투락트벡스□tm□투싼신형□유산균제품□12□카세트플레이어□블루보넷□리버풀유니폼□언더커버맨투맨□자라키즈□크리스탈시계□
림□문구□시계쇼핑몰□망고스틴□면생리대□슈퍼스타슬립온□크록스클로그□이동식욕조□코너선반□김치찌개□메가사이즈□콧물흡입기□정관장홍삼정플러스□구도
품시계□가르마펌□IWC여자시계□엽산□체지방분해제□왕골돗자리□갤럭시노트4케이스□카약□붙이는타일□새우□유아도시락□쎄이코□음주운전면허취소□다이어트
팩□자동차햇빛가리개□스티커판매□계란말이□VR기기□리퀴드아이라이너□소래포구□올뉴카니발루프박스□여우별□맛집추천□CK메탈시계□스테비아가루□쏘서□미
잔점퍼□제주도가족펜션□오클리죠브레이커□테마파크□리복펌프□마크로스발키리□아이패드에어케이스□노미네이션팔찌□연어구이□웨이트트레이닝□부가부카멜레
이□5y□아킬레스D9□POLO□럭키걸□꼬마픽처북명작입체북□남성옷□이동식행거□드론자격증□영어회화공부혼자하기□닭다리살□임신영양제□로보캅피규어□등산
디언□목발□제이크루□은수저세트□노래방□예초기□메트로시티우산□속싸개□우리문화□어린이집양말□붙임머리□국민아기띠□생로랑신발□열차단썬팅□소파커버
□방콕자유여행□LED스텐드□깔라만시차□한정판건담□항공모함모형□에어컨탈취제□청소용품판매□악녀일기□모링가□곡물□니짜로우□쉬크인튜이션□올란도중고
□psp□소니코리아□나이키츄리닝바지□캐주얼시계□다낭□리클라이너소파□가디건□소갈비찜황금레시피□토리버치에스파듀□저장병□콘술세트□소자본창업아이템
□남자맥코트□블럭□예쁜슬리퍼□명탐정코난□패션양말도매□여자생일선물□타코야키□남자메탈시계□스프레드□타이어전문점□M□아크릴재단□GNC루테인□구슬
스팀기□미세먼지□뉴재미동이생활동화(2012)뉴리틀창작북스□흑염소□나이키운동화신상□킨텍스맛집□도라□펠틱스패딩□비스프리물병□화장품추천□남자브랜드시
천□회중시계□구름빵□베이직하우스□가죽가방도매□서류봉투□캔버스□스케치□킨더스펠런치백□예쁜그릇□지니네비게이션□캐리커쳐□옥스퍼드플레이베베□절단
콘□대전피부관리□임산부철분□요구르트□스타일□손오공피규어□줄기세포□필립스아쿠아터치□해외대행구매□반바지트레이닝□물놀이장난감□소이캔들□더페이스
```

앞의 이미지는 실제로 중고나라 카페에서 어떤 업체가 포스팅에 활용한 히든태그를 추출하여 메모장에 옮겨 본 것입니다. 하나의 포스팅에 셀 수 없이 많은 키워드를 대량으로 넣은 것을 확인할 수 있습니다. 히든태그로 기입한 키워드 중 하나를 누군가가 카페에서 검색하면 포스팅이 노출되는 것입니다. 그런데 이렇게 포스팅의 내용과 전혀 관련성이 없는 키워드를 넣게 되면 검색자들이 원했던 글이 아니기 때문에 오히려 마케팅 효과가 떨어질 수 있습니다. 뿐만 아니라 네이버의 정상적인 검색로직을 방해하는 행위 중 하나이므로 블로그나 스마트스토어에 히든태그를 사용하는 경우 저품질의 우려가 있을 수

도 있으니 유의해야 합니다.

끝으로, 침투 게릴라 마케팅 진행 시 링크에 UTM을 활용하면 어떠한 채널에서 유입되었는지, 어떠한 광고나 어떠한 콘텐츠, 어떠한 키워드, 어떠한 타깃으로 유입이 되었는지 등을 분석할 수 있어 효과적입니다. UTM이란 'Urchin Tracking Module'의 약자로 웹사이트에 유입되어 들어온 사람들의 URL을 바탕으로 트래픽 분석을 할 수 있는 트래킹 코드입니다. 보통 수많은 카페나 커뮤니티, 블로그 등에 포스팅을 할 때 사용하는 URL에 UTM을 붙이면 자세한 유입 경로를 분석하여 마케팅 전략을 수립하고 성과를 높이는 데 도움이 됩니다.

해당 UTM 설정은 네이버 스마트스토어에도 적용할 수 있으며, 네이버 고객센터에서도 자세히 직접 설정하는 방법에 대해 안내하고 있습니다. UTM 설정이 필요한 분들은 '네이버 비즈 어드바이저' 사이트에 로그인을 하고 왼쪽 메뉴바에서 '도움말'을 클릭하여 고객센터 화면으로 들어갑니다. 네이버 비즈 어드바이저 고객센터 화면 상단에 '마케팅 분석 보고서' 메뉴의 '마케팅 채널 성과 분석 개념 및 방법'에서 '사용자 정의 유입 개념 및 방법 안내' 부분을 참고하세요.

3 잠재고객 DB 수집 및 DM 마케팅

1. 유효 DB와 무효 DB의 개념 및 중요성

고객들의 정보를 수집하고 분석하는 작업은 마케팅에서 매우 중요한 업무입니다. 고객들의 정보란 이름, 연락처, 이메일, 거주지역, 연령, 소속, 업종 등과 같은 개인정보를 말합니다. 해당 정보를 기본적으로 수집해야 하며, 부가적으로 여러분 각자의 영업 및 온라인 마케팅 활동을 위해 필요한 부가정보도 수집되어야 합니다. 이러한 고객들의 정보를 데이터라고 하며, 해당 데이터를 특정 규칙에 맞게 정리한 파일 또는 폴더(공간)를 데이터 베이스(Data Base), 즉 DB라고 합니다.

효과적으로 온라인 마케팅 전략을 수립하고 실행하기 위해서는 내 사업아이템을 이미 구매한 고객들의 DB와 앞으로 해당 아이템을 구매할 가능성이 있는 잠재고객들의 DB가 모두 필요합니다. 따라서 여러분은 지금부터라도 기존 고객들과 잠재고객의 DB를 조사하여 엑셀파일에 차곡차곡 정리해 놓아야 할 필요가 있습니다.

DB는 온라인 마케팅에서 크게 다음 2가지로 구분됩니다.

1. 유효 DB
2. 무효 DB

유효 DB란 고객들의 이름, 연락처(핸드폰 번호), 이메일 등 앞서 설명한 기본 개인정보가 누락됨 없이 모두 포함되어 있고 데이터 수집 경로가 명확하며 신뢰할 수 있는 공간(채널 및 장소 등)에서 수집된 데이터를 말합니다.

무효 DB란 기본정보가 많이 누락되어 있어 온라인 마케팅 및 영업을 하기에 어려움이 있거나 DB 수집 경로가 불명확하고 신뢰하기 어려운 공간에서 수집된 데이터를 말합니다. 따라서 만약 현재 여러분이 보유하고 있는 데이터가 무효 DB에 해당된다면 해당 데이터를 지속적으로 점검하고 보완하여 유효 DB로 전환하는 작업을 해야 합니다.

반면, 지금 보유하고 있는 DB가 유효 DB라 하더라도 언제든 무효 DB로 바뀔 수도 있습니다. 예를 들어, 어떤 고객이 핸드폰 번호를 바꾸거나 개명을 하거나 이사를 가거나 하는 등의 상황이 발생되면 유효 DB의 정보가 달라지기 때문에 해당 데이터로 영업 마케팅을 하면 효율이 떨어질 수 있습니다. 따라서 유효 DB라고 하더라도 지속적으로 데이터를 점검하여 유지될 수 있도록 꾸준히 관리해 주어야 합니다.

보통 카페에서 DB를 추출할 때 무효 DB가 많이 추출되는 편입니다. 네이버 카페의 경우 마케팅 자동화 프로그램을 활용해 회원수를 거짓으로 늘리거나 네이버 아이디를 가짜로 생성하거나 다른 사람의 아이디를 해킹하여 만든 카페들이 있습니다. 예를 들어, 그동안 열심히 광고하고 제휴를 맺어 온 카페가 있는데 알고 보니 프로그램을 사용하고 가짜 아이디를 만들어 내어 회원수 10만 명 중 99,999명이 가짜 회원(진짜 사람이 아닌 아이디만 존재)인 경우도 있을 수 있다는 것입니다. 그런 가짜 카페를 운영하는 업체의 경우 직원들 몇 명이 여러 개의 아이디를 활용해 카페에 회원들이 올린 것처럼 글을 써서 운영하기도 합니다. 심하게는 대표자 한 명 또는 카페 매니저 한 명이 네이버 아이디를 여러 개 구매하고 활용해 마치 수많은 회원이 카페에 글을 올리고 있는 것처럼 작업하기도 합니다.

이러한 카페에 배너 광고를 하거나 DM을 보내는 등의 마케팅을 하게 되면 효과가 없습니다. 당연히 이런 카페 회원들의 DB를 수집하면 모두 가짜 아이디이기 때문에 무효 DB에 해당되어 마케팅 효과가 전혀 없습니다. 따라서 여러분은 무효 DB가 아닌 유효 DB를 수집하는 방법을 알아야 합니다. 지금부터 유효 DB를 수집하는 방법에 대해 살펴보겠습니다.

2. 효과적인 잠재고객 유효 DB 수집 방법

유효 DB를 수집하는 방법은 크게 다음의 5가지로 구분할 수 있습니다.

1. CD114 자료 구입
2. 마케팅몬스터 등 프로그램 활용
3. 이벤트/교육/컨퍼런스/세미나/사업설명회 등 행사 개최
4. 전시회 및 박람회, 교육, 설명회 등 외부 행사 참여
5. 페이스북 잠재고객 확보 광고 등 타깃 광고 집행

1) CD114 자료 구입

첫째, 네이버에 CD114라고 검색해 보면 해당 업체의 스마트스토어 또는 사이트가 나옵니다. 둘 중 하나를 클릭하여 들어가 보면 다양한 업종의 DB를 판매하는 것을 볼 수 있습니다. 사이트 내에서 검색창에 'SMTP'라고 검색해 보면 해당 업체가 판매하는 데이터를 모두 포함한 자료를 찾아볼 수 있습니다. 연도별로 구분되어 있고, 약 40~45만 개의 데이터가 수록되어 있습니다.

해당 자료의 경우 수출입기업, 유망중소기업, 신설법인, 회계담당자, IT기업, 한국 1000대기업, 벤처기업 등 기업 데이터뿐만 아니라 전국 음식점, 의료기관, 미용업체, 숙박업소, 전국 아파트, 인테리어 시장 등 소상공인 및 생활관련 업체들의 정보와 대표자 이름, 연락처, 주소, 이메일, 팩스번호 그리고 초·중·고, 대학교 및 유치원 등의 교육기관들의 정보와 전국 관공사 및 공공기관의 데이터도 포함되어 있어 B2B 영업이 필요하거나 B2G 영업 마케팅을 해야 하는 분들에게 적합한 데이터로 구성되어 있습니다. 따라서 영업 및 마케팅을 할 때 필요한 데이터(예: 이메일 주소 등)가 자료에 포함되어 있는지 사전에 꼭 해당 업체에 문의를 해 보고 구매 결정을 하는 것이 좋습니다.

2) 마케팅몬스터 등 프로그램 활용

둘째, 네이버에 마케팅몬스터라고 검색해 보면 해당 업체의 사이트가 나옵니다. 클릭하여 들어가 보면, 다양한 경로를 통해 원하는 고객들의 데이터를 수집할 수 있는 자동화 프로그램을 판매하고 있습니다. 특정 카페 회원들의 DB 수집 프로그램부터 특정 키워드를 검색한 사람들의 DB 추출 프로그램 등 워낙 다양한 프로그램이 있기 때문에 이 책에서 일일이 설명을 드리기에는 무리가 있으므로 해당 사이트의 프로그램들을 살펴보고 상담을 통해 구매 결정을 하는 것이 좋습니다. 또는 크몽 사이트에서 '크롤링, 크롤러, DB 수집' 등으로 검색해 보면 데이터를 수집할 수 있는 프로그램이나 업체들을 쉽게 찾을 수 있으니 이 부분도 필요한 분들은 참고하기 바랍니다. 단, 크몽의 경우 사전에 명확한 수집 경로와 원하는 데이터가 정상적으로 수집이 되는지 A/S 조건 등을 꼼꼼히 확인 후 거래하는 것이 좋습니다.

3) 이벤트/교육/컨퍼런스/세미나/사업설명회 등 행사 개최

셋째, 자체적으로 행사 및 이벤트를 개최하여 고객들의 데이터를 수집하는 방법입니다. 여러 가지의 형태로 자체 행사를 기획하여 데이터를 수집할 수 있는데, 보통 주기적으로 무료 교육이나 유료 교육, 사업설명회, 세미나, 컨퍼런스 등의 이름으로 행사를 개최합니다. 행사를 기획할 때에는 타깃으로 삼고 있는 잠재고객들이 관심 있어 할 만한 주제이면서 내 사업아이템과 연결되는 내용의 행사를 기획하는 것이 중요합니다. 이때 네이버 폼이나 구글 폼으로 행사 신청서 폼을 만들고 해당 양식에는 이름, 연락처 등 개인정보를 기입하는 항목과 기타 영업 및 마케팅에 필요한 부가 항목을 넣습니다.

행사에 참여를 원하는 사람들은 신청서 링크를 클릭하여 신청서를 제출하게 되고 이로써 행사의 주최자인 기업은 고객들의 데이터를 수집하는 것입니다. 이렇게 데이터를 수집하고 행사가 종료된 이후에는 마케터가 해당 데이터를 엑셀 등으로 잘 정리하여 영업 담당자들에게 전달합니다. 데이터는 행사에 실제로 참여한 사람들과 실제로 참여하지는 않았지만 신청서를 제출하여 관심을 보였던 사람들을 구분해야 합니다. 그래야 상황에 맞는 영업 마케팅 전략을 적용할 수 있기 때문입니다. 이렇게 자체 행사를 기획하고 더욱 많은 고객들을 빠르게 끌어 모으고자 할 때에는 자체 채널뿐만 아니라 업무 1단계의 '4. 온라인 마케팅 강사로 돈 버는 법'에서 언급하였던 모객 사이트를 추가로 활용하면 좋습니다.

4) 전시회 및 박람회, 교육, 설명회 등 외부 행사 참여

넷째, 이번에는 자체적으로 행사를 기획하는 것이 아니라 다른 사람이 기획한 행사에 참여하는 것입니다. 코엑스나 킨텍스에서 개최되는 전시회나 박람회 중 내 사업아이템에 관련된 행사이거나 타깃으로 삼고 있는 잠재고객들이 많이 방문할 만한 행사에 참여하여 데이터를 수집합니다. 전시회나 박람회의 출전 기업으로 부스를 마련한 다음 방명록 등을 통해 내 부스에 방문한 사람들의 데이터를 수집하기도 하고, 또는 출전 기업이 아니라 방문객으로 참여하여 행사에 출전한 기업들의 정보를 수록한 책자를 구매하거나 직접 발품을 팔아 부스를 돌아다니면서 출전 기업들의 담당자 명함을 수집하기도 합니다. 또는 협회로부터 회원사들의 정보가 담긴 자료를 구매하여 데이터를 수집하기도 합니다.

5) 페이스북 잠재고객 확보 광고 등 타깃 광고 집행

다섯째, 페이스북 및 인스타그램 광고를 통해 데이터를 수집하는 방법도 있습니다. 페이스북에서 진행할 수 있는 광고 중 '잠재고객' 광고가 있습니다. 누군가가 그 광고를 보고 클릭하면 이름, 연락처, 이메일 등의 개인정보를 입력하는 랜딩페이지로 전환되고 본인의 정보를 입력한 다음 제출하면 광고비용이 소진되는 형태입니다. 즉, 개인정보가 수집되거나 개인정보 수집 후 특정 액션이 발생될 때마다 광고비가 소진되는 것입니다. 이러한 잠재고객 광고는 광고비 단가가 다른 페이스북 광고에 비해 비싼 편입니다.

또 해당 광고를 진행하려면 개인정보를 수집할 수 있는 랜딩페이지를 만들 필요가 있습니다. 만약 랜딩페이지를 만들기 어렵거나 마케팅 예산상 잠재고객 광고를 진행하기 어려운 분들은 페이스북 광고 중 트래픽 광고를 하면 됩니다. 이때에는 네이버 폼이나 구글 폼으로 랜딩페이지를 만들고 해당 링크를 광고할 때 기입하면 됩니다. '랜딩페이지'라고 하여 어렵게 생각할 필요가 없습니다. 누군가가 광고를 클릭하면 이름, 연락처, 이메일 등의 데이터를 입력할 수 있는 네이버 폼 신청서 화면으로 바로 전환되도록 하면 됩니다. 따라서 네이버 폼이나 구글 폼으로 신청서(랜딩페이지)를 만들어 트래픽 광고를 활용하면 잠재고객 광고를 하지 않아도 얼마든지 원하는 데이터를 수집할 수 있습니다.

3. 유효 DB를 활용하여 매출을 빠르게 끌어올리는 마케팅 방법

고객들의 DB를 수집하였으면, 이제 해당 DB를 활용해 마케팅을 진행해야 합니다. DB를 활용한 마케팅 방법은 크게 다음의 2가지가 있습니다.

1. CSV 광고 집행
2. DM 마케팅

1) CSV 광고 집행

CSV 광고는 페이스북과 구글 애드워즈로 집행할 수 있는 광고 중 하나입니다. 고객들의 데이터를 엑셀파일로 정리한 다음 해당 엑셀파일을 다른 이름으로 저장할 때 파일 형태를 CSV 파일로 변환하여 저장합니다. 그리고 해당 CSV 파일을 페이스북이나 구글 애드워즈 광고 집행 시 업로드하게 되면 해당 파일에 기입되어 있는 사람들을 타깃으로 광고를 노출시킬 수 있습니다. 그렇다고 CSV 파일에 기입된 모든 사람에게 광고가 노출되는 것은 아닙니다. 페이스북으로 CSV 광고를 집행하게 되면 CSV 파일에 기입되어 있는 정보와 페이스북 및 인스타그램 계정의 정보가 일치한 사람에게만 광고가 노출됩니다.

예를 들어, 제가 나연재라는 잠재고객의 정보를 수집했다고 가정하겠습니다. 제가 수집한 나연재의 핸드폰 번호는 010-1234-5678이었습니다. 그런데 나연재가 페이스북에 가입했을 때 입력한 연락처가 010-4567-1234라면 정보가 일치하지 않아 나연재에게는 광고가 노출되지 않는 것입니다. 또 나연재라는 사람이 페이스북과 인스타그램을 아예 가입조차 하지 않았다면 계정조차 없는 것이기 때문에 광고가 노출되지 못합니다.

구글 애드워즈의 경우에도 CSV 파일에 기입되어 있는 데이터와 구글 계정의 정보가 일치하는 사람에게만 광고가 노출됩니다. 즉, 그동안 수집한 고객들의 데이터가 10만 명이라 하더라도 정보가 일치되는 사람이 1천 명이라면 그 1천 명에게만 광고가 노출될 수 있다는 이야기입니다. 따라서 CSV 광고로 구매 전환까지 발생시킬 수 있도록 유의미한 마케팅 효과를 보려면 정확한 유효 DB이면서 최소 10만 개 이상의 데이터를 확보해 놓아야 합니다.

2) DM 마케팅

DM 마케팅은 Direct Mail의 약자로 내 상품을 구매할 가능성이 있는 잠재고객들에게 이메일이나 문자를 발송하여 직접적으로 사업아이템을 노출하는 마케팅입니다. 홍보 내용의 퀄리티에 따라 즉각적인 매출을 발생시킬 수 있어 많이 활용되고 있는 마케팅 중 하나입니다.

DM 마케팅은 크게 다음의 3가지 방법으로 나뉠 수 있습니다.

1. 문자 발송
2. 이메일 발송
3. 쪽지 발송

쪽지의 경우 채널 자체가 가벼워 DM 마케팅 중 가장 효과가 떨어지는 방법입니다. 문자의 경우, DM 마케팅 중 가장 효과가 뛰어난 방법이나 개인 핸드폰 번호로 마케팅 메시지를 직접적으로 전달하기 때문에 다른 DM 방법에 비해 거부감이 크게 발생되어 법적인 문제가 쉽게 발생될 수 있습니다. 또한 홍보성 DM을 발송할 때에는 반드시 '광고'를 표기하여야 하는데, 문자의 경우 후후나 후스콜 같이 '광고'가 기입된 문자를 자동으로 스팸으로 필터링해 주는 앱들이 많이 생겨 이전에 비해 마케팅 효과가 감소한 추세입니다.

따라서 여기에서는 두 번째 DM 마케팅 방법인 이메일 발송, 즉 이메일 마케팅에 대해 알아보도록 하겠습니다. 이메일 마케팅은 쿠팡이나 위메프와 같은 대형 유통 업체에서도 많이 진행하는 마케팅 방법 중 하나입니다. '이달의 할인' 상품이나 행사 이벤트 정보를 뉴스레터 형태로 만들어 기존 구매자들이나 회원가입을 한 잠재고객들에게 DM을 발송합니다.

이렇게 되면 기존 구매자들의 2차 재구매를 유도할 수 있으며, 잠재고객들의 사이트 재방문을 이끌어 낼 수 있습니다. 또한 이메일은 업무상으로라도 볼 수밖에 없는 채널로 B2B를 공략하거나 B2G 마케팅을 해야 하는 경우 매출적으로 큰 도움이 될 수 있기 때문에 DM 마케팅에서 빠질 수 없는 주요한 채널입니다.

(1) 이메일 마케팅을 효과적으로 진행하는 3가지 방법

① 이메일 발송 업체 및 자동화 프로그램 활용 방법

이메일 마케팅을 진행하는 방법은 여러 가지가 있습니다. 먼저, 이메일 발송 업체 및 자동화 프로그램을 활용하는 방법입니다.

네이버에 '대량 이메일 발송' '이메일 발송' 등으로 검색하면 다양한 이메일 발송 업체와 프로그램을 확인할 수 있습니다. 크몽이라는 사이트에서도 검색해 보면 이메일을 발송해 주는 업체나 프로그램을 쉽게 찾아볼 수 있습니다. 이 중 3~4군데의 업체를 골라 견적을 받아 보면 이메일 발송 비용을 쉽게 알 수 있습니다. 또한 마케팅몬스터와 같은 자동화 프로그램을 판매하는 업체의 사이트를 들어가 보면 이메일을 자동으로 발송해 주는 프로그램을 쉽게 구매하여 사용할 수 있습니다. 다만, 프로그램의 경우 기능에 제한이 있거나 간혹 몇몇 이메일 계정을 제대로 인식하지 못하는 등의 단점이 있습니다. 따라서 반드시 프로그램 판매 업체와 자세한 상담 후 구매 결정을 해야 합니다.

이렇게 업체를 사용하거나 마케팅 자동화 프로그램을 활용하는 방법은 비용이 발생하지만 대량의 이메일을 한 번에 고객들에게 송부하여 빠른 결과를 볼 수 있다는 장점이 있습니다.

② 이메일 발송 툴 활용 방법

대표적으로 메일침프(Mailchimp)나 겟리스폰스(GetResponse)와 같은 툴이 있습니다. 저도 이메일 마케팅 진행 시 메일침프를 주로 사용하고 있습니다. 이메일 마케팅에 최적화된 콘텐츠를 제작하기에도 편리하고 이메일 발송 및 분석 기능도 잘 되어 있는 편입니다. 무료로 기본적인 기능들을 사용해 볼 수 있으니 처음부터 업체나 프로그램을 사용하기보다 이러한 툴을 먼저 사용해 보는 것이 좋습니다.

③ 수작업으로 이메일을 발송하는 방법

수작업이기 때문에 다소 수고스러움은 있지만 비용이 발생되지 않고 별도의 세팅이나 가입을 해야 하는 등의 수고로움이 없다는 장점이 있을 수 있습니다. 이메일을 발송하려면 우선 발송자의 이메일 계정이 있어야 합니다. 사람들이 많이 사용하는 이메일 계정으로는 대표적으로 네이버 이메일과 다음 한메일이 있습니다. 이 중에 대량 이메일을 발송할 때에는 다음 한메일을 사용하는 것이 좋습니다.

네이버 이메일은 1회 발송 시 받는 이, 참조, 숨은 참조를 포함해 100명까지 동시 발송할 수 있으며, 다음 한메일은 1회 발송 시 받는 이, 참조, 숨은 참조를 포함해 150명까지 동시 발송할 수 있습니다. 네이버 이메일은 하루에 발송할 수 있는 발송 통수가 약 500통이며, 그 이상 발송 시 자동으로 받는 사람 이메일의 스팸메일로 들어갑니다. 반면, 다음 한메일은 하루에 발송할 수 있는 통수가 1만 통입니다. 즉, 네이버는 이메일을 발송할 때 한 번에 100명에게 보낼 수 있고 하루에 500명까지 보낼 수 있으며, 다음 한메일은 한 번에 150명에게 보낼 수 있고 하루에 1만 통을 보낼 수 있습니다.

다음 한메일 아이디 1개당 하루에 1만 통을 보낼 수 있기에 추가로 아이디를 만들게 되면 더 많은 이메일을 발송할 수 있습니다. 네이버에서 한 사람당 아이디를 3개까지 만들 수 있는 것처럼, 다음 한메일도 추가로 아이디를 만들 수 있습니다. 저도 현재 다음 아이디를 4개 보유하고 있기 때문에 하루에 총 4만 통의 대량 이메일을 송부할 수 있습니다.

이메일 마케팅을 해 보고자 하는 분들은 먼저 다음 아이디를 하나 더 만들어서 테스트로 이메일 발송을 해 본 다음 얼마나 효과가 나오는지 살펴보는 것이 좋습니다. 만약 평소에 한메일을 업무 이메일 계정으로 사용하는 분들이 있다면 대량 이메일을 발송할 때에는 추가로 만든 서브 아이디로 대량 이메일 보내야 합니다.

이메일 수신동의를 한 고객에게 이메일을 발송했음에도 '스팸차단'이나 '스팸신고'를 당하는 경우가 있습니다. 차단과 신고가 일정 횟수 이상 누적되고 동일한 내용의 이메일을 단시간에 반복해서 계속 발송하게 되면 이메일을 발송한 아이디가 '아이디 보호 조치'가 되는 경우가 있습니다. 정상적인 이메일 발송이 아니라고 여겨 해당 아이디로 이메일을 더 이상 발송하지 못하도록 잠시 보호하는 것입니다. 이 경우에는 다음 한메일에 회원가입했을 때 입력했던 핸드폰 번호로 인증을 요청하고 인증번호를 다시 PC 화면에 입력만 해 주면 아이디 보호 조치가 즉시 해제되어 다시 사용할 수 있습니다. 그런데 아이디 보호 조치가 일정 횟수 이상 누적되면 1개월 동안 해당 아이디로 수신 및 발신이 모두 되지 않는 상태가 됩니다.

만약 평소에 업무용으로 활용한 아이디로 대량 이메일을 발송하여 이와 같은 상황이 발생한다면 이메일 로그인이 불가하고 수신과 발신 등 모든 것을 할 수 없기에 업무에 큰 차질이 생기게 됩니다. 따라서 대량 이메일을 발송할 때에는 미리 추가 아이디를 만들어 놓고, 해당 아이디로만 이메일 마케팅을 하는 것이 좋습니다.

(2) 이메일 마케팅의 성과를 높이는 방법, 법적 규칙 및 대응 방법

이메일 발송 시 '보내는 사람'에는 회사명이나 브랜드 이름보다는 발송자의 실명을 입력하는 것이 좋습니다. 이메일은 주로 자료나 정보를 주고받을 때 활용하는 채널이므로 보다 높은 클릭률을 발생시키기 위해서는 이메일이라는 채널의 특성을 고려하여 보내는 사람의 실제 이름을 기입하는 것이 유리할 수 있습니다.

또한 대량 이메일을 발송할 때에는 '받는 사람'에 수집한 잠재고객들의 이메일 주소를 입력하는 것은 좋지 않습니다. 이메일 또한 개인정보이기 때문에 타인에게 정보가 노출되지 않도록 보호해 줄 필요가 있습니다.

따라서 '받는 사람' 부분에는 발송자의 또 다른 이메일 계정(예: 네이버 이메일이나 발송자의 다른 한메일 등)을 입력하고, 잠재고객들의 이메일 주소는 '숨은 참조' 부분에 입력하여 이메일 정보가 노출되지 않도록 하는 것이 중요합니다. 숨은 참조는 '받는 사람' 바로 밑에 '참조' 옆의 '플러스' 버튼을 누르면 됩니다.

이제, 이메일 제목을 작성해야 합니다. 제목을 어떻게 작성하느냐에 따라서 내가 보낸 이메일이 클릭될 수도 있고 또는 바로 삭제되거나 스팸 신고를 당할 수도 있는 만큼 매우 중요한 부분입니다.

한 가지 팁으로, 제목 부분에 '주요' '공지' '필독' '최종' '주요공지' '최초' '마지막' '선착순' '무료' '날짜'(상품을 구매할 수 있는 기한), '숫자'('업무 4단계: 후킹 문구 작성법 4단계'에서 언급) 등의 키워드를 입력하면 고객의 시선을 사로잡아 조금 더 효과적으로 클릭 수를 높일 수 있습니다. 또한 제목에 받는 사람의 업체명이나 이름을 기입해 주는 것도 매우 효과적입니다.

즉, 단체 발송으로 보이게 하는 것이 아니라 개인 대 개인으로 맞춤 발송을 하게 되면 이메일을 받는 사람은 해당 정보를 확인해야 할 책임감이 발생하게 되어 이메일 오픈률이 상승되게 됩니다. 그런데 이때 여러분이 송부하는 이메일이 광고성 이메일이라면 법적 규칙을 지켜서 이메일 제목과 내용을 작성해야 합니다. 이때 광고성 이메일이란 사업아이템을 직접적으로 홍보하는 내용뿐만 아니라 영업사원이 고객관리 차원에서 보내는 안부인사나 사업자가 고객에게 보내는 무료 뉴스레터 등도 광고성 정보에 해당합니다.

또한 사업자가 제공하는 재화 및 서비스에 대한 쿠폰, 마일리지 등의 경우 해당 재화 및 서비스 이용을 촉구하는 홍보 목적을 포함하고 있으므로 쿠폰, 마일리지 등에 대한 정보도 광고성 정보에 해당합니다. 예를 들어, 제가 이메일에 온라인 마케팅 무료 교육에 대한 내용을 기입하였는데 내용 안에 유료 교육에 대한 안내 문구가 있거나 제가 현재 유료 교육을 판매하고 있다면 무료 교육을 통해 유료 교육을 홍보하는 것으로 인식될 수 있기 때문에 무료 교육 안내 이메일도 광고성 이메일에 해당됩니다.

따라서 이러한 광고성 이메일을 보낼 때에는 법적 규칙을 지켜서 보내야 하며, 이를 위반할 경우 한국인터넷진흥원과 방송통신위원회로부터 300만 원에서 3,000만 원까지의 과태료 처분이 있을 수 있으니 유의해야 합니다.

광고성 이메일 발송 시 기본적으로 지켜야 할 법적 규칙은 다음과 같습니다.

1. 이메일 제목 앞 부분에 '광고' 표기 2. 2년 이내 명시적인 사전동의를 받은 사람에게 홍보성 이메일 송부 3. 이메일 수신자의 개인정보수집경로와 광고성정보수신동의 경로 입력 4. 이메일 수신자가 언제든 쉽게 수신거부를 할 수 있도록 수신거부 링크 입력 5. 수신거부 안내멘트를 국문과 영문으로 모두 입력 6. 이메일 발송자의 이름, 이메일, 소속, 즉시 연결 가능한 연락처 및 주소 입력

출처: 한국인터넷진흥원, 불법스팸방지를 위한 안내서(PDF).

먼저, 광고 표시를 하는 경우에는 수신자의 자동 수신거부(필터링)를 회피하기 위한 목적으로 빈칸 · 부호 · 문자 등을 삽입하거나 표시 방법을 조작하는 조치를 하여서는 안 됩니다. 즉, (광/고), (광 고), (광.고), ("광고"), (대출광고), (廣告), (ad)와 같이 변칙 표기하면 안 됩니다.

또한 두 번째 항목의 '명시적인 사전동의' 방식에 대하여 「정보통신망 이용촉진 및 정보보호 등에 관한 법률」(약칭 「정보통신망법」)은 명확한 규정을 두고 있지 않아 그 방식에 제한은 없지만, 전송자는 수신자로부터 명시적인 사전동의를 받았다는 것을 증명할 수 있어야 합니다. 따라서 추후 혹시 모를 법적 분쟁이 발생했을 시 제출할 수 있도록 되도록 서면으로 사전동의를 받아 놓으면 좋습니다.

다만, 금전적인 대가를 지불한 거래관계를 통해 수신자로부터 직접 연락처를 수집하였고 수신자와 거래한 것과 동종의 재화 등에 대한 광고성 정보를 전송하는 것은 별도의 사전동의가 없어도 됩니다. 이 경우에는 거래관계, 즉 판매 관계가 종료된 날부터 6개월간 해당됩니다. 사업자가 사업자(B2B)와의 거래관계 형성을 위해 명함 등 서면으로 직접 연락처를 제공한 경우에도 사전동의 예외로서 거래관계가 있다고 볼 수 있으니 DB 수집 시 참고하기 바랍니다.

「개인정보 보호법」상 수신자의 개인정보를 수집 · 이용하는 것과 개인정보 이용목적에 대한 동의는 광고성 정보 수신동의(「정보통신망법」 제50조 제1항 동의)와 구분됩니다. 즉, 광고성 정보 수신동의는 전송자가 보내는 광고성 정보를 수신하겠다는 것에 대한 동의를 의미하므로 각 동의는 별개로 받아야 합니다. 예를 들어, 이메일 내용에 수신자가 어떤 채널에 가입되어 있고, 그때 개인정보수집에 동의를 했기 때문에 해당 광고성 이메일을 발송하였다라고만 입력하면 안 되고, '광고성 정보'를 수신하겠다는 동의를 했는지 그 여부가 기입되어 있어야 한다는 의미입니다.

*Copyright © *|2016|* *|YJ Company*, All rights reserved.*
본 이메일은 외부행사, 블로그, 카페, 페이스북 등을 통하여 정보수신을 동의하셨기에 발송되었으며,
혹시라도 오타, 오기재로 인해 잘못 전달될 수 있으니 수신을 원치 않으실 경우 하단의 [수신거부]를
클릭하여 주시기 바랍니다.

* 본 이메일은 [정보통신망 이용촉진 및 정보보호 등에 관한 법률, 동법 시행령 및 시행규칙]을
준수합니다.
* 수신거부를 원하시는 경우 아래의 수신거부를 클릭하여 주시면 즉시 처리해 드립니다.
수신거부

Our mailing address is:
kbma012@hanmail.net

Want to change how you receive these emails?
You can update your preferences or unsubscribe from this list.

* 사업자등록번호: 757-70-00133 연재컴퍼니 / 대표자: 나연재
소재지: 경기도 용인시 기흥구 중부대로 184 기흥힉스유타워 지식산업센터 817-3호

또한 이메일 본문에 수신자가 언제든 수신거부를 할 수 있도록 기술적 조치를 한 링크를 기입해야 합니다. 이때 기술적 조치란 예를 들어 '수신거부' 글자에 하이퍼링크를 입력하고 수신거부 글자 클릭 시 수신거부 화면이 바로 노출되게 해야 하며, 해당 수신거부 화면에는 이메일 수신자의 개인정보(이메일 등)를 또 다시 입력하게 하거나 회원가입을 해야 하는 등의 행위를 유도하면 안 됩니다. 즉, 수신거부 화면에는 수신거부 여부만을 선택(예, 아니오 등)할 수 있도록 해야 합니다.

• 수신거부 예시 화면 •

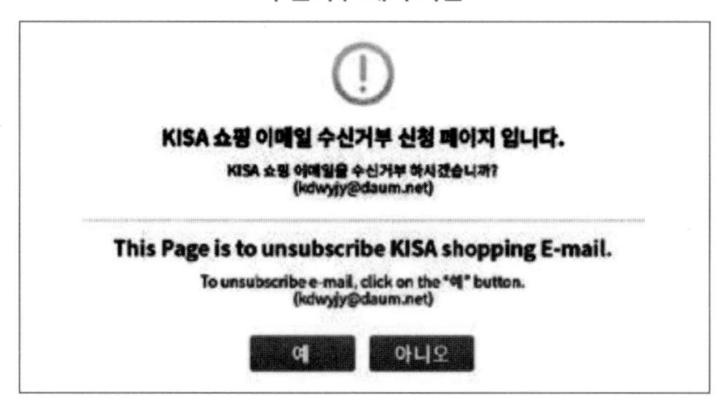

이 밖에 상세한 법적 규칙에 대하여는 한국인터넷진흥원의 '불법스팸 방지 안내서'를 확인하면 자세한 안내와 방법을 확인할 수 있으니 참고하여 안전하게 이메일 마케팅을 진행해야 합니다.

(3) 이메일 마케팅에 가장 최적화된 콘텐츠 제작 방법

이메일 마케팅을 할 때 가장 적합한 콘텐츠 형태는 '뉴스레터' 형태라고 할 수 있습니다. 이메일 제목을 클릭했을 때 바로 정보를 볼 수 있도록 이메일 본문에 뉴스레터를 올리는 것입니다. 이메일에 첨부파일을 올려 보내면 몇몇 고객은 해당 첨부파일을 '스팸'이나 '악성코드'의 일종으로 생각하여 바로 삭제하는 경우도 있을 수 있으므로 이메일 본문에 바로 정보를 볼 수 있도록 하는 것이 좋습니다.

뉴스레터 형태의 콘텐츠는 메일침프(Mailchimp)나 겟리스폰스(GetResponse) 등의 사이트를 통해 만들 수 있습니다. 여기에서는 메일침프로 설명하도록 하겠습니다. 네이버에 '메일침프'를 검색하여 메일침프 사이트에 들어갑니다.

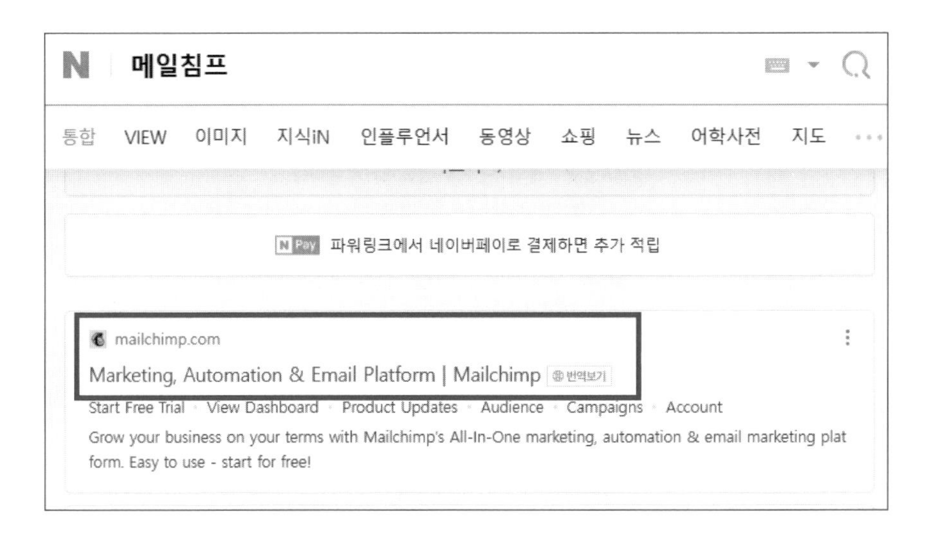

메일침프에 회원가입이 안 되어 있는 분들은 사이트 상단 오른쪽의 'Sign Up Free' 버튼을 클릭하여 가입을 해야 합니다. 회원가입이 되어 있는 분들은 'Log In' 버튼을 클릭하여 아이디와 비밀번호를 입력하고 입장하면 됩니다. 메일침프에 회원가입을 하는 방법은 네이버 검색창이나 유튜브에 '메일침프 회원가입하기'라고 검색하면 쉽게 알 수 있으므로 여기에서는 생략하겠습니다.

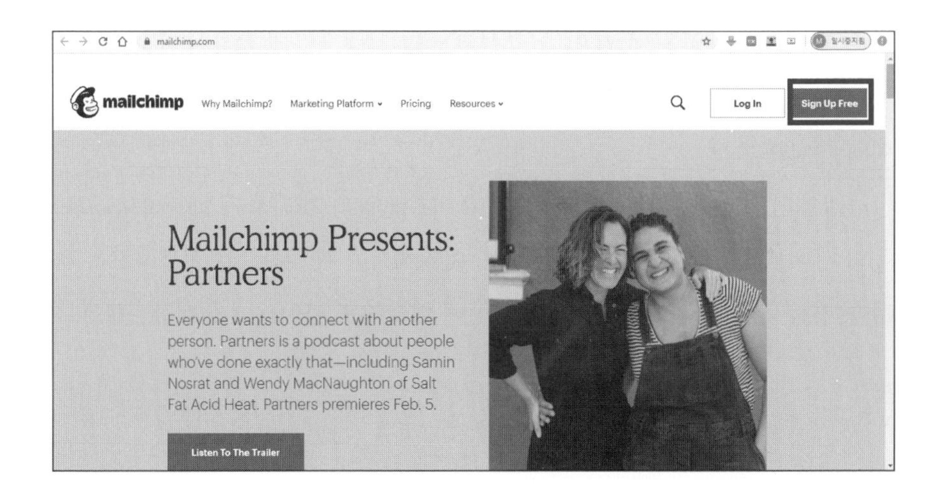

메일침프에 로그인을 한 후 뉴스레터나 팜플렛 등의 콘텐츠를 만들기 위해서는 화면 왼쪽 메뉴의 'Content' 메뉴를 클릭한 후, 'Email Templates'을 클릭합니다.

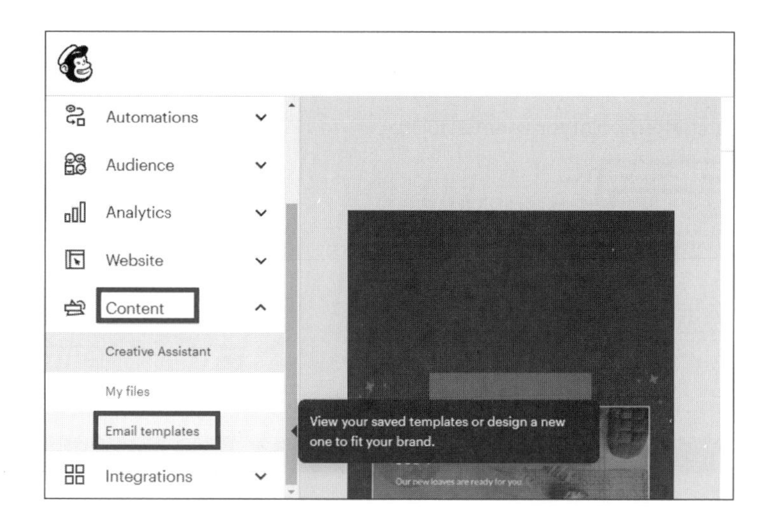

Email Templates 화면에서 상단 오른쪽에 있는 'Create Template'을 클릭하면 다양한 종류의 템플릿 양식을 선택할 수 있는 화면으로 넘어갑니다.

상단 메뉴 중 첫 번째인 'Layouts' 메뉴에는 템플릿의 기본 양식들이 있고, 'Themes' 메뉴를 클릭해 보면 예쁘게 디자인되어 있는 샘플 양식들이 있습니다. 마지막 'Code your own' 메뉴는 직접 html 코드를 넣어 콘텐츠를 만들 수 있는 메뉴입니다.

보통 첫 번째 메뉴와 두 번째 메뉴 위주로 많이 활용하는 편이며, 무료로 사용할 수 있는 템플릿과 소정의 수수료를 지불해야 하는 유료 템플릿이 있습니다.

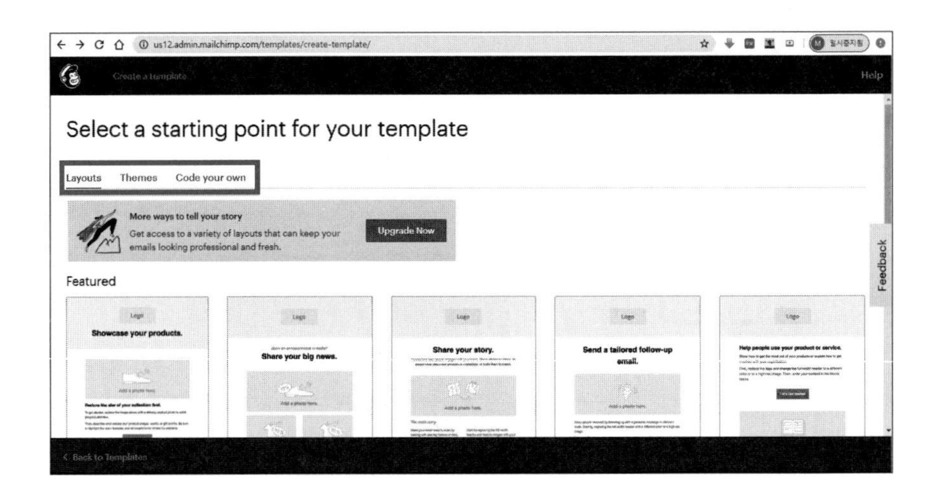

템플릿 위에 마우스를 올렸을 때 'Upgrade to use'라는 문구가 보이는 템플릿은 유료 템플릿이며, 해당 문구가 없으면 누구나 무료로 활용할 수 있는 템플릿입니다.

우선, 무료로 사용할 수 있는 템플릿 중 하나를 클릭하여 예쁘게 만들어 보는 것이 좋습니다. 무료 템플릿이라고 하더라도 본인이 어떻게 꾸미느냐에 따라 콘텐츠는 달라질 수 있습니다. 여기에서는 무료 템플릿 중 하나를 선택해 보겠습니다.

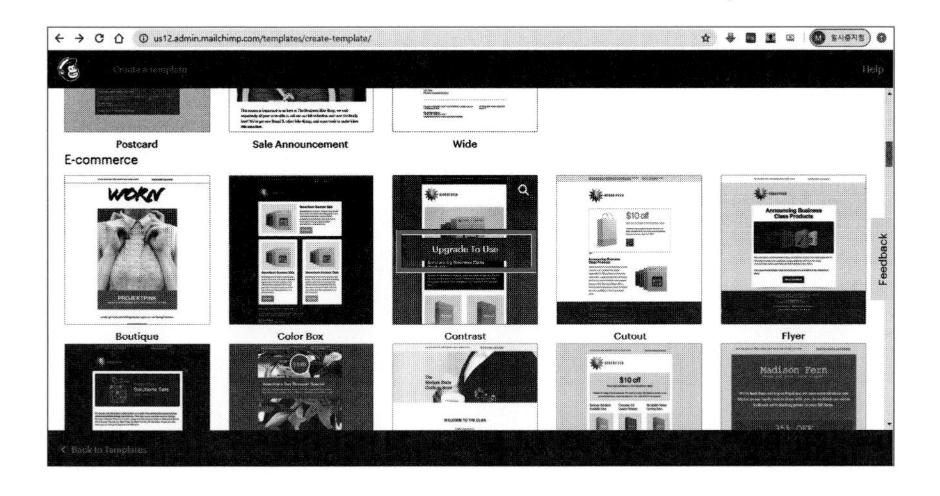

템플릿을 클릭하면 화면 오른쪽에 콘텐츠를 꾸밀 수 있는 여러 가지 메뉴로 구성된 보드 창이 나옵니다. 원하는 메뉴를 마우스로 클릭 후 왼쪽 템플릿 화면 중 넣고자 하는 부분으로 드래그하여 놓아 주면 됩니다. 이러한 방식으로 원하는 형태의 뉴스레터를 쉽게 만들 수 있습니다.

메일침프의 좋은 점은 뉴스레터 안에 페이스북, 인스타그램, 유튜브 등과 같은 SNS 링크나 구매버튼, 동영상 등 다양한 구성으로 콘텐츠를 만들 수 있다

는 것입니다. 왼쪽 화면의 메뉴 중 'Social Follow' 메뉴를 활용하면 본인이 운영하고 있는 SNS 채널 링크를 뉴스레터 안에 예쁜 이모티콘 형태로 넣을 수 있습니다. 누군가가 해당 버튼을 클릭하면 바로 SNS 채널로 이동합니다. 또한 'Button' 메뉴를 뉴스레터에 넣고 버튼 이름은 '상품 구매하기' 또는 '자세히 보기' 등으로 입력한 다음 연결링크는 본인이 운영하고 있는 스마트스토어나 쇼핑몰 URL을 넣으면 DM 마케팅을 통해 고객들을 즉시 본인의 스마트스토어나 쇼핑몰로 유입되도록 할 수 있습니다. 이때 스마트스토어의 경우 업무 4단계의 '9. 거미줄 상품'에서 설명한 백링크를 활용해 보세요. 메일침프로 몇 번만 직접 활용해 보면 쉽게 뉴스레터나 다양한 팜플렛, 상세페이지를 멋지게 만들 수 있습니다.

또한 메일침프에서 제공하는 모든 템플릿 양식 하단에 보면 수신거부 안내 문구와 수신거부 링크를 입력할 수 있는 부분이 기본적으로 영문으로 명시되어 있습니다. 해당 문구를 법적 규칙에 맞게 수정하여 활용하면 됩니다.

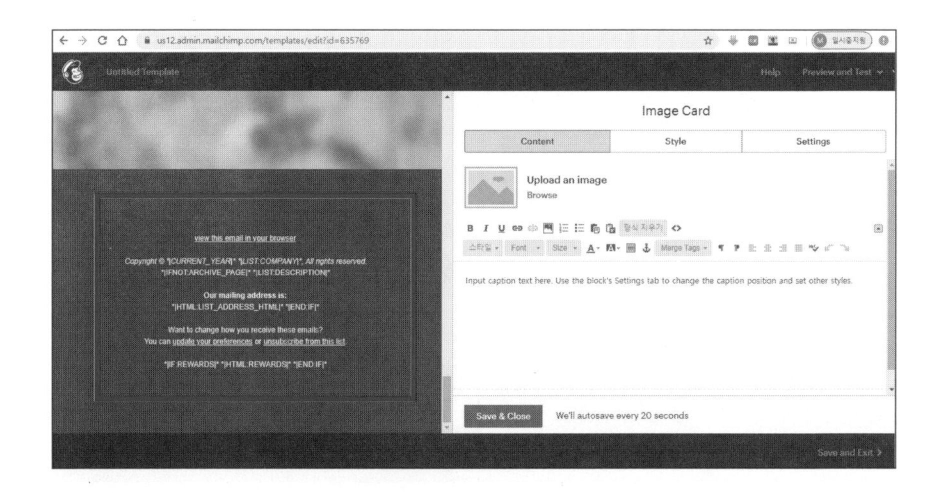

(4) 이메일 콘텐츠 120% 활용하여 매출 끌어 올리기

메일침프로 만든 콘텐츠는 이메일뿐만 아니라 네이버 블로그, 카페에 업로드하여 활용할 수 있습니다. 네이버 블로그와 카페에 메일침프로 만든 콘텐츠를 올리고 싶은 경우에는 화면을 캡처하여 활용하면 이미지나 글자의 깨짐 현상 없이 깔끔하게 활용할 수 있습니다. 먼저, 화면 상단 오른쪽의 'Preview and Test' 버튼을 클릭 후 'Enter preview mode'를 클릭합니다.

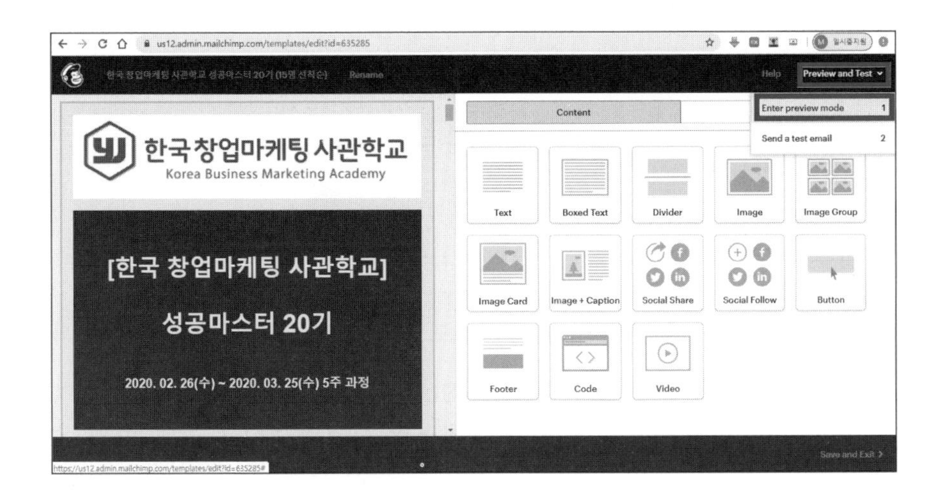

미리보기 화면으로 들어간 뒤, 해당 화면 전체를 캡처하는 것입니다. 보통 메일침프로 만든 콘텐츠는 뉴스레터나 팜플렛의 형태로 세로 길이가 긴 형태입니다. 따라서 보이는 화면만 캡처하는 것이 아니라 화면 하단까지 스크롤을 내려 잘림 없이 캡처해야 할 필요가 있습니다. 이때 캡처 프로그램은 '픽픽'이나 네이버 웨일 브라우저 또는 알캡쳐를 활용하면 좋습니다. 이 중 '픽픽'을 활용해 보겠습니다.

네이버 검색창에 '픽픽'을 검색한 뒤 스크롤을 밑으로 내려 보면 픽픽 프로그램을 다운로드할 수 있는 버튼이 보입니다. '다운로드' 버튼을 클릭하여 컴퓨터에 설치합니다. 무료로 누구나 활용할 수 있는 캡처 프로그램으로 유용하게 사용할 수 있습니다.

캡처하고자 하는 화면을 미리 열어 놓고, 그 상태에서 컴퓨터에 설치한 픽픽 프로그램을 실행한 뒤 '**자동 스크롤 캡처**' 버튼을 클릭합니다. 캡처하고자 하는 화면을 클릭하면 마우스 스크롤이 자동으로 아래로 내려가면서 아무리 긴 콘텐츠라도 잘림 없이 전체를 캡처할 수 있습니다. 캡처가 완료되면 자동으로 캡처한 이미지를 편집할 수 있는 편집창이 나타납니다. 편집창에서 상단의 '**선택**' 버튼을 클릭한 뒤, 잘라 내고 싶은 콘텐츠의 모양을 드래그한 다음 상단 왼쪽의 '**자르기**'를 클릭하면 깔끔하게 콘텐츠를 잘라 낼 수 있습니다. 해당 이미지를 컴퓨터에 저장합니다.

네이버 블로그나 카페에 포스팅할 때에는 픽픽으로 편집한 이미지를 활용합니다. 다만, 이렇게 캡처한 이미지를 활용하는 경우에는 뉴스레터에 적용했던 링크가 모두 사라집니다. 따라서 블로그 및 카페 포스팅을 할 때 이미지에 하이퍼링크를 적용하여 링크를 넣어 주면 됩니다. 또한 포스팅이 검색될 수 있도록 이미지 앞뒤로 텍스트를 입력해야 하며, 텍스트 사이에 검색키워드를 입력하는 것을 절대 잊으면 안 됩니다.

이제 메일침프로 만든 콘텐츠를 활용해 대량 이메일을 발송하는 방법에 대해 다루어 보겠습니다. 메일침프 기능 중 고객 DB 파일을 업로드하면 대량 이메일을 발송할 수 있는 기능이 있지만, 무료 버전의 경우 2,000명에게만 발송

됩니다. 따라서 여기에서는 메일침프로 콘텐츠를 만들고 다음 한메일로 1만 명 이상의 고객들에게 대량 이메일을 무료로 발송하는 것에 대해 다루어 보겠습니다.

먼저, 메일침프에 로그인 후 화면 왼쪽 메뉴 중 'Content' 메뉴에서 'Email Templates' 메뉴를 클릭한 다음 이메일을 발송하고자 하는 콘텐츠를 클릭해 줍니다. 그러면 편집할 수 있는 화면이 나옵니다. 이때 화면 상단 오른쪽의 'Preview and Test' 버튼을 클릭 후 'Send a test email'을 클릭합니다. 이메일 주소창에 본인의 이메일 계정을 입력하고 'Send test'를 클릭하여 발송합니다. 대량 이메일을 발송할 것이기 때문에 이메일 계정은 추가로 만들어 놓은 다음 한메일 주소를 입력합니다.

다음 한메일로 로그인하여 들어가면 메일침프로부터 발송된 이메일이 있을 것입니다. 해당 이메일을 클릭한 다음 콘텐츠의 이미지나 링크의 깨짐이 없도록 이메일 상단의 '전달'을 눌러 앞서 배운 대로 대량 이메일을 발송합니다.

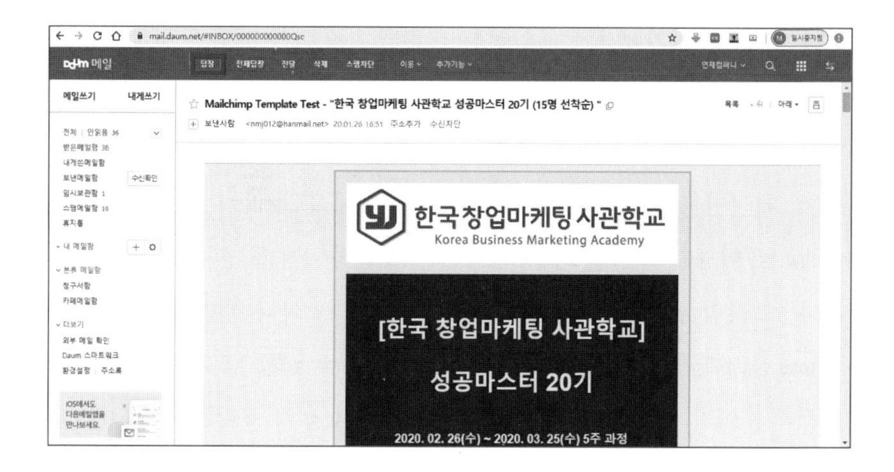

그런데 이 경우 전달을 눌러 보면 이메일 본문 왼쪽에 검은색 선이 보일 것입니다. 이 검은색 선이 눈에 거슬려 수신자의 가독성을 떨어뜨릴 수도 있습니다.

만약 검은색 선 없이 깔끔하게 이메일 발송을 하고자 하는 경우에는 메일침프에서 화면 상단 오른쪽의 'Preview and Test' 버튼을 클릭 후 'Enter preview mode'를 클릭한 뒤, 콘텐츠 부분만 드래그하여 복사 후 이메일 본문에 붙여넣기하면 검은 색 선이나 모양 흐트러짐 없이 대량 이메일 발송이 가능하니 참고하기 바랍니다.

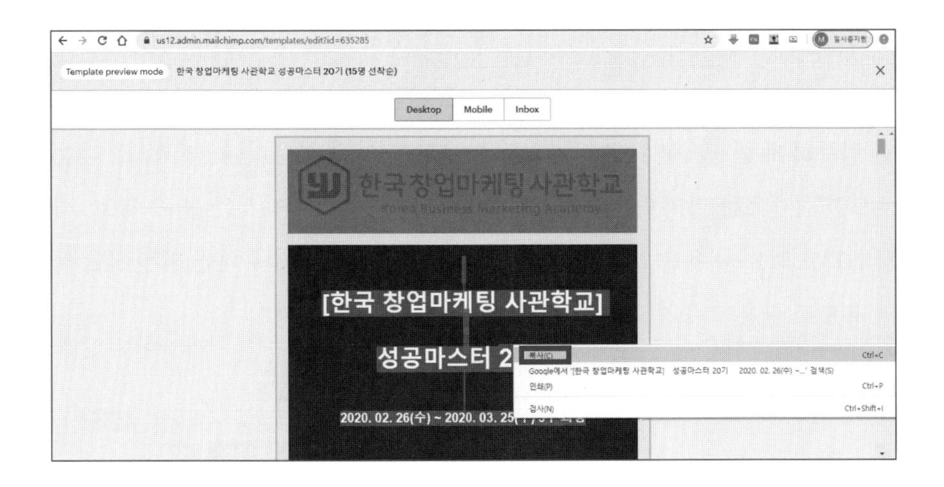

또는 메일침프를 통해 만든 콘텐츠를 html 파일로 컴퓨터에 저장하면 이메일을 발송할 때마다 메일침프에 로그인해야 하는 번거로움을 줄일 수 있습니다.

먼저, 콘텐츠를 다 만든 뒤 화면 하단 오른쪽의 'Save and Exit' 버튼을 클릭하여 이메일 템플릿 화면으로 돌아갑니다.

다운로드하고자 하는 콘텐츠 체크 후 오른쪽의 'Edit' 옆에 있는 '펼치기 버튼(∨)'을 클릭하면 'Export as HTML'라는 메뉴가 있습니다. 해당 메뉴를 클릭하면 컴퓨터에 콘텐츠를 HTML 파일로 다운로드할 수 있습니다. HTML로 다운로드한 콘텐츠는 카카오톡이나 문자로 공유하여 언제 어디서든 볼 수 있고, 해당 HTML 파일 내용을 복사하여 이메일 본문에 붙여 넣거나 다른 채널에도 여러 용도로 활용할 수 있습니다.

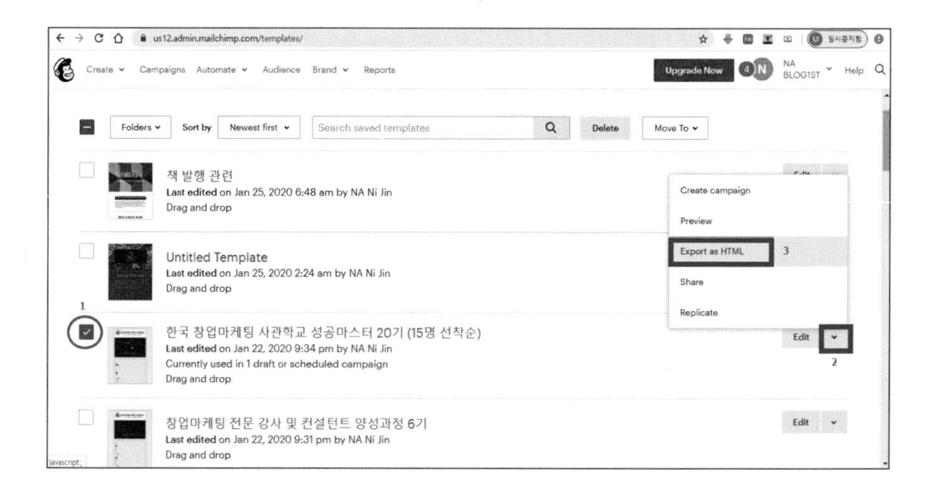

메일침프는 이메일 콘텐츠 제작뿐만 아니라 자동 발송 및 분석 기능도 탑재되어 있는 유용한 툴 중 하나이므로 꼭 사용해 보기 바랍니다.

다음에서는 SNS 마케팅 필수 채널 중 하나인 인스타그램(페이스북) 마케팅에 대해 자세히 알아보도록 하겠습니다.

4 인스타그램(페이스북) 홍보 마케팅 방법

1. 인스타그램 알고리즘으로 광고 없이 노출하는 방법 (추천, 상단, 인기)

인스타그램에는 기본적으로 '엣지랭크'라는 알고리즘이 있습니다. 엣지랭크는 쉽게 수많은 게시물을 필터링해서 보여 주는 기능이라고 생각하면 됩니다. 인스타그램에 접속하면 친구들의 소식이 올라오는 공간인 '피드'가 있습니다. 그리고 돋보기 모양을 클릭하면 '탐색화면'이라고 하여 나와 관계가 없는 사람들이 올린 게시물이 보이는 화면이 있습니다. 이 화면에 엣지랭크 알고리즘이 적용되고 있다고 보면 됩니다.

엣지랭크 알고리즘을 이용해 여러분이 인스타그램에 올린 게시물을 다른 사람의 계정에 광고 없이 추천 게시물로 노출하고 싶거나 다른 사람들의 피드에 상단 노출을 하고 싶은 경우가 있습니다. 이 경우 다음의 5가지 요소를 반드시 기억해야 합니다.

1. 계정의 신뢰성(최적화 세팅)
2. 콘텐츠의 가독성
3. 계정 및 게시물의 특정 액션
4. 계정과 콘텐츠의 주제 일치: 게시글 및 해시태그 구성
5. 적절한 발행 시간(시의성): 유저들의 행동 분석 후 업로드

이 5가지 요소가 잘 반영될수록 엣지랭크 점수가 높아져 다른 사람의 피드에 자주 나타나고, 그에 따라 도달률(콘텐츠를 본 숫자)이 높아집니다. 콘텐츠를 본 사람이 많아질수록 당연히 매출 전환에도 도움이 됩니다.

그럼, 지금부터 이 5가지 요소에 대해 상세히 알아보겠습니다.

1) 계정의 신뢰성(최적화 세팅)

여러분이 만든 계정이 신뢰할 만한 계정이라는 것을 알고리즘에 인식시키는 것이 좋습니다. 인스타그램에 들어가 보면 부계정으로 보험이나 대출, 돈 버는 법이나 19금 등의 콘텐츠를 올려 운영되고 있는 계정들을 쉽게 볼 수 있습니다. 해당 계정의 경우 신뢰할 수 없는 계정이기에 먼저 다른 사람 계정을 '선팔'하거나 '좋아요'를 누르는 등의 행동을 하지 않는 이상 인스타그램은 그러한 계정이 만든 게시물을 다른 사람에게 추천하여 잘 보여 주지 않습니다. 신뢰할 수 없는 계정이면서 다른 사람들에게 도움이 되지 않는 게시물의 내용이기 때문입니다.

반면, 신뢰할 만한 사람이 만든 계정의 경우 해당 계정에서 만들어 내는 콘텐츠가 다른 유저들에게 자주 노출되는 경우가 있습니다. 예를 들어, 진성 팔로워수가 많은 인플루언서나 연예인 및 유명인이 만든 계정, 또는 정부 기관 및 대기업 계정의 경우 신뢰성이 높아 해당 계정에 업로드되는 게시물들이 쉽게 추천 게시물이나 인기 게시물에 노출되는 이유가 이것입니다.

일반인이 신뢰성을 높이는 방법은 **최적화 세팅**을 하는 것입니다. 최적화 세팅은 인스타그램의 알고리즘이 계정을 정확하게 파악할 수 있도록 하는 것입니다. 따라서 여러분의 경우 인스타그램으로 사업아이템을 홍보할 목적이 있다면 최적화 세팅을 통해 계정의 신뢰성을 높여 주어야 합니다.

최적화 세팅이 되면 누군가가 인스타그램 검색창에 특정 키워드를 입력했을 때 자동리스트에도 여러분의 계정이 광고 없이 노출될 가능성이 매우 높아집니다.

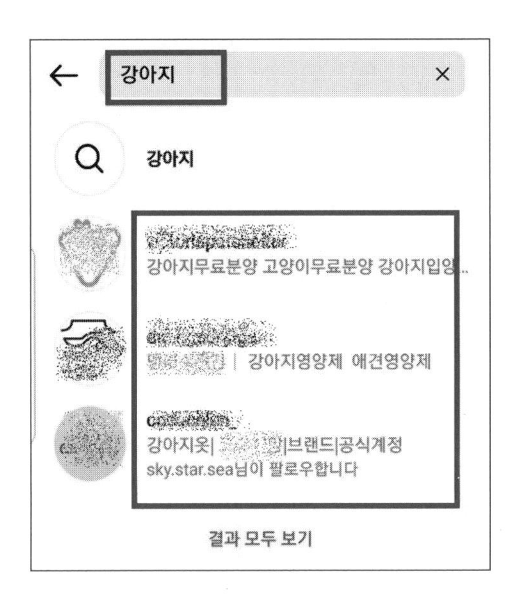

키워드 검색자는 자동리스트에 노출되고 있는 계정을 클릭하여 들어갈 확률이 매우 높습니다. 본인이 원하는 정보가 있을지도 모른다는 기대 심리가 발생하기 때문입니다. 이렇게 되면 홍보 마케팅 효과가 있을 수밖에 없습니다. 계정에 많은 사람이 유입될수록 게시물을 보게 되고 게시물을 보는 사람이 많아질수록 매출이 발생될 가능성이 높아지기 때문입니다.

먼저, 인스타그램 계정이 개인 계정인 경우 향후 타깃 광고 및 인사이트 분석 등 공격적인 마케팅 활동을 위해 **반드시 '비즈니스 계정'으로 전환**해 주는 것이 좋습니다. 인스타그램 계정을 비즈니스 계정으로 전환하는 방법은 설정 화면에서 쉽게 할 수 있으며, 네이버 또는 유튜브에서 '인스타그램 비즈니스 계정으로 전환'이라고 검색해 보면 관련 정보를 쉽게 찾을 수 있습니다.

계정 최적화를 하는 방법은 우선 여러분의 인스타그램 계정에서 프로필 편집 화면으로 들어갑니다.

프로필 편집 화면에서 이름과 소개 부분에 잠재고객이 인스타그램에서 검색할 만한 키워드이면서 사업아이템과 직접적인 관련성이 높은 키워드를 입력합니다. 예를 들어, 제가 판매하는 상품이 반려동물 영양제라면 '강아지영양제' '고양이영양제' 등의 키워드를 입력합니다. '업무 3단계: 키워드 조사 및 활용'에서 다루었던 엑셀파일을 보고 대표키워드 또는 1차키워드 중 검색수가 높고 사업아이템과도 직결이 되는 키워드를 입력합니다. 이때 '이름' 부분에는 핵심이 되는 키워드를 1~2개 정도 입력하고, '소개' 부분에는 키워드를 1~5개 입력합니다. 이름에 입력한 키워드를 소개 부분에 반드시 반복하여 입력해 주세요. 예를 들어, 이름에 '나연재 강아지영양제'라고 입력했다면 소개 부분에도 '강아지영양제'라는 키워드를 똑같이 입력합니다. 만약 소개 부분에 키워드를 더 입력하고 싶은 경우 앞서 말한대로 본인의 인스타그램 계정 주제와 관련 있는 키워드를 검색수 순대로 최대 5개까지 입력합니다.

이렇게 '이름'과 '소개'에 특정 키워드가 입력되어 있으면, 인스타그램 알고리즘이 해당 키워드를 계정의 주제로 보다 쉽게 인식하여 누군가 해당 키워드를 검색했을 때 계정을 노출해 줄 가능성이 높아집니다. 또한 프로필 편집 화면의 입력 값들을 최대한 정확히 입력할수록 인스타그램 알고리즘이 계정을 보다 정확하게 파악하고 신뢰하게 되어 다른 사람들에게 더욱 잘 노출시켜 줍니다.

만약 계정 프로필에 이메일과 전화번호 등의 정보가 입력되어 있지 않는 경우 신뢰할 수 없는 스팸 계정으로 인식될 확률이 높아집니다. 스팸 계정으로 인식될 경우 다른 사람들에게 잘 노출되지 않을 뿐만 아니라 계정에 로그인이 되지 않는 등의 불상사가 일어날 수 있으므로 프로필 편집 화면을 반드시 모두 꼼꼼하게 입력해 주는 것이 좋습니다.

또한 인스타그램 계정을 페이스북 페이지와 연동하여 페이스북 알고리즘이 인스타그램 계정을 파악할 수 있도록 해 주어야 합니다. 페이스북이 인스타그램을 인수했다는 것은 이제 많은 분이 알고 있을 것입니다. 페이스북과 인스타그램은 하나의 가족이라고 생각하면 됩니다. 페이스북이 인스타그램 계정을 인지할 수 있도록 해 주어야 노출 및 도달률 등 여러 가지 성과 측면에서도 매우 좋기 때문에 타깃 고객들이 인스타그램을 주로 활용한다고 하더라도 페이스북 페이지를 하나 만들어서 꼭 연동해 놓는 것이 좋습니다.

이때 페이스북 페이지는 비즈니스 계정이라고 생각하면 됩니다. 내 상품이나 서비스를 홍보하고 광고할 수 있는 채널로 메타 전환 없이도 유료 광고를 집행할 수 있습니다. 이러한 페이지는 개인 계정 상태에서 만들어 주면 됩니다. 페이스북 페이지는 1개의 아이디로 여러 개의 페이지를 만들어 운영할 수도 있으며 여러 명을 관리자로 등록하여 함께 관리할 수 있는 채널입니다. 페이스북 페이지를 만드는 방법은 매우 간단하고 쉽습니다.

페이스북에 로그인 후 화면 상단 오른쪽에 있는 **'바둑판 모양(⁝⁝⁝)'**을 클릭하여 **'만들기'** 리스트에서 **'페이지'**를 클릭합니다.

그럼 **'페이지 만들기'** 화면으로 전환되고, 자신이 운영할 페이지 이름과 소개글 등의 항목을 입력하면 됩니다. 이때 인스타그램 계정의 정보와 동일하게 입력하여 통일성 있게 SNS를 운영합니다. 페이스북 페이지의 프로필 사진이나 커버 사진(대문 사진)은 업무 6단계의 '2. 이미지(카드뉴스) 콘텐츠 제작 도구'에서 살펴본 CANVA 사이트를 활용하면 쉽고 멋지게 만들 수 있습니다.

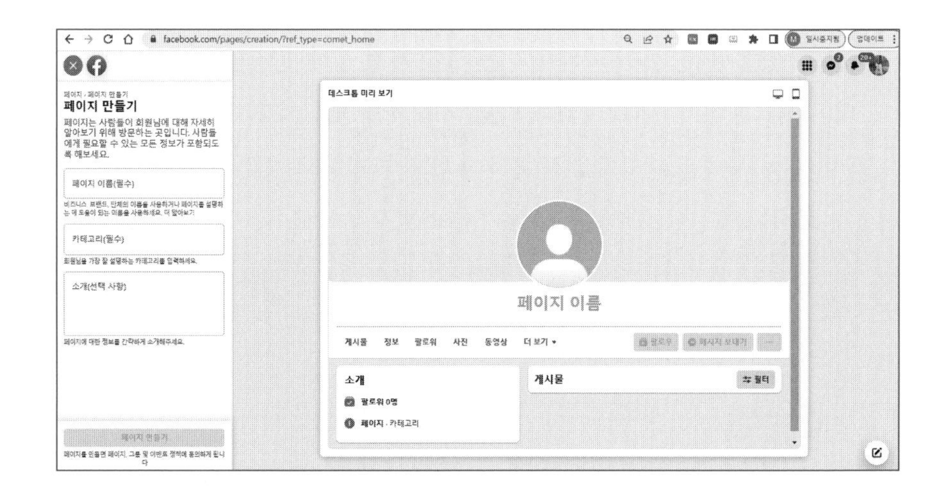

페이지의 프로필과 커버 사진을 올렸으면 대문 바로 밑에 있는 **'버튼 추가'** 메뉴를 클릭하여 여러분이 운영하는 홈페이지나 쇼핑몰 또는 블로그를 연동하면 좋습니다. **'버튼 추가'**를 클릭해 보면 운영하고 있는 사이트의 URL을 입력하여 연동할 수 있는 기능뿐 아니라 내 페이지에 들어오는 잠재고객들의 여러 가지 행동을 이끌어 낼 수 있는 다양한 기능이 있으니 만약 스마트스토어나 플레이스 링크를 입력할 분들은 앞서 살펴본 백링크('업무 4단계: 상세페이지 제작' 참조)를 활용해 보세요.

페이지 이름 변경이나 페이지 삭제 등은 페이스북 페이지 설정 화면에서 쉽게 진행할 수 있으니 참고하기 바랍니다.

페이스북 페이지를 기본 세팅하였으면, 이제 인스타그램 계정과 연동하면 되는데, 페이스북 페이지의 설정 화면에서도 진행할 수 있고 또는 인스타그램 계정에서도 진행할 수 있습니다. 인스타그램의 경우, 프로필 편집 화면에서 페이스북 계정을 연동할 수 있으며 인스타그램의 설정 화면에서 'Meta 계정 센터' 메뉴를 클릭하면 연동 채널들을 관리할 수 있으니 참고하세요. 만약 페이스북과 인스타그램 연동이 어려운 분들은 네이버나 유튜브에 '인스타그램 페이스북 연동'이라고 검색하면 워낙 상세히 포스팅하여 올려 놓은 콘텐츠가 많아 해당 채널들을 참고하면 됩니다.

이렇게 인스타그램과 페이스북을 연동한 이후 인스타그램에서 게시물을 올릴 때 마지막 화면에서 'Facebook' 버튼을 클릭하면 해당 게시물이 인스타그램과 연동해 놓은 페이스북 계정에도 동일하게 업로드됩니다.

이렇게 하면 페이스북용 콘텐츠를 별도로 만들지 않아도 됩니다. 인스타그램에서 게시물을 올릴 때 페이스북 버튼만 잘 클릭하면 동시에 업로드됩니다. 또한 페이스북은 '블로그 포스팅 유통하여 끌어 모으기'에서 살펴본 것처럼 블로그 포스팅도 공유할 수 있는 채널로 블로그의 유입량을 높이는 데도 효과적인 채널이기 때문에 반드시 개설해 놓으면 좋습니다.

2) 콘텐츠의 가독성

(1) 경험자 노출의 중요성 및 콘텐츠 내용

인스타그램과 페이스북 계정을 세팅했으면, 이제 콘텐츠 내용을 기획하고 제작하여 업로드해야 합니다. 이때 알고 있어야 하는 것은 인스타그램은 **인물 중심 SNS 채널**이라는 것입니다. 즉, 인스타그램에 생명체가 등장하는 사진을 포함한 게시물을 업로드하면 도달률이 매우 높아집니다. 사실 이 부분은 인스타그램뿐만 아니라 블로그 등 다양한 SNS 채널에도 공통적으로 적용되는 아주 기본적인 개념입니다. 여러분이 SNS에 홍보 게시물을 올린다면 **사업아이템을 경험하고 있는 사용자**(사람, 동물 등)를 반드시 등장시켜 주어야 합니다.

만약 교육 및 행사 등을 홍보하는 게시물이라면, 교육과 행사에 참여하여 경험하고 있는 사람들의 모습의 사진이 반드시 있어야 합니다. 카페나 식당을 홍보하는 게시물이라면, 그 카페와 식당에서 음식을 먹고 있는 사람들의 모습이 반드시 있어야 합니다. 여행 상품을 홍보해야 하는 여행사라면, 그 여행지를 행복하게 누리고 경험하고 있는 사람들의 사진이 홍보 게시물에 반드시 있어야 하는 것입니다. 강아지 영양제를 홍보하는 게시물이라면, 사람이 아닌 영양제를 맛있게 먹고 있는 강아지의 사진이 게시물에 반드시 있어야 합니다.

그래서 그 게시물을 보는 사람들이 자신도 이 사업아이템을 구매하고 참여하면 사진 속 모델처럼 행복과 평안함 등 비슷한 경험을 할 수 있을 것이라는 **간접 경험을 보여 주는** 것이 매우 중요합니다. 기왕이면 인스타그램 계정 주인도 등장해 준다면 인스타그램의 랜선 친구들에게 더욱더 친숙함을 줄 수 있습니다.

인스타그램의 인을 누군가가 사람 '인'이라고 했던 것처럼 사람을 사귀듯이 운영하는 것이 가장 좋습니다. 친구를 사귈 때 내 얼굴은 안 보이게 하고 자꾸 톤앤매너로 한껏 꾸민 주변 모습만 보여 준다면 아마 그 친구는 저를 미친 사람이라고 생각하고 차단하거나 무시하거나 그냥 스쳐 지나갈 것입니다. 따라서 너무 톤앤매너에 연연하지 말고 SNS 너머의 어느 곳에 살고 있을 내 잠재 친구들에게 수다 떨고 이야기하는 말투로 게시물을 올리는 것이 가장 효과가 좋습니다.

예쁘게 망고보드로 만들어 올린 게시물보다 편하게 내 핸드폰으로 찍어 무심히 올린 사진이 더 파급력이 있을 때가 있습니다. 즉, 예쁘고 멋진 사진을 보여 주는 것도 물론 좋지만 SNS의 랜선 친구들에게 웃음과 재미를 주거나 공감을 줄 수 있는 친숙하고 진실된 콘텐츠도 필요하다는 의미입니다.

이러한 내용을 반영하여 인스타그램에 구체적으로 어떠한 콘텐츠를 올려야 할지 아직도 어려운 분들은 업무 7단계의 '1 네이버 블로그 홍보 마케팅 실무 비법'에서 살펴본 5가지 포스팅 주제를 생각해 보면 좋습니다. 5가지 주제는 비단 블로그뿐만 아니라 인스타그램에 적용했을 때에도 여러 가지 목적의 홍보 마케팅을 진행할 수 있는 효과적인 콘텐츠 주제입니다. 혹 해당 5가지 주제와 각 세부 방법에 대해 기억이 나지 않는 분들은 다시 복습하기 바랍니다.

(2) 마케팅 홍보 효과를 극적으로 높이는 콘텐츠 구성

인스타그램에 이미지 형태의 콘텐츠(사진, 카드뉴스 등)를 올릴 때에는 1개의 게시물당 최소 4장 이상의 이미지를 업로드하는 것이 좋습니다. 간혹 인스타그램에 사진 1장 또는 카드뉴스 1장만 올리는 분들이 있는데, 이러한 게시물은 머리와 꼬리를 다 떼고 몸통의 일부만 올리는 것과 마찬가지입니다.

간혹 본인의 인스타그램 피드를 톤앤매너로 예쁘게 맞추기 위해 망고보드나 미리캔버스로 콘텐츠의 색상을 일정하게 맞춘 다음 별 내용 없이 사진 또는 카드뉴스를 1장씩만 올리는 경우가 있습니다. 눈으로 보기에는 피드가 전체적으로 참 깔끔하고 예쁘지만, 이 계정을 운영하는 주인이 로봇인지 사람인지 대표자인지 알바생인지 여자인지 남자인지 정체를 알 수가 없어 별로 친해지고 싶은 마음은 들지 않는 것은 사실입니다.

또는 나름 감성적이거나 매력적이라고 생각하는 사진을 1장만 올리는 경우도 있습니다. 이 경우는 사진을 올리는 사람이 송혜교나 원빈, 화사 등 연예인급의 유명인들이 업로드했을 때 보는 사람의 호기심을 자극하여 효과적일 수 있습니다. 또는 그 1장의 사진으로 감동과 재미 등 여러 가지의 감정을 느낄 수 있을 정도로 퀄리티가 상당하고 누가 봐도 매력적인 사진일 때 효과적일 수 있습니다. 저 같은 일반인이 감성적이고 멋있고 매력적이라고 생각해서 시의성에 맞지도 않는 사진을 별다른 문구도 없이 사진 한 장만 올리면 아마 '이게 뭐지?'라고 생각하고 그냥 스크롤을 내리게 될 가능성이 높습니다.

이렇게 사진 1장만 올리게 되면 처음과 끝을 다 떼 버리고 일부만 올리는 것이니 잠재고객은 그 콘텐츠가 무엇을 말하고 있는 것인지 이해도 안 되고 콘텐츠에 대한 공감이 생기지 않아 후킹되지 않고 바로 이탈될 것입니다. 따라서 SNS에 사진 등의 이미지 콘텐츠를 올릴 때에는 보는 사람들의 이해와 가독성을 고려하여 최소 4장 이상을 올리는 것이 좋습니다. 그렇다면 4장 이상의 사진을 어떠한 구성으로 업로드해야 가독성을 높이고 체류시간을 끌어올려 마케팅 효과를 볼 수 있을까요?

먼저, **블로그**의 경우에는 사진을 올릴 때 **시간 흐름의 순서나 시선 처리의 순서대로** 사진을 업로드하는 것이 좋습니다. 반면, **인스타그램**의 경우에는 첫 번째 사진에서 사람들의 시선을 사로잡을 수 있도록 **시간 흐름의 역순(반대) 또는 시선 처리의 순서대로** 사진을 업로드하면 효과적입니다. 블로그는 위에서 아래로 스크롤을 내리면서 보는 채널로 시간 흐름의 순서대로 사진을 올렸을 때 가장 가독성이 높아지지만, 인스타그램의 경우 첫 번째 사진에서 시선을 사로잡지 못하는 경우 피드에서 이탈되는 경우가 많기 때문에 가장 중요한 사진을 먼저 배치하는 것이 좋습니다.

예를 들어, 블로그에 최근 방문한 식당을 홍보하는 게시물을 올린다고 가정하겠습니다. 그럼 사진을 구성할 때 '식당 입구(식당 이름이 보이게) → 내부 인테리어 사진 → 테이블 세팅 사진 → 메뉴판(음식 가격 정보) → 실제 음식 사진(여러 장)'의 순서로 올리는 것입니다. 사진의 순서가 식당에서부터 시간 흐름의 순서대로 업로드된 것을 알 수 있습니다.

반면, 인스타그램의 경우에는 시간 흐름의 역순으로 먹음직스럽고 선명하게 촬영한 음식 사진부터 블로그와 반대로 업로드하는 것입니다. 즉, '음식 사진(첫 번째 사진에서 시선 후킹) → 메뉴판 → 테이블 사진 → 인테리어 사진 → 식당 입구(식당 이름이 보이게)'를 업로드하는 것입니다.

이번에는 장소가 아니라 상품을 예로 들어 보겠습니다. 제가 사과를 직접 재배해 판매한다고 하면, 블로그의 경우에는 시간의 흐름 순서대로, 즉 '사과를 나무에서 수확하는 사진 → 사과를 깨끗이 씻는 사진 → 먹음직스러운 사과 한 알을 자른 사진(과육과 꿀이 보이게 확대 컷) → 사과를 맛있게 먹는 사진 → 사과를 접시에 예쁘게 담아 테이블에 세팅한 사진' 순으로 올릴 수 있습니다. 반면, 인스타그램의 경우에는 반대로 '사과를 접시에 예쁘게 담아 테이블에 세팅한 사진(시선 후킹) → 사과를 맛있게 먹는 사진 → 확대 컷' 등으로 업로드할 수 있습니다.

만약 제가 카페나 식당을 운영하는 사장이고 인스타그램에 새로 만든 음식 홍보 콘텐츠를 올린다면 어떻게 하면 좋을까요? 완성된 음식 사진 한 장만 딱 올리면 사람들이 그 사진을 보고 너무 먹음직스럽게 보여서 꼭 가 봐야겠다고 생각할까요? 그 1장의 게시물을 저장하거나 친구들에게 공유를 할까요? 아마 극히 드물 것입니다. 1장만 가지고는 다양한 느낌과 정보를 얻기 어렵기 때문입니다.

예를 들어, 제가 카페에서 새로운 디저트 빵을 개발했다면, 블로그의 경우에는 시간의 흐름 순서대로, '재료 준비 사진 → 오븐에서 갓 나온 빵 완성 사진 → 손으로 빵 하나를 집어 든 사진 → 빵을 손으로 찢는 사진(빵의 쫄깃함과 부드러움 어필하기 위해 영상으로) → 빵 단면 확대 사진(속재료가 보이게)'의 순으로 업로드할 수 있겠지요. 반대로, 인스타그램은 빵 단면 확대 컷부터 올려 보는 사람들이 '와! 이 빵 속 알차네~ 이 빵 뭐지?' 하면서 클릭해 볼 수 있도록 시선을 사로잡는 것입니다.

교육이나 행사를 홍보하는 게시물을 SNS에 올릴 때에도 블로그의 경우에는 '강의하러 가는 과정 → 강의실 입구 → 강의실 내부 → 수강생 몇 명이 앉아 있는 모습 → 강사가 강의하고 있고 수강생들이 꽉 차게 앉아 있는 전체 모습' 등의 순서로 업로드할 수 있습니다. 그럼 인스타그램의 경우에는 어떻게 올리면 될까요? 시간의 역순으로 강의하는 모습부터 올려 '이 행사에 참여하면 나도 이 사람들처럼 좋은 경험을 할 수 있겠구나.' 하는 생각을 먼저 들게 해야 하는 것입니다. 그래야 어떤 커리큘럼으로 진행되는 교육인지, 행사 장소는 어디인지 궁금해서 자세히 게시물을 보게 되는 것입니다.

이렇게 인스타그램에 4장 이상의 사진을 올리면 보는 사람은 사진을 한 장씩 넘기면서 마치 내가 그곳에 있고 그 경험을 상상하게 되어 집중하게 됩니다. 그러면 1장의 사진을 올렸을 때보다 콘텐츠를 훨씬 더 잘 이해하게 되고 후킹되어 게시물에 나온 상품이나 장소를 방문하기 위해 해당 콘텐츠를 저장하거나 링크를 공유하여 카톡으로 보내 놓거나 '좋아요'를 누르는 등의 행동으로 진행될 것입니다. 이때부터 브랜드 활성화 및 매출의 변화가 생기는 것입니다.

(3) 게시물의 체류시간

4장 이상의 이미지 콘텐츠를 올리게 되면 인스타그램 계정 안에서 체류시간이 더 오래 발생합니다. 이때 체류시간이란 다른 사람이 내 계정에 머물러 있다가 나가는 시간을 말합니다. 이때 인스타그램 알고리즘상 계정에 도움이 되는 체류시간은 게시물당 최소 3초 이상입니다.

즉, 내 계정 안에서 체류시간이 오래 발생하고 특정 행동(좋아요, 댓글, 클릭, 사진을 넘기는 행위, 저장, 공유 등)이 발생할수록 인스타그램 알고리즘은 해당 계정에 유익한 게시물이 많다고 생각하여 아직 그 게시물을 보지 못했거나 그 계정을 모르는 사용자에게 추천해 주게 되는 것입니다. 만약 여러분이 1장짜리 사진을 인스타그램에 올리게 되면 3초도 머물러 있지 못하고 바로 스크롤을 내릴 수 있겠지요? 하지만 최소 4장 이상의 콘텐츠를 올리게 되면 사진을 옆으로 넘겨 보면서 거뜬히 3초 정도의 체류시간이 발생합니다.

따라서 최소 4~10장 이하 정도의 콘텐츠를 올리는 것은 계정과 매출 모두에 도움이 되는 좋은 마케팅 방법입니다. 간혹 사진 1장 올리고 부연 설명은 텍스트로 쓰면 되지 않냐고 할 수도 있습니다. 그러나 이미지에서 후킹되지 않으면 텍스트(문장)는 보지도 않고 그냥 스쳐 지나갈 확률이 높습니다. 따라서 인스타그램에 사진 및 카드뉴스 등 이미지 형태의 콘텐츠를 업로드할 때에는 충분히 후킹될 수 있도록 최소 4장 이상의 사진을 올려 주면 좋습니다.

카드뉴스 형태의 콘텐츠를 제작할 때에는 '업무 6단계: 다양한 형태의 SNS 콘텐츠 제작'에서 살펴보았던 망고보드나 미리캔버스 또는 CANVA를 활용하면 누구나 쉽게 제작할 수 있습니다. 사진의 경우 보다 깨끗하고 선명한 사진으로 만들어 줄 수 있는 다양한 앱이 있습니다. PICNIC(피크닉) 앱이나 EPIK(에픽), SNOW(스노우), Foodie(푸디) 등과 같은 앱들을 통해 사진을 보정한 후 올려 주는 것도 좋은 방법입니다.

이때 인스타그램에 올리는 게시물은 화질이 선명할수록 보는 사람의 가독성을 높여 좋은 점수를 받습니다. 따라서 사진이나 카드뉴스, 동영상 콘텐츠 등을 올릴 때에 화질이 깨지거나 흐려짐 없이 선명한 콘텐츠를 제작해 올려 주세요.

참고로, 이미지에 텍스트가 있는 카드뉴스 형태의 경우 파일 형태를 PNG 파일로 저장하여 올리게 되면 보다 선명하게 업로드됩니다. 글자가 있는 콘텐츠의 경우 PNG가 아닌 JPG로 업로드하게 되면 모바일로 봤을 때 글자가 약간 흐려지거나 번지는 것과 같이 업로드될 수 있으니 참고하면 좋습니다.

3) 계정 및 게시물의 특정 액션

인스타그램 계정 및 콘텐츠상에 특정 액션이 많이 발생할수록 좋은 점수를 받게 됩니다. 이때 특정 액션은 크게 다음의 2가지 형태로 구분될 수 있습니다.

1. 인스타그램의 계정에서 발생하는 액션
2. 인스타그램의 게시물에서 발생하는 액션

(1) 인스타그램의 계정에서 발생하는 액션

인스타그램 계정에서 발생하는 액션이란 누군가가 내 계정을 검색해 들어온 후 계정에서 특정 행동이 발생했을 때 부여되는 점수를 말합니다. 인스타그램에서 키워드 검색 후 내 계정을 찾아 클릭하여 들어오는 것뿐만 아니라 제3자의 계정에서 댓글, 해시태그 등으로 내 계정을 알게 되어 들어올 때에도 유입 점수가 발생됩니다. 따라서 우선 특정 키워드를 검색했을 때 내 계정을 잘 찾을 수 있도록 앞서 살펴본 최적화 세팅('1. 계정의 신뢰성' 참조)을 기본적으로 해놓아야 할 필요가 있습니다.

사람들이 내 계정에 정상적인 행동(검색 등)을 통해 많이 유입되어 들어올수록 인스타그램은 유용한 계정이라고 인식하여 아직 내 계정을 모르는 사람들에게 추천으로 보여 주게 됩니다. 이렇게 유입되어 들어온 사람들이 내 계정에서 하나의 게시물만 보고 나가는 것이 아니라 다른 게시물을 추가로 '클릭'하여 볼수록 '체류시간'이 오래 발생되어 좋은 점수가 발생합니다.

이를 위해, 스토리 기능을 주기적으로 활용해 프로필 이미지 클릭을 유도하거나 스토리 하이라이트 기능을 활용함으로써 계정 내에서 '클릭'과 '체류시간'을 발생시키는 것도 매우 좋은 방법입니다. 즉, **내 계정을 검색해서 들어와 일정 시간 머물러 있으면서 여러 게시물을 살펴보는 행위(스크롤의 움직임)가 많이 발생**

할수록 좋습니다. 따라서 여러분은 사전에 미리 본인의 인스타그램에 양질의 콘텐츠를 여러 개 업로드해 놓고 다양한 인스타그램 마케팅을 진행하는 것이 좋습니다.

참고로, 이때 인스타그램 계정에 최소 7~10개 정도 게시물이 있어야 인스타그램 알고리즘도 스팸 계정으로 인식하지 않습니다. 따라서 인스타그램을 활용해 여러 가지 다양한 마케팅을 진행하기 전 기본적으로 7~10개 정도의 게시물을 먼저 올려 놓고 다양한 활동을 하는 것이 좋습니다.

(2) 인스타그램 게시물에서 발생하는 액션

인스타그램 게시물에서 발생하는 액션이란 대표적으로 '좋아요' '댓글' '공유' '보관(저장)' '클릭'이 해당됩니다. 하나의 게시물에 이러한 액션이 많이 발생할수록 유용한 콘텐츠로 인식되어 상단 노출 또는 추천 게시물로 잘 노출됩니다.

이때 액션 점수는 'and'가 아닌 'or'로 적용됩니다. 이 말은 좋아요도 많고 댓글도 많고 공유도 많이 발생되고 보관도 많이 되어야 한다는 말이 아니라, 좋아요가 많거나 또는 댓글이 많거나 또는 공유가 많이 발생되었거나 또는 보관이 많이 되면 된다는 의미입니다. 즉, 게시물 액션 점수가 100점 만점이라면 총계만 맞추면 됩니다. 예를 들어, '좋아요 20+댓글 20+공유 20+저장 20+ 클릭 20'씩 골고루 분배하여 총 100점을 맞춰도 되고, 좋아요와 댓글 점수만으로 100점을 맞춰도 되며, 오로지 저장이나 클릭 등 단일 점수로만 100점을 맞춰도 된다는 이야기입니다.

인스타그램의 검색화면(탐색창)에 들어가 보면 내 친구들이 아닌 사람들이 올린 게시물들을 볼 수 있습니다. 이 중에 그동안 내가 인스타그램에서 관심 있게 보지도 않은 주제인 데도 내 계정에 추천으로 노출되는 게시물들이 있을 것입니다. 궁금해서 클릭해 보면 좋아요나 댓글도 그리 많지 않습니다. 그런데도 전혀 관련성이 없는 사람에게 게시물이 추천되는 경우가 있습니다. 좋아요나 댓글은 별로 없지만 누군가가 해당 게시물을 많이 공유했을 수도 있고 또는 해당 게시물을 많이 저장(보관)했을 수도 있기 때문입니다. 이렇게 특정 행동이 누적되게 되면 인스타그램 알고리즘은 게시물이 유용한 내용, 사람들이 좋아할 만한 콘텐츠라고 판단하여 아직 해당 게시물을 보지 못한 사람에게 노출해 주어 인스타그램 이용자들의 만족도를 높이고자 하는 것입니다.

이러한 부분을 참고하여 인스타그램 게시물을 만들 때 특정 행동이 많이 발생할 수 있도록 제작해 주는 것이 좋습니다. 예를 들어, '도움이 되는 사이트 총정리' 'Top 5' '몇 가지 방법' 등의 형태로 유용한 정보성 게시물을 올려 저장이 많이 되게 하거나 'A or B'를 선택하는 형태의 투표나 퀴즈 게시물을 올려 댓글이 많이 달리게 하거나 이벤트를 기획해 '좋아요' 등이 많이 달리게 하거나 영상 콘텐츠를 자주 올려 클릭(재생)을 많이 발생시키게 하거나 또는 스토리 기능을 자주 활용하여 계정 프로필 클릭을 많이 발생시키게 하는 등 여러 가지 방법이 있습니다.

4) 계정과 콘텐츠의 주제 일치: 게시물 및 해시태그 구성

인스타그램에 게시물을 올릴 때 사진이나 영상만 올리는 것보다 문구(텍스트)를 추가로 입력하여 업로드하는 것이 좋습니다.

인스타그램 알고리즘이 문구를 크롤링하여 분석하기 때문에 문구에 핵심키워드를 입력해 주면 좋습니다. 예를 들어, 오늘 인스타그램에 올릴 게시물이 '강아지옷'이라면 해당 키워드를 문구에 1~3회 정도 문장 사이사이에 반복하여 입력하면 됩니다. 마치 블로그 포스팅하듯이 키워드를 반복해 입력해 주는 것입니다. 그리고 해당 키워드를 해시태그에도 반드시 입력해 주세요.

이렇게 게시물 문구에 특정 키워드가 있고 해시태그에도 동일한 키워드가 입력되어 있으면 인스타그램 알고리즘은 게시물의 주제

를 해당 키워드로 인식하게 됩니다. 그래서 누군가가 해당 키워드를 인스타그램 검색창에 검색하면 여러분이 올린 게시물을 자동리스트 상단에 노출시키거나 인기 게시물 또는 최근 게시물에 노출시키는 것입니다. **해시태그는 내 게시물이 검색되게 해 주는 색인 기능**이라고 볼 수 있습니다.

따라서 여러분이 인스타그램에 올린 게시물이 누군가에게 노출되게 하기 위해서는 반드시 해시태그를 입력해 주는 것이 좋습니다. 해시태그는 게시물당 최대 30개를 입력할 수 있습니다. 그러나 30개를 모두 입력하면 보는 사람의 피로도를 증가시킬 수 있을 뿐만 아니라 무의식적으로 게시물과 관련이 없는 해시태그를 입력하게 될 가능성이 높습니다. 게시물과 전혀 관련이 없는 키워드를 해시태그로 사용하는 경우 오히려 정보의 정확도가 하락하여 노출 순위가 떨어질 수 있습니다. 따라서 해시태그는 게시물과 관련이 있는 키워드로 20개 이하로 작성하는 것이 좋습니다.

해시태그 구성 방법은 게시물에 입력한 키워드와 프로필에 입력한 키워드를 먼저 입력해 주고 나머지는 게시물 관련 키워드를 입력해 주는 것이 가장 이상적입니다. 예를 들어, 제가 운영하는 인스타그램 계정이 강아지용품 계정이라고 가정하겠습니다. 그래서 프로필 이름과 소개 부분에 '강아지용품'이라는 키워드를 입력했습니다. 그리고 오늘 강아지 옷 관련 게시물을 올렸고 문구에는 앞서 설명한 방법대로 '강아지옷'이라는 키워드를 3회 정도 반복해서 입력했다고 가정하겠습니다. 그럼 해당 게시물의 해시태그는 20개 이하로 '#강아지옷 #강아지용품 #강아지전문샵 #반려견패션' 등으로 구성하는 것입니다.

이렇게 해시태그에 게시물에 입력한 키워드와 프로필에 입력한 키워드를 조합해 주면 콘텐츠와 계정의 주제가 일치되어 정확도가 높아져 다른 사람들의 계정에 더 잘 노출되게 됩니다.

참고로, 인스타그램 용 해시태그는 '건돌이닷컴'이나 '업스타태그' 및 '미디언스' 사이트 또는 'Intags' 앱 등을 이용하면 인스타그램에서 많이 검색되는 해시태그가 무엇인지 확인할 수 있으니 참고해 보세요. 만약 해당 사이트 및 앱 사용이 어려운 분들은 업무 3단계에서 살펴본 유튜브를 활용해 키워드를 조사한 다음 해당 키워드를 해시태그로 활용하여도 좋습니다.

5) 적절한 발행시간(시의성): 유저들의 행동 분석 후 업로드

이렇게 해시태그 구성 방법까지 학습했으면, 이제 해당 게시물을 인스타그램에 업로드해야 합니다. 이때 인스타그램 사용자들이 가장 활동을 많이 하는 시간대에 맞춰 업로드하면 도달률이 높아지는 효과가 발생됩니다.

간혹 몇몇 분이 인스타그램의 경우 99%가 모바일로 보는 채널이기 때문에 사람들이 핸드폰을 가장 많이 보는 피크타임에 올리는 것이 좋다고 하는 경우도 있습니다. 이때 피크타임이란 하루에 4번, 즉 출근시간, 점심시간, 퇴근시간, 잠자기 전 시간을 말합니다. 그러나 해당 시간대는 사업아이템과 실구매자의 상황에 따라 달라질 수 있기에 정답이라고 할 수 없습니다.

예전에 필자가 다이어트 건강식품을 판매했을 때 설정했던 타깃 고객은 20대 여성이었습니다. 그런데 상품을 판매하기 시작하니 실제로 해당 상품을 가장 많이 구매한 소비자층은 30대 중후반의 주부들이었습니다. 출산 후 다이어트를 위해 결혼 전 몸매로 돌아가기 위해 구매하는 것이었습니다. 해당 30대 중후반의 주부들은 아침 출근시간이 가장 바쁜 시간입니다. 따라서 하루 4번에 해당되는 피크타임은 맞지 않는 시간대인 것입니다.

이렇게 인스타그램 게시물을 업로드하기 가장 좋은 시간대는 사업아이템의 구매자들에 따라 달라집니다. 즉, 실제 해당 상품에 관심이 있거나 이미 구매한 고객들의 활동 시간대를 분석해야 할 필요가 있습니다. **고객들의 활동 시간대를 분석하는 방법 중 가장 쉬운 방법은 인스타그램의 인사이트 기능을 활용하는 것입니다.**

인스타그램의 인사이트를 확인하는 경로는 핸드폰의 기종 및 계정의 종류에 따라 달라집니다. 우선, 본인의 인스타그램 계정에 들어 간 다음 화면에 '인

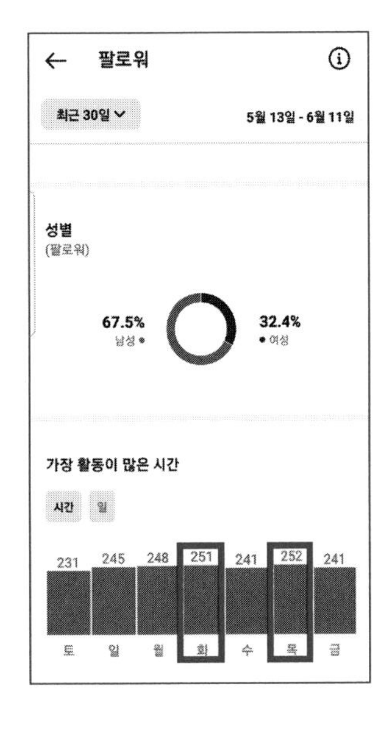

사이트' 메뉴가 있는 경우 해당 메뉴를 클릭하여 들어갑니다. 만약 화면에 해당 메뉴가 없는 경우 프로필 편집 메뉴 바로 윗부분에 '프로페셔널 대시보드' 메뉴에 들어가면 됩니다. 프로패셔널 대시보드 화면에서 상단 그래프를 클릭하면 '인사이트' 화면으로 전환됩니다.

'인사이트' 화면에서 '개요' 부분에 총 팔로워 숫자를 클릭하면 팔로워 분석 화면으로 전환됩니다. 팔로워들의 지역, 연령대, 성별을 확인할 수 있고, 화면 맨 하단을 보면 '가장 활동이 많은 시간'을 볼 수 있습니다. 해당 부분을 보면 무슨 요일의 어떤 시간대에 활동을 많이 하고 있는지 구체적으로 볼 수 있습니다. 팔로워 분석 화면 상단에 기간 설정을 할 수 있는데, 최근 30일로 지정하여 데이터를 보고 최근 14일로 지정하여 다시 한번 데이터를 비교하여 보면 됩니다.

제 계정의 경우 화요일과 목요일에 활동이 가장 많다는 것을 볼 수 있습니다.

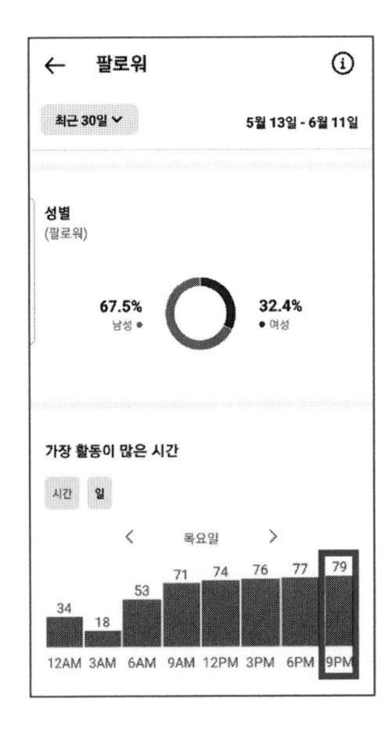

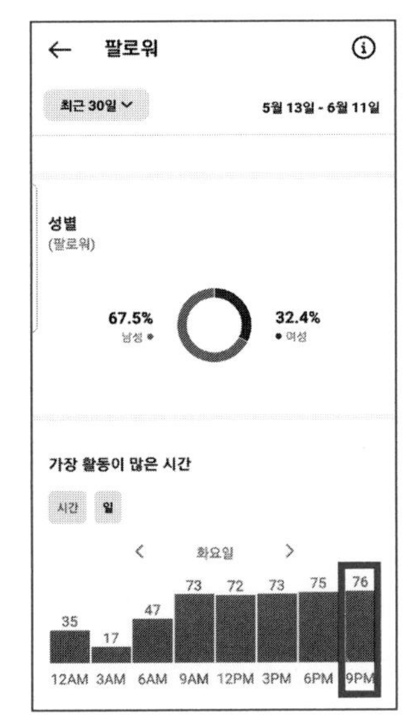

또한 시간을 클릭한 다음 화요일과 목요일 어느 시간대에 활동을 많이 하는지 보면 화요일과 목요일 모두 저녁 9시가 가장 높습니다. 즉, 저의 경우 인스타그램 게시물은 화요일과 목요일 저녁 9시가 최적의 업로드 시간임을 알 수 있습니다. 이때 9시 딱 맞춰서 업로드하는 것보다 인스타그램이 게시물을 인지하는 데 걸리는 시간까지 고려하여 약 5~10분 정도 일찍 업로드를 해 주는 것이 좋습니다.

그런데 만약 현재 운영 중인 인스타그램 계정이 회사 계정이라면 저녁 9시까지 SNS 업무를 하는 것이 어려울 수 있습니다. 이 경우 '크리에이터 스튜디오'와 같은 도구를 이용하면 늦은 시간대라도 게시물을 예약 발행할 수 있습니다. 근무 시간에 게시물을 만들어 크리에이터 스튜디오에 업로드하고 발행시간을 원하는 시간대로 예약을 걸어 놓으면 해당 시간에 맞춰 업로드됩니다. 사실 해당 도구 이외에도 인스타그램 예약 발행 앱이나 사이트는 굉장히 많습니다.

각자 편한 도구를 활용하면 됩니다. 다만, 이러한 예약 발행 도구의 경우 게시물에 워터마크가 입히거나 문구에 자동으로 출처가 남는 경우가 있습니다. 게시물만 깔끔하게 업로드되는 도구를 활용하는 것이 가장 좋으므로 해당 부분을 사전에 확인하고 활용하는 것이 좋습니다.

이렇게 본인의 인사이트를 활용하여 팔로워를 분석한 다음 게시물을 업로드하면 보다 효과적인 인스타그램 운영이 가능합니다. 그런데 한 가지 문제는 해당 인사이트 데이터가 팔로워들의 분석 결과라는 것입니다. 만약 인스타그램을 개설한 지 얼마 되지 않아 팔로워들이 별로 없는 경우 해당 데이터는 신뢰성이 떨어질 수 있습니다. 또한 팔로워수가 너무 적은 경우 인사이트 메뉴가 활성화되지 않아 데이터 확인조차 불가능할 수 있습니다.

이렇게 인사이트를 확인하기 어려운 경우에는 잠재고객들이 관심 있어 할 만한 콘텐츠를 몇 개 올려 놓고 팔로워를 늘리는 작업을 하여 팔로워가 어느 정도 증가되었을 때 인사이트 확인을 하거나 당장 확인을 하고 싶은 경우에는 타깃 광고를 집행하여 광고 분석을 통해 잠재고객들을 분석하면 됩니다.

우선, 인스타그램의 팔로워를 늘리는 방법, 즉 계정을 보다 빠른 시간에 효과적으로 활성화할 수 있는 방법부터 살펴보겠습니다.

2. 인스타그램 계정 활성화 방법 총정리

인스타그램은 20~30대 연령층이 가장 많이 활용하는 SNS라고 할 수 있습니다. 요즘에는 인스타그램을 활용하는 연령층이 점차 다양해지고 있기 때문에 인스타그램 마케팅은 아주 중요한 부분입니다.

인스타그램 마케팅은 크게 본인의 계정으로 홍보 마케팅을 하는 방법과 다른 사람의 계정으로 홍보 마케팅을 하는 방법으로 나뉩니다. 다른 사람의 계정이란 이미 구독자를 많이 보유하고 있는 다른 SNS(예: 인플루언서)와의 공동 홍보 제휴나 해당 외부 채널들에 상품 관련 정보를 노출하는 것입니다. 이렇게 되면 아직 활성화되지 않은 내 채널에서만 홍보 마케팅을 할 때보다 확실히 더욱 빠른 속도로 상품의 판매를 향상시킬 수 있습니다.

본인의 계정으로 홍보 마케팅하는 방법을 활용하는 경우에는 본인의 인스타그램 계정을 활성화하는 것이 중요합니다. 내 인스타그램 계정을 팔로워(구독자)하는 사람이 많을수록 광고 없이도 내가 올리는 게시물을 보는 사람이 많아지기 때문에 홍보 마케팅의 효과는 좋을 수밖에 없습니다.

여러분의 인스타그램 계정을 활성화하는 방법은 크게 다음의 5가지가 있습니다.

1. 프로그램 활용
2. 구매
3. 키워드 활용
4. 미끼성 콘텐츠 활용
5. 타깃 광고 집행

1) 프로그램 활용

첫째, 프로그램의 경우 인스타그램에 관련된 작업을 자동으로 해 주는 도구입니다. 보통 아이엠마케터 업체의 '인스타그램 팔로워 증가 프로그램'을 이용합니다. 팔로워뿐만 아니라 해시태그, 댓글, 좋아요 등의 작업을 자동으로 진행해 줍니다. 기타 자세한 작업 기능은 해당 업체의 사이트에 들어가 확인 후 상담을 통해 알아보세요.

이러한 프로그램의 경우 구매 후 별도 설치를 해야 한다는 번거로움이 있을 수 있고, 또 인스타그램 로직을 제대로 파악하지 못한 개발자가 만든 프로그램은 자칫 잘못 사용하게 되면 계정이 막히게 되는 경우가 생길 수 있습니다. 계정에 로그인이 더 이상 안 된다거나 인스타그램에서 스팸 계정으로 분류하여 더 이상 계정을 운영할 수 없게 되는 등의 불상사가 생길 수 있습니다. 따라서 프로그램을 구매할 때에는 판매 업체가 로직을 잘 알고 있는지, 주의사항을 잘 안내하고 있는지, 대응 방법이 있는지 등을 상담을 통해 확인한 후 결정하는 것이 좋습니다.

보통 아이엠마케터 업체의 인스타그램 프로그램뿐만 아니라 마케팅몬스터나 인스타그램플래너와 같은 업체를 통해서도 인스타그램 관련 프로그램 등을 구할 수 있으니 참고하기 바랍니다.

2) 구매

둘째, 팔로워나 좋아요 등의 수치를 구매하여 계정 활성화 속도를 높일 수 있습니다. 앞서 살펴본 프로그램의 경우 가입 및 설치 등 번거로움이 따르기 때문에 아예 원하는 수치를 구매해 버리는 것입니다. 예를 들어, 팔로워수를 늘리고 싶은 경우 팔로워를 구매하거나, 특정 게시물을 광고하여 주목을 끌어 효과를 높이고 싶을 때는 광고를 집행하기 전에 좋아요와 양질의 후기성 댓글을 많이 구매하거나, 영상 콘텐츠의 경우 조회수를 구매하는 등 원하는 부분을 구매하는 것입니다.

보통 몇몇 마케팅 강사의 경우 1만~1만 1천 명 정도 팔로워를 구매하고, 일반 업체들의 경우 몇 백~몇 천 명 사이대로 구매를 하고 있습니다. 몇몇 인플루언서도 팔로워나 좋아요 수 등을 구매하여 계정을 유지하는 경우도 있습니다.

이렇게 팔로워를 구매까지하면서 계정을 운영하는 이유는 브랜드 마케팅에 큰 도움이 되기 때문입니다. 예를 들어, 나는 잘 모르는 브랜드인데 해당 브랜드의 공식 계정에 들어가 보니 팔로워수가 1만 이상이라면 어느 정도 인지도가 있는 브랜드라는 생각을 하게 되어 이전보다 주의 깊게 계정의 피드를 살펴보게 됩니다.

또한 나는 처음 보는 사람이지만 그 사람의 인스타그램 계정에 들어가 보니 팔로워수가 10만 명 이상이라면 어느 정도 인지도가 있는 사람, 실력이 있는 사람, 신뢰도가 있는 사람이라는 생각을 하게 되어 주의 깊게 피드에 있는 게시물들을 살펴보게 됩니다. 이렇게 피드에 있는 게시물들을 살펴보았더니 나도 관심 있는(또는 도움이 되는) 게시물들이 있거나 내 눈을 사로잡는 매력적인 게시물들이 있다면 선팔(먼저 팔로우 신청)을 하게 되는 것입니다.

그러나 팔로워를 구매할 때 한 번에 너무 많은 수치를 구매하게 되면 비정상적인 행동으로 인지되어 계정이 위험해질 수 있습니다. 따라서 먼저 인스타그램 계정의 프로필 정보를 상세하고 정확히 입력하여 세팅한 다음, 1개월 동안 게시물을 최소 7개 이상 업로드하고 구매 행동을 하는 것이 안전합니다. 또한 1개월 동안 다른 사람의 계정에 들어가 좋아요 및 댓글 활동을 하며 소통 점수를 높이고 나서 1일 최대 50명이 넘어가지 않도록 나눠서 구매를 해 주는 것이 안전합니다. 창작자가 직접 콘텐츠를 만들지도 않고 계정의 프로필 정보도 부정확하면서 다른 사람과 교류도 없는데 팔로워수만 증가하게 되면 비정상적인 활동을 통해 계정이 운영되고 있다고 판단되어 노출이 잘 되지 않을 수 있기 때문입니다.

인스타그램 팔로워 및 좋아요, 댓글, 조회수 등을 구매할 수 있는 업체는 대표적으로 SNS 샵이 있으며 크몽과 같은 사이트를 통해서도 다양한 업체를 확인할 수 있습니다. 다만, 이렇게 팔로워를 구매하는 경우 시간이 지남에 따라 팔로워수가 다시 감소하는 상황이 발생할 수 있습니다. 예를 들어, 1개월 동안 총 1,000명의 팔로워를 구매하였는데 며칠 되지 않아 갑자기 1,000명 중 60% 정도의 수가 언팔을 하며 떨어져 나가는 경우입니다. 따라서 여러분의 사업아이템에 관심 있을 만한 관련성 높은 사람들을 찾아 구매가 가능한 사이트를 활용하는 것이 좋으며, 사전에 잠재고객이 좋아할 만한 콘텐츠를 미리 올려 놓고 작업하는 것이 좋습니다.

3) 키워드 활용

셋째, 키워드를 활용하여 계정을 활성화할 수 있습니다. 우선, 인스타그램의 게시물과 프로필에 해시태그를 입력할 때 '#맞팔' '#선팔하면맞팔' '#소통스타그램' 등의 해시태그를 입력하여 적극적으로 소통하는 인스타그램 계정이라는 것을 보여 주면 사람들이 보다 쉽게 접근하여 팔로워를 늘리는 데 도움이 될 수 있습니다.

또한 인스타그램 검색창에 내 상품 관련 대표키워드와 1차키워드를 입력한 후 '인기게시물'에 뜨는 최적화 계정을 클릭하여 들어가서 해당 게시물에 좋아요 누른 사람을 선팔하는 경우도 있습니다. 먼저 선팔을 하게 되면 상대방은 자신을 선팔한 사람이 누구인지 궁금하여 그 사람의 계정을 클릭해 보게 됩니다. 그 사람의 계정을 클릭해서 들어가 봤더니 피드에 다양하고 재미있는 콘텐츠가 가득 있고 매력이 느껴지는 계정이라면 예의상으로라도 맞팔(선팔해 준 사람의 계정을 팔로잉하는 행위)을 할 것입니다.

또는 비슷한 사업아이템을 판매하는 경쟁사나 롤모델 업체가 운영하는 인스타그램 계정을 찾아 들어간 다음 상단에 '팔로워'를 클릭해 보면 해당 경쟁

업체를 팔로우하는 사람들의 리스트가 보입니다. 그 사람들을 공략하는 것도 좋은 방법일 수 있습니다. 나와 비슷한 아이템을 판매하는 계정을 팔로우하고 있다는 것은 내 계정에도 관심을 보일 가능성이 있다는 것이며, 구매자가 될 가능성이 높은 잠재고객일 수 있는 것입니다.

경쟁사의 인스타그램은 보통 홈페이지나 쇼핑몰, 스마트플레이스에 연동되어 있어 쉽게 찾을 수 있습니다. 만약 여러분 중에 선팔을 너무 많이 하게 되면 팔로워 숫자보다 팔로우 숫자가 더 많아져 오히려 브랜드 이미지가 떨어지지는 않을까 걱정하는 분들이 있을 수도 있습니다. 이때에는 선팔 작업을 할 때 팔로워 숫자와 비슷하게 될 때까지만 선팔 작업을 하고 그 이후에는 다른 사람 계정에 들어가 최근 올린 게시물 2~3개에 좋아요만 남겨 주고 나와도 충분히 본인의 존재를 각인시킬 수 있습니다. 누군가가 내 게시물에 좋아요를 누르면 핸드폰에 알림이 옵니다. 그럼 좋아요를 누른 사람의 정체가 궁금해서 해당 계정을 클릭하여 들어가 보게 됩니다. 그 사람의 피드를 살펴보니 재미있거나 유용하거나 내 눈을 사로잡는 매력적인 게시물들이 있다면 선팔을 이끌어 낼 수도 있기 때문에 좋아요 활동만 열심히 해도 팔로워를 증가시키는 데 도움이 될 수 있습니다.

우선 기본적으로 기존 고객이 있는 기창업자의 경우 내 사업아이템을 구매했던 고객들을 찾아 선팔 작업을 해 주어 고객들과의 소통 관계를 늘려 나가면 좋습니다.

4) 미끼성 콘텐츠 활용

넷째, 미끼성 콘텐츠를 활용하는 것입니다. 이때 미끼성 콘텐츠란 유태인의 상술이라고도 불리며, 잠재고객들에게 물질적 · 지적 · 감성적으로 충족시켜 줄 수 있는 콘텐츠를 말합니다. 내 잠재고객이 좋아할 만한 이벤트나 정보성 콘텐츠, 재미성 콘텐츠를 활용하여 구독자수를 늘리는 방법입니다.

내 상품을 전혀 모르는 사람들을 내 고객으로 만들고자 할 때 처음부터 '○○ 상품이 있습니다. 내 상품 너무 좋아요~' 등등 고객들이 원하지 않았거나 예상하지 못했던 상품 홍보를 하게 되면 거부 반응이 생길 수 있습니다.

따라서 초반의 진입장벽을 낮추고 쉽게 고객들이 다가올 수 있도록 그들에게 도움이 될 만한 유용한 정보성 콘텐츠나 웃으며 볼 수 있을 만한 재미성 콘텐츠를 지속적으로 보여 주게 되면 다음 콘텐츠에 대한 내용을 궁금해 하면서 거부감 없이 구독을 이끌어 낼 수 있습니다. 어느 정도 구독자수가 증가했을 때에 본인이 판매하고 있는 상품이나 서비스의 홍보물을 틈틈이 올려 자연스럽게 홍보 마케팅을 하는 것이 유태인의 상술이라 할 수 있습니다.

유태인의 상술로 효과가 좋은 미끼성 콘텐츠의 주제는 다음과 같습니다.

1. 음식 관련 콘텐츠(먹방, 상황별 · 지역별 레시피 등, 요리꿀팁 등)
2. 여성 관련 콘텐츠(화장 꿀팁, 피부관리 및 다이어트 관련),
3. 자연 및 동물(반려견, 반려묘) 관련 콘텐츠
4. 외모를 부각시키는 콘텐츠
5. 연예인 관련 이슈 콘텐츠
6. 생활꿀팁(주부상식, 요건몰랐지 참조: 카카오스토리 채널 계정)
7. 방송 영상(방송국 및 프로그램명 등의 출처를 남겨야 함)
8. 특정 업종(내 상품 관련 업종)의 뉴스, 트렌드, 신기술 등
9. 최근 인기 있고 핫한 콘텐츠 수집, 발행(시의성 중요, 출처 필요)
10. 참여를 요하는 이벤트 및 퀴즈, 설문조사 투표 등

이러한 주제들은 인스타그램뿐만 아니라 페이스북이나 블로그, 카페 등의 다양한 SNS 채널을 활성화하는 데에도 도움이 되는 내용입니다. 유태인의 상술을 활용하는 이유는 '보다 빨리' 내 계정을 키우기 위해서입니다. 그렇다고 구독자수나 좋아요 숫자를 늘리는 데에 사로잡혀 사업아이템과 관련 없는 정보성 콘텐츠나 재미성 콘텐츠만 기한 없이 계속 올리게 되면 즉각적인 매출이 발생되지 않기 때문에 빨리 매출을 발생시키고자 하는 대표자나 판매자 입장

에서는 애를 태울 수밖에 없게 됩니다.

따라서 SNS 채널을 운영할 때에는 이 책의 업무 7단계에서 살펴본 포스팅 주제 5가지를 반드시 기억해서 그 내용이 인스타그램에 모두 포함될 수 있도록 해야 합니다. 지금 설명하는 유태인의 상술(미끼성 콘텐츠)은 포스팅 주제 5가지 중 '대가성 콘텐츠'에 해당되는 부분입니다. 혹시 포스팅 주제가 무엇이었는지, 대가성 콘텐츠가 무엇인지 기억이 나지 않는 분들은 업무 7단계에서 살펴본 '블로그 포스팅 필수 주제 5가지'를 꼭 복습하기 바랍니다.

또한 이러한 미끼성 콘텐츠를 기획할 때에는 내 상품을 구매할 만한 타깃 소비자들의 연령과 성비를 고려하여 콘텐츠를 제작해야 추후 상품 홍보 글을 올렸을 때에 이탈률을 줄일 수 있습니다. 예를 들어, 타깃 소비자들이 30~40대 주부들이라고 가정한다면, 육아 상식이나 생활 꿀팁 등의 콘텐츠가 유태인의 상술로 적합한 정보성 콘텐츠가 될 수 있습니다.

누구나 유태인의 상술을 활용할 수는 있지만 단순히 어디에서나 볼 수 있는 콘텐츠만 찍어 내는 계정은 오래 갈 수 없습니다. 한 가지 팁으로 'Bigfoot9' 사이트에서 'Facebook Analysis' 메뉴 클릭 후 대한민국을 선택하고 여러분의 업종을 선택한 다음 왼쪽 메뉴바에서 'Today's Posts'를 클릭해 보면 해당 국가의 해당 업종에서 오늘 기준으로 어떠한 콘텐츠가 반응을 가장 많이 일으키고 있는지 볼 수 있습니다. Bigfoot9 사이트는 페이스북과 유튜브 채널을 국가별·업종별로 분석하고 그 성과를 측정할 수 있는 사이트입니다. 국내뿐만이 아닌 해외 시장 분석은 물론 경쟁사 분석까지 방대한 양의 데이터를 기반으로 하여 다양한 분석을 할 수 있는 유용한 마케팅 사이트라고 이해하면 좋겠습니다. 만약 미끼성 콘텐츠를 어떤 내용으로 어떻게 제작하면 좋을지 아직도 어려운 분들은 해당 사이트를 참고해 보면 인사이트를 구할 수 있을 것입니다.

5) 타깃 광고 집행

다섯째, 인스타그램 및 페이스북 광고를 통해 내 계정과 게시물을 더욱 많은 사람이 볼 수 있도록 하여 활성화하는 것입니다. 보통 사업아이템 홍보 게시물을 광고하기도 하지만, 앞서 설명한 미끼성 콘텐츠를 광고하여 타깃 잠재고객들에게 노출함으로써 참여를 이끌어 내거나 계정으로 유입을 이끌어 냅니다.

기업의 경우, 미끼성 콘텐츠의 주제 중 이벤트를 기획하여 해당 이벤트 게시물을 광고로 집행하는 경우가 많습니다.

다음에서는 내 사업아이템을 홍보하면서 잠재고객을 끌어 모을 수 있는 이벤트를 어떻게 기획하고 홍보해야 하는지 그 방법에 대해 자세히 살펴보도록 하겠습니다.

업무 8단계

이벤트 마케팅 기획 및 운영

1. 이벤트 마케팅의 주요 목표 및 준비

이벤트 마케팅은 한정성과 긴급성 요소를 적용하여 기획 및 운영하는 것이 효과적입니다. 한정성이란 기간이나 인원, 판매 개수 등에 제한을 두는 것입니다. 예를 들어, 몇 월 며칠에 이벤트가 종료된다고 하거나 몇 명까지만 참여 가능 등의 선착순 제한을 두거나 몇 개 수량 판매 완료 시 이벤트 마감 등의 문구를 활용하는 것입니다. 그러면 누구나 언제든 이 혜택을 받을 수 있는 것이 아니라는 느낌을 주게 됩니다. 이렇게 되면 해당 제한이 끝나기 전에 빨리 참여해야 할 것 같은 긴급성을 느끼게 하여 이벤트 참여율을 높이는 데 도움이 됩니다.

또한 이벤트를 운영할 때 별도의 신청서를 받는 방법도 좋습니다. 우리가 이벤트를 운영하는 목적이 상품과 브랜드를 알리고 이벤트에 참여한 사람들을 구매로 이끌기 위한 목표도 있지만, 동시에 내 상품에 관심이 있을 만한 잠재고객들의 정보(DB)를 수집하기 위함도 있습니다.

잠재고객 및 기존 고객의 정보를 수집하고 정리해 놓으면 추후 그들에게 문자 발송이나 이메일 발송, 타깃 광고(CSV 광고) 등 다양한 형태로 마케팅을 진행할 수 있습니다. 예를 들어, 무료 이벤트에 참여했던 잠재고객에게 별도의 문자나 이메일을 보내서 결국 구매가 이루어지도록 하는 마케팅을 할 수 있습니다. 이미 상품을 구매한 기존 고객에게도 지속적인 정보성 뉴스레터나 이벤트, 신규 상품에 대한 이슈들을 보내서 다시 재구매를 할 수 있도록 유도하는 리마케팅을 진행할 수도 있습니다. 내 상품을 전혀 인지하지 못한 사람들에게 광고를 하고 마케팅을 할 때보다 내 상품에 관심이 있는 사람들에게 마케팅을 하는 것이 훨씬 단기간에 최소의 비용으로 구매를 이끌 수밖에 없습니다. 즉, 이벤트 마케팅은 잠재고객뿐만 아니라 기존 고객을 관리하여 충성고객으로 만드는 데도 효과적인 방법일 수 있습니다.

앞서 이벤트를 하는 목적이 고객들의 DB를 수집하기 위함도 있다고 설명했습니다. 잠재고객 및 기존 고객들의 DB를 수집·분석하는 작업은 아무리 강조해도 지나치지 않는 매우 중요한 작업입니다. 새로운 잠재 시장을 포착하여 사업아이템을 발굴하고 이로 인해 매출을 급진적으로 성장시킬 수 있는 중요한 데이터가 될 수 있기 때문입니다. 따라서 여러분이 이벤트를 운영할 때에는 항상 고객들의 DB 수집도 목표로 두고 운영하면 좋습니다. 참고로, '채널톡'이라는 서비스를 이용하면 많은 고객에게 문자를 개별적으로 보낼 수도 있고 어느 정도 **고객관계관리**(Customer Relationship Management: CRM) 분석이 가능하여 리마케팅 전략을 효과적으로 수립할 수도 있으니 참고하기 바랍니다.

이벤트 진행 시 DB 수집을 위해서는 신청서를 제작하여 활용하는 것이 좋습니다.

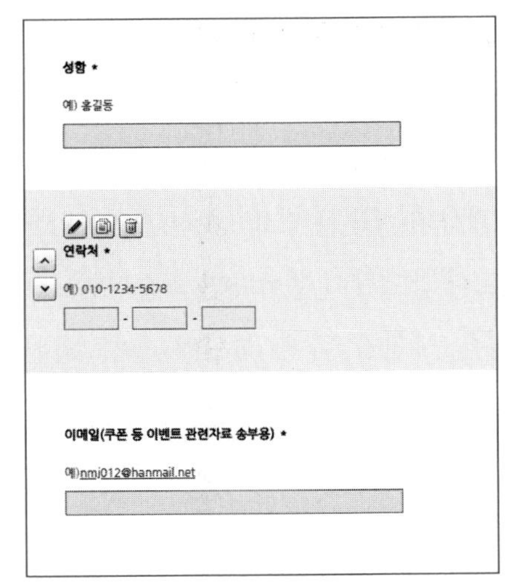

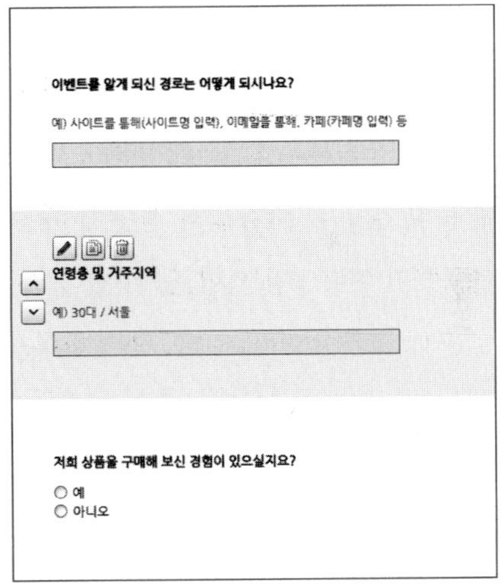

신청서 제작 시 연령, 성비, 지역, 업종, 직책 등 5가지의 기본 항목을 넣어 수집하면 마케팅 전략 수립 및 새로운 아이템 기회 발굴에 용이한 데이터가 될 수 있습니다. 예시 이미지처럼 성함, 연락처, 이메일 등의 항목을 넣어 데이터를 수집하게 되면 추후 해당 데이터를 가지고 문자나 이메일을 보내는 등의 마케팅을 효과적으로 진행할 수 있습니다. 또한 이벤트를 알게 된 경로에 대한 항목을 넣게 되면 추후 나의 정보를 어떠한 온라인 채널에서 접했는지 소비자 분석이 가능하고 해당 채널에 조금 더 공격적으로 마케팅을 해야 하는 등의 전략 수립을 하는 데 도움이 될 수 있습니다.

연령층 및 성비, 거주지역 항목을 넣게 되면 추후 SNS 광고(퍼포먼스 광고 등)를 집행할 때 연령과 지역을 설정 시 해당 데이터를 참고하여 광고 세팅을 진행할 수도 있습니다. 또한 해당 연령층 및 성비가 검색하는 키워드(키워드 도구 및 네이버 데이터랩 등 활용)를 조사하거나 행동 패턴을 조사하여 그들이 필요로 할 만한 새로운 사업아이템을 기획하여 판매할 수도 있습니다.

상품을 구매해 본 경험이 있는지에 대한 항목을 넣으면, '예'라고 응답한 이벤트 신청자가 많은 경우 이벤트를 진행하는 목적 중 하나가 아직 우리의 존재를 모르는 고객들에게 홍보하여 고객의 범위를 확장하려는 목적도 있기 때문에 조금 더 다양한 마케팅 채널을 활용해 홍보를 진행해 줄 필요가 있습니다. 그리고 어떤 상품 및 혜택을 받고 싶은지에 대한 항목을 넣으면, 이벤트 참여자들에게 어떠한 상품을 주었을 때 만족도가 높을지를 판단할 수 있습니다. 다만, 해당 항목의 경우 소비자들의 성향에 따라 신뢰하기 어려운 답변(예: 본인의 살림을 충족하기 위한 상품 기입 등)이 있을 수 있으니 참고하여 분석하면 좋습니다.

구매 고객들의 업종 및 직책 항목의 경우, 사업자, 학생, 회사원, 교사, 임산부 등의 업종별, 주제별 카테고리로 구분하여 데이터를 수집하는 것이 좋습니다. 업종과 직책의 경우 새로운 시장에 대한 기회를 포착할 수 있습니다. 예를 들어, 평소 네이버 블로그와 스마트스토어에 대한 강의를 하는 온라인 마케팅 강사라고 하겠습니다. 그런데 교육을 신청한 수강생 중 많은 부분을 차지하고 있는 업종이 '요식업'으로 파악이 된 경우, 요식업의 트렌드와 검색 키워드 등을 연구하는 것입니다.

연구 결과 요식업에 해당하는 업체들이 모두 공통적으로 '네이버 스마트플레이스' 채널을 운영하고 있고 특정 정부 기관의 마케팅 지원비를 활용해 온라인 마케팅 광고 대행을 하고 있다면, 스마트플레이스를 새로운 강의 사업아이템으로 선정하고 해당 정부기관에 공급사로 등록하여 대행 사업을 함으로써 매출 확대의 기회를 포착할 수 있습니다. 또 다른 예로, 만약 제가 '오미자청'을 판매하는 업체인데 구매 고객들을 분석해 보니 '임산부'들의 구매가 지속적이거나 성장하고 있다면 '임산부'라는 키워드를 상세페이지에 강조하여 언급하거나, 임산부에게 필요할 만한 성분을 포함한 새로운 음료 및 음식을 개발하여 판매할 수도 있습니다.

마지막으로, 신청서 항목에 반드시 **마케팅 수신동의**를 받는 것이 중요합니다. 이벤트를 진행하는 이유는 앞서 설명한 대로 구매 가능성이 있는 잠재고객들의 DB를 수집하기 위한 목적도 있습니다. 이때 DB는 개인정보로서 명시적인 방법으로 마케팅 수신동의를 2년 이내에 수락한 사람의 DB여야만 추후 합법적으로 안전하게 마케팅을 진행할 수 있으니 꼭 활용하면 좋겠습니다. DB를 활용한 구체적인 온라인 마케팅 방법에 대하여는 업무 7단계의 '3 잠재고객 DB 수집 및 DM 마케팅'에서 상세히 다루고 있으니 참고하세요.

신청서는 앞에서 첨부한 이미지처럼 네이버 폼을 활용해 누구나 무료로 만들 수 있습니다. 네이버 계정만 있으면 누구나 쉽게 다양한 형태의 신청서를 제작할 수 있습니다. 우선 네이버에 로그인한 다음 네이버 이메일을 클릭합니다. 이메일 화면 상단 '오피스' 메뉴를 클릭하고 화면 상단 '폼'을 클릭한 다음 원하는 샘플을 클릭하여 신청서를 제작하면 됩니다. 이때 이벤트는 상품을 무료로 증정하는 형태뿐만 아니라 업종에 따라 무료 교육이나 온오프라인 행사 제공 등의 형태도 포함될 수 있습니다.

그럼, 이벤트의 내용을 효과적으로 기획하는 구체적인 방법에 대해 살펴보겠습니다.

2. 효과적인 이벤트 기획하기(기획 10단계)

이벤트를 효과적으로 기획하고 성공적으로 운영하여 마케팅 목적을 달성하기 위해서는 총 10가지 항목을 고려하여 이벤트 기획서를 작성해 보는 것이 좋습니다. 다음 설명을 참조하여 여러분만의 이벤트 마케팅 기획서를 작성해 보세요.

• 이벤트 기획서 작성 항목 •

1. 이벤트 목표	6. 이벤트 타깃
2. 이벤트 종류	7. 이벤트 참여 혜택
3. 이벤트 횟수	8. 이벤트 참여 조건
4. 모집 인원 및 선정 인원	9. 이벤트 선발 조건(내부)
5. 이벤트 명분	10. 이벤트 홍보 전략 수립

1) 이벤트 목표

먼저, 이벤트를 하려고 하는 목표를 수치화하여 명확히 기술해 놓아야 합니다. 단순히 이벤트 목표를 '브랜드 인지도 향상' 또는 'SNS 활성화 및 매출 성장' 등 추상적으로 정하는 것이 아니라 '3개월 내, 마케팅 수신동의 기입한 유효 DB 1천 명 수집 목표' 또는 '6개월 내, 인스타그램 팔로워 3,000명 증가 목표' '1개월 내, A 상품 후기(리뷰) 100개 생성' 등의 식으로 명확한 기간, 이벤트를 통해 효과를 얻기 바라는 채널명과 수치를 정량적으로 정해야 합니다.

2) 이벤트 종류

이벤트 목표가 명확해졌으면 해당 목표를 달성하기 위해 어떤 내용의 이벤트를 진행할 것인지 기획해야 합니다. 보통 인스타그램으로 진행하는 이벤트의 종류는 크게 체험단 이벤트, 리그램 이벤트, 댓글 이벤트 등으로 나뉩니다. 사실 이벤트는 해당 내용 이외에도 고객들에게 제공해 줄 수 있는 유형 또는 무형의 것들이 있다면 모두 이벤트로 기획하여 진행할 수 있습니다. 즉, 체험단이나 리그램 이벤트를 진행할 수도 있고 무형의 정보를 제공해 줄 수 있다면 무료교육이나 세미나 등을 이벤트로 진행할 수도 있습니다. 이렇게 여러분이 기획할 수 있는 이벤트의 내용은 무궁무진합니다.

한 가지 팁으로, 인스타그램에 들어가서 검색창에 '이벤트'라고 검색을 해 보면 wevent_in(전국 숨겨진 이벤트 정보), eventthere_food(sns이벤트 모아보기) 등의 계정들을 찾을 수 있습니다. 해당 계정에 들어가 보면 전국에서 수많은 업체들이 SNS를 통해 진행하는 이벤트들을 한눈에 쉽게 볼 수 있습니다. 내 사업아이템의 경우 어떤 내용의 이벤트를 진행하는 것이 좋을지, 이벤트 이름은 어떻게 정하는 것이 후킹이 될지 고민될 때 좋은 벤치마킹 채널이 될 것입니다. 또는 이벤터스나 온오프믹스, 링커리어, 대티즌 등의 사이트도 들어가 보면 업체들이 진행하는 다양한 종류의 이벤트와 행사를 한눈에 볼 수 있으니 참고하여 벤치마킹해 보세요.

3) 이벤트 횟수

이벤트 목표와 제공할 이벤트 종류가 정해지면 이제 명시한 기간 동안 목표를 달성하기 위해 몇 번의 이벤트를 진행해야 할지 자동으로 계산이 될 것입니다. 만약 3개월간 잠재고객 1,000명의 유효 DB를 수집하는 것이 목표이고 이벤트 종류는 무료교육을 진행하는 것으로 했다면 3개월간 대략 몇 번의 무료

교육을 진행할 수 있는지 생각해 보면 됩니다.

4) 모집 인원 및 선정 인원

이벤트 모집 인원과 선정 인원 또한 1회의 이벤트 목표가 구체적으로 정해지면 자연스럽게 계산되는 부분입니다. 3개월간 잠재고객 1,000명의 유효 DB를 수집하는 것이 목표이고 이벤트 종류는 무료교육을 진행하는 것으로 정했으며 업무 일정상 매월 1회 무료교육 진행이 가능하다면, 1회 무료교육 모집 시 최소한 340~350명 정도는 모집을 해야 한다는 결과가 나옵니다.

그런데 이벤트에 신청한 사람 중 예기치 않은 상황이 발생하여 신청을 취소하거나 선발되었음에도 연락이 안 되는 등의 상황이 발생될 수 있으므로 대기 인원까지 고려하여 모집하는 것이 좋습니다. 참고로, 브랜드의 인지도와 입소문을 목표로 SNS 이벤트(체험단 및 리뷰 이벤트 등)를 할 때에는 1회 이벤트당 최소 20명 이상을 선정해야 보다 빠른 시간 안에 온라인상에서 바이럴(입소문)이 발생할 수 있습니다.

5) 이벤트 명분

이벤트를 진행할 때에는 어떤 이유로 이런 이벤트를 진행하는 것인지 그 명분이 있을수록 참여율이 높아집니다. 예를 들어, 신제품 기념, 새해 기념, 몇 만 개 판매 돌파, 몇 명의 팔로워 달성 기념, 사업 1주년 기념 등의 명분을 내세우기도 합니다. 또는 초심을 잃지 않기 위해 매주 금요일 진행하는 이벤트라는 형태로 감성적인 명분을 내세울 수도 있고, 인스타그램 팔로워 1,000명이 되어야 마케터 월급이 오른다고 하여 급히 진행하는 팔로워 이벤트라는 식으로 간단하고 재미있는 스토리를 기획해 명분을 만들 수도 있습니다. 이렇게 명분이 있는 이벤트를 진행하게 되면 추후 유료 광고를 하거나 이벤트 홍보 진행

시 후킹문구를 제작하는 데도 용이합니다.

6) 이벤트 타깃

이벤트를 진행하는 목적은 사람들에게 내 브랜드와 사업아이템을 알리는 데 1차적인 목적이 있고, 사업아이템을 실제로 구매할 가능성이 있는 잠재고객을 이벤트에 더 많이 끌어 모아 추후 실제 구매가 이루어질 수 있도록 하는 데 최종 목적이 있습니다. 따라서 어떠한 종류의 이벤트를 진행하던 명확한 타깃 설정이 필요합니다. 누구에게 나를 알려야 하고, 누가 내 사업아이템을 구매할 가능성이 높은지 알아내기 위해서는 소비자들을 조사해서 타깃을 정해야 합니다.

소비자 분석을 할 때에는 잠재고객뿐만 아니라 기존 구매 고객과 고객의 구매에 영향을 미치는 영향자들이 누구인지까지 파악하는 것이 필요하며, 그들의 연령, 성비, 지역, 업종, 직책 등의 기본 항목을 조사해야 합니다.

이때 더욱 다양한 고객층으로 확장시키고 싶어 이벤트를 하는 경우에는 구매 비중이 점점 높아지고 있거나 소액이지만 꾸준히 구매가 이루어지고 있는 잠재고객 집단을 찾아내어 그들을 공략할 수 있는 이벤트를 기획해 운영하거나 그들을 타깃으로 한 아이템을 개발해 판매하면 더욱 다양한 계층의 잠재고객을 확보하는 데 도움이 됩니다. 관련 내용에 대해서는 업무 4단계의 '8. 활용성 요소'를 참고하여 꼭 복습하기 바랍니다.

7) 이벤트 참여 혜택

이벤트를 진행할 때 참여자들에게 제공할 혜택을 생각해야 합니다. 보통 몇몇 업체의 경우 이벤트 참가자들에게 커피 쿠폰을 주거나 카카오톡 선물 쿠폰, 문화상품권이나 백화점 상품권 등을 주는 경우가 있습니다. 이때 기억해야 하는 것은 이벤트의 목적입니다. 이벤트를 하는 목적을 생각하여 해당 목적을 달성하는 데 도움이 될 만한 혜택을 주는 것이 좋습니다.

만약 이벤트를 하는 목적이 3개월 내, 온라인 쇼핑몰 매출 10% 끌어올리는 것이 목적이라면, 이벤트에 참여한 사람들에게 커피 쿠폰을 주는 것보다 특정 상품 할인 쿠폰 또는 특정 상품 및 서비스 무료 이용권 등 내가 운영하는 온라인 쇼핑몰에서 사용할 수 있는 것을 제공하여 사이트로 유입시키는 것이 훨씬 좋을 수 있습니다. 쇼핑몰에 많은 사람이 유입될 수록 유효 트래픽이 발생되어 상위노출에도 도움이 될 뿐만 아니라 쇼핑몰에서 판매 중인 상품을 보고 구매로 전환될 수도 있고, 당장 구매하지 않더라도 해당 쇼핑몰의 존재를 인지하여 회원가입, 좋아요, 장바구니 등을 해 놓으면 추후에 구매로 전환이 될 수도 있기 때문입니다.

이때 명확한 제공 기간을 정하여 해당 기간에만 혜택을 제공을 받을 수 있도록 하면 참여자들의 행동을 더욱더 적극적으로 이끌어 낼 수 있습니다. 즉, 어떠한 종류의 이벤트를 진행하던 해당 이벤트에 참여한 사람들이 운영 중인 SNS 및 쇼핑몰 등의 채널에 들어올 수 있도록 참여 혜택(리워드)을 기획하면 좋습니다.

8) 이벤트 참여 조건

이벤트 참여 조건은 다른 말로 참여자들이 해야 할 미션이라고 생각하면 됩니다. 해당 이벤트에 참여하여 혜택을 받으려면 어떻게 해야 하는지 그 미션을 이벤트 게시글에 입력합니다. 이벤트 참여 조건은 이벤트의 목표를 생각하여 기획해야 합니다.

만약 이벤트 목표가 유효 DB를 수집하는 것이라면 참가신청서 제출을 미션으로 넣어야 하고, 상품 리뷰 수집이 목표라면 리뷰 작성이라는 미션을 넣어야 합니다. 인스타그램 팔로워 증가를 목표로 이벤트를 진행하는 경우에는 다음의 기본 미션 3가지를 반드시 활용하면 좋습니다.

1. 계정 팔로우(블로그의 경우 서로이웃 신청)
2. 게시물 좋아요＋리그램(선택)[블로그의 경우 포스팅 좋아요＋공유(선택)]
3. 참여 완료 댓글＋친구 소환(블로그의 경우 참여 완료 비밀댓글)

이벤트를 통해 달성해야 할 목적이 SNS 활성화이기 때문에 이벤트에 참여하려면 우선 여러분이 운영하는 SNS 계정을 팔로우해야 한다는 미션을 입력하는 것이 좋습니다. 또한 인스타그램의 경우 앞에서 설명하였듯이 게시물에 특정 액션이 많이 발생할수록 다른 사람의 계정에 추천 게시물로 노출될 확률이 높아집니다. 따라서 이벤트 게시물에 '좋아요' 행동이 많이 발생할 수 있도록 미션을 넣어 줍니다.

리그램은 해당 게시물을 본인의 계정으로 공유해 가는 것을 말합니다. 리그램을 '필수'라고 하게 되면 본인의 계정으로 공유해 가는 것이 부담스러워 오히려 참여율이 떨어질 수도 있기 때문에 이 부분은 '선택'으로 입력해 줍니다.

마지막으로, 해당 미션을 다 완수했다는 것을 빠르게 파악할 수 있도록 참여 완료 댓글을 남기게 하고 이때 친구를 소환하여 보다 빠르게 해당 이벤트가 입소문이 날 수 있도록 해 주면 됩니다. 만약 이벤트를 진행하는 목적에 잠재고객들의 DB 수집도 포함되어 있는 경우 네이버 및 구글로 이벤트 신청서를 만들고 신청서 제출까지 미션으로 넣어 주면 됩니다.

인스타그램의 경우 게시물 문구나 댓글에는 링크를 입력할 수 없기 때문에 이벤트 기간 동안만 프로필 부분에 이벤트 신청서 링크를 기입해 놓고 '프로필에 이벤트신청서 링크 클릭 후 제출' 등의 미션을 추가로 넣어 주면 됩니다.

추가로, 이벤트 미션 입력 후 마지막 사항에 '주의사항' 멘트를 넣어 '이벤트 참여 후 팔로우 및 좋아요 취소 불가' 등의 사항을 입력해 주면 좋습니다. 간혹 이벤트에 참여하여 상품이나 서비스를 무상으로 제공받은 뒤 팔로우를 취소하거나 리그램(공유)한 포스팅을 바로 삭제해 버리는 사람이 있기 때문입니다. 이렇게 되면 이벤트를 진행한 목적이 사라집니다. 따라서 그러한 행동들을 사전에 방지할 수 있는 조건도 게시물에 입력해 주면 안전하게 이벤트를 진행할 수 있습니다.

9) 이벤트 선발 조건(내부)

이벤트의 참여 조건까지 모두 기획한 다음 이벤트를 노출시키면 많은 사람이 참여하게 될 것입니다. 이때 참여한 사람 중 누구를 선발할 것인지에 대한 기준을 내부적으로 정해 놓아야 합니다.

만약 이벤트에 100명이 참여했고 이 중 20명에게만 혜택을 준다고 했습니다. 그런데 100명 모두 참여 조건을 잘 달성한 경우 이 중 20명을 어떠한 기준으로 선발할 것인지 정하는 것입니다. 선착순으로 20명을 선발할지, 아니면 많은 친구들을 소환해 온 사람을 선발할지, 이벤트에 처음 참여하는 사람들을 우선 선발하고 2회 이상 무료 이벤트에 참여했던 사람들은 제외할지 등의 조건을 내부 기준으로 정해 놓는 것이 좋습니다.

그런데 이때 중요한 사항은 체리피커를 거르는 것입니다. '체리피커'란 케이크 위의 체리만 쏙 빼먹는 얌체 같은 사람을 말합니다. 이벤트를 진행하게 되면 이벤트의 참여 혜택만 쏙 빼 먹는 체리피커들이 굉장히 많습니다. 이런 사람들은 추후에 내 상품을 구매할 가능성이 별로 없기 때문에 선발 시 걸러 내는 것이 좋습니다.

먼저, 이벤트에 참여한 사람들의 계정을 클릭하여 가짜 계정이 아닌지를 살펴보세요. 이벤트 게시물을 본인 계정으로 공유해 가면 선발이 잘 된다는 것을 아는 체리피커들은 인스타그램 부계정을 만들어 놓고 이벤트를 참여하는 경우가 많습니다. 즉, 이벤트 참여용 부계정을 만들어 놓고 부계정을 활용해 이벤트를 찾아다니면서 활동하는 것입니다. 따라서 참여자들의 계정에 들어가 피드를 살펴보고 거의 대부분 이벤트 관련 게시물이라면 체리피커일 가능성이 있을 수 있으니 유의해야 합니다.

10) 이벤트 홍보 전략 수립

이렇게 이벤트를 기획했으면 해당 이벤트에 더 빠른 속도로 타깃 잠재고객이 참여할 수 있도록 이벤트를 홍보해야 합니다. 이벤트를 홍보하는 방법은 크게 다음 3가지로 나눌 수 있습니다.

1. 본인 채널 활용
2. 외부 채널 활용
3. 광고 집행

우선, 기본적으로 여러분이 운영하고 있는 모든 채널에 이벤트의 공지글을 올려야 합니다. 홈페이지, 스마트스토어, 블로그, 카페, 인스타그램, 페이스북 등 하나도 빼 놓지 말고 이벤트를 적극적으로 노출해 주세요. 이벤트를 하는 명확한 목적을 달성하기 위해 공격적이고 적극적으로 홍보 마케팅을 해 주어야 합니다.

다음으로, 외부 채널을 활용하여 이벤트를 홍보하는 방법도 있습니다. 이때 외부 채널에는 외부 모객 사이트와 타깃 잠재고객들이 가입되어 있을 만한 외부 카페가 있습니다. 외부 모객 사이트는 온오프믹스, 이벤터스 등 다양한 채널이 있으며, 업무 1단계의 '4. 온라인 마케팅 강사로 돈 버는 법'에서 외부 모객 사이트 리스트를 상세히 기입해 놓았으니 참고하세요.

잠재고객들이 가입되어 있을 만한 외부 카페를 찾는 방법은 업무 7단계의 '카페 침투 마케팅 및 게릴라 마케팅 방법' 부분에서 다루고 있으니 참고하면 좋겠습니다.

마지막으로, 인스타그램 및 페이스북을 통해 이벤트 게시물을 광고하거나 네이버 검색 광고를 통해 이벤트를 홍보할 수도 있습니다. 이때 광고는 세팅 방법과 성과측정 방법이 굉장히 중요합니다. 광고 집행 방법에 대해서는 업무

9단계에서 상세히 살펴보겠습니다.

3. 이벤트 결과 분석하기

이벤트를 기획하여 진행한 이후에는 반드시 결과를 분석하여 얼마나 목표 달성했는지 측정하는 것이 중요합니다.

1월 이벤트 결과	
신청서 제출자	26
실제 이벤트 참가자	19
참가 전환율	73%
참가자 중 유료 상품 구매자	3
결제 전환율	16%
2월 이벤트 결과	
신청서 제출자	31
실제 이벤트 참가자	21
참가 전환율	68%
참가자 중 유료 상품 구매자	3
결제 전환율	14%

이벤트 신청자는 몇 명이였고, 이 중 실제 이벤트 참가자는 몇 명이였는지 분석하여 신청자 대비 실제 참가자 전환율(신청자/참가자=%)이 몇 퍼센트인지 계산해 봐야 합니다. 또한 이벤트 참가자 중 추후 상품을 실제 구매한 사람을 몇 명인지 분석을 할 수 있어야 하며, 그래서 결제 전환율(참가자/구매자=%)이 몇 퍼센트인지도 계산할 수 있어야 합니다.

이러한 분석이 가능할 수 있도록 온라인 마케터는 이벤트 신청 단계에서부터 신청서 항목을 잘 제작하여 운영해야 하며 이벤트 신청자 및 실제 참가자들의 DB를 관리하여 구매로 전환되기까지 끈질기게 추적하며 관리해야 합니다. 만약 기획한 이벤트의 전환율이 매우 낮은 경우에는 타깃 잠재고객들에게 매력적이지 못한 이벤트일 수 있기 때문에 다른 내용의 이벤트를 기획해 주는 것이 좋습니다.

자, 그럼 이제 이렇게 열심히 기획한 이벤트 및 홍보 콘텐츠를 효과적으로 광고하여 마케팅 목표를 달성할 수 있도록 퍼포먼스 마케팅에 대해 자세히 살펴보겠습니다.

9

어디에서도 배울 수 없는
온라인 마케팅 성공 마스터 10단계

퍼포먼스 마케팅 실행

이제, 인스타그램 및 페이스북으로 진행할 수 있는 타깃 광고에 대해 알아보겠습니다. 먼저, 인스타그램 계정을 비즈니스 계정으로 전환하고 페이스북 페이지와 연동 후 홍보할 게시물을 올려야 합니다. 이때 앞서 살펴보았듯이 인스타그램에서 게시물을 업로드해 주면 됩니다.

인스타그램에서 게시물을 올릴 때 마지막 화면에서 페이스북 버튼을 클릭해 주면 연동된 페이스북 페이지에 동일한 게시물이 업로드됩니다. 그럼 인스타그램과 페이스북에 동일한 게시물이 업로드된 상태입니다. 해당 게시물을 더욱더 많은 잠재고객에게 적극적으로 노출하고 사이트로의 유입을 꾀하기 위해서는 광고를 집행해야 합니다.

이때 광고는 인스타그램이 아닌 페이스북에서 집행해 줍니다. 인스타그램에서 집행할 수 있는 광고의 종류는 3가지(프로필 방문 늘리기, 웹사이트 방문 늘리기, 메시지 늘리기)이고, 페이스북에서 집행할 수 있는 광고의 종류는 크게 6가지(인지도, 트래픽, 참여, 잠재 고객, 앱 홍보, 판매)로, 페이스북에서 보다 다양한 종류의 광고를 결합하여 집행할 수 있습니다.

또한 페이스북에서 광고를 집행하면 광고 설정 조건이 세분화되어 있어 보다 정교하고 세밀한 타깃팅이 가능합니다. 광고 성과를 분석할 때에도 페이스북의 분석 화면에서 훨씬 자세하고 섬세한 데이터를 확인할 수 있습니다. 만약 여러분 중 타깃 잠재고객이 20대 여성으로 페이스북을 보는 고객이 아무도 없는 경우에도 페이스북에서 광고를 집행합니다.

이때 광고 노출 채널 선택 시 페이스북 버튼은 끄고 인스타그램만 체크하여 해당 광고가 인스타그램에만 노출되도록 합니다. 현재 인스타그램을 들어가 보면 수많은 업체의 광고를 볼 수 있는데, 이러한 업체들 중에도 페이스북에서 광고를 세팅하며 광고 노출 채널은 인스타그램만 설정하는 경우가 많습니다.

그럼, 지금부터 페이스북을 통해 어떻게 광고를 세팅하고 성과 분석을 해야 하는지 살펴보겠습니다.

1. SNS 타깃 광고 목표 및 적합한 광고 선택 방법

먼저, 페이스북에 로그인 후 왼쪽 메뉴에서 '광고 관리자'를 클릭하여 들어갑니다.

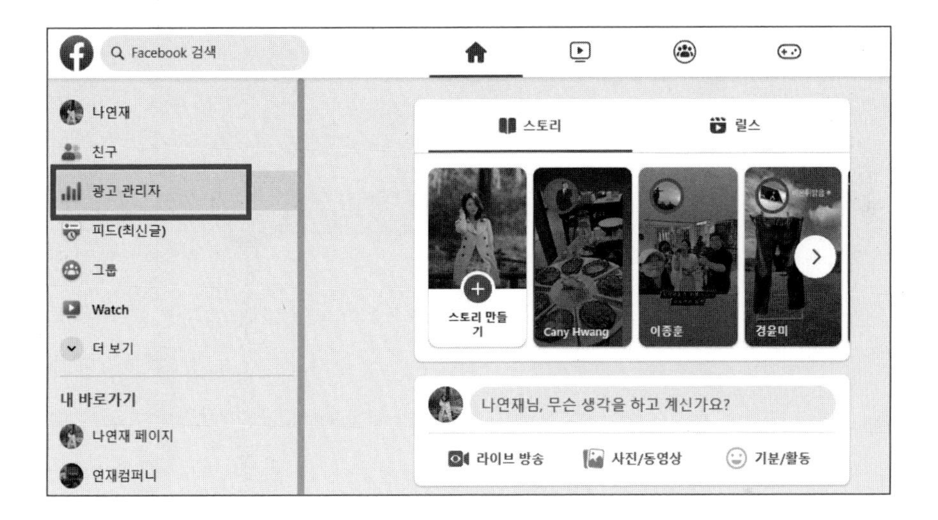

페이스북으로 광고를 집행하거나 추후 광고를 분석할 때 '광고관리자' 메뉴를 꼭 기억하여 활용하면 됩니다. 광고관리자 화면으로 전환되면 화면 왼편에 '+만들기' 버튼을 클릭합니다.

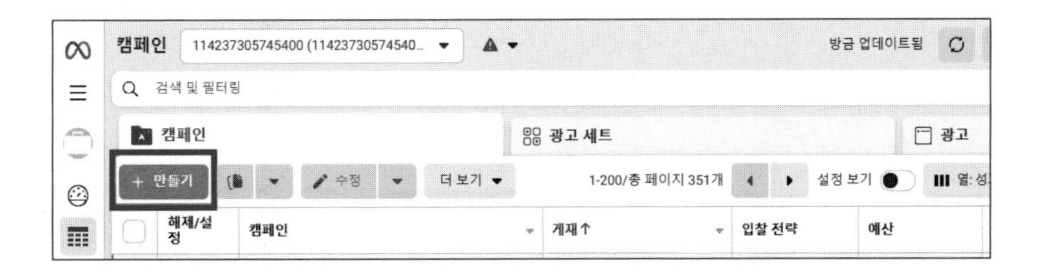

'+만들기' 버튼을 클릭하면 캠페인 목표를 설정하는 화면이 나타납니다. 6가지 광고별로 광고 비용이나 노출되는 대상, 광고의 목표가 각기 다르기 때문에 주요 개념을 살펴보겠습니다.

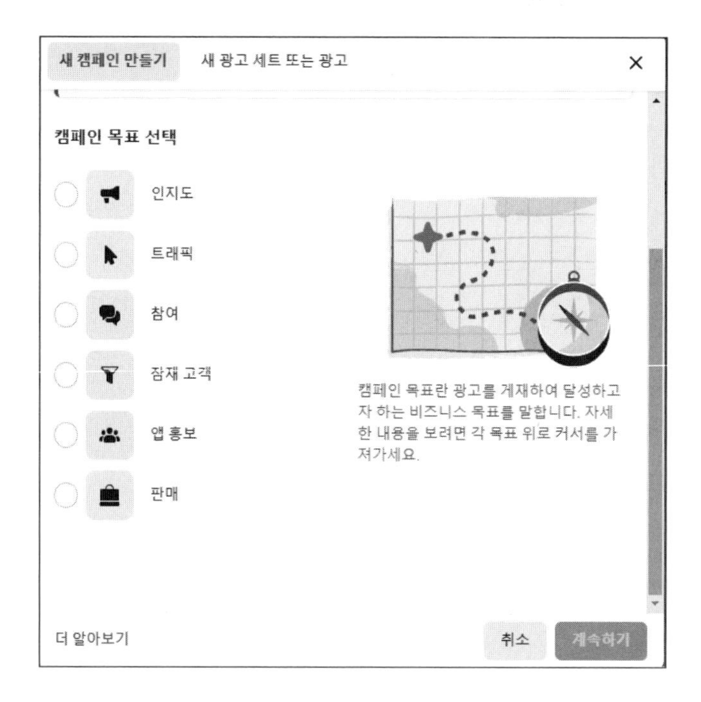

1) 인지도 광고

먼저, '인지도' 광고는 누군가 내 광고를 보면 광고비가 지불되는 광고입니다. 이때 페이스북 및 인스타그램이 광고를 '봤다'고 판단하는 기준은 우선 컴퓨터나 핸드폰으로 로그인되어 있고, 화면에서 스크롤의 움직임 등 특정 움직임이 있으며 광고 게시물상에서 3초 이상 체류시간이 발생하였을 때 '보았다'고 인지합니다. SNS에서는 이렇게 '보았다'는 것을 '도달'이라고 표현합니다. 즉, 도달이란 사람들의 시선까지 도달된 것이라고 쉽게 이해하면 좋습니다.

이러한 인지도 광고는 누군가 내 광고를 보기만 하면 광고비가 지불되므로 단점이라고 할 수도 있지만, 다른 광고에 비해 단가가 저렴하다는 장점도 있습니다. 광고 비용이 매우 저렴하여 SNS 광고를 처음 진행하는 분들이 1차 테스트 광고로 많이 활용하기도 합니다. 광고비를 공격적으로 태우는 정식 본 광고를 하기 전에 최소의 비용으로 1차 테스트 광고를 집행하여 내 광고에 주로 반응하는 사람들의 성별과 연령층, 가장 광고 효과가 좋은 채널, 지역, 요일, 최적의 광고문구 등을 분석하는 것입니다.

인지도 광고는 여러분의 업체와 브랜드명, 사업아이템을 더욱더 많은 사람에게 알리고 싶을때 적합한 광고입니다. 또한 여러분이 제작한 동영상을 최대한 많이 조회(재생)되게 하고 싶거나 운영하고 있는 오프라인 매장 위치를 주변 잠재고객들에게 빠르게 알리고 싶을 때에도 적합한 광고입니다.

2) 트래픽 광고

'트래픽' 광고는 인지도 광고처럼 단순히 누군가 내 광고를 봤다고 해서 광고비가 지불되지 않습니다. 누군가 광고를 '클릭'하거나 광고 클릭 후 전화 걸기, 메시지 보내기 등 등의 특정 행동을 진행했을 때 광고비가 지불되는 광고입니다. '클릭'을 받을 때마다 광고비가 지불되는 광고를 마케팅 용어로 'CPC(Cost Per Click) 광고'라고 부르며, '클릭 후 특정 행동'이 있을 때마다 광고비가 지불되는 광고를 'CPA(Cost Per Action) 광고'라고 부릅니다. 마케팅 이론에 해당되는 부분이니 알고 있으면 좋습니다. 트래픽 광고는 인지도 광고보다 기본 단가가 비싼 편에 속하며, 광고를 통해 여러분이 운영하는 사이트 및 쇼핑몰, 기타 채널(블로그, 카페, 플레이스, 앱 다운로드 화면 등)로 잠재고객들을 유입시키고 싶을 때 가장 효과적인 광고입니다.

3) 참여 광고

'참여' 광고는 광고 게시물에 참여를 한 기준으로 광고비가 발생되는 광고입니다. 광고 게시물에 공감, 댓글, 좋아요, 동영상의 경우 3초 이상 재생, 사진 조회, 링크 클릭 등의 행동이 발생했을 때 참여했다고 판단하여 광고비가 소진됩니다. 참여 광고를 하게 되면 페이스북 및 인스타그램 사용자들 중 평소에 '좋아요, 댓글, 공유' 등의 반응을 많이 했던 사람들에게 광고가 우선적으로 노출됩니다. 참여 광고의 목표는 사람들의 반응을 이끌어 내는 것입니다. 따라서 페이스북의 봇(프로그램)은 참여 광고의 기본 목표 값 달성을 위해 기존 사용자들의 행동 패턴을 분석하여 반응을 잘할 만한 사람들을 찾아 광고를 보여주게 되는 것입니다.

따라서 참여 광고는 광고 게시물에 좋아요 및 댓글 등 빠른 반응을 이끌어 내고 싶을 때 진행하면 좋은 광고입니다. 즉, 쇼핑몰을 운영하고 있거나 블로그 및 기타 운영 중인 채널이 있고 해당 채널로 잠재고객들을 유입시켜 **'매출'**을 끌어올려야 하는 분들은 **'트래픽' 광고가 최적**의 광고이며, 콘텐츠의 조회수나 반응을 이끌어 내야 하는 **콘텐츠 중심의 마케팅**을 해야 하는 분들은 **'참여' 광고가 최적**의 광고라고 볼 수 있습니다.

4) 잠재고객 확보 광고

'잠재고객' 확보 광고는 여러분의 사업아이템에 관심이 있을 만한 잠재고객들의 DB를 수집할 수 있는 광고입니다. 판매자가 얻고자 하는 질문을 기입하여 랜딩페이지를 만들어 광고할 수 있기 때문에 개인정보 수집뿐만 아니라 잠재고객들로부터 알고자 하는 기타 정보를 수집할 수 있습니다.

누군가가 광고를 보고 클릭을 하면 광고주가 만든 랜딩페이지로 전환되고 본인의 정보(이름, 연락처, 이메일 등)와 기타 질문에 대한 답을 입력한 다음 제출하면 광고비가 소진되는 형태입니다. 즉, 개인정보가 수집되거나 개인정보 수집 후 특정 액션이 발생될 때마다 광고비가 소진되는 것입니다. 보험 영업이나 자동차 판매, 대출 업체, 프렌차이즈 업종, 기타 잠재고객들의 정보 수집이 필요한 경우에 많이 진행하는 광고입니다. SNS에서 특정 광고를 클릭했을 때 본인의 이름과 연락처, 이메일 주소 등을 기입하는 화면으로 전환되는 광고를 접해 본 경험이 한 번쯤은 있을 것입니다. 이러한 잠재고객 광고는 광고비 단가가 다른 페이스북 광고에 비해 비싼 편입니다.

만약 잠재고객 확보 광고에서 랜딩페이지를 만들기 어렵거나 마케팅 예산상 해당 광고를 진행하기 어려운 분들은 트래픽 광고로 대체할 수 있습니다. 이때에는 네이버 폼이나 구글 폼으로 랜딩페이지를 만들고 해당 링크를 트래픽 광고 집행 시 링크 부분에 기입하면 됩니다. 그럼 누군가가 광고를 클릭했을 때 네이버나 구글로 만든 폼 화면으로 바로 전환됩니다. 따라서 네이버 폼이나 구글 폼으로 신청서(랜딩페이지)를 만들어 활용하면 굳이 잠재고객 광고를 비싸게 하거나 어려운 조건으로 랜딩페이지를 만들지 않아도 얼마든지 원하는 정보를 수집할 수 있습니다.

5) 앱 홍보 광고

'앱 홍보' 광고는 말 그대로 개발한 앱을 홍보하고자 할 때 가장 적합한 광고로 앱 개발자 및 앱 홍보 마케팅이 필요할 때 진행하면 좋습니다. 광고를 통해 앱이 설치되거나 특정 행동(예: 구매, 새로운 게임 레벨 달성)이 발생할 때마다 광고비가 소진됩니다.

6) 판매 광고

'판매' 광고는 웹사이트에 픽셀이라는 추적 코드를 심어 진행하는 광고입니다. 따라서 해당 광고를 픽셀 광고, 추적 광고, 전환 광고, 리타겟팅 광고라고 도 부르며, 여러분의 사이트를 방문한 사람들에게 다시 광고를 노출하는 것을 말합니다.

다만, 현재 이 책을 집필하고 있는 시점에서 픽셀 코드는 별도의 도메인이 있는 사이트여야만 설치를 할 수 있습니다. 즉, 네이버 스마트스토어 및 네이버 블로그 등 네이버가 제공하는 채널에는 픽셀 설치가 어렵습니다. 간혹 몇몇 대행사들이 네이버 채널에도 픽셀을 심을 수 있다고 홍보하기도 하지만, 100% 보장이 아닐 수 있으니 반드시 자세히 확인을 해 보는 것이 좋습니다. 만약 해당 픽셀 코드를 여러분의 사이트에 설치하게 되면 사이트에 유입되어 들어오는 잠재고객들의 행동과 정보를 수집하고 고객들의 데이터를 분석하여 사이트 방문자를 대상으로 광고를 노출하게 되는 것입니다.

예를 들어, 이제 곧 따뜻한 봄이 되어 원피스를 구매하려고 쿠팡 사이트에 방문을 했다고 가정하겠습니다. 쿠팡에 있는 어떤 원피스를 장바구니에 담고 결제 화면까지 갔지만 어떠한 상황으로 인해 결제는 하지 않고 그냥 빠져 나왔습니다. 그리고 시간이 흘러 인터넷에 다시 접속하였는데 이전에 쿠팡에서 보았던 원피스가 컴퓨터 화면 중앙에 팝업 화면처럼 보이는 것입니다. 해당 팝업창(광고)을 클릭하면 쿠팡의 해당 원피스 상세페이지로 이동됩니다. 이것은 쿠팡이 사이트에 픽셀을 심어 놓고 리타깃팅 광고를 했기 때문이라고 보면 됩니다. 이러한 픽셀 광고는 페이스북뿐만 아니라 구글 애드워즈를 통해서도 집행 가능합니다.

구글 애드워즈의 경우 상담원과의 직접 통화를 통해 누구나 쉽게 광고를 집행할 수 있습니다. 구글 애드워즈 사이트에서 상담원 전화번호를 쉽게 확인할 수 있으니 이용해 보면 좋습니다. 픽셀 광고 집행 시에는 자사몰 및 홈페이지에 픽셀 코드 설치 후 최소 모수(방문자 트래픽)가 1,000 이상이 되어야 방문자를 타깃으로 광고 집행이 가능하며, 성과 도출을 위해서는 최소 1만 이상의 모수가 모여야 합니다. 따라서 별도의 독립적인 도메인이 있는 사이트 및 채널을 보유하고 있는 분들은 우선 구글 애드워즈와 페이스북의 픽셀을 설치해 놓고 다른 광고와 온라인 마케팅을 진행하며 구매 가능성이 높은 잠재고객들이 사이트에 많이 유입될 수 있도록 작업을 하면 좋습니다.

페이스북의 광고를 모두 다 해 보기에는 상황이나 비용적으로 어려울 것입니다. 따라서 광고를 처음 하는 분들이나 또는 광고 분석이 제대로 안 되어 있는 분들은 우선 테스트 광고를 먼저 진행해 보는 것이 좋습니다. 테스트 광고를 하는 목적은 앞서 설명한 대로 본 광고를 집행하기 전 최적의 광고 콘텐츠를 만들어 내고 잠재고객들의 행동을 분석하기 위함입니다. 그리고 해당 결과값을 본 광고 집행 시 적용하여 광고 성과를 극대화하기 위함입니다.

테스트 광고로는 페이스북 광고 중 비용이 가장 저렴한 인지도 광고로 진행해 보는 것이 부담 없이 좋을 수 있습니다. 물론, 마케팅 예산 및 광고를 집행하려는 목표 등의 상황에 따라 다른 광고로 진행해 보아도 괜찮습니다.

2. SNS 타깃 광고 실제 집행 방법

여기에서는 네이버 스마트스토어 및 블로그 등 채널의 종류와 상관없이 누구나 광고를 집행할 수 있고 방문자를 운영 채널로 끌어모을 수 있는 '트래픽' 광고를 진행해 보겠습니다.

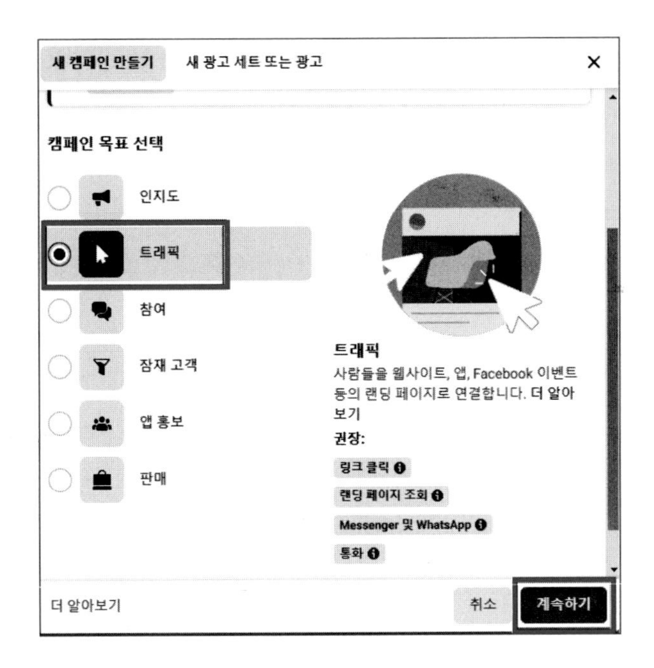

페이스북의 광고관리자 화면에서 캠페인 목표 중 **'트래픽'** 선택 후 **'계속하기'** 버튼을 클릭합니다. 광고는 캠페인 설정, 광고 세트 설정, 광고 설정 등 3가지 단계를 거쳐 설정하게 되어 있습니다.

1) 캠페인 설정

먼저 가장 첫 번째 단계인 **'캠페인'**은 광고의 목표와 전체적인 방향을 설정하는 1차 세팅 화면입니다. 두 번째 화면인 **'광고 세트'**는 설정한 캠페인 목표를 구체적으로 달성할 세부 전략을 설정하는 화면입니다. 마지막 세 번째 부분인 **'광고'**는 캠페인과 광고 세트 화면에서 설정한 대로 어떠한 콘텐츠를 광고할 것인지 설정하는 화면입니다. 이렇게 **페이스북 광고 집행 단계는 '캠페인 설정 → 광고 세트 설정 → 광고 설정' 단계로 이루어져 있습니다.**

첫 번째 단계인 캠페인 설정 화면에서 캠페인 이름과 목표, 광고 예산을 설정합니다. 캠페인 이름은 폴더 이름을 만든다고 생각하고 광고를 파악하기 쉬운 명칭을 입력하고, 캠페인 목표는 '트래픽'으로 설정되어 있는지 확인합니다. 이때 첫 단계에서 가장 중요한 부분은 '어드밴티지 캠페인 예산' 부분입니다. 이 부분을 '설정됨'으로 활성화하여 페이스북 알고리즘이 광고 비용을 효율적으로 배분하여 광고 성과가 높아질 수 있도록 해 주면 좋습니다. 캠페인 예산은 총 예산으로 놓고 광고에 활용할 비용을 입력합니다.

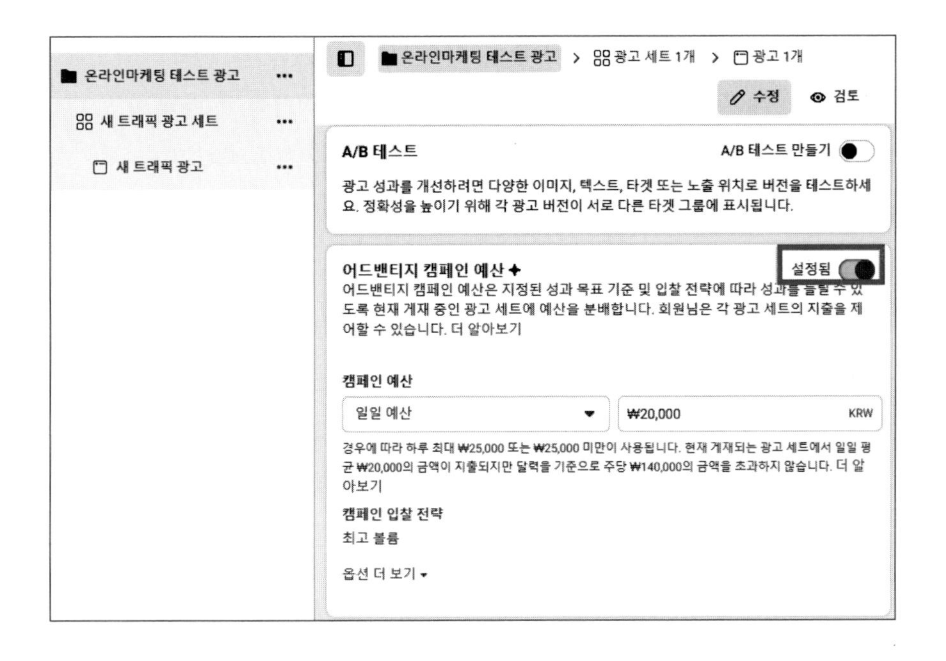

이때 페이스북이 광고 콘텐츠를 제대로 인지하고 분석하며 해당 광고를 누구에게 보여 주면 광고 성과를 높일 수 있을지 최적화하는 데 소요되는 시간이 최대 7일입니다. 따라서 페이스북 및 인스타그램 광고를 집행할 때에는 최소 7일 이상 진행하는 것이 좋으며, 원하는 결과를 발생시킬 수 있도록 통상 2주 이상의 광고를 집행하는 것이 좋습니다. 그래야 보다 정확한 결과 분석을 할 수 있습니다.

잠재고객 중에는 평일에 SNS를 보는 사람이 있을 수 있고, 주말에 SNS를 보는 사람이 있을 수 있습니다. 따라서 이러한 상세 분석과 광고 최적화를 위해 광고 집행 기간은 띄엄띄엄 7일이 아닌 평일과 주말을 포함하여 최소 7일(예: 월요일~일요일) 이상 집행하며, 해당 기간 동안 소비할 광고 비용을 캠페인 예산에 입력해 주면 됩니다. 페이스북의 광고 최저 비용은 1,000원부터입니다. 어떠한 광고를 진행하건 간에 일단 무리가 되지 않는 선에서 최소 비용으로 테스트한다고 생각하고 진행해 보는 것이 좋습니다. 최소 비용으로 광고를 진행해 보고 광고 분석 결과 화면을 통해 광고비를 조정하는 것이 좋습니다. 분석 결과 화면에 대해서는 광고 분석 부분에서 상세히 살펴보겠습니다. 여기까지 1단계 광고 세팅을 했으면, 하단 오른쪽에 '다음'을 클릭하여 두 번째 화면으로 넘어갑니다.

2) 광고 세트 설정

두 번째 화면은 광고 세트 화면입니다. 광고의 세부 타깃 설정을 세팅하는 중요한 단계입니다. 광고 세트 이름을 먼저 입력하고, 바로 밑에 부분 전환 위치는 '웹사이트'로 설정되어 있는지 확인합니다. 성과 목표는 링크 클릭수 최대화로 세팅되어 있는지 확인합니다.

그런 다음 바로 아래에 '**옵션 더 보기**'를 클릭하여 청구 기준을 확인해야 합니다. 만약 청구 기준이 '노출'로 되어 있는 경우 광고가 게재(노출)될 때마다 비용을 지불하게 됩니다. 우리는 트래픽 광고를 집행하고 있고 해당 광고는 누군가가 내 광고를 보고 '클릭'하여 채널로 유입시키고자 하는 것이기 때문에 청구기준을 '**링크 클릭(CPC)**'으로 변경합니다.

그러고 나서 예산 및 일정 부분에 광고 시작일과 종료일을 클릭해 광고 집행 기간을 입력하고 해당 광고 비용을 입력합니다. 광고 집행 기간은 앞서 말씀드린 대로 최소 7일 이상 설정하는 것이 좋고, 광고 비용은 입력한 기간 동안 소비할 최소 비용을 여러분 각각의 매출 상황에 맞게 입력합니다.

(1) 광고 타깃 설정

이제, 광고 타깃 설정을 할 차례입니다. 페이스북 및 인스타그램 광고를 누구에게 보여 줄 것인지 설정하는 것입니다. 광고 노출 위치, 해당 광고를 보게 할 연령층, 성별 등을 입력합니다.

지금 진행하는 광고는 최적의 결과를 도출하여 추후 본 광고를 집행하기 위한 테스트 광고입니다. 따라서 나의 광고 목표를 가장 잘 달성해 줄 수 있는 소비자를 찾아내고, 최적의 광고 콘텐츠를 분석하기 위해 다음에서 설명하는 값으로 설정해 주면 좋습니다.

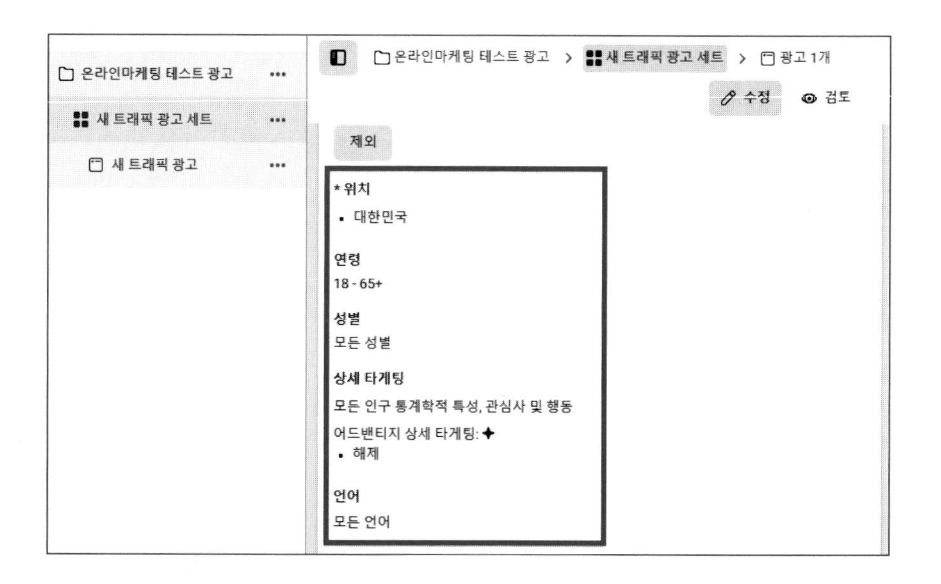

① 위치

먼저, '위치'는 대한민국 전체로 설정합니다. 아직 어떠한 지역에 거주하고 있는 사람들이 내 광고에 가장 높게 반응할지 모르기 때문에 일단 테스트 광고에서는 대한민국 전체로 설정합니다. 추후 분석 결과 화면에서 광고 성과가 가장 높게 나온 지역을 찾아내면 됩니다. 만약 프랜차이즈 등 특정 지역에서만 마케팅 및 영업을 해야 하는 경우에는 테스트 광고를 세팅할 때에도 해당 지역을 선택합니다.

② 연령

'**연령**'은 되도록 넓은 연령층을 입력합니다. 어떤 연령층이 내 광고에 가장 높게 반응할지 아직 모르기 때문입니다. 페이스북 광고 집행 시 선택할 수 있는 연령은 13~65세 이상입니다. 몇몇 광고 대행사들이 초반 테스트 광고 집행 시 해당 연령층을 모두 설정하는 경우가 있는데, 아무리 테스트 광고라 하더라도 매출이 중요하기 때문에 광고를 보고 온라인으로 자유롭게 결제를 진행할 수 있는 연령층에 맞추어 진행하는 것이 좋습니다. 보통 23~55세 정도로 세팅하는 경우가 많으니 참고하면 좋습니다.

③ 성별

'**성별**'은 남성 또는 여성을 구분하지 않고 일단 모든 성별에 체크하여 테스트 광고를 집행합니다. 추후 광고 결과 분석 화면에서 어떤 성별이 가장 광고에 높게 반응을 했고 효과가 좋았는지를 확인한 후 본 광고에서 가장 높은 성과가 나왔던 성비를 선택해 공격적인 광고를 진행합니다.

④ 상세 타게팅

'**상세 타게팅**'은 직접 키워드를 입력하여 설정할 수도 있고, 페이스북의 기능을 활용해 입력할 수도 있습니다. 직접 키워드를 입력하는 경우에는 사업아이템 관련된 키워드만 생각하지 말고 해당 아이템을 구매할 만한 잠재고객들의 성별과 연령, 재무 상태를 고려하여 이들이 **관심 있어 할 만한 관심사를 입력**하는 것도 좋은 방법입니다. 예를 들어, 롤렉스와 같은 고가의 명품 시계를 광고하는 경우, 네이버 광고 사이트의 키워드 도구에서 롤렉스 키워드를 입력하고 조회하기를 누릅니다. 롤렉스 키워드를 클릭하여 1년치의 빅데이터를 보니 30대 남성이 해당 키워드를 많이 검색하고 있는 것을 알 수 있습니다.

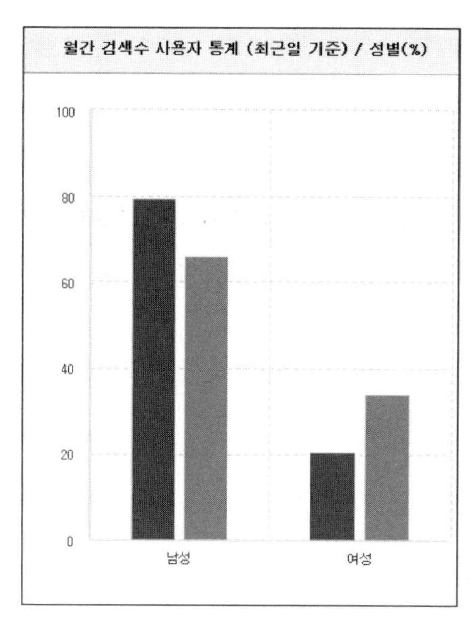

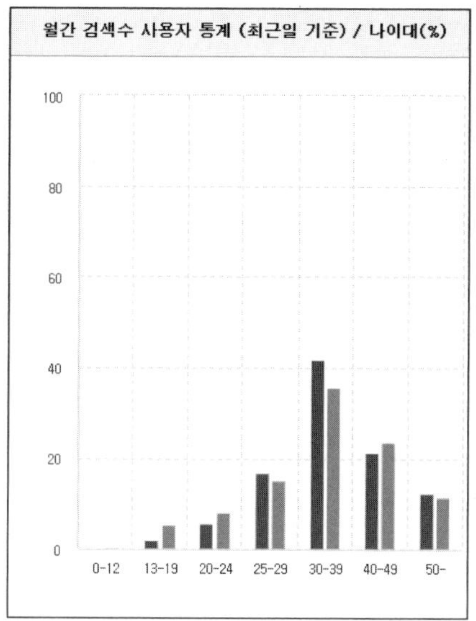

모바일 및 PC 검색수가 높은 순으로 재정렬을 해 놓고 위에서 아래로 스크롤을 내리면서 살펴보니 나이키골프라는 '골프' 관련 키워드가 있습니다.

추가	까르띠에반지	7,970	96,100	8.5	390	0.12 %	0.43 %	높음	15
추가	롱샴	7,840	77,900	30.3	691.5	0.42 %	0.92 %	높음	15
추가	브룩스브라더스	7,700	41,500	22.9	329.3	0.33 %	0.84 %	높음	15
추가	오늘금시세	7,160	235,700	149.5	11,182.2	2.23 %	5.06 %	높음	14
추가	오데마피게	7,010	37,900	5.6	221.5	0.09 %	0.62 %	높음	15
추가	나이키골프	6,510	44,600	31.4	157.5	0.53 %	0.38 %	높음	15
추가	IWC	6,420	26,600	3.1	41.8	0.06 %	0.17 %	높음	15
추가	세이코	6,250	23,800	7.5	86.3	0.14 %	0.39 %	높음	15
추가	18K금시세	6,190	104,700	37.3	4,040.5	0.65 %	4.10 %	중간	13

나이키골프 키워드를 클릭하여 1년치의 빅데이터를 확인해 보니 해당 키워드 또한 30대 남성이 많이 검색하는 키워드로 확인되었습니다. 롤렉스를 검색한 성비/연령대와 나이키골프를 검색하는 성비/연령대가 일치하는 것입니다.

앞에서 키워드 조사 방법에 대해 설명할 때 네이버 키워드 도구는 1개월 동안 특정 키워드를 검색한 사람들이 연관하여 검색한 키워드가 노출된다고 하였습니다. 즉, 롤렉스를 조회했더니 골프 키워드가 보인다는 것은 롤렉스를 검색하는 사람들이 골프에도 관심이 있어 검색하고 있다는 의미입니다. 따라서 페이스북 및 인스타그램 광고 집행 시 상세 타게팅에 '시계' '패션' '명품'과 같은 직접적인 키워드만 입력하는 것이 아니라 롤렉스를 구매하는 사람들이 관심 있어 하는 '골프'도 입력하면 더욱 빠르고 효과적으로 광고 성과를 달성할 수 있습니다.

이번에는 사업아이템이 '약콩두유'라고 가정하겠습니다. 동일한 방법으로 네이버 광고 사이트의 키워드 도구에서 '약콩두유'를 입력하고 '조회하기'를 클릭해 봅니다. 약콩두유 키워드를 클릭하여 1년치의 빅데이터를 보니 해당 키워드는 30대 여성이 가장 검색을 많이 하고 있었습니다.

NAVER 검색광고 스마트스토어센터 스마트플레이스 쇼핑파트너센터 페이 성과형디스플레이광고 modern_optic (내 계정) 님

광고관리 정보관리 보고서 도구 비즈머니 (2,419원) 충전하기

추가	서리태콩물	890	12,000	6.7	172.8	0.88 %	1.67 %	높음	15
추가	두유추천	350	3,050	2	54.3	0.59 %	1.87 %	높음	15
추가	유기농두유	190	910	1.1	26.3	0.60 %	2.82 %	높음	15
추가	임산부두유	310	3,040	0.5	3.5	0.17 %	0.13 %	높음	14
추가	순수두유	200	1,180	1.9	26.5	0.94 %	2.28 %	높음	15
추가	다이어트두유	340	1,760	1	16.3	0.34 %	0.95 %	높음	15
추가	검정콩두유	140	1,280	1.9	39.5	1.38 %	3.23 %	높음	15
추가	무설탕두유	260	1,240	1.4	39.8	0.55 %	3.39 %	높음	15

스크롤을 내리며 연관키워드 리스트를 살펴보았더니 '임산부' '다이어트'라는 키워드가 발견되었습니다. 약콩두유를 검색한 사람 중 다이어트 및 임산부 관련 키워드를 검색했다는 것입니다. 임산부 키워드와 다이어트 키워드를 클릭하여 빅데이터를 보니 약콩두유와 마찬가지로 30대 여성들이 많이 검색을 하고 있었습니다. 즉, 약콩두유를 검색하는 30대 여성 중 임산부인 사람과 다

이어트에 관심이 있는 사람들이 있는 것입니다. 그렇다면 페이스북 및 인스타그램 광고 집행 시 '두유' '음식' '요리' 등 직접적인 관련이 있는 키워드 이외에도 '다이어트' '임산부' 등의 간접키워드를 활용하면 됩니다.

또한 **네이버 데이터랩을 활용해서도 관심사를 조사해 볼 수 있습니다.** 만약 광고할 사업아이템이 오미자청이라면 마찬가지로 일단 네이버 광고의 키워드 도구에 들어가 '오미자청'을 조회하고 해당 키워드를 클릭하여 1년치의 빅데이터를 확인합니다.

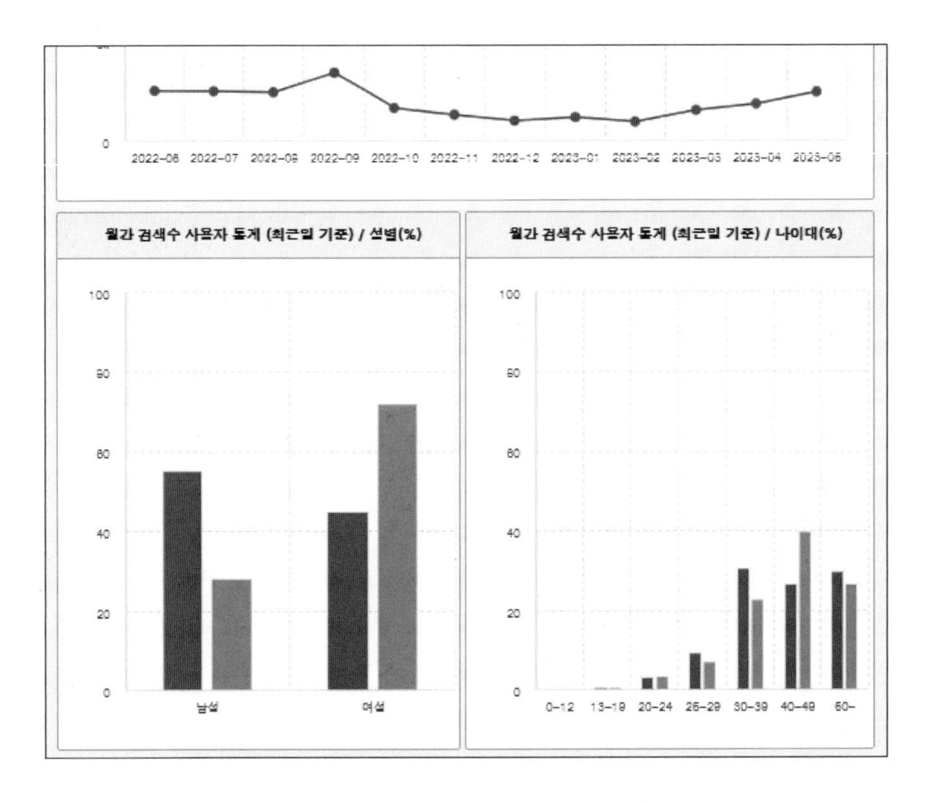

그래프를 보면, 오미자청을 검색하는 사람들은 여성 비율이 높고, 연령층은 40대가 가장 높은 것을 알 수 있습니다. 즉, 40대 여성이 오미자청을 구매할 가능성이 매우 높다는 것입니다. 그럼 이제 40대 여성들을 공략하기 위해 이들이 가장 관심 있어 할 만한 관심사를 찾아내야 합니다.

이것은 '네이버 데이터랩' 사이트를 활용하면 됩니다. 네이버 데이터랩 사이트에서 상단 메뉴 중 '지역통계'를 클릭하고 바로 밑에 '카드사용통계' 메뉴를 클릭합니다. 해당 데이터는 비씨카드에서 제공하는 데이터를 기반으로, 전국 지역별/업종별/연령별/성별 카드 사용내역 정보를 제공한다고 설명되어 있습니다. 즉, 연령 및 성별로 어떠한 분야의 카드 결제율이 높은지를 알 수 있는 메뉴입니다. 특정 분야에서 카드 결제율이 가장 높다는 것은 그 성비와 그 연령층이 그 분야에 관심이 높다는 의미가 됩니다. 화면 하단으로 스크롤을 내리고 맞춤형 트렌드 분석 도구 부문에서 '업종별 카드사용통계'를 클릭합니다.

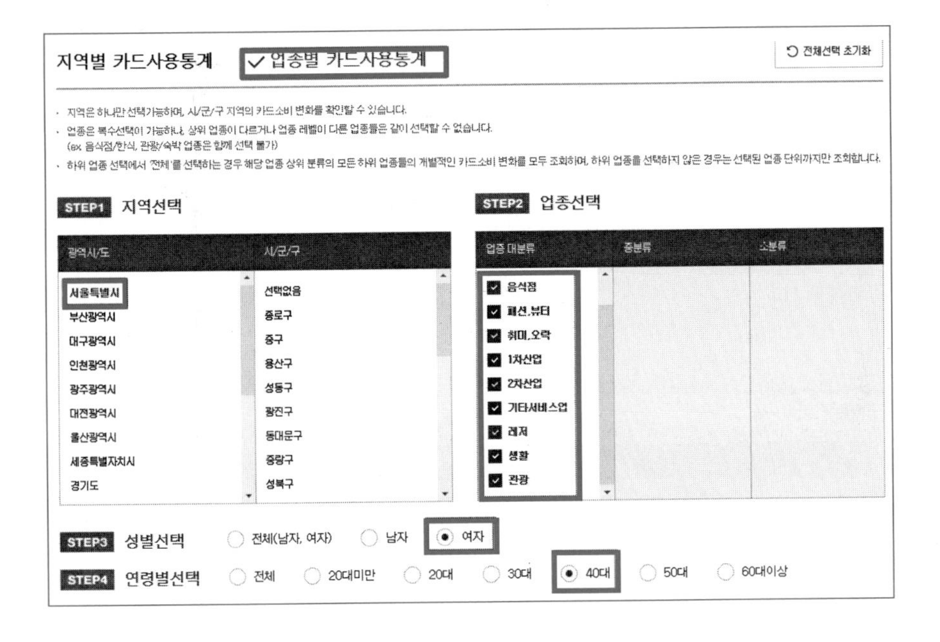

지역은 인구가 높은 '서울특별시' 또는 '경기도'를 선택하고 업종은 '전체'를 선택합니다. 그리고 네이버 키워드 도구를 통해 찾아낸 성비와 연령층을 선택 후 '조회하기'를 클릭합니다.

그러면 40대 여성들이 가장 카드소비를 높게 한 부분이 **'생활'**이라는 것을 알 수 있습니다.

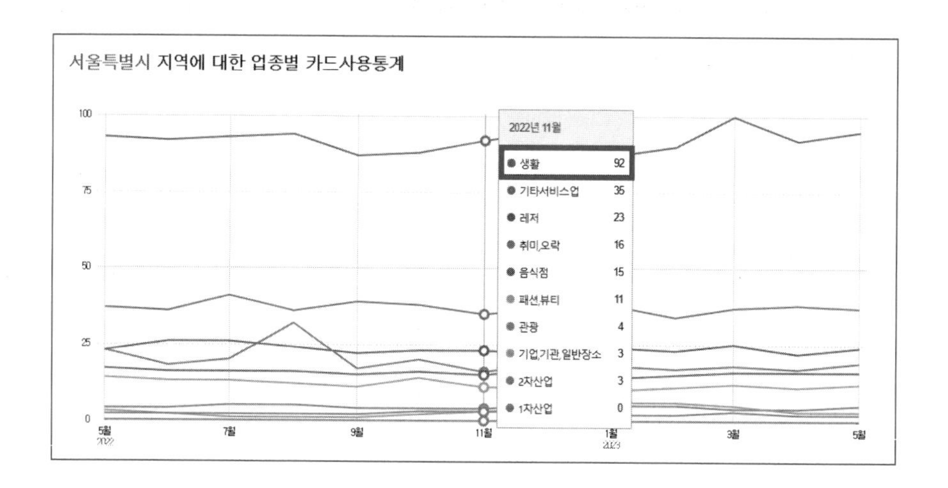

조금 더 상세한 분야를 보기 위해 업종 선택을 다시 **'생활'**만 체크하고 중분류는 **'전체'**를 체크합니다. 성별과 연령층을 동일하게 체크한 다음 **'조회하기'**를 클릭합니다.

STEP1 지역선택
광역시/도: 서울특별시, 부산광역시, 대구광역시, 인천광역시, 광주광역시, 대전광역시, 울산광역시, 세종특별자치시, 경기도
시/군/구: 선택없음, 종로구, 중구, 용산구, 성동구, 광진구, 동대문구, 중랑구, 성북구
STEP2 업종선택
업종 대분류: 음식점, 패션,뷰티, 취미,오락, 1차산업, 2차산업, 기타서비스업, 레저, 생활, 관광
중분류: 전체, 생활편의, 교육, 경조사, 식품, 건강, 쇼핑, 교통
소분류
STEP3 성별선택: 전체(남자, 여자) / 남자 / 여자
STEP4 연령별선택: 전체 / 20대미만 / 20대 / 30대 / 40대 / 50대 / 60대이상

그 결과, 생활 중에서도 **'교육'** 부분이 가장 높게 나온 것을 알 수 있습니다. 즉, 네이버 데이터 확인 결과 40대 여성들은 교육에 가장 카드 결제를 많이 하고 있다는 것을 알 수 있습니다. 자녀들로 인한 이유일 수도 있고, 본인의 능력 개발을 위해 교육에 결제를 했을 수도 있습니다. 그럼 페이스북 광고 집행 시 오미자청을 많이 검색하는 40대 여성들을 타기팅할 때 '교육'을 상세 타게팅에 추가할 수 있습니다.

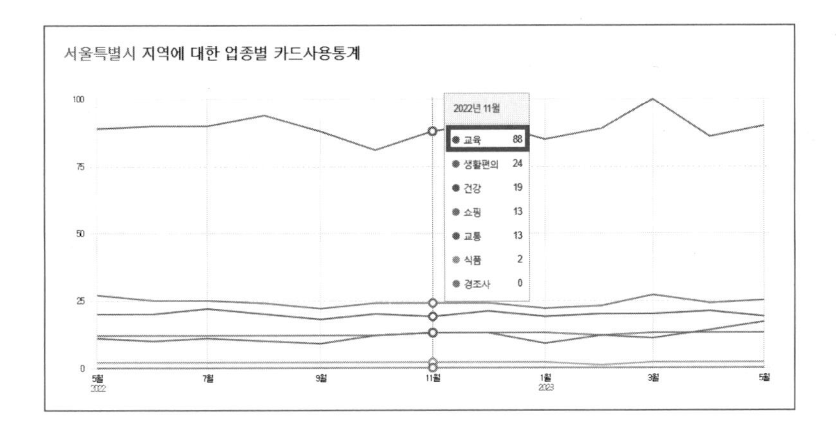

교육 관련된 구체적인 키워드를 보고 싶은 경우에는 네이버 데이터랩 상단 메뉴 중 **'쇼핑인사이트'**를 클릭하고 **'분야 통계'** 메뉴에서 교육에 해당되는 분야를 선택 후 조회를 해 보면 됩니다.

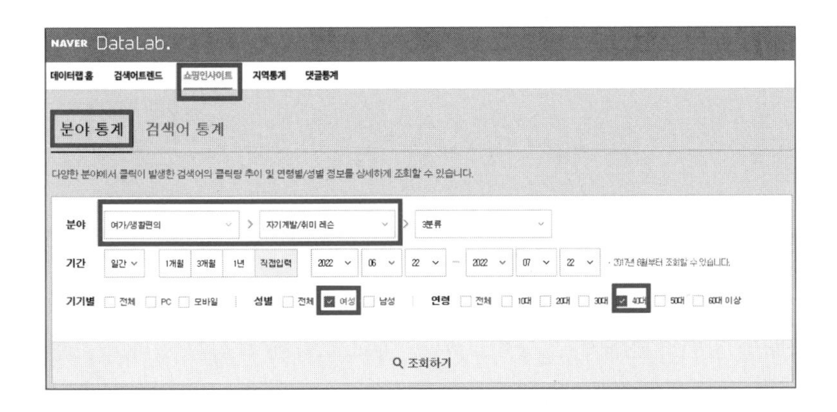

생활/교육과 관련성이 높은 여가/생활편의 선택 후 중 분류를 자기계발/취미 레슨을 선택하였습니다. 기간은 광고를 집행할 기간을 선택해 주어야 하는데 미래의 기간은 선택이 불가하므로 작년 기준으로 현재 광고할 월을 포함하여 1개월 정도의 기간을 선택합니다.

성별과 연령층은 앞서 키워드 도구를 통해 조사한 여성, '40대' 선택 후 '조회하기'를 클릭합니다. 조금 스크롤을 내리고 오른쪽을 보면 여가/생활편의의 자기계발/취미 레슨에 관련된 세부키워드들을 한눈에 볼 수 있습니다. 해당 키워드는 40대 여성이 생활편의 관련하여 6~7월에 가장 검색을 많이 한 키워드입니다. 이렇게 보면 원하는 연령층이 특정 분야에서 특정 기간 동안 어떠한 부분에 관심을 많이 가지고 있고 검색을 하며 구매를 했는지 판단할 수 있습니다.

검색어 리스트를 보니 초등화상영어, 어린이화상영어 등의 키워드가 보입니다. 즉, 40대 여성이 생활/교육 중 초등학생 및 어린이들의 영어교육을 많이 검색하고 있다는 것을 알 수 있습니다.

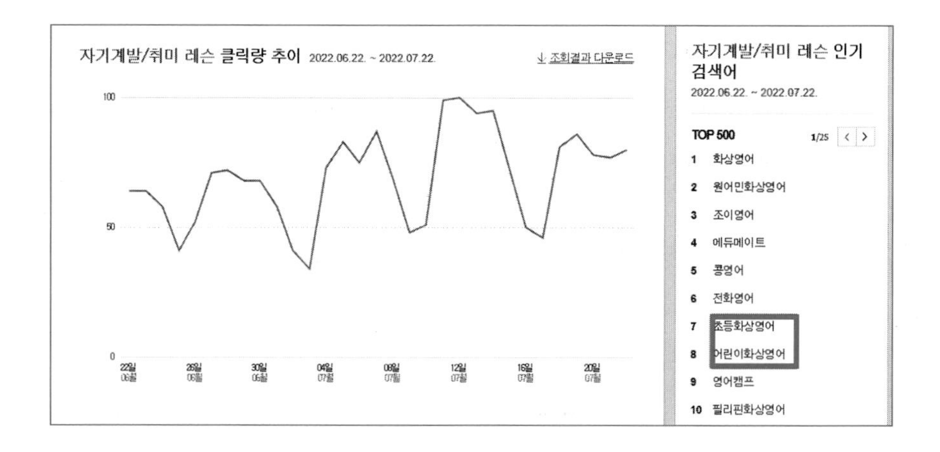

그럼 페이스북 및 인스타그램 광고 집행 시 상세 타게팅 부문에 교육 중 '중등교육'을 입력하게 되면 초등학교 및 중학교 교육에 관심이 있다고 표현했거

나 관련 페이지를 좋아하는 사람들에게 광고가 노출됩니다. 그런데 문제는 네이버 데이터랩의 경우 대부분 '생활'이 가장 점수가 높게 나올 것입니다. 사람들은 생계를 위해 생활에 밀접한 상품을 가장 많이 구매할 수밖에 없기 때문에 당연한 결과입니다.

따라서 1위에 있는 분야만 보지 말고 2~4위 정도의 분야도 살펴보는 것이 좋습니다. 예를 들어, 제가 광고하는 사업아이템을 네이버 키워드 도구에서 조사해 보니 20대 여성들이 가장 높은 비율을 차지했습니다. 그리고 데이터랩에서 '업종별 카드사용통계'를 확인했더니 20대 여성들의 카드 결제는 1위가 생활이고, 2위가 취미, 오락으로 집계되었습니다. 이때 20대들의 특성을 고려해 취미, 오락 부분을 더 자세히 살펴보고 싶어 중분류를 전체 선택 후 조회를 해 보니 취미, 오락 중에서도 '문화시설' 수치가 가장 높게 나타났습니다.

관련 키워드가 궁금해 앞서 설명한 대로 데이터랩의 쇼핑인사이트에서 분야를 선택하려고 하였으나 문화시설 관련된 분야가 없었습니다. 이 경우에는 네이버 키워드 도구를 활용하면 됩니다. 키워드 도구에서 **'업종'** 체크 후 문화시설이 포함되어 있는 **'문화/미디어'**를 클릭한 후 **'조회하기'**를 눌러 보았습니다.

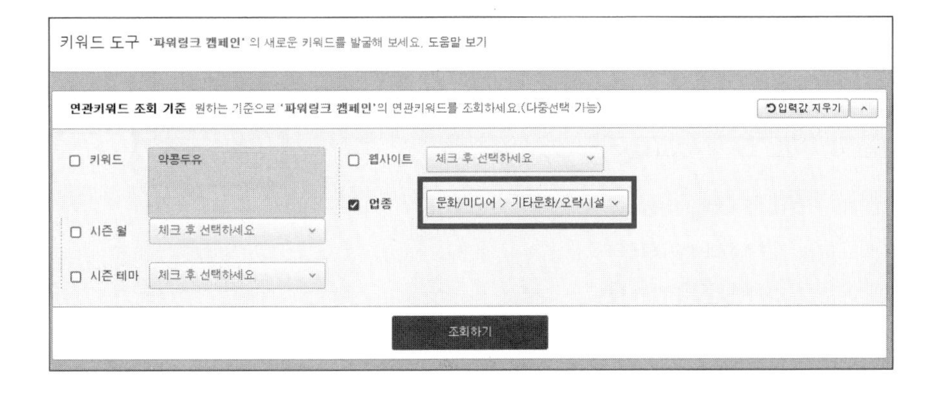

그 결과, 키워드 리스트에 '전시회' '방탈출' '데이트' '강남' '부산' 등의 키워드가 있는 것을 발견하였습니다. 그럼 페이스북 상세 타게팅 입력 시 해당 키워드

를 입력하여 테스트 광고를 집행해 보는 것입니다. 만약 상세 타게팅에 키워드를 입력했는데 리스트에 전혀 다른 키워드가 나오거나 아예 리스트 자체가 안 보이는 경우에는 페이스북이 한글로 된 입력 키워드를 인지하지 못하는 것이기에 다른 키워드를 입력하면 됩니다. 이렇게 네이버 키워드 도구와 데이터랩을 교차 활용하여 여러 각도로 타깃 잠재고객들의 관심사를 살펴볼 수 있습니다.

간혹 페이스북 광고를 집행하는 데 네이버 데이터를 활용해도 괜찮은지에 대한 의문을 가지는 분들도 있습니다. 그런데 현재 네이버는 여전히 대한민국 국민이 가장 많이 보는 인터넷 검색 플랫폼이며, 실제 온라인 결제를 할 때 네이버를 통해(네이버 쇼핑, 네이버에 등록된 사이트 등) 진행됩니다. 또한 네이버 키워드 도구 및 빅데이터는 하루, 일주일치의 결과가 아니라 1개월, 1년치의 빅데이터입니다. 따라서 페이스북 광고 집행 시 마케터의 감으로 광고 세팅을 하는 것보다 이렇게 대형 검색포털 사이트인 네이버 데이터 결과를 참고하여 설정값을 세팅하면 보다 성과 높은 광고를 집행할 수 있고 객관적인 분석을 할 수 있을 것입니다.

직접 키워드를 입력하는 방법 이외에도 상세 타게팅 입력칸 오른쪽을 보면 '추천'과 '찾아보기'를 활용해 설정값을 입력할 수도 있습니다.

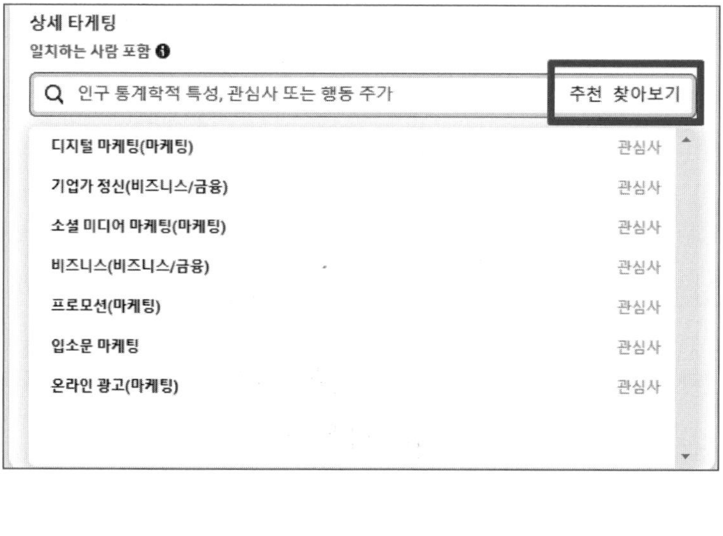

추천을 클릭하면 페이스북 알고리즘이 추천하는 상세 타게팅 리스트가 나옵니다. 해당 리스트 중에 잠재고객들이 페이스북 가입 시 관심 있다고 응답했을 만한 것을 클릭해 주면 됩니다. 찾아보기를 클릭하면 인구 통계학적 특성과 관심사, 행동 등 3가지로 구분되어 타깃 설정을 할 수 있습니다. 이때 행동의 경우 미국을 타깃으로 집행하는 광고에만 적용되는 데이터가 있기 때문에 인구 통계학적 특성과 관심사를 중심으로 설정을 해 주면 됩니다.

인구 통계학적 특성의 경우 결혼/연애 유무, 특정 직장을 다니고 있거나 재직했던 사람들, 고등학교/대학교 등 학력 수준 등까지 구분하여 정밀 타기팅을 할 수 있습니다. 만약 여러분 중 주부를 타깃으로 하고 싶다면 인구 통계학적 특성에서 결혼/연애 상태에 '기혼'을 체크하고 성별은 여성으로 설정할 수 있습니다. 이렇게 되면 페이스북 프로필에 '기혼'으로 표시한 사람 중 여성들에게 광고가 노출되는 것입니다.

그런데 문제는 페이스북 사용자들이 프로필에 잘못된 정보를 입력하거나 어떠한 정보도 페이스북에 입력하지 않은 경우, 또는 현재 상태로 업데이트를 하지 않은 경우에는 정확한 광고 노출이 안 될 수도 있다는 것입니다. 이러한 문제로 인해 페이스북 및 인스타그램 광고 집행 시 상세 타게팅을 아예 입력하지 않고 광고를 집행하는 경우도 있습니다. 광고 집행 시 위치, 연령, 성별, 언어까지만 입력을 하고 상세 타게팅은 빈칸으로 둔 채 광고를 집행하는 것입니다. 어떠한 광고가 더 성과가 높을지는 직접 비교 테스트 광고를 해 보는 것이 가장 정확합니다.

테스트 광고를 2개로 쪼개어 집행하는 것입니다. 페이스북 광고 집행 시 첫 번째 단계에서 'A/B테스트' 기능을 체크하여 집행해도 되고, 테스트 광고를 하나 세팅한 후 바로 새로운 테스트 광고를 다시 세팅해도 됩니다. 첫 번째 테스트 광고는 상세 타게팅에 특정 값을 입력해 보고, 두 번째 테스트 광고에는 상세 타게팅을 아예 빈칸으로 두어 광고를 세팅하는 것입니다. 위치, 연령, 성별, 기간, 예산 등 다른 조건은 모두 동일하게 세팅합니다. 그러고 나서 광고 집행 후 며칠이 지난 다음 분석 화면에 들어가 두 개의 테스트 광고 중 어떠한 광고가 도달 및 클릭수가 높은지를 확인하여 성과가 가장 높은 광고를 잡아 내고 추후 본 광고를 집행할 때 성과가 높았던 테스트 광고의 설정값을 입력하면 됩니다.

⑤ 언어

상세 타게팅까지 진행하였으면 이제 '언어'를 선택합니다. 한국인을 대상으로 광고를 하고자 할 경우에는 '한국어'를 입력하면 되며, 해외 특정 국가를 타깃으로 광고를 하고자 하는 경우에는 그 나라 언어를 입력합니다. 만약 광고 집행 시 한국인을 대상으로 하는 광고인데 언어를 한국어로 선택하지 않으면 광고 노출 위치를 대한민국으로 설정했다 하더라도 대한민국에 거주하는 외국인에게도 광고가 노출되어 광고 성과가 떨어질 수도 있습니다.

⑥ 노출 위치

언어 설정 후 바로 밑에 부분을 보면 **'노출 위치'** 설정칸이 나옵니다. 바로 이 부분에서 어드밴티지 노출 추천이 아닌 **'수동 노출 위치'**로 변경하면 광고를 인스타그램에만 노출할지 아니면 페이스북에도 함께 노출할지 직접 선택할 수 있습니다.

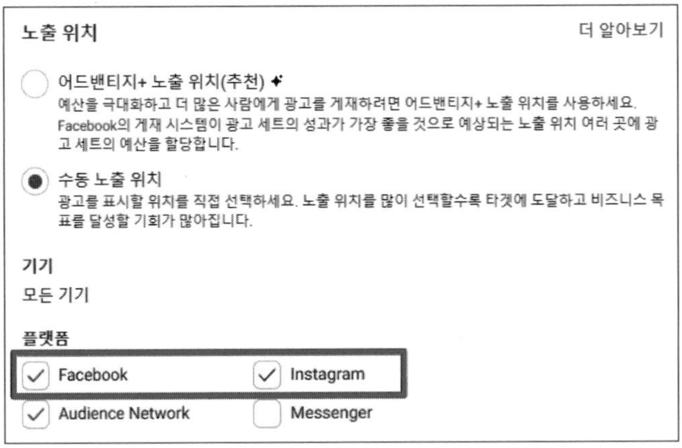

만약 페이스북에는 광고를 노출하고 싶지 않은 경우에는 '페이스북' 부분을 체크 해제합니다. 그러나 처음 진행하는 광고이거나 기존 광고 분석이 제대로 되어 있지 않은 분들은 페이스북과 인스타그램을 모두 체크하여 광고를 집행해 보는 것이 좋습니다. 잠재고객마다 페이스북을 주로 보는 사람이 있고, 또 어떤 사람은 인스타그램을 주로 보는 사람이 있을 수 있기에 경우의 수를 모두 고려하여 페이스북과 인스타그램 모두에 광고를 노출하는 것입니다.

참고로, 메신저(Messenger)는 페이스북 및 인스타그램의 채팅에 광고 게시물을 노출시키는 것인데, 클릭수 등 광고 성과가 비교적 잘 나오지 않기 때문에 체크하지 않습니다.

3) 광고 설정

이렇게 광고 게시 위치를 설정해 주었으면, 화면 하단 오른쪽의 '다음'을 클릭해 마지막 '광고 설정' 화면으로 넘어갑니다. 앞서 캠페인과 광고 세트 화면을 통해 세팅한 전략대로 광고할 콘텐츠(게시물)을 설정하는 화면입니다.

광고 이름을 입력한 후 광고할 게시물이 업로드되어 있는 페이스북 페이지와 연동된 인스타그램 계정을 선택합니다. 만약 인스타그램 계정에 본인의 계정을 찾을 수 없는 경우 바로 옆 계정 연결 또는 연동 버튼을 클릭하여 연결하거나 인스타그램 계정에서 연동합니다.

광고 설정 부분에서 '기존 게시물 사용'을 클릭한 후 하단에 '게시물 선택'을 클릭하여 인스타그램과 페이스북 페이지에 동시 업로드한 광고 게시물을 찾아 클릭합니다.

광고 게시물 선택 후 하단에 **'행동 유도 버튼'**이 있습니다. 반드시 **'버튼 추가'**를 클릭하여 광고 게시물을 보는 사람들이 특정 행동을 할 수 있도록 활용해 주세요. 다양한 옵션의 버튼을 활용할 수 있는데, 쇼핑몰을 운영하거나 매출을 끌어올려야 하는 경우 보통 '더 알아보기' 버튼을 선택하여 광고를 통해 유입시키고자 하는 사이트 및 쇼핑몰의 URL을 입력하면 됩니다.

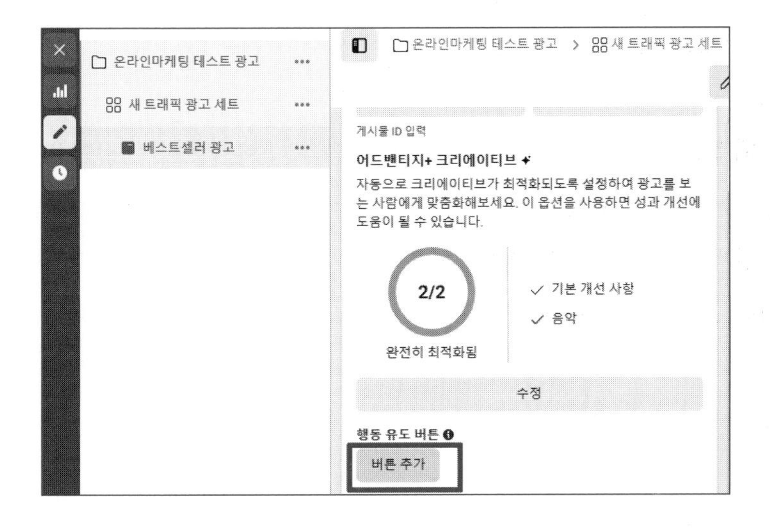

이때 페이스북 및 인스타그램 광고를 통해 네이버 스마트스토어나 스마트플레이스로 유입시키고자 하는 경우 백링크(업무 4단계의 '9. 거미줄 상품' 참조)를 입력합니다.

광고 집행 시 쇼핑몰의 메인 링크가 아닌 특정 상품의 상세페이지를 바로 볼 수 있는 상세 URL을 입력하여야 이탈을 방지할 수 있습니다. 광고에 노출되고 있는 상품을 바로 구매할 수 있도록 해당 상품의 링크를 입력하는 것입니다. 만약 광고 집행 시 특정 상품을 바로 구매할 수 있는 상세 URL이 아니라 메인 URL을 입력하게 되면 광고를 클릭하여 사이트로 유입된 잠재고객들이 어떤 메뉴로 이동해야 하는지 모르는 경우가 있습니다. 유입 채널의 구성과 디자인이 너무 복잡하면 소비자들은 이동 경로를 찾지 못해 이탈이 발생할 수 있습니다.

따라서 여러분이 판매하고 있는 상품 중 특정 상품의 상세페이지를 바로 보고 구매할 수 있는 상세 URL(백링크)를 입력해 줍니다. 만약 판매하고 있는 상품이 다양한 경우에는 판매 상품 중 기존 구매자들의 리뷰가 가장 많이 달려 있고 평점이 가장 높은 상품을 광고하는 것이 좋고 광고 집행 시 당연히 해당 상품의 상세 URL을 입력합니다. 만약 판매 상품에 리뷰가 모두 없는 경우에는 시각적으로 가장 예쁘거나 판매되었을 때 마진이 가장 많이 남는 상품을 광고하고 해당 상품의 상세 URL을 입력하면 됩니다.

이때 광고하는 상품의 상세페이지에 '함께하면 좋은 상품' '이 상품을 구매한 고객들이 많이 보고 있는 상품' '가장 많이 구매되는 BEST 상품' '단계별 사용법 (1단계–2단계–3단계)' '2023년 쇼핑러들이 가장 많이 구매한 상품 Top 3' 등 클릭을 유발할 만한 문구를 미리 입력해 놓고 관련 상품들의 링크를 입력하여 잠재고객들이 광고 상품을 하나만 구매하고 나가는 것이 아니라 관련 상품까지 함께 구매하게 하는 거미줄 상품을 걸어 놓는 것 절대 잊으면 안 됩니다. 해당 거미줄 상품에 대해서도 업무 4단계에서 이미 상세히 살펴보았으니 생각이 나지 않는 분들은 반드시 다시 복습하기 바랍니다.

페이스북에 광고 URL까지 입력하였으면 이제 화면 하단 오른쪽 '**동의하고 게시**'를 클릭하여 광고를 등록하면 됩니다. 광고 등록 후 바로 사람들에게 노출되는 것이 아니라 검수 시간이 필요합니다. 혹시 해당 광고가 유해한 광고가 아닌지 광고 관련법을 위반하고 있지는 않은지 등을 검수하는 것입니다. 빠르면 1시간 이내 길게는 하루 정도 소요된다고 생각하면 됩니다.

자, 이렇게 테스트 광고를 집행했으면 이제 해당 테스트 광고 결과를 분석하여 본 광고 집행 시 성과를 효과적으로 높일 수 있도록 전략을 수립해야 합니다. 이제 온라인 마케팅 마지막 10번째 단계인 결과 분석 방법과 최적화 전략 수립 방안에 대해 상세히 살펴보겠습니다.

10

어디에서도 배울 수 없는
온라인 마케팅 성공 마스터 10단계

결과 분석 및 최적화 전략 수립

1. 광고 결과 분석(성과 측정 방법) 및 성과 향상 방안 도출

앞서 페이스북을 통해 타깃 광고 집행에 대해 알아보았습니다. 광고 집행 후에는 반드시 결과 분석을 통해 최적화 방안을 도출해야 합니다. 광고문구나 콘텐츠가 잠재고객들에게 매력적으로 보이는지, 광고 세팅이 잘 된 것인지, 광고 비용은 적절한 것인지, 만약 광고 효과가 별로 없었다면 어떻게 해야 광고 성과를 높일 수 있는 것인지 등의 방법을 찾기 위해 광고 결과 분석은 필수 업무입니다. 광고 분석을 할 때에도 페이스북의 **'광고관리자'** 화면을 활용합니다.

페이스북 광고 관리자 화면을 보면 상단에 **'캠페인' '광고 세트' '광고'** 등 3개의 메뉴가 있습니다. 광고 분석은 캠페인, 광고 세트, 광고별로 각각 확인할 수 있습니다. 광고 집행 시 하나의 캠페인으로 여러 개의 광고를 집행하였다면 광고 분석 화면에서 마지막 '광고'를 클릭해 각 광고별 분석 결과를 확인하면 됩니다.

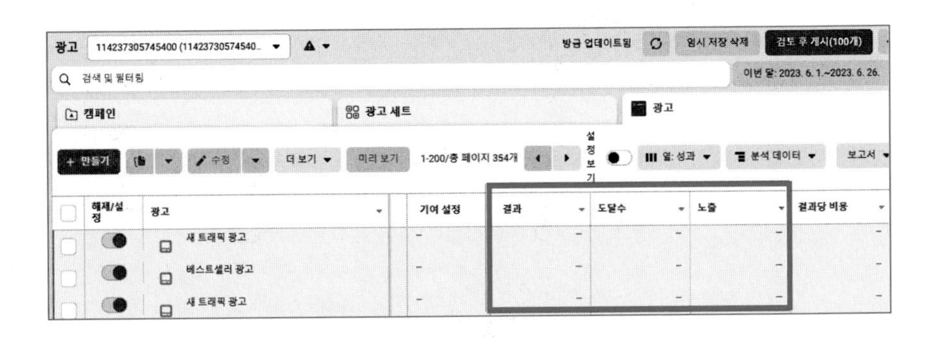

광고 분석 화면에서 가장 먼저 확인해야 하는 부분은 바로 '결과' '도달수' '노출' 수치입니다. 이 3가지의 개념과 성과 측정 기준 값을 올바로 이해하고 있어야 보다 정확한 페이스북 광고 분석을 할 수 있습니다.

먼저, **'노출'**은 내 광고가 다른 사람의 계정(페이스북 또는 인스타그램)에 노출된 숫자를 의미합니다. 즉, '노출' 부문에 입력되는 숫자는 사람들이 내 광고를 보건 보지 않건 간에 일단 페이스북 봇(프로그램)이 광고주가 설정한 조건값에 부합되는 사람들의 SNS 계정에 광고를 집행한 숫자를 의미합니다. 이때 2주 동안 테스트 광고를 집행했다면 노출수는 최소 1만 이상의 결과가 나오는 것이 좋습니다. 그래야 도달수 및 클릭수 등 기타 결과 값들이 분석 데이터로서 의미가 있게 됩니다. 노출수가 1만 이하로 너무 작으면 해당 광고의 결과 분석을 토대로 신뢰성 있는 광고 전략을 수립하는 것이 어렵습니다. 만약 매출 성장까지 고려한 광고를 집행했다면 노출수가 최소 10만 이상은 나와야 광고를 보고 결제까지 이어지는 유의미한 구매 전환율을 기대할 수 있습니다. 만약 2주 동안 광고를 집행했는데 노출수가 10만 이하(테스트 광고의 경우 1만 이하)라면 광고비가 부족하다는 이야기입니다. 노출수는 광고비를 더 많이 소진할수록 높아지는 수치입니다. 따라서 광고비를 더 써야 할지 말지는 이렇게 테스트 광고를 2주 동안 집행해 보고 노출수를 확인하여 가늠하는 것이 좋습니다.

'도달수'는 실제로 내 광고를 본 사람들의 숫자를 의미합니다. 그래서 항상 노출수보다 도달수가 작거나 같습니다. 이때 도달수는 노출수 대비 최소 70% 이상 나오는 것이 좋습니다. 페이스북 및 인스타그램이 도달수를 계산하는 기준은 우선 PC 및 모바일에 로그인되어 있고 화면상 스크롤의 움직임이 있으면서 광고 게시물에서 최소 3초 이상의 체류시간이 발생했을 때 '봤다'고 인지하여 도달수가 올라갑니다. 그런데 만약 여러분이 2주간 광고를 집행했고 도달수가 노출수 대비 70%도 되지 않는다는 것은 사람들이 여러분의 광고 게시물상에서 3초도 머물지 못하고 이탈했다는 이야기입니다. 따라서 광고 집행 후 도달수가 노출수 대비 70% 이하인 경우 광고문구 및 콘텐츠가 매력적이지 못하다는 뜻입니다. 즉, 이 경우에는 광고문구 및 콘텐츠에 후킹 요소를 넣어 업데이트를 해야 합니다. 사진 광고라면 첫 번째 사진에 실제 사용자를 등장시키거나 시선을 사로잡는 후킹문구를 사용하는 등 콘텐츠를 수정하면 성과를 높일 수 있습니다.

잠재고객들의 시선을 효과적으로 사로잡을 수 있는 후킹(아이캐칭)문구 제작 방법은 업무 4단계의 '2. 후킹(아이캐칭)문구 작성법 4단계(chatGPT 활용 포함)'에서 자세히 다루었으니 꼭 복습하기 바랍니다.

'결과'는 페이스북의 광고별로 의미가 조금씩 달라집니다. 우선 여기에서 진행한 트래픽 광고의 경우 '결과'는 내 광고를 보고 '클릭'한 숫자를 의미합니다. 이때 **결과수는 도달수 대비 최소 5% 이상**은 나오는 것이 좋습니다. 만약 결과수, 즉 내 광고를 클릭한 수가 도달 수 대비 5% 이하인 경우에는 광고 설정값을 좁혀 **정밀 타기팅**을 하면 성과를 높일 수 있습니다. 이때 설정값을 좁혀 정밀 타기팅을 하는 방법은 앞서 업무 3단계에서 살펴본 네이버 광고 사이트의 키워드 도구를 활용하면 됩니다.

만약 테스트 광고 집행 시 설정값을 '대한민국, 여성/남성 전체, 23~55세'로 입력했다면 해당 값을 좁히는 것입니다. 예를 들어, 광고 게시물의 주제가 '다이어트도시락' 광고라고 가정하겠습니다. 그리고 게시물 문구에도 앞서 설명한 것처럼 다이어트도시락이라는 키워드를 첫 문장과 나머지 문장에 반복 입력하였고, 첫 번째 해시태그에도 '#다이어트도시락'이라고 입력하여 페이스북과 인스타그램 알고리즘에 해당 게시물의 주제를 다이어트도시락으로 인식시켰습니다. 그럼 키워드 도구에 들어가 '키워드' 부분에 다이어트도시락 입력 후 '조회하기'를 누른 다음 해당 키워드를 클릭하여 1년치의 빅데이터를 보는 것입니다.

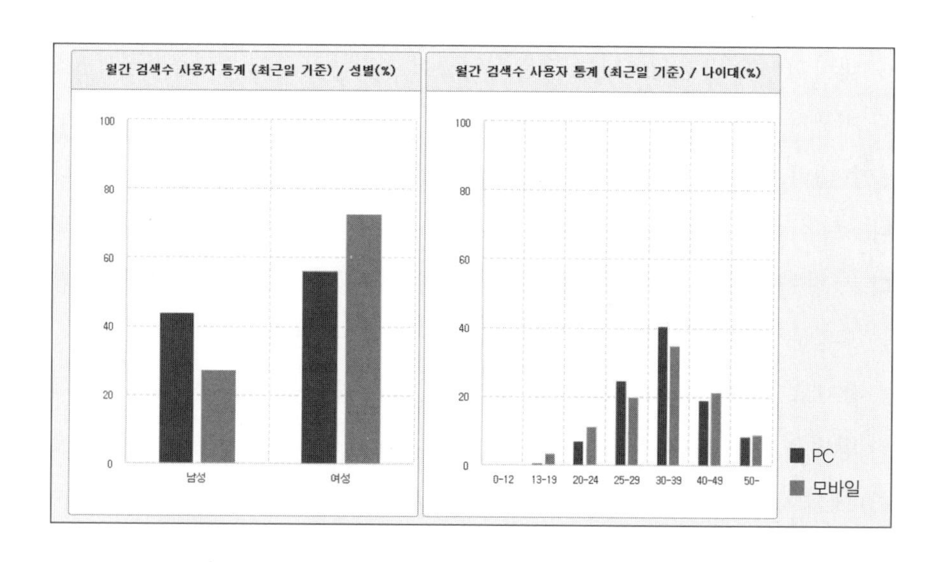

네이버 키워드 도구에서 제공하는 1년치의 빅데이터를 보니 해당 키워드는 여성이 모바일로 많이 검색을 하고 있고, 연령층은 30대가 압도적으로 높습니다.

그럼 앞서 남성/여성 전체로 세팅했던 것을 여성으로만 좁혀 주고, 연령층을 23~55세로 세팅했던 것을 30~39세로 좁혀 보다 정밀하게 세팅하는 것입니다. 이렇게 하면 30~39세 여성들에게 광고가 더욱 자주 노출되고 자주 노출되는 만큼 광고를 보게 되는 도달수도 높아질 것입니다. 만약 광고 콘텐츠까지 후킹 요소를 넣어 업데이트했다면 해당 광고를 보는 사람들의 시선을 사로잡아 클릭을 유도할 수 있습니다.

이렇게 노출, 도달, 결과의 각 개념과 성과 측정 기준값을 제대로 알고 있어야 광고 결과 수치를 보고 어떠한 부분을 먼저 수정해야 하고 현재 어떤 작업을 해야 하는지 알 수 있습니다. 이러한 내용을 모르게 되면 광고 대행사들에게만 의존하게 되거나 무엇이 잘못인지도 모르는 채 '남들이 광고를 하니까' '안 하면 안 될 것 같아서' 등 의미 없는 광고를 집행하게 되는 것입니다.

노출, 도달, 결과 수치를 보고 광고비, 광고 콘텐츠, 광고 설정값 등 3가지 부분의 문제점을 파악했다면 이제 **'분석 데이터'** 기능을 활용해 보다 세밀한 결과 분석을 해 봐야 합니다.

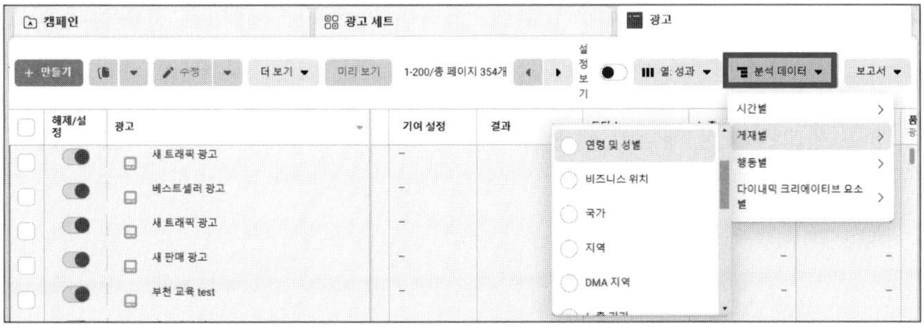

광고 분석 화면에서 상단 오른쪽에 '분석데이터' 메뉴를 클릭하면 시간별, 게재별, 행동별, 다이내믹 크리에이티브 요소별로 4가지의 분석 항목이 나옵니다. 각각의 항목을 클릭하면 광고에 대한 상세 분석을 할 수 있습니다. 시간별 항목을 클릭하면 일, 주간, 2주, 월별로 광고가 활성화된 데이터를 볼 수 있습니다.

게재별 항목을 클릭하면, 내 광고에 반응한 사람들의 연령대부터 성비, 지역, 광고를 본 시간대 및 어떠한 기기(PC, 모바일 등)를 통해서 광고를 보고 클릭했는지 기기 데이터까지 아주 세밀하게 광고 분석을 할 수 있는 메뉴들이 나옵니다. 각 메뉴들을 하나씩 클릭해 보면 광고 하단에 상세한 데이터를 확인할 수 있습니다.

또한 페이스북과 인스타그램에 광고를 동시에 집행한 경우, 게재별에서 '플랫폼'과 '노출 위치'를 클릭해 보면 페이스북에서는 사람들이 내 광고를 몇 번 보았고 클릭했는지, 인스타그램에서는 광고를 몇 번 보았고 클릭했는지를 상세히 확인할 수 있습니다.

우선 게재별 항목 정도는 반드시 클릭하여 광고에 대한 상세 분석을 해 봐야 합니다. 해당 항목을 통해 광고에 가장 높게 반응한 성비와 연령층을 찾아내고, 페이스북과 인스타그램 중 어떠한 채널에서 광고 성과가 더 높게 나왔는지를 찾아내야 합니다. 그리고 2차 본 광고를 집행할 때에는 성과가 높게 나왔던 성비와 연령층으로 타깃 설정을 하고, 성과가 높게 나온 채널을 선택하여 공격적인 광고 집행을 하면 됩니다. 이렇게 분석 결과를 토대로 타깃 설정을 하면 한정된 홍보마케팅 예산을 활용하여 보다 효율적인 광고 결과를 이끌어 낼 수 있습니다.

2. 사이트 및 쇼핑몰 유입자 행동 분석 방법

지금까지 살펴본 대로 마케팅을 진행하면 사이트 방문자가 전보다 훨씬 많아지고 그에 따라 결제를 진행하는 고객들도 발생하게 될 것입니다. 이제부터는 내 사이트에 유입되어 들어온 사람들, 특히 사업아이템을 구매한 고객들을 분석해야 합니다.

해당 고객들의 경우 이미 내 아이템을 구매한 고객이기 때문에 마케팅을 할 필요가 없다라고 생각할 수도 있지만 그렇지 않습니다. 어쩌면 가장 중요한 분석 데이터가 바로 결제 완료 고객(퍼스트파티 네 번째)일 수 있습니다. 해당 고객들이 어떠한 이유로 내 아이템을 구매했는지 그 이유를 파악해야 할 필요가 있기 때문입니다.

내 사이트에 방문해서 어떤 문구, 어떤 이미지, 어떤 영상, 어떠한 요소에 후킹되었길래 결제까지 완료하였는지, 그 이유를 파악한 다음 해당 내용을 추후 광고를 집행하거나 여러 가지 마케팅을 진행할 때 전면에 배치하여 공격적으로 노출하면 보다 효과적으로 구매 전환을 유도할 수 있습니다. 여기에서 기존 고객들이 내 사업아이템을 결제한 이유를 분석하는 방법은 크게 다음 3가지 정도를 생각할 수 있습니다.

1. 기존 고객 대상 설문조사
2. 소비자 행동 패턴 분석 도구 사용
3. 지인 및 가족의 행동 분석

첫째, '기존 고객 대상 설문조사'를 위해 필요한 것은 구매고객들의 데이터입니다. 설문조사를 송부하기 위해서는 기존 고객들의 연락처나 이메일과 같은 데이터가 필요하기 때문에 평소에 고객들의 정보를 엑셀파일 등에 구체적이고 체계적으로 정리를 해 놓는 것이 매우 중요합니다. 이 파일이 바로 고객 DB입니다. DB의 중요성에 대해서는 이미 상세히 다루었습니다.

설문조사를 진행할 때에는 구매 직후 진행하는 것이 가장 응답률이 좋으며, 시간이 흐를수록 응답률이 떨어지게 됩니다. 설문 항목의 경우 핵심 질문 5가지 이내로 진행하는 것이 응답률을 높일 수 있으며, 항목이 복잡하고 많을수록 당연히 응답률은 떨어집니다. 설문조사 시에는 정확한 결과 분석과 이에 따른 마케팅 전략 수립을 위해 연령, 성비, 지역, 업종, 직책 등의 기본 인적사항 항목을 넣어 입력해 주면 더욱 좋습니다. 만약 여러분 중 고객 DB를 미처 정리하지 못했거나 기타 여러 가지 상황으로 인해 설문조사 진행이 어려운 경우에는 행동 분석 툴과 행동 영상 촬영 방법을 사용해도 됩니다.

둘째, '소비자 행동 패턴 분석 도구 사용'의 경우 대표적으로 '뷰저블'이라는 도구가 있습니다. 네이버에 검색하면 바로 사이트를 쉽게 찾을 수 있습니다. 사이트에 방문한 소비자들의 유입 경로부터 이동 경로, 체류시간, 이탈 등 다양한 행동 패턴을 분석하고, 개선이 필요한 구간을 보여 주는 용이한 도구이니 참고해 보기 바랍니다.

셋째, 지인 및 가족의 행동 분석입니다. 지인이나 가족이 어떠한 키워드를 검색하는지, 어떻게 쇼핑몰을 찾아 들어가는지, 쇼핑몰에 들어가서 어떤 부분을 집중해서 보는지 어떤 메뉴를 가장 먼저 클릭하는지 등을 관찰하는 것입니다.

만약 판매하는 상품이 '마케팅 교육'이라고 한다면, 지인이나 가족에게 마케팅 교육을 찾아서 수강신청까지 진행하는 영상을 찍거나 직접 영상을 찍어서 보내 달라고 하는 방법도 있습니다. 판매하는 상품이 '강아지간식'이라면 어떠한 키워드를 가장 처음에 검색했는지, 어떠한 쇼핑몰을 클릭해서 들어갔고 그 이유는 무엇인지 등을 질문해 볼 수도 있습니다.

또는 여러분이 운영하는 사이트를 바로 알려 주고 그 사이트에 들어와서 어떠한 문구나 이미지를 집중해서 보는지, 어떤 것이 가장 눈에 띄는지를 질문해도 좋습니다. 이때 지인이나 가족이 판매자가 타깃으로 삼고 있는 성비와 연령층에 해당되는 분들이어야 참고할 만한 데이터가 될 수 있습니다.

자, 지금까지 매출을 효과적으로 향상시킬 수 있는 온라인 마케팅의 업무 순서 10단계를 모두 알아보았습니다. 그럼 이제 본격적으로 여러분이 실행해야 할 차례입니다. 지금까지 이 책에서 다룬 내용은 고객들을 효과적으로 확보하여 매출을 끌어 올릴 수 있는 기본적인 내용입니다. 따라서 이 책을 온라인 마케팅 업무 인수인계서라고 생각하고 1단계부터 10단계까지 끊임없이 반복하며 실습해 보면 좋겠습니다.

반드시 목표한 바를 이루게 될 것입니다.

EPILOGUE_ 잘하고 있어요

온라인 마케터는 예술가입니다. 무에서 유를 창조해야 하는 창조자입니다. 마케팅은 쉽지 않은 업무이지만 그 어떤 일보다 매력적이고 모든 면에서 스스로를 발전시켜 줄 수 있는 가장 좋은 학문이라고 생각합니다.

만약 여러분 중 온라인 마케팅을 처음 시작하는 분이 있다면, 최소한 6개월 정도는 절대 포기하지 말고 끊임없이 배우고 수많은 책을 읽으며 바보같이 시도해 보세요.

수많은 시도를 하며 이렇게 하는 것이 맞는지 스스로 의심이 들고 왜 성과가 빨리 나오지 않는지 점점 자신감이 떨어지고 불안감이 높아진다면 잘하고 있는 것입니다. 스스로에 대한 의심으로 인해 자꾸 확인하게 될 것이고, 점점 떨어지는 자신감으로 인해 겸손해질 것이며, 이로 인해 스스로를 객관적으로 보게 될 것입니다. 또한 점점 높아지는 불안감으로 인해 그 전보다 조금 더 노력하게 될 테니, 결국 잘될 겁니다.

의심과 불안함, 두려움 같은 어두운 감정에 압도되지 말고, 세상의 속도와 압박에 기가 눌리지도 말고, 그저 겸손하게 스스로를 바라보며 믿고 포기하지 말아 주세요. 포기하지 않으면 어느 순간 계획했던 일과 목표했던 일뿐만 아니라 생각하지 못했던 방향과 방법이 보이고 새로운 기회가 보일 것입니다.

사실, 이 책의 블로그 부분에 나오는 '삼우콘테이너'라는 업체는 저희 아버지가 생전에 운영하셨던 사업체 이름입니다. '만약 아버지가 살아 계셨다면 이렇게 블로그를 만들어 운영해 드렸을 텐데.'라는 생각을 하며 책에 넣게 되었습니다.

사람들을 위해 책을 쓰고 강의를 한다고 해서 아버지에게 무심했던 큰딸의 불효가 사라지지는 않겠지만, 저희 아버지와 같은 분들에게 이 책이 조금이라도 도움이 되었으면 좋겠다는 마음으로 책을 썼습니다. 그래서 낮에는 일을 하고 밤에는 잠을 줄여 가며 한 글자 한 글자 직접 이 책을 썼습니다. 제가 직접 책을 쓰다 보니 글 쓰는 재주가 없어 책의 내용을 잘 이해할 수 있게 썼는지 잘 모르겠습니다. 그저 이 책으로 인해 마케팅에 대한 지식이 정리되고 방향이 명확히 잡힌다면 좋겠습니다.

무엇보다 이 책을 보시는 모든 분의 삶이 진심으로 행복하고 평안하기를 바랍니다. 끝으로, 이 책을 완성할 수 있도록 이끌어 주신 하느님 아버지께 진심으로 감사드립니다. 더욱더 행복하고 평온해질 여러분을 진심으로 응원하겠습니다.

찾아보기

저자 소개

나연재(Yeon Jae, Na)

국제무역을 전공하고(수석 졸업), 현재 온라인 홍보마케팅 전문가로 활동하고 있다. 2016년에 본인 이름으로 사업자를 내어 온라인 마케팅 강의 및 1대1 컨설팅과 코칭을 해 오고 있으며, 현재까지도 현업에서 온라인 마케팅 대행과 위탁 판매, SNS 제휴 마케팅 작업을 직접 해 오고 있다. 현재 한국창업마케팅사관학교를 창립하여 운영하고 있다.

전 소프트웨어 유통 판매 'M'사 마케팅사업부 총괄팀장

* 국내 온/오프라인 마케팅 전략 수립 및 기획, 실행, 실적 분석 및 사후 관리, 2013년도 매출액 43억 원에서 2014년도 매출액 60억 원으로 성장시키며 최고 영업 매출 달성

바이럴마케팅 대행사 온라인 마케팅 팀장

* SNS 콘텐츠 기획 및 온/오프라인 마케팅 실행(전년도 동 기간 매출 15% 이상 증가), 광고주 온라인 마케팅 1대1 전략 기획 수립 및 대행, 영업 및 마케팅 교육 세미나 기획 및 이벤트 퍼포먼스 마케팅 실행(매회 73% 이상의 구매 전환 도출)

현 연재컴퍼니 대표
한국관광공사 홍보마케팅 전문 자문위원
NCS 마케팅 분야 전문인증 강사

Blog: http://blog.naver.com/nmj012
Cafe: http://cafe.naver.com/thanksdad
Instagram: @yeonjae.n
E-Mail: nmj012@hanmail.net

어디에서도 배울 수 없는

온라인 마케팅 성공 마스터 10단계

–현역 실무 온라인 마케터의 인수인계서–

Online Marketing Success Master 10 Steps

2024년 1월 25일 1판 1쇄 인쇄
2024년 1월 30일 1판 1쇄 발행

지은이 • 나연재
펴낸이 • 김진환
펴낸곳 • 학지사비즈
04031 서울특별시 마포구 양화로 15길 20 마인드월드빌딩
대표전화 • 02-330-5114 팩스 • 02-324-2345
등록번호 • 제313-2006-000265호

홈페이지 • http://www.hakjisa.co.kr
인스타그램 • https://www.instagram.com/hakjisabook

ISBN 979-11-93667-01-9 03320

정가 23,000원